宁远年鉴

（2017）

中共宁远县委　宁远县人民政府　主办
宁远县党史与地方志征集编纂办公室　编

方志出版社
Publishing House of Local Records

图书在版编目（CIP）数据

宁远年鉴．2017/宁远县党史与地方志征集编纂办公室编．—北京：方志出版社，2017.12

ISBN 978-7-5144-2843-8

Ⅰ．①宁… Ⅱ．①宁… Ⅲ．①宁远县—2017—年鉴
Ⅳ．①Z526.44

中国版本图书馆 CIP 数据核字（2017）第 322607 号

宁远年鉴（2017）

编　　者：宁远县党史与地方志征集编纂办公室
责任编辑：顾洁

出 版 人：冀祥德
出 版 者：方志出版社
　　地址　北京市朝阳区潘家园东里 9 号（国家方志馆 4 层）
　　邮编　100021
　　网址　http：//www.fzph.org
发　　行：方志出版社图书经销中心
　　电话（010）67110500
经　　销：各地新华书店
印　　刷：衡阳顺地印务有限公司

开　　本：889×1194　　1/16
印　　张：20
字　　数：503 千字
版　　次：2017 年 12 月第 1 版　　2017 年 12 月第 1 次印刷
印　　数：001～800 册

ISBN 978-7-5144-2843-8　　定价：300.00 元

《宁远年鉴》编纂委员会

《宁远年鉴》编辑部

《宁远年鉴》编辑说明

一、《宁远年鉴》（2017 年卷）以习近平新时代中国特色社会主义思想为指导，主要记载 2016 年 1 月 1 日至 12 月 31 日宁远县各部门各单位在物质文明和精神文明建设方面取得的主要成就，以及社会各方面的新进展、新情况、新经验，为了解县情、实施科学决策，为各行各业和有关单位及广大居民查询资料、信息，推动事业发展，为国内外各界人士了解、研究、认识宁远提供服务。同时，也为续修地方史志储备资料。

二、《宁远年鉴》（2017 年卷）按分类编辑法，共设 24 个栏目，下设分目、条目三个层次。栏目、分目、条目用不同字体、字号、色彩等版式设计区别不同层次。条目为记述的基本单位，其标题用色彩加■表示。

三、本卷年鉴稿件和图片由各部门、各单位、各乡镇（街道）撰稿人提供，《宁远年鉴》编辑部撰写部分稿件并统编全书。稿件均经各部门或各单位主要负责人审核。统计资料由统计部门提供，气象、水文资料分别由气象、水文部门提供。

四、本卷所录单位领导干部名录以 2016 年 12 月 31 日在职为准，原则上只列行政职务，无行政职务，则列党内职务。“先进单位”原则上收录宁远在 2016 年收到国家部、委、办、局，中共湖南省委、湖南省人民政府，中共永州市委，永州市人民政府表彰的单位。

五、《宁远年鉴》（2017 年卷）的编辑、出版承蒙各级党委和政府、有关部门、各乡镇（街道）和社会各界大力支持，在此谨表谢意。因时间较紧，水平有限，纰漏与不足在所难免，恳请广大读者批评指正。

宁远县行政区划图

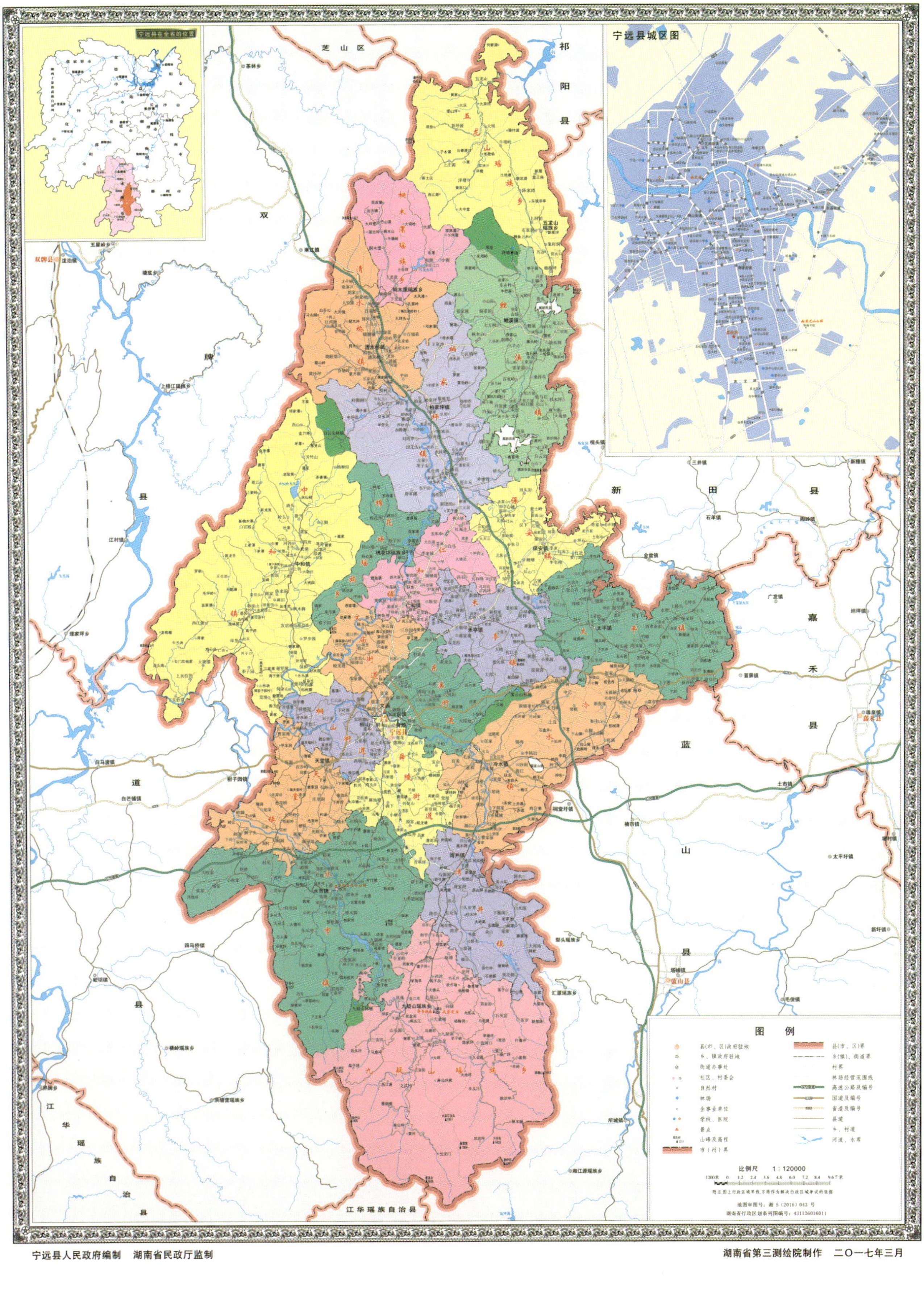

宁远县人民政府编制 湖南省民政厅监制

湖南省第三测绘院制作 二〇一七年三月

中　共　宁　远

县委书记　刘卫华

县委副书记、县长　唐何

县委常委、宣传部长　刘庚旺

2016年，中共宁远县委深入实施生态立县、工业强县、旅游兴县、农业富县“四大战略”，兴“三业”、建“三区”、增“三量”，解放思想解难题、改革创新创新业、创先争优竞一流，宁远县经济社会发展风正势好劲足，实现“十三五”良好开局。

中共宁远县委紧紧围绕全面建成小康社会目标，扭住经济建设这个中心不动摇，加强和改进党对各项工作的领导，全县经济社会持续快速健康发展，绩效考核保持全市前列，县域经济实力在全省位次提升。2016年实现生产总值136亿元，增长9.5%；规模工业增加值28亿元，增长8.6%；固定资产投资167.5亿元，增长17.4%；社会消费品零售总

县委常委、县委办主任　曹辉正

县委常委、常务副县长　黄永英

县委常委、人武部部长　唐远军

县　委　员　会

县委副书记　刘军君

县委常委、政法委书记　彭小兵

额63.3亿元，增长11.9%；财政总收入13.25亿元，增长16.3%，各项主要指标增速高于省市平均水平。全面小康实现程度达到89.5%，同比提升5.1个百分点。

发展新型工业、现代农业、旅游服务业，强实体、调结构、提品质、增实效，产业结构实现“优一强二进三”。新型工业转型升级，实现规模工业总产值116亿元、工业税收1.75亿元，分别增长15.2%、25.4%；新入统规模企业17家；建材冶金、加工贸易、食品和生物医药三大产业快速发展；新能源、新材料、电子信息等新兴产业由小变大，产值达到29.3亿元；福嘉综环科技股份有限公司入选“全省民企百强”，为永州市首家。现代农业提速增效，收购烟叶17.9万担，稳居全省第二、全市第一；新增市级以上龙头企业6家、农民合作组织30个、休闲农庄10家；规模以上农产品加工业产值占农业总产值比重再攀新高，达到60%；全市农村“四冬”生产现场会在宁远召开。全域旅游蓬勃发展，接待游客800万人次，实现旅游综合收入48亿元，分别增长17.6%、20%，排全市第一，赢得全国“景区带村”旅游扶贫示范项目、国家全域旅游示范区创建名单两张“国字号”品牌。

县委常委、组织部长　王小丽

县委常委、纪委书记　陈海平

县委常委、统战部长　唐　浩

宁远县人民代表

2016年，宁远县人大常委会在县委的坚强领导和市人大常委会的精心指导下，依照宪法和法律赋予的职责，紧紧围绕全县改革发展稳定大局和人民群众普遍关心的问题，创新工作思路、优化工作环境、增强履职能力、努力解决工作重点，突破工作难点，打造工作亮点。较好地完成县十六届人民代表大会第五次会议确定的工作目的和任务。有力地推动社会主义民主法制建设和全面小康宁远建设。

县人大常委会主任　张明贵

县人大常委会党组副书记、副主任　眭晓棠

县人大常委会副主任　何为民

十七届人大一次会议

大会常务委员会

县人大常委会党组副书记、副主任　周　方

县人大常委会副主任　胡昕若

县人大常委会副主任　谢金花

2016年12月26日宁远县十七届人民代表大会法制委员会召开第一次全体会议

县人大常委会组织调研现代烟草农业建设

县人大常委会主任张明贵深入九疑山瑶族乡西湾村调研指导美丽乡村建设

宁　远　县

县委副书记、县长　唐　何

县委常委、常务副县长　黄永英

副县长、公安局长　陈云生

副县长　欧阳国春

2016年宁远县人民政府在市委、市政府的领导下，带领全县上下深入实施生态立县、工业强县、旅游兴县、农业富县“四大战略”，解放思想、改革创新、创先争优、团结奋进奔小康，经济社会实现全面发展。荣获国家出口食品农产品质量安全示范区、国土资源节约集约模范县、“六五”普法先进县、全省美丽乡村建设先进县，入选全国“景区带村”旅游扶贫示范项目、国家全域旅游示范区创建名单。

2016年宁远县GDP达到136亿元，增长9.5%；规模工业增加值28亿元，增长8.6%；固定资产投资167.5亿元，增长17.4%；社会消费品零售总额63.3亿元，增长11.9%；财政总收入13.75亿元，增长16.3%；全面小康总实现程度达到89.5%，同比提升8.1个百分点。三次产业结构由上年的22.1:33.5:44.4调整为21:32:47，第三产业比重提升4.6个百分点。

改革创新取得新突破。率先完成农村土地确权登记，发出全省第一本农村土地承包经营权证书。率先实施乡镇区划调整，提前超额完成并村工作，全县687个建制村合并为406个建制村，精简幅度达40.9%。率先完成城市社区网格化建设，全面铺开农村网格化建设，全县20个乡镇(街

人　民　政　府

副县长　曾海波

副县长　邓小英

道）“三个中心”建成投入使用。65个示范村、119个扶贫村基础配套设施全部到位，在全市农村网格化建设推进会上作典型发言。率先组建旅建投、农建投，全部市场化运作，融资到位13.2亿元。率先完成政府机构改革，消化超配干部82%。

脱贫攻坚扎实有力。发放小额扶贫贷款3.7039亿元，为省、市考核任务的3.7倍，排全省第一，带动33个扶贫企业和10093户贫困户发展。建成98个金融扶贫服务站，排全市第一，新增贷款18亿元。落实易地扶贫搬迁对象1490户、5635人，超出省、市考核任务2459人，资金到位3亿元，完成安置点建设21处。完成危房、无房改造1302户，是省下达任务的118.4%。全年减少贫困村29个、贫困人口35955人，全市扶贫小额信贷推进会、九嶷山片区“一大一小”现场会先后在宁远县召开。

深入推进平安宁远和法治宁远建设，政务公开和政务服务工作在全市作典型发言。在全市率先启动实施农村综合服务平台建设。加强安全生产隐患排查和整治，强力推进“五大”行动，全年社会安全指数达100%。严密防控和严厉打击各类违法犯罪活动，社会治安持续稳定，群众安全感明显增强。

副县长　邓传文

副县长　胡红灯

政　协　宁　远

县政协主席　李苏昭

县政协党组副书记、副主席　蒋家安

县政协副主席、工商联主席　欧桥贵

县政协副主席　赵吉永

县政协副主席　李春茂

县政协副主席、商务和粮食局局长　肖红梅

县　委　员　会

政协宁远县第八届委员会第四次会议

政协宁远县第九届委员会第一次会议选举大会

中国人民政治协商会议宁远县委员会成立于1984年4月。当月2日至8日，县政协第一届委员会议在县城召开，由中国共产党、中国民主同盟宁远县小组、妇联会、农民、工会、个体商业协会、文化、艺术、科学技术、教育、体育、工商、少数民族、台胞台属、侨属、特邀16个界别人士组成，委员共116人。大会听取并审议政协筹备委员会《关于中国人民政治协商会议宁远县第一届委员会筹备工作报告》，按政协章程选举22名政协常委，从常委中选出政协主席、副主席。此后，政协委员会议每年召开一次。第一届至第三届每届任期三年，从第四届起每届任期五年。

2016年政协宁远县委员会召开16次政协常务委员会议。11月26日到29日召开政协宁远县委员会第九届委员会第一次会议。会议听取县政协第八届委员会常务委员会工作报告和县政协八届常委会关于提案工作情况的报告，听取委员会的协商发言。县委书记刘卫华向大会致贺词并作重要讲话。29日上午，县政协第九届委员会第一次会议，举手表决通过选举办法，投票选举产生第九届县政协主席、副主席、秘书长和常务委员。

投票选举

县政协委员调研华荣鞋厂

宁　　　远　　　县

党组书记、局长　杨友忠

宁远县财政局在县委县政府的坚强领导下，深入开展“两学一做”学习教育活动，依法组织财政收入，统筹安排财政支出，大力推进民生工程，持续深化财政改革，积极强化财政监督，先后获县级荣誉76项，市级荣誉36项，全省财政综合目标管理一等奖等省级荣誉52项，县级财政管理绩效综合评价百强县等国家级荣誉2项。

为全面改善贫困村基础设、进行产业扶持，宁远财政整合涉农资金近30亿元，全部用于贫困村道路交通、水利、种养殖、易地扶贫搬迁等方面。在资金和项目安排上，实行“村级申报，县乡核实，指标到村，乡村实施、部门指导、县级监督”的运作方式，突出“五优先、五兼顾”：即：优先保脱贫标准所需，兼顾提升工程；优先保贫困村，兼顾非贫困村；优先保申报核实项目，兼顾需求增加项目；优先保先行建设项目，兼顾后续开工项目；优先下达村项目实施，兼顾行业部门组织实施。坚持“三个不予”，即：未通过群众讨论的项目不予入库、未入项目库的项目不予评审、未经评审和县扶贫领导小组审批的项目不予申报。在资金使用上，建立统一项目库，统一管理、捆绑使用，集中连片规划推进，杜绝把扶贫资金当作“万金油”、“唐僧肉”、“胡椒面”，促进扶贫资金整体效益发挥。

财政局以“强化党建工作引领，锻造宁远财政品牌”为主线，着力提升党建引领作用、党组织堡垒作用和党员先锋带头作用，逐渐走出了一条“党建+提升”的好路子。在局机关成立了党总支和5个党支部，并成立了蓝球队、气排球队、太极拳队、老年门球队等，举办了“五一徒步走”以及演讲和歌咏比赛、参加市财政系统老年门球赛等活动，让财政队伍展现出了有力有为、欣欣向荣的面貌。

县委副书记、县长唐何调研产业发展

老年门球赛

财　　政　　局

脱贫攻坚在路上

项目建设

宁　　远　　县

党组书记、局长　汤正美

宁远县安全生产监督管理局，承担全县安全生产综合监督管理和工矿商贸生产经营单位安全生产监督管理工作。2016年全局有在岗干部职工29人，退休人员1人。内设机构有：办公室、综合法规股、协调股、非煤矿山安全监管股、烟花爆竹和危险化学品安全监管股、工贸行业安全监管股、职业安全健康监管股、宣传教育培训股、执法监察大队、应急救援指挥中心。2016年以来，根据县委县政府及上级部门的工作部署，县安监局在落实企业主体责任上严要求、重引导，一是扎实开展监管执法年活动，加大安全生产执法力度，联合执法与专项整治双管齐下，全年立案处罚38起，罚款54.1万元；二是深入开展打非治违行动，2016年共查处烟花爆竹非法生产经营行为500余起，没收烟花爆竹产品2600余件，取缔非法经营网点25家，查获非法运输车辆5台，行政拘留13人；三是强化隐患排查治理。全县采取企业自查、乡镇普查、部门深查、安委办抽查等多轮次不间断排查，确保隐患排查无死角。今年以来，全县共排查企业3946家（次），消除隐患4200余处；四是多层次开展宣传教育培训。多次组织了非煤矿山、烟花爆竹、危险化学品、工贸企业等人员参加安全知识培训和乡镇安全监管人员业务培训，开通“宁远安监”微信公众号，着力打造安全生产宣传新途径。在市安委办四次季度考核中，我县成绩名列前茅；在年终考核中得分101.96分，列全市第一。全县安全生产形势持续稳定好转。

市委常委、市委秘书长唐能武在明德湘南学校检查安全生产工作

刘卫华书记检查道路交通安全生产工作

唐何县长在九疑山检查移民搬迁项目安全

安　　　　监　　　　局

执法大队查封违规企业电表箱

副局长陈晓智带队检查烟花爆竹零售店

副局长姜尚忠在文庙主持《职业病防治法》宣传周活动

总工程师冯平顺带队检查建设施工安全

市安监局工作人员检查宁远汽车总站

组织企业学习安全生产领域改革发展意见

宁　远　县

党组书记、主任　欧教荣

宁远县机构编制委员会办公室，既是县委工作部门，又是县政府工作部门，列入县委机构序列，主要负责全县行政管理体制与机构改革及机构编制管理工作。下设3个内设机构，即：办公室、机构编制与实名制管理股、行政审批制度改革办公室。现有行政编制6名，实有公务员4人。下设2个副科级事业单位，即：县事业单位登记管理局、县机构编制信息中心，现有事业人员11人。

2016年，全面完成了年初制定的各项工作任务。一是全面完成了机构改革扫尾工作。制定了37个单位的“三定”方案，将97个涉改单位的1001人及时划转到位。二是深化行政审批制度改革。开展权力清单清理工作，清理规范行政权力2159项，减少行政审批事项 111项，精简率为4.89 %；规范行政审批行为，要求各单位制定权力运行流程图和行政职权事中事后监管办法；投入2万元，在全市率先建设“三清单一目录”网上公示平台。三是完善机构编制实名制管理数据库。全年办理入编登记1912人（含异动1360人），出编登记534人，实现实名制数据与实有机构和人员信息一一对应，确保了实名制数据与人社、财政部门联合管控。四是推动事业单位登记改革。对全县380家事业单位实施网上登记和更换了新版事业单位法人证书工作，登记率和换证率均为100%；及时接交质监部门的组织机构代码赋码工作，对110个党政机关、群团组织及时办理统一社会信用代码换证工作，换证率达100%。因工作突出，全年获得市县表彰项目8个：“三项改革”获全市一等奖第一名，社会管理综合治理、计划生育、深化改革、信访、统战、机要保密、生态文明建设等7项工作获县先进单位。

全体工作人员集中学习机构编制有关文件

编　委　办

宁远县行政许可标准化暨权力清单调整培训工作会

班子成员带队到扶贫村开展结对帮扶活动

团结务实的领导班子

宁　　远　　县

党组书记、局长　刘小珍

团结务实的领导班子

宁远县审计局成立于1984年，现全局共有干部职工29人，内设机构：办公室、经济责任审计室、财政金融审计股、行政事业审计股、企业外资审计股、固定资产投资审计股、审计技术法规股、审计执行股。下属两个机构：县政府投资审计中心和县审计技术服务中心。在上级审计部门和县委、县政府的正确领导下，宁远县审计局不断强化业务素质、加强队伍建设，审计工作取得了较好的社会效益和经济效益。近年来，先后荣获省文明单位、全县普法依法治理先进单位、计划生育优秀单位、法治政府建设先进单位等多项荣誉称号，被誉为“审计铁军”。

审计局工作人员

审　　计　　局

审计工作会议

产业扶贫　喜获丰收

青年志愿者在行动

党员活动　重温入党誓词

宁　　远　　县

县委副书记、县长唐何（左一）陪同上级领导在十里铺超限超载检测站工作

市公路局长杨小明调研十里铺超限超载检测站

路政治超整治活动动员现场

舜阳大道改建项目沥青混凝土路面施工

局长周万红指导公路应急抢险演练

公　　路　　局

副县长邓传文督查治超工作

局长周万红向贫困户宣讲扶贫政策

G357线永州市国省干线灾毁恢复重建工程沥青混凝土面层摊铺

2016年全市公路养护技能比武在宁远举行

路政人员在宁远文庙开展“路政宣传日”活动

路政执法人员开展”四个专项“整治活动现场

宁 远 县

2016年5月17日省司法厅厅长谈敬纯（左五）、副厅长傅莉娟（左三）等省市领导调研宁远县安置帮教基地

2016年5月17日，省司法厅厅长谈敬纯（右一）、副厅长傅莉娟（右五）等领导在柏家坪司法所调研，县长桂砺锋（右二）陪同

2016年5月17日，全省社区矫正中心建设现场推进会在我县政务中心102室召开，县委书记刘卫华（左一）作报告

宁远县司法局是县人民政府的组成部门，主管全县司法行政工作，内设办公室、政工室、法制宣传股、政策法规股、社区矫正办公室、律师公证管理股、基层工作股、计财装备股8个股室，下辖法律援助中心、公证处和20个乡镇（街道）司法所。主要履行法治宣传、人民调解、法律援助、社区矫正、安置帮教、公证律师和司法鉴定管理等职能。

宁远县司法局紧紧围绕县委、县政府中心工作，积极履行法治宣传、法律服务、法治保障等各项职责，努力打造服务型、创新型、廉洁型机关，力争“让党放心，让人民满意”，各项工作在省市创先、在全国争先。先后荣获全国“六五”普法法治宣传教育先进县、全国法治创建活动先进县、全省司法行政系统先进集体、全省司法行政系统专项重要工作集体三等功、全省优秀青少年法治教育实践基地等多项荣誉，连续六年全市司法行政系统目标管理考核第一，在全县绩效考核中连续五年获得优秀单位。

司法局办公大楼

司　　　法　　　局

团结奋进、勇于创新的司法行政队伍

司法局党员干部在扶贫村发放法治宣传资料，宣传法律

开展法律六进活动

机关支部党员学习

部分获奖奖牌

宁远县公共法律服务中心

宁　　远　　县

县公安局党委副书记、交管大队大队长　陈　勇

2016年10月1日，永州市交警支队长杨运吉一行深入下灌景区督导国庆道路交通安保工作

2016年，宁远县交管大队紧紧围绕“压事故、保畅通、促和谐”工作目标，积极融入县委、县政府中心工作，深入推进道路交通安全源头管理，全力开展道路交通秩序集中整治“飓风行动”等专项整治工作，查处无证驾驶、“三超一疲劳”、酒驾、毒驾、摩托车飙车等各类交通违法行为5.8万余起，全县道路交通秩序明显好转、事故风险明显降低、群众安全意识明显增强。积极探索疏堵保畅新举措，全面开展城区堵点、乱点调研论证，协调争取各方支持，不断加大先进科技在交通管理工作中的应用，对城区主要交叉路口、易拥堵路段通过渠化设计、完善基础设施、实行交通管制等措施，大大改善全县道路通行环境。

道路交通秩序集中整治“飓风”行动推进会

交　管　大　队

2016年3月28日，第21个全国中小学生安全教育日，交警大队联合高速交警在多所小学开展“红灯停，绿灯行，交通信号记我心”主题活动日

2016年3月，永州电视台深入宁远采访推介道路交通安全社会化管理工作

交警冒雨疏导交通，指挥通行

2016年5月5日晚，交管大队开展酒驾清查活动

交警护送学生安全过马路

宁远县市场和

副省长戴道晋在宁远三证合一窗口调研

湖南省政协常委、省政协经济科技委员会主任吴金明（右四）、省工商局副局长阳芳华（右一）在城南分局开展调研

2016年4月15日，市场和质量监督管理工作会议召开

按照县委、县政府机构改革的安排部署，宁远县工商行政管理局、质量技术监督局、食品药品监督管理局3个部门合并，组建县市场和质量监督管理局（挂县食品药品监督管理局和县食品药品安全委员会的牌子），承担原工商行政管理、食品药品监管、质量技术监督的职能，于2015年12月2日挂牌成立。

宁远县市场和质量监督管理局内设机构16个（含纪检监察室1个），派出机构9个（分局），所属事业单位4个（综合执法大队、食品药品检验所、质量监督检验及计量检定所、信息中心），挂靠社团组织2个（县消费者保护委员会、县个体劳动者私营企业协会），共31个。2016年，在职人员223人，退休人员83人。

2016年，全县市场和质量监督管理工作按照“强基础、严监管，保安全，促发展”的总体工作思路，以大服务促进大发展，以大监管维护大市场，以大维权促成大和谐，以大建设推动大跨越，各项工作取得了明显成效。2016年度荣获湖南省消费维权先进单位、湖南省商事制度改革企业登记工作成绩突出窗口单位、永州市人民政府质量考核第一名、永州品牌大展播“质量强市”示范企业推介活动先进单位、永州市工商系统行政处罚信息公示工作先进单位、永州市工商系统市场主体年报公示工作先进单位、永州市工商系统流动人口与计划生育综合治理工作先进单位等荣誉称号。

质 量 监 督 管 理 局

县长桂砺锋（左三）检查学校食品安全

局长彭盛辉（左一）颁发宁远县第一张两证合一个体营业执照

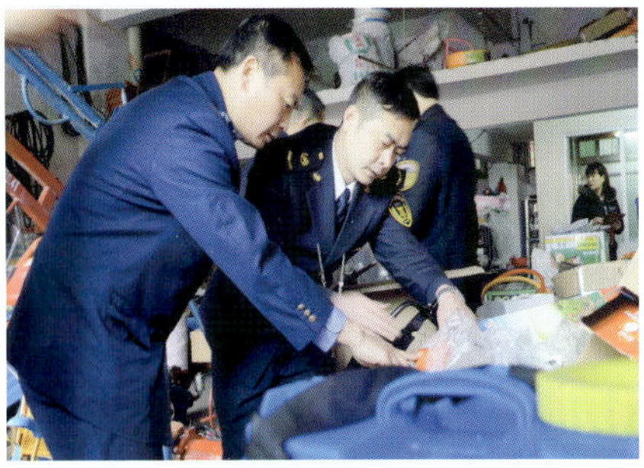

检查农机市场

“安全用药、食品安全”进贫困村

中秋前夕，执法人员检查月饼市场

2016年3月15日，副县长欧阳学斌（右五）为消费维权先进单位授牌

宁 远 县 自

宁远县自来水公司成立于1982年3月，是集自来水生产、销售、服务于一体自收自支、企业化管理的事业单位。公司现有干部职工312人，专业技术人员50人，内设职能机构有办公室、水厂、经营公司、安装公司、污水处理厂、纯净水厂等17个部门。2014年，改造老水厂，新建综合办公大楼。2015年，公司进一步发展壮大，建纯净水厂，接管县污水处理厂。2016年，兴建城北水厂，大力推进城乡供水一体化，公司向水务集团化迈进。至2016年，自来水公司共获得省级荣誉15项，市级荣誉11项，县级荣誉31项，共获群众感谢锦旗43面。

宁远县自来水公司办公大楼

宁远县印山清泉纯净水厂车间

宁远县印山清泉有限公司（纯净水厂）为国有宁远县自来水公司下属二级机构，2015年底，纯净水厂正式投入生产。2016年销售纯净水7.2万桶，实现售水收入19万元。目前，正在计划生产印山清泉瓶装水。

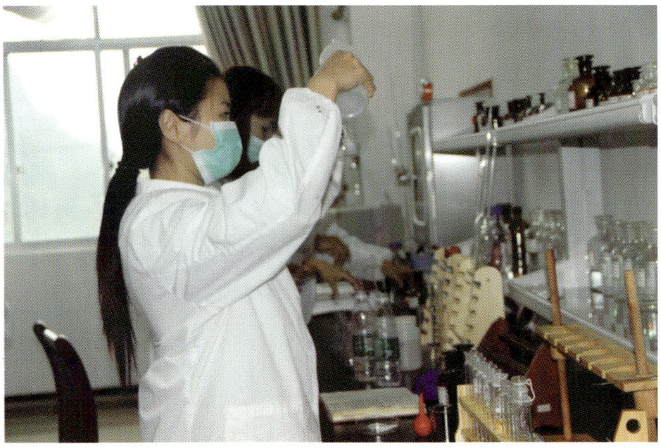

宁远县自来水公司水质检测站

获省级、市级、县级荣誉榜

来　水　公　司

2016年2月14日，公司干部职工在经理樊志军的带领下义务植树

宁远县自来水公司投资100多万元，建设供水调度系统，是一个综合的供水信息化管理平台，可远程监测各供水单元的实时生产数据和设备运行参数；可远程查看重要生产部位的监控视频；可远程管理水泵、阀门等供水设备以及水质在线实时监测。

宁　　远　　县

仁和镇议教工作座谈会

全县唯一乡镇高层建筑——仁和新天地商业城竣工，商业中心正式开业

仁和镇第六届人民代表大会胜利开幕

仁　　和　　镇

县委书记刘卫华指导精准扶贫和脱贫攻坚工作

县委书记刘卫华检查仁和镇综治中心和纪检标准化建设工作

仁和镇成功创建省级安全生产示范乡镇

仁和镇圆满完成人大政府换届工作

县委书记刘卫华在仁和镇白马村调研农村网格化管理工作

宁　　远　　县

县委副书记伍佑伦(左五)、县委组织部副部长欧啸（左六）与新当选的柏家坪镇班子成员合影

2016年，柏家坪镇抓住被列为湖南省第一批小城镇建设示范乡镇、新型城镇化试点镇的机遇，积极实施小城镇建设带动战略，按照“高起点规划、高效率建设、高效能管理”的原则，立足实际，科学组织，精心施工，紧紧围绕中心城镇建设平台，加大基础设施的投资力度，狠抓管理，小城镇建设迈向了一个新台阶，有力地促进了全镇经济、社会的全面健康发展。对永连公路两侧新建民房进行全方位改造，保持了统一的古色古香马头墙风格；投入资金3000万元，对永蓝高速柏家坪出口至镇政府一线进行升级改造，道路两侧两千米沿线铺设彩板砖3.3万平方米，种植桂花、香樟等名贵树种1000余株，安装古典式路灯156盏，1800米路面全部实现白改黑改造。筹集资金488万元，启动柏家坪老街改造工程，对老街的交通、水电、通讯、环卫、照明等基础设施和配套设施进行改造，打造设施完备、功能齐全的镇区环境。

湖南省新型城镇化试点镇柏家坪春陵新街

全国重点镇——柏家坪镇镇区航拍图

柏家坪镇

易地扶贫搬迁安置点——曙光新村

现代农业主导产业——烤烟产业

文化事业欣欣向荣

宁远县重点项目——现代林业科技园

镇区道路提质，铺就群众“幸福路”

永州市美丽乡村示范村——大路尾村

江　南　第　一　村

下灌又名灌溪,位于湖南省永州市宁远县湾井镇。因“数水合流，灌而成溪”，故名灌溪；又因处于几条河水灌注之地，人们便形象地称之为下灌。享有“千年古村”“状元故里”和“江南第一村”的美誉。

下灌村始建于南齐永元二年（500），开拓大使李道辨率军来九疑征伐，筑垒于灌溪。后李道辨定居灌溪。下灌村历史上的辉煌时期是唐、宋两朝，状元李郃和乐雷发皆出于此。现存有“状元楼”“文星塔”“广文桥”“应龙亭”“洗砚池”，“李家大院”“李氏公祠”“龙回寺”“三公殿”“灌溪古校”等文物古迹。

近年来，宁远县委、县政府高屋建瓴，启动了下灌美丽乡村建设，全力打造“国家历史文化名村”、湖南美丽乡村、宁远特色旅游新名片。凸显“四古四新”（古村、古巷、古井、古道，新生活、新环境、新产业、新风貌）特色，旅游业迅速发展。来旅游观光的游客络绎不绝，仅2016年五一期间，游客就突破10万人。

2016年底，设7个居民委员会，74个村民小组。3062户，13132人。

下灌新貌

下　　　灌　　　村

县委书记刘卫华在下灌景区开园仪式上讲话

2016年五一下灌景区隆重开园

社区班子成员研究美丽乡村建设规划

2016年8月副省长戴道晋在下灌社区调研乡村旅游工作

下灌花海

田园小景

十里画廊景色

宁远县委县政府接待科

科长　欧向中

宁远县接待科是中共宁远县委办公室、宁远县人民政府办公室下属的正科级参公事业单位，现有工作人员8人，接待场所为三星级酒店——宁远县莲花华天商务酒店。主要负责接待到宁考察、调研、学习的各级领导及到宁投资的外地客商，并承办省、市、县区域性公务活动现场会等大型活动。年均接待领导（来宾）600余批次，近万人次。

接待科研究重宾接待工作

副科长崔敏和酒店负责人检查酒店卫生情况

接待科工作人员和酒店负责人检查酒店食品安全情况

大型公务活动就餐现场

目　　录

特　载

大　事　记

宁远概况

领导名录

中共宁远县委员会

宁远县人大常务委员会

宁远县人民政府

政协宁远县委员会

群 众 团 体

军　　事

法　　治

综合经济与管理

农　　业

工　　业

商 业 贸 易

国土环保 城建城管

交通·通信

财税·金融

科技　教育

文化　体育　卫生

社会管理与服务

乡镇 · 街道

附　　录

特　　　载

不忘初心　富民强县
为全面建成小康社会而努力奋斗

中共宁远县委书记　刘卫华

（2016 年 8 月 29 日）

同志们：

现在，我代表中国共产党宁远县第十一届委员会向大会作报告，请予审议。

一、回首辉煌过去，我们豪情满怀，务必激扬斗志，以更加坚定的信心迎战新的征程

肩负党和人民的重托，伴随时代前进的步伐，我们走过了不平凡的五年。五年来，在市委、市政府的坚强领导下，县委团结带领全县党员干部群众，兴“三业”、建“三区”、增“三量”，解放思想解难题、改革创新创新业、创先争优竞一流，圆满完成县第十一次党代会和“十二五”规划确定的各项目标任务，为全面建成小康社会奠定了坚实基础。

过去五年，是综合实力大幅跃升的五年。县域经济实力上升到全省第 45 位，五年前进 7 位。主要指标始终保持两位数增长、高于省市平均水平，2015 年，全县 GDP、固定资产投资、规模工业总产值迈上百亿台阶，财政总收入跻身十亿行列，社会消费品零售总额快速增长，分别是 2010 年的 1.9 倍、3.63 倍、3.1 倍、3.19 倍、2 倍。新型工业提质增效，建成加工贸易、建材冶金两个百亿产业，培育生物医药、电子信息两大新兴产业；高新技术产业从无到有到大到强，年产值达到 27 亿元。现代农业加速发展，烟叶生产连续五年全省第二、全市第一；规模以上农产品加工业产值占农业总产值比重五年提升 10 个百分点，达到 60%。旅游服务业发展迅速，景区景点、要素配套、对外形象全面优化提质，接待游客量、旅游综合收入节节攀高，成功举办 2 次全省公祭舜帝大典和世界舜裔宗亲大会；获评全省旅游强县、文化旅游产业重点县。

过去五年，是基础后劲显著增强的五年。完成县城总体规划和土地利用规划修编，县城面积超过 20 平方公里、人口达 20.5 万人，五年新增 5 平方公里、5.2 万人；城镇化率五年提高 7.35 个百分点，达到 40.35%；南部生态文化新城初具雏形；“六纵六横”城市路网全部拉通；主城区功能进一步优化，城市发展空间和品质大为提升。“一园三区”扩容升级，建材冶金区

转型为循环经济区，加工贸易区基础配套不断完善，西部工业新城拉开10平方公里，创新创业园“135”工程建成标准厂房80万平方米。旅游景区全域推进，九嶷山舜帝陵申创国家5A景区，建成三分石、下灌古村、舜帝陵碑林、舜德书院、九嶷山连接线等一批新景区、新景点、新设施，九嶷山跻身国家自然保护区、国家风景名胜区、省地质公园，九嶷河创建国家湿地公园。水电路讯设施明显改善，二广、厦蓉高速建成通车，出省跨境大通畅、县乡公路大循环、旅游景区大连接的交通体系基本成型；涔天河水库宁远灌区、金钩挂水库、九嶷山水库立项或开工建设，中小型水库除险加固、中小河流综合治理、“小农水”、“五小”水利设施建设、农村人口安全饮水工程超额完成；城乡电网、通信综合保障能力全面增强。

过去五年，是生态环境持续优化的五年。贯彻绿色发展理念，全面禁伐限伐，“十年不砍树，十年栽好树”，创建国家森林城市，新增湿地保护区9个，跻身首批国家生态文明示范工程试点县、国家主体功能区建设试点示范县、国家级重点生态功能县、全国国土资源节约集约模范县、湘江源头国家生态文明先行示范区。点线面推进新型城镇化和美丽乡村建设，启动实施“五化”行动，打造百里新城镇新农村示范带，创成国家或省级生态、文明、卫生示范村镇26个，连续两年被评为全省新农村建设先进县。在全省率先整体退出烟花爆竹生产，城区全面禁放限放烟花爆竹。山水田林路综合治理，人居环境更整洁、更优美、更舒适，连续三年被评为全省“城乡环境卫生整洁行动十佳县”。

过去五年，是改革创新活力迸发的五年。各项改革逐项落地生根，红利加速释放。“3+2”改革走在省市前面，率先完成农村土地确权颁证和农地规划，发出全省第一本农村土地承包经营权证书；率先实施商事登记制度改革，发出全省第一张“三证合一”营业执照；率先实施乡镇区划调整，撤销舜陵镇新设4个街道，提前超额完成撤并村工作；率先组建旅建投、农建投，做大做强城建投，为“三区”建设提供了强力保障；率先成立县级院士工作站，成功搭建高校与企业联姻平台；率先完成城市社区网格化建设，农村网格化建设全面铺开；财政综合管理绩效跻身全国百优行列；政府机构改革顺利完成；集体林权、医药卫生、司法体制等改革稳步推进。创新创业蓬勃发展，创建省级创新型城市、创业孵化基地。对外开放不断扩大，完成外贸出口额2.4亿美元，是上一个五年的49倍，投资洼地效应逐步显现。

过去五年，是民生事业成果丰硕的五年。每年民生支出占财政总支出的75%以上，五年累计投入104.9亿元，城、乡居民人均可支配收入分别年均增长11.1%、14.2%，高于GDP增速。精准扶贫扎实推进，五年减少贫困人口8.1万人，荣获全省“全面小康推进工作十快进县”。社会保障扩面提标，就业更加充分，公共服务不断完善，获评全国中医药管理先进县、全省卫生应急综合示范县、全省保障性安居工程先进县、全省现代公共文化服务体系创建示范区、革命苏区县。教育强县取得突破，五年投入29.1亿元，新增义务教育学位2万个，荣获全省教育“两项督导评估考核”优秀县，2016年高考“二本”上线人数增量占全市的70%、增幅排全市第一。社会治理水平提升，社会治安状况评价连续三年全省第一，社会管理综合治理、安全生产连续三年被评为全省先进，获评全国法治创建先进县、全国“六五”普法先进县，先后创建省卫生县城、国家卫生县城、省文明县城、全省平安县，启动创建国家文明县城。社会文明不断进步，精神文明创建活动蓬勃开展。

过去五年，是党的建设全面加强的五年。深入开展创先争优、党的群众路线教育实践活动、“三严三实”专题教育、“两学一做”学习教育，创新开展“三联三送三服务”“一学二比三提升”等主题活动，反“四风”、转作风，干部队伍形象、党群干群关系逐步改善，形成了干事创业、比学赶超的浓厚氛围。树立正确用人导向，以德才定优劣，以工作论英雄，以实绩定升迁，以政府机构改革和乡镇换届为契机，选优配强了各级领导班子。巩固提升基层基础，在全市率先实行干部执行力考评和村干部精细化管理，持续推进软弱涣散村级党组织整顿，被评为全省基层组织建设示范县。全面压实“两个责任”，建立健全惩治和预防腐败长效机制，从严整治群众身边的“四风”和腐败问题，依纪依法查处了一批“老虎”“苍蝇”，反腐败压倒性态势正在形成。在县委的领导下，人大、政府、政协主动服务大局、依法履行职责，司法机关依法独立公正行使职权，为全县经济社会发展作出了重大贡献。党管武装工作全面加强，统战、党校、群团、老干、史志、档案等工作取得新的成效。

五年的生动实践，我们深刻感受到：最突出的变化是各项工作创先争优。五年来，我们积极超前谋划、敢于探索先行，综合绩效考评稳居全市第一方阵，多项工作在全市率先、全省领先、全国争先。宁远的知名度、美誉度和影响力大为提升。最直观的变化是城乡面貌翻天覆地。五年来，我们坚持以城带乡、以乡促城、城乡互动，城乡一体化步伐全面提速，由脏乱差变为洁净美。宁远山青、水秀、地干净、人文明、治安好，已经成为县内外人们的共同印象。最欣慰的变化是人民群众自信自豪。五年来，我们坚持执政为民，着力解决群众最关心最直接最现实的利益问题，把不可能变可能，办成了一大批看得见摸得着感受得到的实事、一大批多年想干而没有干成的难事、一大批谋长远打基础增后劲的大事。宁远人民获得感明显增强，生存更有尊严、生计更有保障、生活更有盼头，对未来更有信心。最深刻的变化是干事创业氛围浓厚。五年来，我们紧紧抓住作风建设这个“牛鼻子”，抓住领导干部这个“关键少数”，抓住干部执行力建设这条主线，在大胆创新、攻坚克难中提高能力水平，在经济发展、精准扶贫等主战场彰显英雄本色，在为民服务、干净干事中树立良好形象，各级党组织的战斗力、凝聚力、创造力全面提升，宁远干部干事创业、创先争优、敢于担当的意识全面增强。

五年的励精图治，我们积累了宝贵经验：一是解放思想，在先行先试中抢抓先机。五年来，我们以解放思想统一思想，在机遇面前抢半拍、快半拍，在政策面前吃特惠、享普惠。实践证明，只要对发展有利、对人民有益，先干不议论、先试不争论、先进作结论，就一定能不断在先行先试中实现新的突破、新的跨越。二是加快发展，在创新载体中精准发力。五年来，我们坚持用发展的办法破解难题、推动工作，通过搭建“三创”活动、“三区”建设、“五化”行动等平台和载体，以重点突破之功收取了全局发展之效。实践证明，只要咬定目标、谋定而动、久久为功，选准建好工作载体，就一定能突破瓶颈，在科学发展的道路上越走越宽、越走越好、越走越远。三是执政为民，在改善民生中赢得民心。五年来，我们坚持一切为了群众满意，抓重点、补短板、兜底线，改革发展成果更多更公平惠及广大人民群众。实践证明，只要心中有民、实干为民，努力让人民群众有更多更好的获得感，就一定能得到最大的拥护和支持，获得永不枯竭的动力源泉。四是敢于担当，在苦干实干中争创一流。五年来，我们坚持功成不必在我、建功必须有我，说了算、定了干、马上办，一张蓝图干到底、一以贯之抓落实、一往无前攻难关。实践证明，只要我们急难险重冲在前、敢打敢拼干在先，就一定能用我们的辛苦度，换来群众的满意度，换来宁远的美誉度。五是管党治党，在团结协作中凝聚合力。五年来，我们坚持党要管党、从严治党，树牢抓好党建就是最大政绩的理念，注重转变领导方式和工作方法，积极支持人大、政府、政协履行职能，不断提升执政能力和水平。实践证明，只要党的领导坚强有力，团结一切可以团结的力量，充分调动一切积极因素，我们的力量就一定能无坚不摧，我们的事业就一定能无往不胜！

五年的光辉历程，我们深知，是中央、省委和市委的坚强领导、正确指引，让我们在前行路上从容自信、勇往无前；是历届县委的矢志不渝、孜孜追求，让我们在困难面前不敢懈怠、意志弥坚；是县“四大班子”的精诚团结、群策群力，老干部、老同志的关心关注、大力支持，社会各界人士的同心同德、和衷共济，驻宁部队的全力护航、鼎力相助，让我们在“冲锋陷阵”时少了顾虑、多了勇气。在此，我代表县十一届委员会，向所有参与、关心、支持宁远发展的同志们、朋友们，致以崇高的敬意和衷心的感谢！

在肯定成绩的同时，我们也清醒地看到，多年来积累形成的观念性、体制性、结构性矛盾尚未根本解决，仍面临着长长的“问题清单”，主要表现在“五个不相适应”：一是经济发展水平与富民强县的要求还不相适应；二是绿色发展水平与生态文明建设的要求还不相适应；三是社会治理水平与平安宁远建设的要求还不相适应；四是民生保障水平与人民群众日益增长的物质文化需求还不相适应；五是党建工作水平与全面从严治党的要求还不相适应。对此，我们务必增强问题意识、忧患意识和责任意识，在今后的工作中认真解决、全力补齐。

二、展望美好未来，我们整装前行，务必保持定力，以更加理性的思维谋定发展路径

纵观时代发展，宁远已经站在新的历史起点。我们既要科学把握大势，做到举重若轻，有定力、不慌神；又要树立问题导向，做到举轻若重，强定力、不懈怠，主动适应新常态，大胆迈出新步伐，努力实现新跨越。

新的五年，大有可为的机遇不容错过。和平、合作与发展仍是时代的主题，世界经济在深度调整中曲折复苏，新一轮科技革命和产业变革蓄势待发。我国继续领跑全球主要经济体，全面进入发展新常态，发展方式加快转变，新的动力正在形成，经济长期向好的基本面没有改变。特别是随着“一带一路”“互联网+”“大众创业、万众创新”等国家战略的深入实施，“一带一部”“一核三极四带多点”“四个三”“八大计划”等省市区域发展战略的同步实施，以及在脱贫攻坚、简政放权、供给侧结构性改革、湘南承接产业转移示范区建设等方面的力度持续加大，必将为我们在更大范围、更高水平、更深层次上谋求更好更快发展带来重大机遇。

新的五年，复杂严峻的挑战不容忽视。经济下行压力持续加大，国家着力推进发展转型，后发地区面临着加快发展、转型发展的双重任务。周边各地千帆竞发、加速赶超，前有标兵、后有追兵的竞争态势日趋激烈。虽然近些年来，我们取得了令人瞩目的成绩，保持良好的发展态势，但仍处于打基础、调结构、增后劲的转型时期，仍处于绝对发展、但相对落后的赶超阶段，未来的突围之路绝非坦途，容不得我们丝毫骄傲自满、疏忽大意。

新的五年，光荣艰巨的使命不容懈怠。党中央向世界庄严宣布，要在2020年全面建成小康社会。省委作出湖南提前一年实现全面小康的决定，并要求省贫困县2017年全部脱贫。我县作为省级扶贫开发重点县，必须跟上全省工作部署，到2017年整县脱贫、2019年全面建成小康社会，不能让一个贫困人口落下。我们唯有积极作为、奋力进取，才能不辱使命、勇立潮头。

基于此，县委确定大会的主题为：不忘初心，富民强县，为全面建成小康社会而努力奋斗。

今后五年县委工作的指导思想是：高举中国特色社会主义伟大旗帜，认真贯彻党的十八大和十八届三中、四中、五中全会精神，全面落

实习近平总书记系列重要讲话精神，紧紧围绕“四个全面”战略布局，自觉践行“五大发展理念”，始终突出发展第一要务，切实强化党建第一责任，深入实施“生态立县、工业强县、旅游兴县、农业富县”战略，以“三区”建设为总抓手，以精准扶贫为主战场，以创新创业为突破口，坚决打赢脱贫攻坚战，率先全面建成小康社会。

主要预期目标是：主要经济指标增速保持全市前列，高于省市平均水平，其中GDP年均增长10%以上，总量突破220亿元；社会消费品零售总额年均增长12%以上，突破100亿元；财政总收入、规模工业增加值、固定资产投资在2015年的基础上翻番，分别达到24亿元、55亿元、300亿元；城乡居民人均可支配收入年均增长10%以上，超过小康水平。县域经济实力在全省位次持续提升。

要实现上述目标，我们在工作中必须牢记以下五大原则：一是坚持解放思想这一重要法宝。解放思想是一切工作的“总开关”，发展无止境，解放思想无止境。面对新常态、新形势、新问题，要冲破思想观念的障碍、突破利益固化的藩篱、跳出体制机制的束缚，实现变中求新、变中求进、变中突破。二是坚持科学发展这一工作主线。发展是执政的第一要务，必须坚定信心、保持定力，把转方式、调结构作为发展的核心，加快推进经济结构调整、产业结构调整、投资结构调整，实现更有效率、更有质量、更加公平、更可持续地发展，以发展的实际成效体现宁远在省市的责任担当。三是坚持群众满意这一最终目标。人民群众对美好生活的向往，就是我们的奋斗目标。要始终把群众满意作为我们全部工作的出发点和落脚点，把人民拥护不拥护、赞成不赞成、高兴不高兴、答应不答应作为衡量一切工作得失的根本标准，实现好、维护好、发展好最广大人民的根本利益，让人人共享人生出彩、梦想成真、成长进步的机会。四是坚持改革创新这一强大动力。强化问题导向、目标导向、需求导向，精准对接发展所需、基层所盼、民心所向，用改革的办法、创新的思维化解矛盾、破解难题、释放红利，为发展提供持续动力。五是坚持党的领导这一根本保障。在任何时候，都要坚持党的领导毫不动摇，充分发挥党委统揽全局、协调各方、凝聚合力的领导核心作用，把一切工作置于党的领导之下，不断提高领导科学发展的能力和水平，确保全县各项工作沿着正确方向破浪前进。

三、聚焦“五大发展”，我们砥砺奋进，务必精准施策，以更加铿锵的步伐推进小康建设

坚持发展第一要务，紧紧扭住经济建设这个中心不动摇，聚精会神搞建设，一心一意谋发展，促进“五位一体”全面进步。

1. 加快“三业并举”，促进转型升级，在创新发展上走在前列。突出“创新引领、三产融合、链式发展”，培育壮大多点支撑、多极互动、多元发展的绿色智慧产业，实现新旧动能接续转换和经济结构升级转型。

大力发展新型工业。抢抓“工业4.0”“中国制造2025”等战略机遇，推动新一代信息技术与产业深度融合，实现新兴产业增量提速与传统产业改造提升。着力发展战略型新兴产业，推动宁远工业由中低端向中高端转变。着力实施品牌战略，鼓励企业弘扬工匠精神，参与国内外和行业标准制定，推动宁远“制造”向宁远“创造”转型。坚持走“专精特新”发展道路，打造一批独具特色的中小企业群。打造国家循环经济示范县、国家新型工业化产业示范基地、全省承接产业转移重点县和省级电子信息产业基地、生物医药产业基地、产业集群外贸基地。

大力发展现代农业。坚持以工业理念、旅游思路谋划发展农业，走产出高效、产品安全、资源节约、环境友好的立体生态高效型农业道

路，推动种养加一体、农牧渔结合、一二三产业融合发展。加快业态创新，突出发展壮大生态农业、休闲观光农业、智慧农业、跨界农业，积极策划农业众筹项目，促进农业由“生产导向”向“消费导向”转型。着力引进和培育一批农业产业化龙头企业，扶持一批农业合作经济组织，打造一批享誉全国的农业品牌，提升产业化水平。加快农业机械化、信息化、标准化建设，健全农产品质量安全全过程监管体系、现代农业科技创新推广体系、农业社会化服务体系，提升农业综合生产服务水平。

大力发展全域旅游。抢抓被列为全国“景区带村”旅游扶贫示范项目和全省文化旅游产业重点县的机遇，把宁远全域作为宜居宜游生态文化公园来建设、运营和管理。加快九嶷山舜帝陵创国家5A级景区步伐，建立以生态景观旅游、历史人文旅游、乡村民俗风情旅游为重点的旅游产品体系，以宁远为中心、覆盖周边县区的大九嶷山旅游圈，以“旅游+”为引领、全域旅游与新型工业和现代农业融合发展的产业结构，打造国家级生态景观旅游目的地、舜文化旅游首选地、国际乡村度假示范区。以全域旅游带动现代服务业，加快发展物流、金融、外包等生产性服务业，商贸、健康、养老等生活型服务业，文化、教育、信息等知识型服务业，努力培育具有宁远特色的品质消费。

2. 聚力“三区”建设，统筹城乡一体，在协调发展上走在前列。以“三区”为龙头，加快推进“一城连六乡（镇）接一景促一带”，形成核心引领、多点支撑、片带联动的城乡一体新格局，切实增强发展的整体性、均衡性和可持续性。

提升城区品质活力。按照“一城两翼”的总体布局，围绕建设生态文化旅游山水品质活力城市目标，做好显山、靓水、扩城、提质、增收、创安“六大文章”。加快南部生态文化新城建设，完成“一轴贯通、十字拓展、五大片区”的布局和建设，打造城乡一体示范区、智慧城市样板区、创新创业引领区。加快市政设施建设，完善城市功能，提升城市宜居性持续性，争创国家森林城市、智慧城市。加快城市经济发展，做大做强街道、社区经济。加快推进城乡要素平等交换、合理配置和基本公共服务均等化，实施品质活力示范乡镇“十个一”工程，打造一批宜居宜业宜游的特色小镇。

增强园区承载功能。围绕打造“百亿园区、百亿产业、百亿企业”，进一步夯实“一园三区”大平台，加快促进产业集聚、人才集聚和创新要素集聚，使园区成为带动县域经济发展的主导区、调整产业结构的先行区和现代产业的集聚区。按照“工业新城、城市新区、产城融合”的思路，加快西部生态工业新城建设，到2020年建成10平方公里。加快创新创业园区“135”工程建设，继续兴建标准厂房，打造创客基地。填平补齐循环经济区、加工贸易区配套服务设施。健全骨干企业生产配套、现代服务业支撑、现代技术创新研发、新型实用人才培训四大体系，创建省级承接产业转移示范区。

推进景区全域发展。以宁远全域景区化来提升城乡一体化、城镇特色化，促进景区与园区、城区全面融合，旅游与文化、产业、生态深度融合，点线面全面推进，打造景区规划、景区开发、要素配套、市场营销“四个升级版”。深度挖掘宁远的历史文化和时代神韵，塑造文化符号，讲好“宁远故事”，唤回乡愁记忆，让每一个景观都有根有魂、有个性有品位、有魅力有活力。力争五年内“九嶷山舜帝陵+周边村”创国家5A景区、三分石创国家4A景区、仙子山创国家3A景区。

改善城乡基础条件。启动新一轮“三年交通大建设”，全面建成S351湾井—水市—道县四马桥、G357二广高速宁远互通—天堂、G537仁和—冷水等干线公路，争取兴永郴、桂永郴铁路过境宁远并设站场，实施农村公路“五类工程”，构建内外互联互通的综合交通网。积极发展风能、太阳能、生物质能等清洁能源，完成县城和所有行政村电网升级改造，构建互为补充的能源保障网。抓好金钩挂水库、九嶷山水库、涔天河流域宁远段、中小型水库除险加固、中小河流治理、安全饮水等“十大项目”，构建河流水库功能互补的水利设施网。加快实施“互联网+”行动，完善“三网融合”、电子政务、电子商务、城乡视频监控等信息平台，构建深度融合的现代信息网。

3. 擦亮生态底色，建设美丽家园，在绿色发展上走在前列。坚持“既要金山银山、也要绿水青山，绿水青山就是金山银山”的发展理念，尊重自然、顺应自然、保护自然，加快推进“四大‘国字号’工程”和美丽乡村建设，打造美丽中国的县域典范。

全面节约高效利用资源。推进产业发展绿色化，将生态环保理念融入产业发展，严格执行环保准入制度、产业政策指导目录，积极推动传统产业绿色化转型、重点企业清洁化生产、工业园区生态化改造，着力培育一批循环型十亿企业、一个循环型百亿产业、一个循环型百亿园区。推进资源利用集约化，大力实施能源和水资源消耗、建设用地等总量和强度双控行动，推广农业节水灌溉设施、工业节水技术工艺、中水回收利用；清理闲置用地和盘活低效用地并举，促进土地投资强度和产出效益“双提升”。推进资源再生利用产业化，促进资源永续利用。推进生活方式低碳化，实施全民节能行动计划，推动形成勤俭节约、绿色环保的社会风尚。

加强生态环境保护治理。注重生态修复建设，实施国土绿化行动，构建以九嶷山系和境内阳明山系为屏障，以水市、半山、双龙等七个水库为重点，以厦蓉、二广、永连、宁新等通道绿化和舂水、仁水、泠江、九嶷河沿岸绿化为走廊的生态安全格局。注重环境污染治理，建立政府、企业、公众共治的环境治理体系，推进碧水、蓝天、净土“三大行动”，加强大气、水体、土壤、固体废弃物等污染防治，从根本上解决危害人民群众的环境污染问题。

推进美丽宜居乡村建设。大力实施“五化”行动和美丽乡村示范创建活动，到2020年，建成200个美丽乡村示范村，所有村达到“五化”要求，村村都是乡村旅游点。大力实施秀美乡村建设示范工程，加快民居标准化立面改造，打造多条美丽乡村风景线。大力实施“山水田林路”综合治理，改善农村基础设施，打造山水交融、恬静优美的田园风光。大力实施农村人居环境整治行动，全面推行垃圾分类处理，加强农村垃圾、污水、养殖污染、农业面源污染防治，做好传统村落民居和历史文化名村名镇申报和保护工作，全面提升农村人居环境质量。

4. 深化改革创新，激活内生动力，在开放发展上走在前列。以更大的政治勇气和智慧推动改革创新不停顿、对外开放不止步，增强发展新动能，增添突破新动力，增创竞争新优势。

以深化改革破解发展难题。牢牢把握供给侧结构性改革这条主线，认真落实“三去一降一补”要求，充分发挥市场在资源配置中的决定性作用，形成有利于转型发展的体制机制。突出抓好重点领域和关键环节改革，力争在财税投融资、城乡网格化、农村集体产权、农村党支部书记职业化改革等方面创造经验、走在前面。进一步深化商事制度和行政审批制度改革，营造公平竞争、平等准入的市场秩序。加强“三督三察”，推动各项改革落地生根，最大化释放改革红利。

以开放合作拓展发展空间。牢固树立全方位、包容性、区域协同开放的新理念，运用好县内县外两种资源、两个市场，积极融入“一带一部”、珠三角、长三角等区域化合作，主动加强与周边地区在产业、技术、资源、交通、社会事业等方面的常态化合作，广泛富集各地优质要素，构筑全方位、多层次、宽领域的对外开放新格局。突出以承接产业转移促开放，加大招商引资力度，努力引进一批成长性好、关联度高的好项目大项目，培育一批有市场、能创汇的外贸型企业，全面提升开放型经济发展水平，争当湘南承接产业转移示范区的桥头堡、排头兵。

以创新创业增强发展活力。充分发挥科技创新在供给侧结构性改革中的基础、关键和引领作用，培育一批具有核心技术的创新型企业，集聚一批优秀科技领军人才和创新创业人才，办好院士工作站，推动产业链、创新链、资金链、人才链深度融合，不断提高科技创新供给质量和效率。充分发挥创业创新基地孵化功能，进一步创优政策和环境，引导宁远经济能人返乡创业，支持在宁企业二次创业，吸引优秀青年到宁创业，鼓励民间资本建设“众创空间”，形成大众创业、万众创新的浓厚氛围。

5. 集中攻坚扶贫，改善民生福祉，在共享发展上走在前列。顺应人民群众对美好生活的向往，坚持以人民为中心的发展思想，让宁远大家庭的每一员共同迈入全面小康社会。

坚决打赢脱贫攻坚战。把脱贫攻坚作为头等大事、头号民生工程，以决战决胜之势，举全县之力推进。认真落实“六个精准”“五个一批”的要求，集中攻坚产业增收、易地搬迁、素质提升、兜底保障、基础扶贫、健康扶贫“六大工程”，最大限度地将各项惠民政策、项目、资金向贫困地区倾斜和聚焦，确保每一户贫困家庭、每一个贫困人口都不能在全面小康中掉队。建立健全社会参与、资金整合、结对帮扶、责任考核、脱贫退出“五大机制”，整合各方面资源，汇聚全社会力量，构筑“三位一体”的大扶贫格局。确保如期完成脱贫目标，实现“两不愁、三保障”。

持续优化社会保障体系。坚持就业优先，着力解决高校毕业生、被征地农民、农村剩余劳动力、城镇就业困难人员等群体就业。完善最低工资增长机制，突出做好中低收入者和困难家庭增收工作，缩小城乡收入差距，实现居民收入增长和经济发展同步、劳动报酬增长和劳动生产率提高同步。实施全民参保计划，加快建立以社会保险、社会救助、社会福利为基础，以养老保险、失业保险、医疗保险和最低生活保障为重点，以商业保险、慈善事业为补充，覆盖城乡、自由转接、优势互补的的社会保障体系。

统筹发展各项社会事业。围绕办人民满意教育目标，加快城乡教育优化布局、均衡发展，大力实施“三名”工程，着力解决城区学校“大班额”、农村孩子上学难和上好学校难的问题，打造名副其实的全省教育强县。加快全省公共文化服务体系示范区建设，实施文体惠民、文艺精品、文产提速、文市规范、文遗保护“五大工程”，提高文化软实力，不断满足人民群众日益增长的精神文化需求。加快健康宁远建设，健全基层医疗卫生服务体系，广泛开展全民健身运动，落实计划生育基本国策，创建百岁健康村（社区），提高全民健康素质。大力发展适度普惠型福利事业，继续实施城乡安居工程，探索社会养老服务，支持公益、慈善、残疾人、妇女儿童等事业，让弱势群体、特殊人群、困难群众共享公共服务阳光。

不断提升社会治理水平。深入推进依法治县，加快法治宁远、法治政府、法治社会一体化建设，强化法制宣传教育，支持司法机关依法独立公正行使司法权，努力营造办事依法、遇事找法、解决问题用法、化解矛盾靠法的法治良序。深化平安宁远建设，健全社会治安防控体系，严厉打击各类违法犯罪活动，深化信访工作制度和司法体制改革，严格落实安全生产责任，强化食品药品安全、产品质量安全、网络安全等突出问题治理，保持全省平安县，创建全省安全生产示范县。加强精神文明建设，提升全民思想道德素质，凝聚昂扬向上、崇德向善的正能量，争创全国文明县城。

四、肩负时代重任，我们责无旁贷，务必从严治党，以更加坚强的组织引领宁远发展

始终把从严治党贯穿改革发展和党的建设全过程、各方面，全面压实管党治党责任，做到真管真严、敢管敢严、长管长严，不断把党的政治优势转化为发展优势。

1. 锤炼信念坚定的精神品格。思想政治建设是党的根本建设，必须摆在首位，以思想理论的先进性引领党的发展、人的发展。

强化理论武装。坚持用中国特色社会主义理论体系武装头脑、指导实践、推动工作，不断完善党委（党组）中心组学习制度，深入推进“两学一做”学习教育，突出抓好理想信念教育这个战略任务，不断提高马克思主义思想觉悟和理论水平，不断增强“四种意识”“四个自信”，始终保持对远大理想和奋斗目标的清醒认识和执着追求，做到在胜利和顺境时不骄傲不急躁，在困难和逆境时不消沉不动摇，争做“四讲四有”合格党员。

严肃党内生活。党要管党，首先从党内政治生活管起；从严治党，首先要从党内政治生活严起。要加强和规范党内政治生活，严肃党的政治纪律和政治规矩，认真落实“三会一课”、谈心谈话、民主评议党员等制度，着力解决“制度多、落实少，庸俗化、走过场”的问题，增强党内生活的政治性、时代性、原则性、战斗性，全面净化党内政治生态。

把牢舆论导向。坚持党管舆论，强化党委（党组）意识形态工作责任制，牢牢掌握意识形态领域的领导权主动权。按照“内聚力量、外树形象”的要求，健全社会舆情引导机制，推动传统媒体和新兴媒体融合发展，宣讲好宁远故事、传播好宁远声音、汇聚好宁远力量、展示好宁远形象，提高人民群众对理想信念和共同梦想的认同感、归属感，扩大宁远对内对外的凝聚力、影响力。

2. 筑就坚强有力的战斗堡垒。牢固树立大抓基层的鲜明导向，更加注重发挥政治功能和服务功能，推进基层党建工作全面进步、全面过硬。

扩大有效覆盖面。坚持分类施策和整体推进相结合，创新和完善党组织设置，统筹抓好农村、机关和非公三大领域党建扩面提质工作。整合党群公共资源，以党建带群建、团建带队建，积极构建区域联动的党群“服务圈”。深入开展“六共六同”活动，推进党的组织和工作从“有形覆盖”向“有效覆盖”转变。创新基层党建工作载体，注重挖掘典型、总结经验、探索创新，努力打造一批有特色、打得响的基层党建品牌。

选准配强带头人。抓住村支“两委”换届契机，配齐配强村级班子，注重选优配强基层党组织书记，探索村党组织书记队伍职业化建设，打造一支高素质带头人队伍。分类推进党支部星级考评，拓展基层干部的发展空间，激发争先进位的内生动力。全面推行党员积分制和执行力卡管理，完善不合格党员退出机制，保持党员队伍的纯洁性和先进性。加大典型培育和宣传推介，使广大党员学有榜样、行有标杆，使典型效应不断升华为群体效应、社会效应。

建立健全保障网。建立与财政收入增长相协调的基层经费投入机制、运转经费保障机制和党内激励关怀机制，推动形成人往基层走、钱往基层投、政策往基层倾斜的良好局面。建立健全党委书记抓基层党建问题、整改、责任“三个清单”，真正把乡镇党委这个龙头挺起来。继续抓好并村后续工作，持续推进软弱涣散党组织整顿，进一步加强村级阵地标准化建设和农村公共服务平台建设。大力发展村级集体经济，切实增强基层组织干事创业后劲。

3. 锻造奋发有为的中坚力量。按照从严从实从优要求，选好用好管好干部，努力打造一

支具有铁一般信仰、铁一般信念、铁一般纪律、铁一般担当的干部队伍。

树立正确用人导向。坚持德才兼备、以德为先，坚持五湖四海、任人唯贤，坚持事业为上、公道正派，以“20字”好干部标准评判选用干部。注重从经济发展、脱贫攻坚、项目建设等主阵地、最前沿、第一线锤炼、甄别、选用干部，努力把党和人民需要的干部精心培养起来、及时发现出来、合理使用起来。扎实推进干部交流轮岗常态化，加强后备干部培养锻炼，重视年轻干部、女干部、党外干部的选拔使用，形成合理的梯次结构，促进干部想干事、会干事、干成事、不出事、好共事。

提升整体综合素质。深入推进干部素质提升工程，充分发挥党校干部教育培训主体功能作用，大力开展理论教育、党性教育和任职能力教育，提升党员干部综合素养。破除制约人才培养、评价、使用、流动、激励的思想束缚、制度藩篱，加快引进急需人才和高精尖缺人才，努力形成人人渴望成才、人人努力成才、人人皆可成才、人人尽展其才的良好局面。广大干部要树立终身学习的理念，自觉加快知识更新和实践锻炼，使专业素养和工作能力跟上时代节拍，避免少知而迷、无知而乱，努力成为抓工作的行家里手。

强化干部监督管理。严格落实领导干部能上能下若干规定，探索推行干部召回机制，着力解决为官不正、为官不为、为官乱为等问题，推动形成能者上、庸者下、劣者汰的用人导向和从政环境。进一步健全干部考核评价体系，突出抓好实绩卡、执行力考评，推动考评向基层延伸。坚持“三个区分开来”，建立健全容错纠错机制，为敢于担当者担当，让广大干部干事创业没有后顾之忧、甩开膀子大胆开展工作。

4. 营造山清水秀的政治生态。始终把纪律规矩挺在前面，以党风廉政建设和反腐败斗争实际成效取信于民。

全面压实“两个责任”。严格执行党的《问责条例》，加强责任清单管理，建立健全一案双查、责任倒查、多案追查“三查”机制，以严格问责倒逼责任落实落地。各级党组织书记要强化守土有责、守土负责、守土尽责的担当，把管党治党的主体责任一级一级扛起来，把压力一级一级传下去。各级班子成员要自觉履行“一岗双责”，做到尽心尽力而问心无愧、尽职尽责而问责无过。各级纪检机关要聚焦主业主责，持续深化“三转”，切实履行监督责任，真正执好纪、问好责、把好关。

始终注重抓早抓小。深入学习贯彻党的《廉洁自律准则》和《纪律处分条例》，加强廉政教育和风险防控，引导广大党员干部自觉对照廉洁自律准则，严守党纪条规，知敬畏、明底线，筑牢拒腐防变的思想防线。把握运用好监督执纪“四种形态”，让咬耳扯袖、红脸出汗成为常态，在严管中体现厚爱。坚持用制度管权管事管人，围绕权力集中、资金密集、廉政风险易发多发的重点领域，加强精准化制度设计，让权力在阳光下运行。

持续推进作风建设。加大“四风”顽疾整治力度，严防“四风”问题隐身变异、反弹回潮，推动作风建设永远在路上，使党的作风全面好起来，确保党始终同人民同呼吸、共命运、心连心。尤其是紧盯工作执行落实，严查不作为、慢作为、乱作为，使“马上就办、真抓实干”成为新常态。各级领导干部要以身作则、以上率下，带头发扬党的优良传统和作风，在反“四风”、转作风上立标杆、树榜样，以“关键少数”带动“重要多数”。

坚决保持反腐高压。坚持力度不减、节奏不变、尺度不松，对逾越制度“红线”、突破廉政“底线”、触犯党纪国法“高压线”的行为，以顽强的意志品质、零容忍的坚决态度从严惩治，做到有案必查、有腐必惩，让腐败分子在党内没有任何藏身之地，让铁规发力、禁令生威。深入开展“雁过拔毛”式腐败问题和“纠‘四风’、治陋习”专项整治，扎实开展党风廉政巡察工作，严查群众身边的不正之风和腐败问题，让人民群众看得见、享受得到全面从严治党、推进党风廉政建设和反腐败斗争的成果，不断增强对党的信心、信任和信赖。

5. 凝聚团结民主的强大合力。切实加强县委常委会自身建设，完善党委议事决策规则，严格执行民主集中制，确保思想上合心、工作上合力、行动上合拍，营造安全放心的从政环境。充分发挥党委总揽全局、协调各方的领导核心作用，大力支持人大、政府、政协依法履行职能，不断提高科学执政、民主执政、依法执政水平。扎实做好统战、老干、工青妇等工作，切实加强党管武装工作，不断完善基层民主制度，广泛调动社会各界人士的积极性，为推进改革发展、维护和谐稳定，凝聚最广泛的共识和最强大的力量。

同志们，实现全面小康是宁远人民的共同梦想，是我们义不容辞的责任和使命。今天，我们比历史上任何时期都更接近这个目标，比历史上任何时期都更有信心、有能力实现这个目标。让我们紧密团结在以习近平同志为总书记的党中央周围，在省委、市委的坚强领导下，团结带领全县党员干部群众，不忘初心、继续前进，万众一心、勇往无前，为富民强县、全面建成小康社会而努力奋斗！

名词解释：

1. 三业：新型工业、现代农业、旅游服务业。

2. 三区：城区、园区、景区。

3. 三量：经济总量、运行质量、人均均量。

4. 六纵六横：六纵，即重华路、水市路、九嶷路、莲花路、舜帝路、舜华路；六横，即文庙路、泠江路、商均路、印山路、园艺路、湘妃路。

5. 一园三区：一园，即工业园；三区，即循环经济区、加工贸易区、食品生物医药区。

6. “135”工程：省政府支持100个创新创业园区，新建3000万平方米以上标准厂房，引进5000家以上创新创业企业。

7. “五化”行动：美丽乡村建设，绿化、亮化、美化、净化、序化。

8. “3+2”改革：行政管理体制改革、农村产权制度改革、社会治理机制改革、国有企业改革、财税金融与投融资体制改革。

9. 三证合一：企业设立登记时，把需要依次办理的工商营业执照、组织机构代码证和税务登记证合并到一起办理，实行一窗受理、一表填报，并联审批、统一发证。

10. 三严三实：三严，即严以修身、严以用权、严以律己；三实，即谋事要实、创业要实、做人要实。

11. 两学一做：学党章党规，学习近平总书记系列重要讲话精神，做合格共产党员。

12. 三联三送三服务：三联，即联系一个大村难村、联系一个企业或项目、联系一户贫困户；三送，即送政策、送科技、送温暖；三服务，即服务群众、服务基层、服务发展。

13. 一学二比三提升：一学，即学习近平总书记系列重要讲话精神；二比，即比干事创业、比廉洁从政；三提升，即提升班子战斗力、提升干部执行力、提升发展软实力。

14. 四风：形式主义、官僚主义、享乐主义、奢靡之风。

15. 两个责任：党委主体责任、纪委监督责任。

16. 三创：创建文明、卫生、平安县城。

17. 一带一路：丝绸之路经济带、21世纪海上丝绸之路。

18. 一带一部：东部沿海地区和中西部地区过渡带、长江开放经济带和沿海开放经济带结合部。

19. 一核三极四带多点：一核，即加快推进长株潭一体化，打造长江中游城市群核心引领区；三极，即打造岳阳、郴州、怀化三个增长极；四带，即打造京广高铁经济带、沪昆高铁经济带、环洞庭湖经济带和张吉怀精品生态文化旅游经济带；多点，即依托国家级新区、国家级经济技术开发区、高新技术开发区和一些特色园区，形成多个基础扎实、实力雄厚、特色明显、产城融合的新增长点。

20. 四个三：实现新型工业化、中心城市建设、基础设施建设三大突破；推进行政管理体制、农村产权制度、社会治理机制三项改革；坚持生态、教育、就业三项优先；抓好城镇与农村、当前与长远、经济与社会三项统筹。

21. 八大计划：深入推进基础设施建设、园区建设、规模工业企业转型升级、中心城市扩容提质、智慧永州建设、国字号品牌创建、创新创业、全面小康建设。

22. 四个全面：全面建成小康社会、全面深化改革、全面依法治国、全面从严治党。

23. 五大发展理念：崇尚创新发展、注重协调发展、倡导绿色发展、厚植开放发展、推进共享发展。

24. 五位一体：经济建设、政治建设、文化建设、社会建设、生态文明建设。

25. 工业 4.0：以智能制造为主导的第四次工业革命。

26. 一城连六乡（镇），接一景促一带：一城，即县城；六乡（镇），即天堂、冷水、禾亭、仁和、湾井、九嶷山；一景，即九嶷山风景区；一带，即永连公路经济带。

27. 一城两翼：一城，即中心城区；两翼，即南部生态新城和西部工业新城。

28. 一轴贯通、十字拓展、五大片区：一轴，即以九嶷大道为中轴；十字拓展，即以九嶷大道与宁嘉公路复线为骨架，向东西南北拓展；五大片区，即仁政—政务文化区、义商—现代商务区、礼教—文化旅游区、智居—生态居住区、信贸—商贸物流区。

29. “十个一”工程：一个合理的道路网体系、一个集中发展的产业聚集区、一个建筑风格相对统一的集镇区、一个管网配套的供水厂、一个污水处理厂、一个生活垃圾处理填埋场、一个综合市场、一个文化广场（公园绿地）、一个规范的公交车站（或停车场）、一个规范的便民服务中心。

30. 五类工程：农村公路通畅工程、安保工程、危桥改造工程、渡改桥工程、提质改造工程。

31. 十大项目：农村河道综合整治工程、标准化池塘改扩建、泠天河流域宁远段建设、九疑山水库工程、水资源利用及城乡水源工程、水土保持规划、防洪治涝工程、农田水利工程、小（二）型水库改造为小（一）型水库、金钩挂水库建设。

32. 三网融合：互联网、电信网、有线电视网融合。

33. 四大“国字号”工程：推进国家生态文明示范工程试点县、国家主体功能区建设试点示范县、国家级重点生态功能县、湘江源头国家生态文明先行示范区建设。

34. 三去一降一补：去产能、去库存、去杠杆、降成本、补短板。

35. 三督三察：三督，即督任务、督进度、督成效；三察，即察认识、察责任、察作风。

36. 众创空间：为创业者提供良好的工作空间、网络空间、社交空间和资源共享空间。

37. 六个精准：扶贫对象精准、项目安排精准、资金使用精准、措施到户精准、因村派人精准、脱贫成效精准。

38. 五个一批：发展生产脱贫一批、易地扶贫搬迁脱贫一批、生态补偿脱贫一批、发展教育脱贫一批、社会保障兜底一批。

39. 三位一体：专项扶贫、行业扶贫、社会扶贫。

40. 两不愁、三保障：两不愁，即稳定实现扶贫对象不愁吃、不愁穿；三保障，即保障其义务教育、基本医疗和安全住房。

41. “三名”工程：打造一批名师、名校、名校长。

42. 四种意识：政治意识、大局意识、核心意识、看齐意识。

43. 四个自信：道路自信、理论自信、制度自信、文化自信。

44. 三会一课：指定期召开支部党员大会、支部委员会、党小组会，按时上好党课。

45. 六共六同：六共，即组织共抓、党员共管、阵地共建、活动共办、和谐共创、发展共谋；六同，即基层组织同抓、科学发展同赢、人力资源同享、公益事业同建、困难群众同帮、文明新风同育。

46. “20 字”好干部标准：信念坚定、为民服务、勤政务实、敢于担当、清正廉洁。

47. 三个区分开来：把因缺乏经验先行先试出现的失误与明知故犯行为区分开来、把国家尚无明确规定时的探索性试验与国家明令禁止后的有规不依行为区分开来、把为推动改革的无意过失与为谋取私利的故意行为区分开来。

48. 一岗双责：各级干部在履行本职岗位管理职责的同时，还要对所在单位和分管工作领域的党风廉政建设负责。

49. 三转：转职能、转方式、转作风。

50. 四种形态：党内关系要正常化，批评和自我批评要经常开展，让咬耳扯袖、红脸出汗成为常态；党纪轻处分和组织处理要成为大多数；对严重违纪的重处分、作出重大职务调整应当是少数；严重违纪涉嫌违法立案审查的只能是极极少数。

宁远县人民代表大会常务委员会工作报告

——2016年11月28日在县第十七届人民代表大会第一次会议上

宁远县人大常委会主任 张明贵

各位代表、同志们：

我受宁远县第十六届人民代表大会常务委员会的委托，向大会报告本届常委会的主要工作，并对下届常委会工作提出建议，请予审查，并请列席人员提出意见。

一、本届常委会所做的主要工作

宁远县第十六届人大常委会于2012年10月选举产生。本届县人大常委会在省市人大的精心指导、县委的坚强领导和“一府两院”的配合支持下，始终坚持围绕中心，服务大局，突出重点，依法履职，为全面建成小康宁远作出了积极贡献。

（一）坚持服务发展大局，依法履职实效不断增强

1. 围绕大局，深化调研，依法决策更加科学。紧扣县委重大决策部署、全县改革发展稳定中的重大事项和人民群众普遍关注的热点、难点、焦点问题，广泛、深入地开展调查研究，在了解实情、把准政情的基础上，依法科学作出决定、决议，并强化决定、决议督查督办，推动决定、决议的贯彻落实，推动了全县经济社会持续健康发展、社会大局和谐稳定。本届以来，对城市规划建设、人民防空工作、县医药卫生体制改革、物质文化遗产保护和利用、非物质文化遗产保护、“天网”工程管理及使用、民事审判工作、刑事审判工作、执行工作、新型工业化、公诉工作、民事行政检察工作、职务犯罪检察工作、就业保障、城乡安居、文化强县、城区学位、教育工作等听审的议题进行了调查研究，形成了专题调查发言材料21个。先后对旅游产业发展、新农村建设、乡镇卫生院人员状况、“两抢一盗”、城区学位建设、代表工作、未改制国有企业情况、全县农村集贸市场现状、教育工作、金融现状、房地产现状、混凝土市场、“六五”普法、人民陪审员工作、就业和社会保障工作、少数民族政策落实、税收征管等开展专题调研，听取民声，汇集民意，集中民智，形成了一批高质量的调研报告，作出决定决议46项，并组织对决定决议落实“回头看”，督促“一府两院”及其部门执行到位。

2. 坚守底线，严格程序，依法任免更为规范。始终坚持党的领导，加强与县委有关部门和“一府两院”的沟通，严格按照任前调查、任前考试、任前发言、任前审议、投票表决和向宪法宣誓等程序，充分发扬民主，依法任免干部。我县的做法被省人大常委会主办的《人民之友》以《严格把好人事任免“五关”》为题推介。本届共召开代表大会5次，选举人大常委会主任1人次、副主任5人次，县长2人次、副县长8人次，检察院检察长2人次、法院院长1人次，选举市人大代表60人次；共召开常委会会议38次，依法办理人事任免事项279人次，其中任免副县长5人次、“一府两院”工作人员155人次、人民陪审员84人次、人大机关各办委和街道工委正副主任30人次，补选市人大代表5人次，均圆满地实现了市委、县委的人事安排意图，为宁远的经济社会发展提供了坚强的组织保障。同时，率先在全市落实宪法宣誓制度，共组织62名县人大常委会任命人员向宪法

宣誓，促进了被任命人员牢固树立依法行权的责任意识。同时，加强对任命干部的监督，依据法律有关规定，制定出台了《关于“一府两院”有关国家机关工作人员任后履职测评的暂行办法》，着力推进对人大常委会任命干部的工作监督。

3. 突出重点，创新举措，依法监督更具实效。按照“围绕大局、突出重点、创新方式、注重实效”的工作思路，综合运用听审报告、调查、视察、专项检查、工作审议、代表评议、询问、专题询问、民意测评和履职票决等监督手段，强化审议、视察、执法检查和调查研究的措施，完善监督的组织方式和工作机制，增强了人大监督工作的力度和实效，推动了县委重大决策和县人大常委会决定、决议的贯彻落实，促进了“一府两院”依法行政、公正司法，保证了法律法规得到正确有效实施。一是认真听审“一府两院”及其部门工作报告。听取和审议了县人民政府财政预决算报告、计划和审计工作以及规划实施、城乡建设、教育文化卫生、新型工业化等专项工作报告，听取和审议了县人民法院关于民事审判、刑事审判、执行工作，县人民检察院关于职务犯罪、公诉、民事行政检察工作等专项工作报告，推动“一府两院”及其部门改进作风，落实责任。二是大力开展执法检查。先后对《食品安全法》、《水污染防治法》、《农产品质量安全法》、《档案法》、《气象法》、《公务员法》、《行政诉讼法》、《道路交通安全法》等法律法规的执行情况进行了全面检查，并积极配合省、市人大常委会开展执法检查，有力地推动了法律法规在我县贯彻实施。三是扎实开展工作审议。先后对县交通运输局、县食品药品监督管理局、县畜牧水产局、县移动公司、县电信公司、县交管大队、县广播电视台、县扶贫移民局、县城建投资管理中心、县电力公司等十个单位开展了专项工作审议。通过审议，帮助被审议单位找出了在依法行政、为民服务等方面存在的问题和差距，进而通过狠抓整改，促使被审议单位增强了责任意识、改进了工作作风。四是积极开展“四行”行动。每年一度的“环保世纪行”、“农产品质量安全行”、“三湘农民健康行”、“民族团结进步行”等“四行”活动，紧紧围绕“生态、安全、健康、和谐”主线，认真组织开展了“保护母亲河、餐桌上的安全、送医下乡、助学上门”等主题活动，并做到常抓常新、常抓不懈。同时，结合活动的开展编印书集《美丽家园》、《安全知识校园行》和画册《魅力瑶乡》。五是精心组织教育专题询问。针对宁远教育大而不强的现状，县人大常委会组织专门力量，深入相关部门，深入各级各类学校，走访广大干部群众和教育工作者，走访先进县区，问政于民、问计于师，学先进县区经验，找出了制约教育发展的突出问题。在此基础上，我们就教育布局、教师管理、财政投入、人才引进等13个问题向县政府及相关部门进行了询问。由于各部门密切配合，特别是县委、县政府主要领导重视支持，教育专题询问大会开成了一个重振宁远教育雄风的动员会、誓师会，不仅回应了社会关切，而且唤起了全社会对教育的关注和关爱，促进了教育内外环境的改善。《人民之友》杂志以《宁远县：首次专题询问直击教育短板》为题推介。六是切实加强财政预决算审查和监督。率先推动财政预算细目向全体代表公开，全面实施全口径预决算审查和监督。加强国有资产、地方债务的管理和监督。七是着力增强审计结果的运用。听取和审议了审计工作报告指出问题的纠正情况和处理结果的报告，对审计反映出来的问题进行跟踪调查，并督促被审计单位限期整改。八是加强规范性文件备案审查工作。完善了规范性文件报送制度，督促县政府和各乡镇人大报送规范性文件56件，报送市人大备案审查的规范性文件11件。

（二）坚持优化代表工作，代表作用发挥不断增强

1. 夯实基础，激发代表履职热情。一是加

强代表培训。组织全体人大代表集中培训3期，邀请专家和市人大领导作法律法规、代表履职等专题讲座，提升了代表的履职能力。特别是通过学习贯彻《代表法》，密切了人大代表同人民群众的联系，拓宽了人大代表联系人民群众的方式和渠道，通过调研、视察、走访、直接联系选民、代表接待日、主题活动等方式，特别是代表小组活动，畅通了社情民意了解和反映的渠道。二是加强代表履职履责管理。制定完善了《代表履职考核制度》和《大会期间代表履职考核办法》，健全了省、市、县人大代表业绩档案，加强对代表的实绩考核。严格落实代表执行代表职务与本职工作发生冲突时优先执行代表职务等法律规定。三是有序开展代表述职评议。建立健全了代表述职制度和选民评议、询问、质询代表制度，有计划、分步骤地推进了县、乡两级代表述职评议工作，并率先开启了间接选举代表述职评议的先河，《人民之友》杂志以《宁远县：市人大代表述职开先河》为题推介，《人民代表报》以《受选民监督　应履职“大考”》为题推介。四是认真组织代表活动。每年，组织县人大常委会组成人员和部分乡镇人大主席、街道工委主任以及部分省、市、县人大代表分批外出考察调研，特别是今年组织了人大机关工作人员和乡镇人大正、副主席、街道工委正、副主任到全国人大培训基地进行业务培训，拓宽了视野，增长了见识；对全体县人大代表和驻宁省、市人大代表进行走访，了解情况，听取意见；组织开展了先进代表小组、先进代表工作室、优秀县人大代表、优秀议案和建议、优秀调研报告评比活动，积极培育先进典型，运用多种途径宣传和展示人大代表风采。同时，还组织了县人大代表开展文艺、书画、摄影比赛，丰富了代表活动内容。五是依法选出新一届代表。今年7月以来，认真组织县乡人大代表换届选举，精心挑选履职优秀的代表参加连选，配合党委组织部门做好代表候选人提名推荐和考察，圆满完成了县乡人大代表换届选举任务，共选出县十七届人大代表296名，乡镇人大代表1113名。

2. 打造平台，强化代表服务保障。一是积极创建代表工作室。在全市率先建立省、市、县三级人大代表工作室，建立健全代表联系选民制度、轮流值班接待群众制度、学习制度、代表小组活动制度、公示并接受监督等相关制度，确保了工作室正常运行。现全县已成功创建20个代表工作室，其中代表自发创建工作室1个。全体代表轮流值班接待群众，积极为群众办好事、实事。二是主动邀请代表参会参政。继续坚持常委会执法检查、视察、调研、评议等活动邀请代表参加的制度，完善人大代表列席常委会议制度，列席例会的代表由每次2名扩大到12名，确保届内每名代表参与一次以上县人大常委会组织的会议或调研、视察、检查等活动。三是尽力保障代表活动经费。落实无固定收入代表执行代表职务给予适当补贴的制度，并把代表工作室值班补助纳入财政预算，确保了代表必需的活动经费。

3. 创新机制，提高议案建议办理质量。一是创新代表建议办理机制。实行“三个面对面”办理，摒弃过去统一交办、邮寄答复、代表基本不参与的做法，代之以“面对面交办、面对面答复、面对面反馈”，形成了“主任领衔、县长领办、部门承办、工委督办、代表问效”的长效机制。“三个面对面”办理代表建议的经验，被《人民之友》杂志以《办理面对面，效果实打实》为题进行了全面推介。二是建立健全重点督办机制。重点抓好《在县城主城区禁止燃放烟花爆竹》等6个大会议案的督办，取得了明显成效，受到了社会各界的广泛赞誉。同时，每年在一个乡镇确定1个群众呼声大、影响广的建议，由常委会重点督办。三是建立健全问效督办机制。完善《人大代表议案和建议、批评、意见督办制度》，所有的建议在“面对面”答复时，都组织代表进行办理情况满意度测评，对办理不满意的责成有关部门重新办理，再次办理仍不满意的，将依法启动质询或特定问题调查程序，对承办单位“一把手”、分管领导和具体责任人予以追责。通过创新机制，充分调动了代表建言献策的积极性，本届代表共提出议案建议649件，平均每年160多件。

（三）坚持加强自身建设，常委会履职能力和机关服务不断增强

1. 加强机关建设。围绕打造学习型机关，按照方式活、内容广的思路，完善了学习制度。坚持每月双周五下午为机关集中学习时间，坚持学习政治理论、法律法规和人大业务知识，坚持组织参加省、市、县组织的各类业务培训，着力提高常委会组成人员和机关工作人员的政治理论素质和业务素质。积极巩固市文明单位成果，成功创建市级文明标兵单位，正着力申请创建省级文明单位，努力构建敬业、创新、为民、和谐的人大家庭。

2. 加强制度建设。对县人大常委会和人大机关原有规范性文件和有关制度进行了清理，对重复的文件进行了重新规范，对过时的文件进行了废止，新订或修改完善了《县人大常委会议事规则》、《县人大代表述职评议制度》等县人大常委会制度13项，新订或修改完善了《机关干部下基层制度》、《公务用车制度》、《机关财务后勤管理制度》等人大机关内部管理制度10项。人大工作制度的不断完善，推动了人大工作开拓创新、推陈出新，推动了人大工作规范化、高效化。

3. 加强作风建设。以党的群众路线教育实践活动、“三严三实”专题教育为契机，深入开展“两开两整”、“四深入两结对一测评”、“为民务实转作风、勤廉办事树形象”、“一学二比三提升”、“两学一做”等主题活动，认真执行中央八项规定、省委九项规定、市委十项规定和县委有关作风建设方面的规定，切实改进工作作风，密切联系人民群众。围绕县委、县政府的中心工作、重点工作，县人大常委会的领导带头深入乡镇、村和项目调查研究，帮助解决实际问题和困难，助推了联系乡镇、村、项目工作的落实。同时，认真接待来信来访，及时对信访案件进行转办、交办和督办，化解了一批矛盾，解决了一些问题，维护了社会稳定。

4. 加强信息化建设。创建了“宁远县人大网”，及时发布人大工作信息。积极撰写稿件，及时向上级党报党刊、人大报刊和网站投稿，宣传人大工作，稿件数量和质量都有了很大的突破。换届以来，共在《人民代表报》、《人民之友》、《永州日报》、《永州人大通讯》以及省、市人大网站上发表稿件670多篇。在全市率先安装了无线电子表决系统，为县人大常委会组成人员行使民主权力开辟了更为宽阔的通道。

县十六届人大常委会取得的成绩，是省市人大的精心指导和县委正确领导的结果，是县人大常委会组成人员、县人大代表和全体人大工作人员共同努力的结果，是“一府两院”及全县各级各部门，特别是广大人民群众大力支持的结果。在此，我谨代表县十六届人大常委会表示衷心的感谢！

总结四年来县人大常委会的工作，我们清醒地认识到：虽然监督工作有了新的进步，但对公权力大、公益性强、公众关注度高的部门监督力度还不够，人民群众对我们的工作还不完全满意；虽然代表工作有了新的进展，但联系代表、服务代表、激励代表作用发挥等工作还需进一步改进，代表联系选民、服务群众、履职尽责等工作还需进一步增强；虽然自身建设有了新的改观，但常委会组成人员、人大工作者的总体素质和履职服务能力，还不能完全适应新形式、新要求。对此，我们将高度重视，并在今后的工作中切实加以改进。

成绩来之不易，经验弥足珍贵。回顾四年来的工作，我们深切体会到，要做好新时期的人大工作：

一是必须加强党的领导。在政治上，坚持党的领导、人民当家作主和依法治国的有机统一，坚定道路自信、理论自信、制度自信、文化

自信，毫不动摇地走中国特色社会主义政治发展道路。在思想上，坚持以科学发展观为指导，贯彻落实党的基本理论、基本路线、基本纲领、基本经验。在组织上，坚持党委总揽全局、协调各方的领导核心作用，重大问题、重要事项向县委请示报告，注重发挥常委会党组的作用。在工作上，坚持通过法定程序把党委的主张变为地方国家权力机关意志，进而成为全体人民的自觉行动，使常委会的工作有利于加强和改善党的领导，有利于巩固党的执政地位。

二是必须切实维护人民群众的根本利益。人大植根人民、依靠人民、造福人民。要把保证人民当家作主作为根本，始终与人民心连心、同呼吸、共命运，尊重人民群众的首创精神，维护人民群众的民主权利。要把发挥好人大代表作用作为基础，始终坚持人大工作的主体是代表、人大工作的开展靠代表、人大工作的水平看代表、人大工作的活力在代表，使代表工作常抓常新。要把实现好、维护好、发展好全县人民的根本利益作为出发点和归宿，始终坚持以人为本，执政为民，通过监督多谋民生之利、多解民生之忧，通过代表工作畅通渠道，问政于民，问需于民，推动在学有所教、劳有所得、病有所医、老有所养、住有所居上持续取得新进展，让人民过上更好的生活。

三是必须紧贴中心、服务大局。人大工作大局性强，要顺应全县人民加快发展的强烈期盼，以科学发展为主题，以“三区”建设为总抓手，紧紧围绕全面建成小康社会的奋斗目标，从人大的定位和优势出发，突出重点，选好题目，集中力量，抓住关键，推动“生态立县、工业强县、旅游兴县、农业富县”战略实施，加快全县经济社会发展。

四是必须正确认识和处理与“一府两院”的关系。“一府两院”由人大产生，对人大负责，受人大监督。人大监督是代表人民进行的具有法律效力的监督，旨在推进依法行政、公正司法，使人民赋予的权力在阳光下运行。人大与“一府两院”职责不同，但目标一致。人大既要敢于监督又要善于监督，既肯定成绩又指出问题，更要提出解决问题的意见和建议，寓支持于监督之中，在监督中体现支持，形成共识，聚集正能量。

五是必须解放思想、开拓创新。新时期的人大工作不但要严格法律程序，而且要与时俱进，体现时代要求，永葆生机活力。要开阔视野，拓宽思路，充分运用国家权力机关的政治资源和社会影响，协调社会关系，化解社会矛盾，维护社会稳定。要求真务实，勇于实践，不断创新有效履职的机制。要加强调查研究、重视事后跟踪，转化工作成果，增强工作实效。

二、今后五年的工作打算

今后五年是全面建成小康社会的决胜阶段。县十七届人大常委会工作的指导思想是：高举中国特色社会主义伟大旗帜，认真贯彻党的十八大和十八届三中、四中、五中、六中全会精神以及《中共中央转发〈中共全国人大常委会党组关于加强县乡人大工作和建设的若干意见〉的通知》（中发〔2015〕18号）、《中共湖南省委关于加强县乡人大工作和建设的实施意见》（湘发〔2015〕26号）等文件精神，全面落实习近平总书记系列重要讲话精神，按照“五位一体”总体布局和“四个全面”战略布局，牢固树立和贯彻落实创新、协调、绿色、开放、共享的发展理念，坚持党的领导、人民当家作主、依法治国有机统一，围绕中心，突出重点，依法行权，扎实履职，为全面建成小康社会作出新的更大的贡献。

（一）始终坚持党的领导、人民当家作主和严格依法办事三者有机统一

自觉把人大工作置于党委的领导之下，坚决贯彻执行党的路线方针政策，认真落实中央、省、市、县委的重大决策和工作部署，坚持人大工作重要情况和重大问题向党委请示汇报制度，善于使党的意图通过法定程序成为国家意志和

全县人民的自觉行动。切实保障人民群众的知情权、参与权、表达权、监督权、选举权和被选举权，充分反映好、落实好人民群众的意见，监督好国家机关按人民意志办事。严格遵循宪法、法律的规定和各项工作规程，坚持依法办事，集体行使职权，保证宪法和法律在本行政区域的有效实施。

（二）突出抓好监督工作、决定工作、任免工作和代表工作

一是依法做好监督工作。全面贯彻实施《监督法》，围绕中心工作，每年选择几项事关改革发展稳定大局的重大问题、人民群众普遍关注的热点难点问题，有重点、有计划地加强监督。每年年初确定监督项目、开展监督工作时，认真听取人大代表和人民群众的意见建议，积极回应社会关切。切实加强预算决算审查和监督，进一步健全预算决算审查监督工作机制，督促政府严格预算执行，进一步推进预算公开。要按照“围绕大局、突出重点、创新方式、注重实效”的工作思路，综合运用听审报告、调查、视察、专项检查、工作审议、代表评议、询问、专题询问、民意测评和履职票决等经常性监督的方式方法，适时运用质询和特定问题调查等刚性监督的手段，着力强化审议、视察、执法检查和调查研究的措施和工作机制，增强人大监督工作的力度和实效，切实推动有关方面改进工作，解决问题，推动县委重大决策和县人大常委会决定、决议的贯彻落实，促进“一府两院”依法行政、公正司法，保证法律法规得到正确有效实施。二是依法做好决定工作。完善《宁远县人大常委会讨论决定重大事项的办法》，进一步明确包括加强民主法治建设的重大措施以及区域发展总体规划、城镇建设、重大民生工程、重大建设项目等讨论决定的重大事项范围，进一步创新群众参与、调查研究、集体行权等决策机制，抓住发展中带有全局性、根本性、可持续性的战略问题和关乎人民群众根本利益的重大问题，依法、科学、适时作出决定决议，从制度和法律上保证县委的决策得到全面贯彻实施。三是依法做好任免工作。坚持党管干部原则与人大依法行使选举任免权相统一，进一步探索、改进、完善人事任免工作，规范和完善人事选举和任命程序，保障人大代表和常委会组成人员的知情权，规范被推荐人选在会议投票表决前同人大代表、常委会组成人员见面的程序，进一步通过采取任职表态、向宪法宣誓等形式，增强选举和任命人员的责任意识和公仆意识。认真落实《关于“一府两院”有关国家机关工作人员任后履职测评的暂行办法》，并结合监督工作把监督人寓于监督事之中，增强被任命人员执政为民理念，强化使命感和责任感。四是切实做好代表工作。深入贯彻《代表法》，密切人大代表同人民群众的联系，完善代表工作室机制，拓宽代表联系群众的方式和渠道，通过调研、视察、走访、直接联系选民、代表接待日、主题活动等方式，畅通社情民意表达和反映渠道。依托宁远县人大网和宁远县人大公众号，搭建代表履职服务网络平台。加强国家机关同人大代表的联系，建立健全常委会组成人员联系本级人大代表的工作机制，扩大代表对常委会工作的参与，督促“一府两院”加强同本级人大代表的联系，通过多种方式听取代表对有关工作的意见建议。进一步提高代表议案建议办理质量，引导代表深入调研，搞好建言献策。做好代表履职服务保障工作，加强代表培训，丰富和规范代表闭会期间的活动，依法保障人大代表活动经费。加强人大代表履职监督，健全代表述职评议制度，建立代表履职档案，建立健全不称职代表退出机制。加强代表思想、作风建设，教育和督促代表珍惜人民赋予的权力，严格依法执行职务，模范遵守宪法法律，自觉遵守社会公德。

（三）切实加强常委会和机关自身建设

根据（中发〔2015〕18号）和（湘发〔2015〕26号）等文件要求，切实加强人大常委会和机关自身建设，优化常委会组成人员结构，

提高专职组成人员比例，设立财政经济和法制等专门委员会，健全常委会办事机构和工作机构，加强工作力量和能力建设。切实加强思想政治建设，努力争创学习型机关，争做学习型个人，切实提高依法履职能力和服务能力。要大兴调查研究之风，大兴求真务实之风，大兴密切联系群众之风，切实提高人大工作效率，努力打造更具凝聚力、更具战斗力、更具亲和力的工作团队。要加强对人大工作特点和规律的研究，及时总结经验，完善各项制度，推进人大工作的科学化、规范化和程序化，不断提升人大工作水平。进一步巩固文明标兵单位创建成果，努力在机关内部构建健康活泼、昂扬向上的机关文化。

各位代表！新的一届县人大常委会即将依法选举产生。展望未来，人大工作使命光荣、任务艰巨、责任重大。我们深信，县十七届人大及其常委会一定能够在县委的坚强领导下，紧密团结在以习近平同志为核心的党中央周围，高举中国特色社会主义伟大旗帜，解放思想，凝聚力量，攻坚克难，不断开创我县人大工作新局面，为实现宁远科学发展，全面建成小康社会作出新的更大的贡献！

政府工作报告

——2016年11月27日在宁远县第十七届人民代表大会第一次会议上

宁远县人民政府代县长　唐　何

各位代表：

现在，我代表县人民政府，向大会报告政府工作，请予审议，并请县政协委员和其他列席人员提出意见。

一、2016年及本届政府工作回顾

2016年，面对经济下行压力，我们在县委的坚强领导下，紧紧围绕“三业并举、三区共建、三量齐升”，保持定力、齐心协力、精准发力，基本完成了县十六届人大五次会议确定的目标任务。宁远的综合竞争力、城市美誉度、群众获得感大幅提升。

——经济发展更显实力。全县实现生产总值132.9亿元（预计，下同），增长9%；规模工业增加值28.3亿元，增长8.4%；固定资产投资161.1亿元，增长15%；社会消费品零售总额63.4亿元，增长12%；财政总收入13.6亿元，增长15.1%。全面小康实现程度达到93.4%，同比提升5.1个百分点。综合实力在全市排第一方阵。

——结构调整更趋优化。全县三次产业结构由上年的22.1∶35.4∶42.5调整为21.3∶34.3∶44.4，第三产业比重提升1.9个百分点，内需由投资驱动为主转向投资、消费“并驾齐驱”。新兴产业不断壮大，高新技术产业占比提升6个百分点。规模农业加工产值占农业总产值的55%。现代服务业快速发展，旅游总收入占GDP比重达到34.1%。税收占财政总收入比重达到78.5%，质量和效益实现“双提升”。

——基础后劲更为坚实。全年申报项目207个，到位资金20.8亿元，排全市首位。实施重大项目68个，完成投资41.5亿元，在全市重点项目建设流动现场会中名列第三。南部生态文化新城加快建设，西部工业新城初具规模，乡村旅游迅速兴起；农村“五化”行动（1）、易地扶贫搬迁等一批打基础、利长远、惠民生的项目相继实施。

——改革开放更具活力。农村土地确权颁证和农地规划先行先试，发出全省第一本农村土地承包经营权证。政府机构改革、并村改革全面完成，成为全市的样本。社区和农村网格化建设成为全市的典范。在全市率先组建农建投、旅建投。开放对接持续扩大，实际利用外资9000万美元、到位内资25亿元，完成外贸进出口1.12亿美元，增长13.8%。文化、教育、医疗等领域改革成效明显，创造了一批“宁远模式、宁远经验”。

一年来，突出抓了五个方面的工作：

（一）着力产业转型升级。全力兴产业、强实体、调结构、提品质、增实效。新型工业转型发展。全年实现规模工业总产值115亿元，同比增长12.4%，新入统规模企业15家。完成工业税收1.7亿元，同比增长18.6%。建材冶金、加工贸易、食品和生物医药三大产业快速发展，新能源、新材料、电子信息等新兴产业由小变大，产值达到29.3亿元，产业多点支撑格局初步形成。现代农业提速发展。烟、稻、油、果、猪、兔、牛等“十大”主导产业快速壮大。收购烟叶17.9万担，稳居全省第二、全市第一；新增市级以上龙头企业6家，农民合作组织30

个，休闲农庄10家；舜天恒禾肉牛养殖、九嶷山农业科技示范园等重大项目基本建成；全县农作物综合机械化率、农业产业化经营率分别提高到51%、56%。全市农村“四冬”（2）生产现场会在我县召开，林业转型发展、绿色粮食产业等工作在全省推介。旅游服务业蓬勃发展。扎实推进九嶷山舜帝陵创国家5A级景区，拍摄制作《舜志古今》高品质旅游宣传片，打造了下灌乡村旅游等一批新亮点。全年接待游客800万人次，实现旅游综合收入48亿元，分别增长17.6%、20%，入选全国“景区带村”旅游扶贫示范项目、国家全域旅游示范区创建名单。

（二）着力发展动力转换。强化创新驱动，深入推进大众创业、万众创新。商事制度“五证合一（3）”试点，激发创新创业热潮，全县市场主体总量突破1.3万户，认缴注册资本超过90亿元。创新创业基地、全省第一家县级院士专家工作站加快建设，培育小微企业350家。工业园调区扩区启动，西部工业新城7个重点项目集中开工，路网骨架基本形成，建成“135工程”标准厂房45万平方米，迅捷电子、东升机械等15个工业项目建成或加快建设。全域旅游带动景点景区发展，旅游公路、游客集散中心等项目推进有力，湖湘“文化客厅”潇湘画派研究院建成开放。宁新公路、绕城公路、金钩挂水库、农村公路、农网改造、土地整治等基础设施相继完成，内生动力得到新提升。

（三）着力城乡品质提升。坚持以城带乡、城乡一体、宜居宜游。县城建成区面积达到20.5平方公里、城区人口达到20.6万人，城镇化率达到42.3%。中心城区土地利用总体规划调整、县城总体规划修改完成。县城扩容提质三年行动计划深入实施。九嶷大道延伸线、湘妃大道、文化路、园丁路、湘南汽贸城一期等项目加快建设。旧城民居改造、“两供两治（4）”、棚户区改造等工程进展加快。加大城区立面改造力度，背街小巷进一步硬化、亮化、美化，城市夜景更为靓丽，城市品位不断提升。创建全国文明县城全面铺开，控违拆违、禁放烟花爆竹持续深化，文明程度持续提高，“街道净”“县城美”成为常态。统筹小城镇和美丽乡村建设，12个品质活力示范乡镇“十个一”（5）扎实推进，完成了190个村的乡村风貌改造、农村环境整治、农村“五化”行动。全市“两供两治”、美丽乡村暨农村精神文明建设、农村垃圾污水处理等现场会在我县召开。

（四）着力社会民生保障。致力于增进民生福祉、补齐民生短板。脱贫攻坚扎实推进，21处易地搬迁安置点全面动工，年底将完成贫困户搬迁1495户5860人；发放扶贫小额贷款3.8亿元，排全省第一，全年实现3万人脱贫。城镇新增就业、农村劳动力转移就业1.22万人。五大社会保险持续扩面，城乡低保、农村五保实现应保尽保。实施棚户区改造1100户，完成农村危房改造1285户。新改扩建街道卫生院2所，县乡村三级医疗水平不断提升，人口计生工作转型发展。一中新校区、明德湘南学校启动建设，党校、二中搬迁新建加快推进，新增城区学位3000个；高考二本上线人数增量占全市70%，增幅排全市第一，中考优秀率进入全市前三。重点文物保护单位全面修缮提质，全民健身运动蓬勃开展。安全生产和食品药品安全监管不断加强。信访形势总体平稳，逐级走访、网上信访，依法治访、诉访分离有效落实。扎实开展“亮剑”、“飓风”等专项整治行动，社会治安持续稳定，群众安全感明显增强。

（五）着力政府自身建设。突出法治引领、勤政廉政，持续强化自身建设。扎实开展“两学一做（6）”学习教育，严格执行“三重一大”（7）集体决策制，推行政府法律顾问制度。部门权力清单、责任清单公示公开，网上审批系统不断完善，政务服务提速增效。加强审计监督，强化行政监察，规范公共资源交易，严格财务管理。自觉接受人大和政协监督，办理人大代表议案和建议129件、政协委员提案62件。

认真落实中央“八项规定”，“三公”经费支出逐年下降。党风廉洁建设责任有效落实，风清气正的干事氛围更加浓厚。

人事、编制、武装、武警、消防、广电、物价、统计、人防、气象、保密、档案、史志、工会、青年、妇女、老龄、儿童、科协、残联、文联、工商联、机关事务、外事侨务、电子政务等工作都取得新的进步。

各位代表！2016 年的成绩是在过去工作基础上取得的。从 2012 年换届以来，我们主动适应新常态，千方百计促发展、坚定不移抓转型、尽心尽力惠民生，实现了经济社会的全面进步。

——这四年，综合实力大步跨越，结构调整深入推进，为建成小康宁远奠定了坚实基础。全县生产总值年均增长 10.2%，跨过百亿台阶，经济实力上升至全省第 45 位，四年前进 7 位。规模工业总产值突破百亿大关。固定资产投资迈入“百亿俱乐部”。财政总收入跻身十亿行列，社会消费品零售总额翻了一番多。工业百亿园区、百亿产业初具雏形，农业新型经营主体突破 5000 家。“旅游+”引领全域旅游提速发展。科学赶超、全面小康的梦想正在变为现实。

——这四年，县城容貌大幅改观，乡村建设生机勃发，为统筹城乡发展探索了成功路径。文明县城、卫生县城、平安县城、城乡整洁行动等创建活动深入开展，人居环境全面改善。舜陵镇撤镇设 4 个街道，县城发展空间扩大了三分之一；“六纵六横三环”（8）城区路网全面拉开，一大批城建项目落地建成，构建了“一城两翼”（9）发展新格局。二广、厦蓉高速建成通车，干线公路、农村公路互联互通，立体交通体系日益完善。城乡共建共享、融合发展，基本公共服务惠及城乡，富有特色的新型城镇、美丽乡村成为靓丽的风景。

——这四年，生态建设大力推进，环境保护扎实有效，为加快绿色发展厚植了资源优势。深入实施“生态立县”战略，绿色成为宁远最靓的底色、最大的优势，湘江污染防治首个“三年行动计划”完成，单位 GDP 能耗年均下降 5.7%。先后实施了封山育林、全面禁伐限伐、石漠化治理、山水田林路综合整治、农村环境治理、森林城市创建等一系列生态建设工程，植树造林 33.3 万亩，新增湿地保护区 9 个，全县森林覆盖率达到 62%。

——这四年，民生福祉大为改善，公共服务更加均等，为创造美好生活增添了幸福元素。一批涉及群众就学、就业、就医、住房、社会保障等民生难题得到解决。每年财政支出的 75% 以上用于民生。城镇、农村居民人均可支配收入年均分别增长 9.5%、10.2%。全面完成义务教育合格学校、农村公办幼儿园建设，城乡养老保险、基本医疗、公共卫生、公共文化和便民服务体系基本实现全覆盖。深入推进平安宁远和法治宁远建设，社会保持和谐稳定。

回顾四年的奋斗历程，大家奋勇争先、开拓创新，强化了“宁远担当”、汇聚了“宁远力量”、树立了“宁远标杆”，先后荣获国家和省级集体荣誉 130 多项，被评为国家卫生县城、首批生态文明先行示范区、生态文明示范工程试点县、主体功能区建设试点示范县、出口食品农产品质量安全示范区、国土资源节约集约模范县、基层中医药工作先进县、法治创建先进县、“六五”普法先进县、科普示范县，全省旅游强县、文明县城、平安县城；全面小康、烟叶生产、粮食生产、水利建设、土地整治、教育工作、精准脱贫、安全生产、开放型经济、新农村建设、保障性安居工程、餐饮食品安全、城乡整洁行动、社会管理综合治理等工作获评全省先进，政府绩效考核四年居全市第一方阵，承办省、市级重大会议和现场会 70 多次。

各位代表！过去四年，我们举全县之力，办成了难事、办好了大事，推动了改革发展取得重大突破。这四年，最自豪的是宁远先行先进走在了全市前列，最难忘的是广大干部干事创业的责任担当，最欣慰的是群众生活更加幸福美满。成绩的取得，是县委未雨绸缪、正确领导的结果，是历届县委、县政府前赴后继、积厚成势的结果，是县人大、县政协依法监督、全力支持的结果，是全县人民团结一心、奋勇拼搏的结果。在此，我代表县人民政府，向关心支持宁远改革发展的全县人民、驻宁官兵、社会各界人士和老同志，表示衷心感谢并致以崇高的敬意！

在肯定成绩的同时，我们也要清醒地认识到：发展不足、发展不优、发展不平衡仍然是宁远最大的困难，结构优化、动能转换、短板补齐还有很长的路要走；发展中的瓶颈制约不少，改革创新仍需继续发力；民生改善、社会保障、公共服务等民生问题的解决压力不断增大。对此，我们将高度重视，加倍努力，切实解决这些难题，决不辜负全县人民的期望。

二、今后五年的目标任务

今后五年，是全面建成小康社会决胜期、经济转型升级加速期、全面深化改革攻坚期。我们有信心在新一轮发展中抢抓新机遇、取得新突破、实现新跨越。

——我们的信心源自过去艰苦奋斗打下的坚实基础。坚持政策争特惠、工作创一流，在城镇建设、全域旅游、美丽乡村、社会治理等领域率先破题、创新先行，宁远的影响力、竞争力和美誉度进一步增强，为全县经济社会新一轮大提速、大跨越、大发展奠定了基础。

——我们的信心源自新一轮重大机遇期的强劲动力。国家“一带一路（10）”战略，“制造2025（11）”、供给侧结构性改革、精准扶贫全面推进；湖南“一带一部（12）”、“一核三极四带多点（13）”战略布局，省党代会“三个着力、四大体系、五大基地（14）”部署；全市“四个三（15）”计划等多重机遇辐射带动、多重政策红利叠加，有助于在更大空间、更广范围集聚资源要素，加快赶超发展。

——我们的信心源自全面建成小康宁远的历史重托。县十二次党代会为我们描绘了未来五年的美丽蓝图，突出“四大战略”新定位、明确“三区共建”新要求，坚定“五个走在前列（16）”新路径，为宁远经济社会发展指明了方向，全面建成小康社会其势已成，其时已至。

——我们的信心源自全县人民追求幸福的美好愿景。在县委的坚强领导下，全县上下团结一心、风清气正、劲足势好，盼发展、抓发展、快发展的氛围空前，群众期望过上更富裕、更安全、更快乐、更有尊严的生活。民之所望、施政所向，我们务必积极回应人民关切，担当责任，不辱使命，持续增进民生福祉，让全县人民共享发展成果。

今后五年，政府工作的总体要求是：高举中国特色社会主义伟大旗帜，认真贯彻党的十八大和十八届三中、四中、五中、六中全会精神，全面落实习近平总书记系列重要讲话精神，紧紧围绕“五位一体”总体布局、“四个全面”战略布局，大力践行“五大发展理念”，深入实施“生态立县、工业强县、旅游兴县、农业富县”战略，把加快发展作为第一要务，把改革创新作为第一动力，把“三区”共建作为第一抓手，把精准扶贫作为主战场，全力推进“五个走在前列”，为全面建成小康社会努力奋斗。

今后五年，政府工作的主要目标是：全面完成“十三五”和县十二次党代会确定的任务，努力实现“两快一稳一率先”：即发展速度快于省、市平均水平，城乡居民收入增速快于经济增速，稳居全市第一方阵，率先全面建成小康社会。

——奋斗五年，让宁远综合实力更强。转型发展取得实质突破，质量效益显著提升。GDP总量突破240亿元大关，实现规模工业增加值、固定资产投资、财政总收入、进出口总额“四个翻番”，消费总额年均增长12%，综合实力再上新台阶。

——奋斗五年，让宁远城乡面貌更美。“一城连六乡（镇）接一景促一带（17）”城镇群基本形成，县城建成面积26平方公里、人口27万人，城镇化率达到50%以上；通村公路提质改造率、宽带覆盖率、农网改造率、农村自来水普及率全部达到100%，城乡大地更加宜居宜游、精致精美、人见人爱。

——奋斗五年，让宁远生态环境更优。国家生态文明示范县建设取得实效，森林覆盖率达到65%，大气、水、土壤污染治理取得突出成效，文明程度显著提高，全社会节约意识、环保意识、生态意识明显增强，建设天更蓝、山更绿、水更清的美丽宁远。

——奋斗五年，让宁远人民生活更好。脱贫攻坚任务全面完成。教育、就业、社保、医疗、住房等公共服务体系更加完善，民主法治更加健全，社会治理能力和水平不断提高，人民生活更加殷实，群众获得感和幸福感明显增强。

要实现这些奋斗目标，必须毫不动摇地推进“五个走在前列”，努力在以下方面取得更大成效。

（一）围绕创新发展走在前列，聚焦发力产业转型升级。实施创新驱动发展战略，加快构建现代产业新体系。大力发展新型工业。加快培育电子信息、生物医药、新能源新材料等新兴产业，加快推进建材冶金、加工贸易、食品加工等传统产业转型升级，实施“互联网+小微企业”行动。五年力争实现新兴产业、传统产业、小微企业“三个倍增”，工业总产值突破300亿元，建成省级电子信息产业基地、生物医药产业基地和产业集群外贸基地。大力发展现代农业。积极对接大型养殖企业，培育一批产业化龙头企业、规模种养基地、新型合作组织和全国驰名品牌，农产品加工产值突破100亿元。大力发展旅游服务业。实施旅游文化百亿产业行动计划，开发生态游、乡村游、主题游等新业态，加强旅游区域合作，打造开放、共享、精细、高效的全域旅游模式。大力实施“旅游+”，带动休闲度假、金融会展、电子商务、健康养老等服务业发展，打造永州南部商贸物流中心，创建国家电子商务示范基地。

（二）围绕协调发展走在前列，聚焦发力城市品质提升。强力推进“千亿投资计划”，五年完成重大项目350个、总投资1400亿元。提升城区品质功能。坚持全域规划，统筹推进“一城两翼”总体布局，做好显山、靓水、扩城、提质、增收、创安“六大文章”，突出南部生态文化新城和旧城提质改造，完善城区公共服务配套。创新县城治理方式，推进大城管和数字城管建设，创建全国文明县城，让市民生活更方便、更舒心、更美好。提升园区平台载体。加快西部工业新城建设，推动循环经济区、加工贸易区提质升级，打造三个百亿园区；推进“园区+基地+众创”发展模式，建设创客基地，促进产业、人才和创新要素向园区“三个集中”。提升景区整体形象。打造景区规划、景区开发、要素配套、市场营销“四个升级版”，力争成功创建国家5A级景区、国家全域旅游示范区，三分石争创国家4A级景区、仙子山争创国家3A级景区，打造国家生态景观旅游目的地、国际乡村度假示范区。促进城乡融合互动。建设一批重点镇、中心镇、示范镇，培育一批布局美、产业美、环境美、风尚美的精品特色乡镇。深入推进“交通三年大建设”，争取兴永郴赣铁路过境宁远并设站场，完善出省跨境公路网络；实施新一轮水利、电网、宽带、能源保障等工程，让城乡居民同享幸福生活。

（三）围绕绿色发展走在前列，聚焦发力美丽宁远建设。加快推进国家生态文明先行示范区、重点生态功能区建设，实施绿色城市、绿色村镇、绿色通道、绿色屏障“四绿”工程，完善县内“四大水系”防护林工程，建设厦蓉、二广、永连、宁新生态走廊，加强中小河流域保护治理，全面提升水源水质，大力治理城乡生活污染、土地污染、工业污染和农业面源污染，构建多点支撑的绿色生态屏障。力争五年完成造林绿化30万亩，成功创建国家森林城市。推动低碳循环发展，引导绿色投资、生产、消费，打造循环型工业、农业、服务业体系。推进第二轮城乡环境卫生整洁行动，深化美丽乡村建设，加强农村环境综合整治，五年建成省级以上卫生乡镇5个、美丽乡村示范村250个，文明村镇213个。严守资源消耗上限、环境质量底线、生态保护红线。健全生态文明制度，构建产权清晰、多元参与、激励约束并重、系统完整的制度体系。

（四）围绕开放发展走在前列，聚焦发力改革创新突破。突出改革攻坚。深入落实全面深化改革各项决策部署，全面推进重要改革落地生根。深化供给侧结构性改革、行政管理、商事制度、农村产权、投融资机制等改革，全面推进司法、社会治理、科教文卫等体制改革，努力在各项改革领域中探索新路子、创造新经验，争当全省改革先行区。突出创新驱动。实施科技、企业、技术“三大创新计划”，推进产业链、创新链、资金链、政策链深度融合。强化众创、众包、众扶、众筹平台支撑，引导经济能人回乡创业、青年学生创客创业、农民工进城创业。突出开放发展。全面对接和融入国家、省、市发展战略，加大招商引资和跨区域合作，打造湘南承接产业转移示范区的桥头堡。五年力争引进项目150个以上，实际利用外资、内联引资、外贸进出口额年均增速达到15%以上；发展进出口企业20家以上。

（五）围绕共享发展走在前列，聚焦发力民生福祉增强。突出抓好普惠性、基础性、兜底性民生建设，以实实在在的发展保障改善民生，让幸福指数跑赢GDP增速。实施精准脱贫工程，全面完成脱贫攻坚任务。实施“城乡居民收入倍增计划”。实施更加积极的就业创业政策，突出抓好高校毕业生、就业困难人员、农村转移人口等重点群体就业创业工作。加大社会保障力度，完善五大保险制度，建立更加公平的保障体系。健全新型社会救助体系，让困难群众得到关爱和温暖。大力实施教育强县战略，深入推进名师名校名校长工程，促进学前教育普及、义务教育均衡发展、普通高中特色发展、职业教育突破发展，加快落实“三通两平台（18）”教育信息化工程，全面提高教育教学质量。大力实施“健康宁远”工程，健全县乡村（社区）三级医疗卫生服务网络，落实全民健身计划，促进人口均衡增长。推进现代公共文化服务体系建设，促进文化大发展大繁荣。建好安居工程，加快发展城乡养老服务业，统筹推进慈善、残疾人、妇女儿童等事业发展。深入推进法治政府建设，公正文明执法。深化平安宁远创建，加快城乡安全网、民生网、服务网“三网合一”，健全矛盾纠纷化解、安全生产、食品药品监管、社会信用等体系，创建全省平安示范县、安全生产示范县，确保城乡安全、群众安宁、社会安定。

各位代表！未来五年令人期待、催人奋进，只要我们同心同德，努力奋斗，一个更有实力、更具活力、更富魅力的新宁远必将展现在我们面前！

三、2017年的重点工作

2017年是全面贯彻省、市和县党代会精神的开局之年。我们要坚持责任至上、实干至上、行动至上，奋力开创发展新局面。全县经济社会发展的主要预期目标是：生产总值增长9%以上；规模工业增加值增长8.5%以上；固定资产投资增长15%以上；社会消费品零售总额增长12%以上；财政收入增长13%以上；城乡居民人均可支配收入增长10%以上；城镇登记失业率控制在4%以内；全面完成精准脱贫任务。重点抓好以下工作：

（一）坚持项目引领，努力实现扩大投资新突破。突出项目建设总抓手，以大项目带动大投入，以大投入推动大发展。全年实施重点项目75个，力争完成投资58.9亿元。

全力以赴争项目。紧紧抓住国家和省里一系列重大发展机遇，认真研究国家生态文明示范区建设、湘南承接产业转移示范区、“三去一降一补”（19）改革、精准扶贫等决策部署，围绕基础设施、产业发展、城市建设、民生保障、生态保护、精准脱贫等领域，抓好重大基础设施项目的谋划、包装和对接，力争全年申报项目200个以上、争取资金20亿元以上，保持全市前列。

全力以赴强基础。重点推进“五大类”项目，工业着重抓好江博士鞋业、鸿坤新型环保建材等13个项目。农业着重抓好涔天河灌区宁远段、现代烟草农业等7个项目。交通着重抓好柏柑公路、湘九公路、仁和至冷水公路、水市至道县四马桥、二广高速宁远东互通至天堂公路等4个项目。城建着重抓好九嶷大道延伸线、舜文化体验园等26个项目。社会事业着重抓好市民中心等14个项目。

全力以赴抓服务。扎实推进重点项目“三定四包”（20）责任制和“五个一”（21）推进机制，切实解决项目建设中的前期审批、要素保障等问题。大力强化项目用地保障，新增用地指标130公顷。增加金融机构信贷，激活民间资本，新增融资20亿元以上。积极深化PPP合作模式。严打“三强”（22）行为，全面优化项目建设环境，确保项目顺利实施、如期完成。

（二）坚持工业强县，努力实现扩量提质新突破。以创建省级新型工业化产业示范基地为抓手，深入推进平台配套、优势产业提升、新兴产业培育“三大计划”，力争全年实现规模工业总产值128亿元，新入统规模企业10家，工业税收突破2亿元，建成安全生产示范园区。

大力实施平台配套提升计划。围绕工业新城、城市新区、产城融合，创新园区建设管理机制，推动园区平台与入园工业项目建设并举并行。力争工业投资70亿元以上、基础设施投资2亿元以上、新建标准厂房40万平方米。抓好“一园三区”调区扩区，建成安置小区、工业污水集中处理厂。加快西部工业新城“三纵三横”路网、管网、电力和商务区、邻里中心等设施建设。配套提升加工贸易区、循环经济区生产生活设施。提速建设家具博览、硕宁电子二期等22个项目，力争建成投产10家以上，新增产能15亿元以上。

大力实施转型升级行动计划。优化存量、扩大增量、提升质量。扶强做优传统产业，加快推进水泥、钢材、冶金、食品等优势产业信息化、智能化改造，力争技改投资14亿元以上。支持榕达钢业提质升级，形成年产值20亿元的规模。加快福嘉综环科技循环化改造，打造绿色循环低碳企业。积极开展“数字企业”（23）创建行动，引导加工贸易企业提升创新能力，向精深加工、成品制造延伸转变。依法关停环保、能耗、安全生产等不达标企业，坚决清理退出一批“僵尸”企业。

大力实施新兴产业培育计划。加快发展新能源、新材料、生物医药、电子信息等新兴产业。积极培育以风电、太阳能为主的新能源产业，促进能源生产转型升级。对接“制造2025”，加快发展先进制造业，实现“宁远制造”突破发展。依托现有电子信息企业，延伸上下游产业链，推进电子信息产业集群发展。建立企业发展专项资金，建好中小企业信用担保公司，鼓励企业创新融资。

（三）坚持农业富县，努力实现规模效益新突破。加快推进农业产业化、规模化、品牌化、科技化、合作化进程，不断提升现代农业发展水平。

培育壮大特色农业产业。做大做优粮食、烤烟、蔬菜、油茶、肉牛、生猪、九嶷山兔等优势产业，推行“企业+基地+农户”模式，提高农业产出效益。建设20万亩高档优质水稻基地、2万亩杂交糯高粱原料基地；提质烟叶生产，力争种烟8万亩；种植商品蔬菜19万亩以上、规模观光油菜4万亩以上；新建千亩以上油茶基地3个；发展生猪、肉牛、九嶷山兔等规模养殖场150个。大力开发林下经济，促进农业增效、农民增收。抓好农产品“三品一标”认证工作，争取新增“三品一标”产品5个。

培育壮大新型经营主体。加快生态农业、休闲农业、智慧农业发展，引导农村土地有序流转，力争年内新增流转土地10万亩。加快“农旅一体化”步伐，大力推进九嶷山农科园、林业科技示范园、刘家洲休闲农庄建设。加快温氏一体化养殖、恒禾肉牛养殖规模化、标准化、集约化生产。进一步壮大规模经营主体，力争新增规模农产品加工企业6家、专业合作社60家、种养大户200户、家庭农场50个。大力培育新型职业农民，构建一支“有文化、懂技术、会经营”的新型职业农民队伍。

培育壮大农业服务体系。建立健全农技信息服务、农产品质量安全监管体系，完善溯源平台建设，创建省级畜禽水产品质量安全监管示范乡镇2个。加快推广“互联网+农业”模式，引导农业企业、农民合作社触网上线，拓展农产品销售渠道。大力推进农业机械化，创建省级平安农机示范乡镇3个，争创全国平安农机示范县。改造提升水利设施，启动建设九嶷山水库、龙形头水库、仁和坝大型水闸，实施农村饮水安全巩固提升工程，加快城乡供水一体化和城乡水厂提质改造，修建“五小”水利设施1510处。开发整理农村土地1万亩，争取立项开垦水田项目。

（四）坚持旅游兴县，努力实现现代服务业新突破。围绕创建“国家全域旅游示范区”，大力开发旅游资源、拓展旅游业态、丰富旅游产品、提升旅游品质，全年接待游客突破900万人次，旅游综合收入达到60亿元，力争创建国家5A级景区。

加快旅游项目建设。编制完成《宁远县全域旅游总体规划》。扎实推进九嶷山舜帝陵、仙子山、灌溪仙境、下灌旅游片区、鲁观瑶族风情小镇、三分石、桃花岩、五里沟等景区建设。建设大型综合游乐园、玉琯湖水上乐园。完善公共服务配套，启动县城游客服务中心、祭舜大道建设，加快鲁观至仙子山公路建设，改造提质生态停车场、购物中心、休闲绿道、公共厕所、标志标牌等景区配套设施。力争建成华贸萨维尔世纪酒店，大力推动餐饮、购物、民宿、娱乐、工艺品等配套发展。

加快旅游宣传营销。建好“智慧旅游”信息平台，建立联合营销、捆绑营销、网络营销、政务营销运作体系。年内力争举办全省公祭孔子大典、永州市公祭舜帝大典、舜文化乡村旅游节、油菜花节、美食节、摄影大赛等节会活动。大力拓展旅游市场，主动对接周边旅游精品线路，开拓省内和珠三角市场，融入湘粤桂省际文化生态旅游圈，共享客源市场，打造旅游联动发展共同体，实现境外游客新突破。

加快服务业发展。积极发展“旅游+”产业，推进金融、物流、文化、农产品融合发展。大力发展会展经济、创意产业等新兴服务业。加快现代物流园区、闽丰农产品交易中心建设。实施“互联网+”行动计划，建设电商产业园，争创省级电子商务示范基地。深化金融综合改革，建好村镇银行1家，积极引进商业银行、证券类金融机构和专业保险公司。培育健康消费，鼓励养老机构向医养结合模式发展。

（五）坚持精细品质，努力实现城乡统筹新突破。扎实推进规建管同步并举、城乡村统筹并进。力争年内城区面积、人口分别扩大到21.5平方公里、22万人以上，城镇化率达到43.8%。

推进品质县城建设。加快南部生态文化新城等19个项目规划编制及评审。抓紧九嶷大道一期、舜华大道延伸线、湘妃大道、舜阳大道、园丁路、文化路等27条道路建设。开工建设印山、狮子山、九狮岭三个公园和一批小游园，建设莲花山公园二期，实施泠江路、九嶷路、滨江路、沿江南路“一纵一横一江两岸”街景改造，提质改造城区主次干道沥青路面，进一步抓好城区绿化、美化、亮化和序化。加快城北水厂建设，新建和改造供水、污水管网80公里、燃气管道12公里，新建农贸市场2个，开通城市绿色公交，启动建设自行车交通慢行系统。建好智慧城管中心，推进“数字城管”与“智慧宁远”联网运行。大力创建全国文明县城，扩大殡葬改革、烟花爆竹禁放成效，并逐步向农村延伸；建立大城管机制，严管环境卫生、占道经营、渣土运输、车辆乱停乱放，营造文明有序的城市环境。

推进精致城镇建设。加大城建投、旅建投、农建投等融资平台参与小城镇开发建设的力度。完成集镇布局规划和行政村村庄规划，按照“一城连六乡（镇）接一景促一带”的思路，加快柏家坪新型城镇化试点镇建设，统筹推进冷水、仁和、禾亭、天堂等6个乡镇与城区功能配套，建设太平、清水桥、保安、鲤溪等边贸镇，打造九嶷山、柏家坪、湾井等特色旅游名镇。全力抓好品质活力示范乡镇“十个一”工程，创建3个市级以上品质活力示范乡镇。引进大型国企合作建设农村垃圾收转运、就地减量处理项目，实现城乡垃圾处理一体化。

推进美丽乡村建设。坚持美丽乡村建设与扶贫、全域旅游、现代农业融合发展，实施县城至中和、县城至水市、禾亭至太平、仁和坝至五里沟、“十里画廊”沿线、九嶷河湿地公园区域以及景区周边西湾等村的“乡村风貌”改造。推进城乡整洁行动、农村“五化”行动、秀美乡村示范建设、山水田林路综合治理、农村环境整治整县推进“五大工程”，抓好100个村的“五化”行动和100个秀美示范村庄、5个美丽乡村示范点建设。保护和开发传统古村落，建设特色文化村，创建6个星级乡村旅游点，开发美丽乡村精品线路，打造2个美丽乡村旅游品牌。

（六）坚持生态立县，努力实现绿色发展新突破。牢固树立“绿水青山就是金山银山”的理念，实施青山、碧水、蓝天、净土“四大行动”，打造美丽中国的县域典范。

突出生态建设。加强国家重点生态功能区建设，划定生态保护红线，实施生态保护工程。扎实推进国家森林城市创建，抓好主要通道裸露山地、乡镇村庄、城区、景区、通道河岸“五个绿化”和油茶、经济林、花卉苗木“三大基地”建设，实施人工造林5.1万亩、石漠化治理1.2万亩、封山育林2.5万亩，通道绿化275公里，建设速生丰产林、工业原料林、花卉苗木基地各1万亩。加强水资源保护，编制水市、半山、金钩挂、凤仙桥等七个水库水源保护规划，抓紧1000人以上农村集中式饮用水源保护区的划定和技术报告编制。

突出生态治理。实行最严格的生态环境保护制度，建立政府、企业、公众共同参与的生态污染防治体系。加强森林保护，实施国土绿化行动，深入开展封山育林、全面禁伐限伐。实施湘江保护和治理第二个“三年行动计划”，加强水污染防治，实施东江、西江山洪沟治理，抓好九嶷河、泠江河流域、鲁观乡村河道生态治理。完成柏家坪、水市等乡镇污水处理设施，力争集镇污水集中处理率达到70%以上。

突出生态利用。加快发展水能、光伏、风能等清洁能源的开发利用。推进涔天河灌区后备资源开发，力争新增耕地5500亩。抓好农村大中型沼气综合利用示范工程。大力开展农村垃圾分类处理，实现源头减量、回收利用。

（七）坚持创新驱动，努力实现改革开放新突破。以改革释放新红利，以大众创新、万众创业迸发新活力。

深化重点领域改革。继续推进“3+2”改革。抓好“五证合一”商事制度、不动产登记、农村宅基地用地改革。全力推进财税体制、合并村“三资”（24）管理等改革。创新投融资体制，发挥好城建投、旅建投、农建投和绿园、建发、扶贫公司等平台融资作用，积极推行PPP合作模式。深化供给侧结构性改革，化解过剩产能。深入推进农村改革，加快农村土地确权登记颁证、农村集体产权股份制、农村土地承包经营权抵押贷款试点等改革。加快推进民生和社会等领域的重大改革。

大力推进创新创业。充分发挥创新创业奖励扶持政策，引导全民创新创业。运营好众创空间，加速小微企业孵化，力争新增小微企业200家以上，创建省级创新创业基地。积极培育创新创业主体，争创省级企业技术研究中心1家、申报高新技术企业1家、申请专利350项。加强创新人才队伍建设，完善引进激励机制，构建“能人创企业、干部创事业、百姓创家业”的生动局面。

全面促进开放合作。坚持小分队招商、以商招商、以乡招商、节会招商，大力实施外引内联“双优”工程，推动内外贸融合发展。力争全年承接产业转移项目25个，利用外资1亿美元，内联引资28亿元，实现外贸进出口1.3亿美元；引进1~2名战略投资者，引进5000万美元以上的外资项目或10亿元以上的内资项目2个以上。

（八）坚持民生至上，努力实现人民福祉新突破。突出普惠性、均等化、可持续，切实补强民生短板，让发展成果更多更好地惠及全县人民。

全力推进脱贫攻坚。进一步健全县乡村三级精准扶贫数据库和信息服务平台，动态监测贫困户和扶贫项目。突出抓好“景区带村”旅游扶贫项目，助推九嶷山片区精准脱贫。扎实抓好产业扶贫，全年发放小额扶贫贷款3亿元，重点扶持贫困村发展特色种养产业，实现每个贫困村有1~2个主导产业，每个贫困户有1项以上增收项目。大力推行“扶贫财银保”、“扶贫特惠保”，实现扶贫保险全覆盖。加快推进易地扶贫搬迁，建设集中安置点11个，搬迁2020户7752人。切实抓好贫困人口外出就业扶贫，对全县未脱贫的五保户、低保户等贫困人口按政策纳入低保范围。对符合救助条件的困难家庭，继续纳入社会保障体系，实现应保尽保。同时，整合资金加大贫困村水电路讯等基础设施投入。严格落实脱贫攻坚责任制，完善考核评价体系，确保2017年省级贫困县“摘帽”，兑现对全县人民的承诺。

大力强化社会保障。新增城镇就业5700人，农村劳动力转移就业6500人，就业创业培训7500人，发放创业担保贷款3000万元以上，争创省级创业型城市。健全社会保险、救助、优抚保障体系，做好城乡居民养老保险、扶老救孤、助残助幼等工作。加大城乡困难群众救助力度，加强城乡低保动态管理。加快县福利中心建设和乡镇敬老院改造升级。完善防灾减灾体系，提高应急救助能力。新建保障性住房309套、危房改造1400户。

努力发展社会事业。立足办好人民满意教育，公平配置教育资源。加快建设一中新校区、明德湘南学校、推进二中、职业中专搬迁新建，加快农村义务教育合格学校建设，年内新增城区中小学位2700个以上。落实乡村教师支持计划，加强培养补充、提高待遇，大力开展教师招聘、择优选送免费师范生工作。大力实施强校联合行动计划，建立强校托管弱校、城区学校对口支持农村学校机制，拓展教育教学资源，提高教育教学质量，确保教育水平保持全市前列。抓好健康服务，健全医疗保障体系，启动建设妇女儿童医院，深化县级医院托管乡镇卫生院改革；抓好计生综合治理和优质服务，提高人口质量；倡导健康生活方式，创建“百岁健康县”。实施文化惠民、文艺精品、文产提速、文市规范、文遗保护五大“工程”，强化基层综合性文化服务中心建设，力争创建全省现代公共文化服务体系示范区。

着力创新社会治理。全面推进农村综合服务平台、农村网格化建设，强化法治宣传教育，抓好“七五”普法工作，完善社会治安防控体系建设，重拳打击“黄赌毒”、黑恶宗族势力等各类违法犯罪行为。强化源头治访、依法治访，着力化解信访积案。完善排查调处机制，有效化解社会矛盾纠纷。理顺社区职能，提升服务能力。健全统一权威的食品药品安全监管体系，保障群众“舌尖上的安全”。严格落实安全生产责任，严防重特大安全事故发生，创建全省安全生产示范县。

（九）坚持担当有为，努力实现自身建设新突破。谋好政府应谋的事，干好政府应干的事，管好政府应管的事，不断增强政府的公信力、执行力和干事创业活力。

坚持依法行政，增强公信力。强化底线意识，增强法治思维，用法治方式推动政府工作。自觉接受人大、政协和社会监督，认真办理人大代表建议和政协委员提案。坚持用制度管权管人管事，按程序办事、按规矩行事，严格土地出让、工程招投标、政府采购等项目管理制度，把权力关进制度的笼子。扎实抓好电子政务、网上政务服务和电子监察，打造优质高效的政务服务和政务信息公开平台。

坚持敢于担当，增强执行力。始终保持功成不必在我、建功必须有我的精神追求，对确定的目标、制定的政策、部署的任务，盯人盯事盯结果，快办即办限时办，确保定一件、干一件、成一件。把握时代新特征，增强自我革新的勇气，以更大的决心实现各项工作新突破。建立容错纠错机制，鼓励党员干部大胆创新、敢于承担、攻坚克难，让敢于担当者义务反顾，让奋发有为者大显身手。

坚持从严治政，增强约束力。扎实抓好党风廉洁建设，始终把纪律和规矩挺在前面，持之以恒落实“八项规定”，驰而不息纠治“四风”问题，强化“三公”经费管理。支持审计、监察等部门依法监督，强化审计结果运用，严肃查办违纪违法案件，营造风清气正的发展环境。

各位代表！立足新起点，展望新征程，我们深感使命重大，责任在肩。让我们在县委的正确领导下，不忘初心、继续前进，紧紧团结和依靠全县人民，用激情绘就蓝图，用实干成就梦想，为全面建成小康宁远而努力奋斗！

《政府工作报告》有关名词解释：

1. 农村五化行动：绿化、亮化、美化、净化、序化。

2. 四冬生产：冬种、冬造、冬修、冬防。

3. 商事制度“五证合一”：营业执照、组织机构代码证、税务登记证、社会保险登记证和统计登记证“五证合一”登记制度。

4. 两供两治：“两供”：城市供水、供气，“两治”：城市污水、垃圾治理。

5. 品质活力示范乡镇“十个一”：一个合理的道路网体系、一个集中发展的产业聚集区、一个建筑风格相对统一的集镇区、一个管网配套的供水厂、一个污水处理厂、一个生活垃圾处理填埋场、一个综合市场、一个文化广场（公园绿地）、一个规范的公交车站（或停车场）、一个规范的便民服务中心。

6. 两学一做：学党章党规、学系列讲话，做合格党员。

7. 三重一大：重大问题决策、重要干部任免、重大项目投资决策、大额资金使用。

8. 六纵六横三环：六纵即重华路、水市路、九嶷路、莲花路、舜帝路、舜华路；六横即文庙路、冷江路、商均路、印山路、园艺路、湘妃路；三环：绕城公路。

9. 一城两翼：一城，即中心城区；两翼，即南部生态新城和西部工业新城。

10. 一带一路：“丝绸之路经济带”、“21 世纪海上丝绸之路”。

11. 制造 2025：我国实施制造强国战略第一个十年的行动纲领。

12. 一带一部：东部沿海地区和中西部地区过渡带、长江开放经济带和沿海开放经济带结合部。

13. 一核三极四带多点：“一核”：加快推进长株潭一体化，打造长江中游城市群核心引领区；“三极”：打造岳阳、郴州、怀化三个新增长极；“四带”：打造京广高铁经济带、沪昆高铁经济带、环洞庭湖经济带和张吉怀精品生态文化旅游经济带；“多点”：依托国家级新区、国家级经济技术开发区、高新技术开发区和一些特色园区，形成多个基础扎实、实力雄厚、特色明显、产城融合的新增长点。

14. 三个着力、四大体系、五大基地：着力推进供给侧结构性改革，着力加强保障和改善民生工作，着力推进农业现代化；加快构建科技文化创新体系，加快构建现代产业体系，加快构建新型城镇体系，加快构建综合交通枢纽体系；打造以长株潭国家自主创新示范区为核心的科技创新基地、以中国智能制造示范引领区为目标的现代制造业基地、以精细农业为特色的优质农副产品供应基地、以影视出版为重点的文化创意基地、以“锦绣潇湘”为品牌的全域旅游基地。

15. 四个三：实现新型工业化、中心城市建设和基础设施建设“三大突破”；推进行政管理体制、农村产权制度和社会治理机制“三项改革”；坚持生态、教育和就业“三项优先”；抓好城镇与农村、当前与长远、经济与社会“三项统筹”。

16. 五个走在前列：创新发展、协调发展、绿色发展、开放发展、共享发展五个走在前列。

17. 一城连六乡（镇）接一景促一带：一城即县城，六乡（镇）即天堂、冷水、禾亭、仁和、湾井、九嶷山，一景即九嶷山大景区，一带即永连公路经济带。

18. 三通两平台：“三通”：宽带网络校校通、优质资源班班通、网络学习空间人人通”；“两平台”教育资源公共服务平台、教育管理公共服务平台建设。

19. 三去一降一补：去杠杆、去产能、去库存、降成本、补短板。

20. 三定四包：定牵头领导、定责任单位、定工作职责，包年度投资到位、包序时进度到位、包问题解决到位、包责任落实到位。

21. 五个一：一个项目、一名领导、一套班子、一套方案、一抓到底。

22. 三强：强买强卖、强揽工程业务、强行阻工。

23. 数字企业：把新技术与企业模式变化融合在一起创造竞争特点的企业。

24. 三资：农村集体的资金、资产、资源。

中国人民政治协商会议
宁远县第八届委员会常务委员会工作报告

政协宁远县委员会主席　李苏昭

（2016年11月26日在政协宁远县第九届委员会第一次会议上）

各位委员、各位同志：

我受政协宁远县第八届委员会常务委员会的委托，向大会作工作报告，请各位委员审议，并请各位列席的同志提出意见。

八届县政协工作回顾

政协宁远县第八届委员会任期的四年，是我县经济社会快速发展、综合实力显著增强、城乡面貌发生巨大变化的四年，也是全县政协工作与时俱进、积极活跃、富有成效的四年。四年来，在中共宁远县委的正确领导和上级政协的具体指导下，八届县政协坚持以邓小平理论和“三个代表”重要思想为指导，全面落实科学发展观，高举团结民主两面旗帜，紧紧围绕促进发展第一要务，认真履行政治协商、民主监督、参政议政职能，圆满地完成了各项工作任务，为推进宁远经济社会又好又快发展作出了积极贡献。

一、着眼全局，精准建言，政治协商深入推进

县政协按照“协商在党委决策之前，人大审议通过之前，政府决定实施之前”的“三在前”原则，牢固树立全局意识，紧紧抓住全县经济社会发展中的重大问题和人民群众关心的热点难点问题，广泛协商议政，积极向县委、县政府和有关部门提出意见建议，许多带前瞻性、战略性和全局性的意见建议得到了采纳，为促进党政决策的民主化、科学化发挥了作用。

1. 大会协商谋全局。紧扣县委、县政府工作中心，围绕全县经济社会发展中的全局性、战略性问题，积极主动地开展多层次的政治协商活动。四年来，我们组织全县政协委员对每年的县人民政府工作报告，县人民法院工作报告，县人民检察院工作报告，计划、财政工作报告等进行认真审阅，并以联组讨论、协商座谈、提出提案等方式发表意见，共提出了600多条具前瞻性、可行性的意见建议，许多意见建议得到了县委、县政府和有关部门的采纳。

2. 专题协商议重点。县委、县政府和有关部门积极支持政协开展工作，在重大事项决策、重要问题解决、重要人事任免等工作中都主动征求政协意见，县政协主席列席县委常委会议、分管副主席列席县政府常务会议、有关领导出席部门工作会议的制度都得到了很好的落实。四年来，我们通过召开常委会、主席会和专题协商会，对全县财政预算草案、财税收支、重点项目建设、基础教育发展、原舜陵镇区划调整、保安乡撤乡设镇、农村土地确权流转、城区交通管理等30多个重点问题开展专题协商，共向有关部门提出意见和建议450多条，为县委、县政府和有关部门决策提供了参考。

3. 对口协商解难点。县政协各专门委员会、联络组、乡镇政协工委，对城区禁放烟花爆竹、全县实施封山育林（禁伐）、乡镇医疗卫生机构建设、城乡供水、小城镇建设、农村环境污染治理、养老服务体系建设等38个全县经济社会发展中的难点问题，通过大会协商发言，组织各

种座谈会、调研会等途径，积极深入地开展对口协商，共提出了260多条建设性意见，为难点问题的解决建言献策。

二、注重实效，履职尽责，民主监督扎实开展

常委会认真履行民主监督职能，按照“监督就是支持、监督就是服务、监督就是促进”的工作思路，以维护社会公平、提高行政效能、优化发展环境为目标，积极创新民主监督方式，拓展民主监督领域，通过强化提案办理、深入开展特约监督、参与民主评议等途径，进一步增强了民主监督工作实效。

1. 强化提案办理落实。重视发挥提案在促进工作、提高效能、优化环境和调和矛盾上的重要作用。2013年，制定出台了《政协宁远县委员会提案工作实施办法》，为推进提案工作的制度化、规范化、程序化和信息化建设提供了制度保障。四年来，按照“立案准确、交办慎重、办结及时”的工作原则，狠抓提案的督办落实，对征集到的346件委员个人和联名提案，通过大力推行视察督办、主席领衔督办、联合督办、跟踪督办，进一步提高了提案办理的质量和时效，每年的提案办理工作都提前完结，提案办复率达100%，委员对办理结案的满意率达98%以上。

2. 积极推动建议案工作。常委会把建议案作为推动解决社会难点、焦点问题的切入点，八届一次会议以来，在精准选题、深入调研的基础上，先后提出了《关于加快建设国家级旅游目的地的建议案》、《关于加速推进我县新型工业化进程的建议案》、《关于在全县范围内实施封山育林（禁伐）的建议案》等三个建议案，引起了社会的广泛关注，县人民政府和有关部门高度重视，认真研究，及时出台相关政策并采取措施加以推动，收到了较好的社会效果。

3. 精心组织委员视察。重视委员视察在促进工作中的作用，围绕社会关注、群众关心的热点、难点问题，通过采取视察与专题调研相结合、视察与提案督办相结合、视察与委员活动相结合等途径，进一步加大了对委员视察活动的组织力度，推动了委员视察领域更为宽阔、形式更为丰富、成效更为突出。据统计，四年来，八届县政协共组织委员开展50余次专项视察，经认真梳理，委员们在视察中提出的关于作风建设、部门工作等方面的意见和建议达160余条，这些意见和建议得到了被视察单位的诚恳采纳。

4. 深入开展特约监督和民主评议。重视特约监督和民主评议工作，四年来，从政协委员中共派出38名特约监督员和行风监督员，参与相关部门和单位的各种检查、评议、视察、考察等活动，这些监督员认真履行监督职责，及时向被监督部门和单位反映群众呼声、提出意见建议。我们先后组织政协委员240余人次，参与对全县县直单位和乡镇的民主评议，客观公正地打分，积极提出建设性意见，为提高行政效能、优化发展环境进净言、献良策。

三、立足民本，凝心聚力，参政议政积极有为

政协常委会牢固树立“参政为民、服务发展”理念，把凝心聚力作为履职参政的重要目标，注重把社会各界人士的智慧和力量引导到“一心一意搞建设、全心全意谋发展”上来，通过深入开展调研、认真组织视察、发挥委员作用，努力为县域发展建言出力。

1. 认真组织调查研究。常委会坚持把调查研究作为参政议政的重要工作来抓，组织政协委员和政协机关干部围绕全县中心工作，紧扣社会关注、群众关心的热点难点问题，主动深入地开展调查研究，积极为深化改革、促进发展建言献策。四年来，先后就企业服务、农村饮水安全工程、小城镇建设、农村环境污染治理、城区交通、养老服务体系建设等40余个重点课题开展专题调研，形成了《关于加快我县城镇

化建设步伐的调研报告》、《关于我县城区交通的调研报告》等一批调研报告，报告中所提出的许多前瞻性、可行性意见和建议得到了县委、县政府和有关部门的采纳。这些报告送省、市政协后，得到了省、市政协领导的充分认可，在省、市政协优秀论文评比中共获省二等奖两次、三等奖一次，获市二等奖三次、三等奖一次。

2. 积极反映社情民意。把反映社情民意作为架桥梁、护民利、集民智的重要工作来抓，不断完善社情民意信息工作机制，积极拓宽社情民意信息收集和反映渠道，认真接待群众来信来访，鼓励和组织政协委员深入到社会各个层面，广泛听取和收集各界群众的意愿和呼声，并将这些意愿和呼声及时向上级政协和有关部门反映。据统计，四年来，全县政协委员共收集各类社情民意信息420多条，经筛选梳理，向上级政协和有关部门提供重要信息250多条，为上级政协和有关部门掌握社情、了解民意、出台措施提供了参考。

3. 大力推进团结合作。充分发挥政协组织联系面广、包容性强、位置超脱的优势，进一步加强了与县工商联、各群团组织、政协各参加单位、社会各界人士的联系与沟通，主动邀请他们参与政协组织的调研、视察、提案督办等活动，积极为他们参政建言提供平台。全县政协委员利用自身优势，积极向所在界别群众传达党的路线方针政策和县委、县政府的重大决策部署，努力使县委的主张和意图转化为社会各界的广泛共识和自觉行动，努力推动县委、县政府的决策部署得到贯彻落实。重视发挥文史资料“存史、资政、育人、团结”的作用，进一步加大了对文史资料的收集和整理力度，积极配合省、市政协开展农业文化遗迹、知青史、文革史和“永州百年名人”资料的收集和整理，向省、市政协报送文史资料12万余字、图片180余幅。

四、服务发展，主动作为，中心工作全面落实

常委会始终把促进发展作为履行职能的第一要务，坚持主动作为，鼓励和团结带领全县政协委员、政协机关干部积极融入到当前各项中心工作中去，努力为全县发展作贡献。

1. 主动融入中心工作。四年来，县政协领导按照县委总体部署，主动融入到当前各项中心工作中，积极深入到所联系的项目、乡镇、扶贫点、企业，协调解决工作中存在的困难和问题。对项目建设，政协领导经常深入项目一线周密调度，抽调力量强力突破，这些项目都得到了较好推进；对所联系的乡镇工作，政协领导主动加强与乡镇党委、政府的协调沟通，指导各乡镇制定发展规划、培植特色产业、维护社会稳定，各乡镇经济社会都得到了较快发展。全县政协委员和政协机关干部按照县委、县政府工作部署，积极主动地参与到综治民调、文明劝导、街面巡逻和“创森”、“创卫”等工作中，为建设幸福、平安、宜居宁远作贡献。

2. 倾心服务农业农村。常委会关注农业发展和新农村建设，积极引导和支持全县政协委员、政协机关干部带规划、带资金、带技术，深入到农村基层，为全县农村发展献计出力。县政协领导从政协机关和后援单位抽调精干力量组建扶贫工作队，常驻各扶贫村开展工作，从制定规划到项目实施，亲自协调抓落实，推动了扶贫点脱贫攻坚工作的顺利推进。按照省、市政协安排部署，我们在政协委员中组织开展了“三个一”（即资助一名贫困生完成学业、结对一个贫困家庭增加收入、帮助贫困家庭一名成员解决就业）扶贫行动，全县政协委员主动与贫困户结对子，积极帮助贫困户就业、就学和增收，以实际行动为贫困户脱贫致富出力。

3. 充分发挥委员作用。重视发挥政协委员的主体作用，鼓励和支持全县政协委员立足岗位作贡献。四年来，全县政协委员在常委会的

带领下，牢记使命，积极投身经济发展主战场，着力维护社会和谐稳定，各尽所能，各尽其才，在各自的岗位上创造出了优秀的业绩，他们中的李国胜、樊志军、欧阳建中、李友梅、谢明臣、江宁丽、欧阳志生等委员，爱岗敬业，为行业发展挥洒汗水；刘珍兰、李锋、李进宣等委员，热心社会公益，主动为家乡建设出资出力；欧阳元才、李斌英、李怀明、李育珍、张翠红、欧阳富胜等委员，艰苦创业，以榜样作用带动乡亲致富。这些委员以自己的实际行动引领了社会正能量，为委员这个称号增了光、添了彩。

五、夯实基础，改革创新，履职能力不断提升

常委会把打造坐下来能写、站起来能讲、走出去能干的高素质政协队伍和推进政协工作的制度化、规划化、程序化建设，作为推动政协工作持续发展的重要环节来抓，按照“四位一体”布局，大力推进思想建设、组织建设、作风建设和制度建设，努力为政协履职奠定坚实基础。

1. 抓学习强素质。坚持把学习作为提高履职能力的基础性工作来抓，以联络组、界别组、乡镇政协工委为单位，通过采取集中学习和个人自学相结合的方式，组织广大政协委员学理论、学政策、学业务。四年来，按照上级政协安排，政协领导积极参加省、市政协组织的干部学习培训和县委组织的中心组学习，全县政协委员和政协机关干部，对政协业务知识和习近平总书记系列讲话进行了重点学习，就如何履行委员职责开展讨论。政协领导和全县政协委员、政协机关干部还先后参加了党的群众路线、“三严三实”、“一学二比三提升”、“两学一做”等学习教育活动，增强了履职的责任感与使命感，提高了履职的积极性与主动性。

2. 建制度促规范。重视制度建设，先后制定出台了《政协宁远县委员会提案工作实施办法》、《政协宁远县委员会民主监督实施办法》等制度和全体会议、常委会议、主席会议、专委会工作规则，对调研、反映社情民意等工作制度作了进一步完善，形成了包括工作职责、工作规则、探索实践制度等 43 个制度在内的制度体系，从而为政协工作的制度化、规范化、程序化建设提供了保障。

3. 严管理优服务。以文明创建为载体，以打造“学习型、服务型、创新型、和谐型”政协机关为目标，着力加强政协机关建设。一是加大了机关学习培训、考勤考核工作力度，优化了机关管理，改进了机关作风。二是进一步完善了政协主席、副主席联系专委会，专委会联系委员制度，主席、副主席和专委会定期走访政协委员，主动帮助委员解决生产生活困难，为委员履职创造条件。三是认真办文办会，加强对外联谊。对常委会议、主席会议、专题协商会和视察、调研等活动，办公室都做到事前认真调研、事中热情服务、事后抓好落实。积极加强与省、市政协和兄弟县区政协组织之间的交流与合作，配合县外政协组织来宁远调研考察，先后接待县外考察组 80 余批次，在交流中既增进了感情，又宣传推介了宁远。

各位委员、各位同志，八届县政协成绩的取得，是上级政协悉心指导，县委正确领导，县人大、县政府及社会各界大力支持的结果，是全体政协委员、政协各参加单位及全体政协工作者共同努力的结果，也是历届政协打下良好工作基础的结果。在此，我代表八届县政协常务委员会，向所有关心和支持政协工作的同志们、朋友们，向为政协事业付出辛勤劳动的全体委员，表示崇高的敬意和衷心的感谢！四年的政协工作实践，给我们留下了深刻的体会，也为我们积累了宝贵的经验：

1. 坚持维护核心，是做好政协工作的根本保证。坚持中国共产党的领导，是我国多党合作和政治协商制度的政治前提。四年来，我们始终维护县委核心，凡涉及政协的重大问题、重大活动和重要会议，都及时向县委请示、报

告；始终自觉地围绕县委、县政府工作中心，安排民主监督、协商议政、视察调研活动。实践证明，只有坚持党对政协工作的领导，政协工作才能得到重视和支持，只有始终与党委保持思想上同心、目标上同向、行动上同步，政协工作才能方向明、思路清、效果好，才能在全县政治生活和社会生活中发挥积极作用。

2. 坚持服务大局，是做好政协工作的基本原则。围绕中心、服务大局是人民政协履行职能必须遵循的基本原则。四年来，县政协牢固树立“大局意识和一盘棋”思想，坚持把政协工作融入到全县发展大局之中，把工作重点放在促进发展这个要务上去，主动建言献策，自觉践行出力。实践证明，只有围绕中心、服务大局，政协工作才能把握重点，才能反映人民群众的根本愿望和要求，政协工作才会生动活泼而富有现实意义，才会具有影响力、产生凝聚力、充满生命力，才能得到党委、政府的肯定和社会各界的认可。

3. 坚持团结民主，是做好政协工作的重要基础。团结和民主是社会和谐稳定的基础，也是政协工作的重要基石，团结增强凝聚力，民主增强认同感。作为最广泛的爱国统一战线组织，政协要充分发挥联系面广、包容性强、位置超脱的优势，积极协调各方关系，不断增进各方的理解与包容，团结一切可以团结的力量，调动一切积极因素，努力为改革发展汇聚力量。四年来，我们主动邀请工商联、各群团组织、政协各参加单位和社会各界人士参政协组织的协商议政和调研视察等活动，为他们发表意见提供平台，积极为营造团结民主、宽松和谐、奋发向上、生动活泼，心往一处想、劲往一处使的良好发展氛围创造条件。

4. 坚持履职为民，是做好政协工作的力量源泉。民生连结民心，民心凝聚民力。人民政协必须始终把维护和发展最广大人民群众的根本利益作为工作的出发点和落脚点，坚持为民协商、为民监督、为民参政，把调查研究的重点放在改善民生上，把民主监督的重点放在维护群众利益和社会公平正义上，关注民生民利，积极为民建言。要按照县委、县政府工作部署，把重点项目建设、联系乡镇、脱贫攻坚和其它各项中心工作扎实推进好，努力为民生改善发挥作用。

5. 坚持与时俱进，是做好政协工作的不竭动力。创新是民族进步的灵魂，是国家兴旺发达的动力，也是政协工作常做常新、不断前进的动力所在。新的形势、新的任务，对人民政协工作提出了许多新的要求和新的课题，只有坚持思想上、工作方式上不断创新，政协工作才能有新的作为、新的突破，不坚持与时俱进，政协工作只能是一潭死水。在信息化发展的历史条件下，我们必须把握时代脉博，用发展的视角审视政协工作，不断探索新的形式，寻求新的载体，推出新的举措，做到继承与突破并重，常规与创新并举，努力推动政协工作不断发展和提升。

今后五年工作思路

各位委员、各位同志，今后的五年，是我县落实县第十二次党代会精神、深入实施“十三五”规划的重要时期，也是推进“生态立县、工业强县、旅游兴县、农业富县”战略的关键时期。今后五年县政协工作的指导思想是：高举中国特色社会主义伟大旗帜，以邓小平理论、“三个代表”重要思想和科学发展观为指导，认真贯彻党的十八大，十八届三中、四中、五中、六中全会和县第十二次党代会精神，紧扣发展第一要务，牢牢把握团结民主两大主题，围绕“四个全面”战略布局和“生态立县、工业强县、旅游兴县、农业富县”战略实施，自觉践行“五大发展理念”，切实履行政治协商、民主监督、参政议政职能，奋力拼搏，主动作为，为富民强县、全面建成小康宁远作出新的更大贡献。

一、把维护核心作为第一前提，高举团结民主旗帜，努力在汇聚力量、促进和谐上有新作为

九届县政协要自觉维护县委的核心地位，自觉把政协工作融入县委的领导之下，对重要工作安排和重要活动开展、难点问题的解决，主动做到事前请示、事后汇报；对县委的决策部署，认真贯彻执行，对县委安排的各项工作任务，尽最大努力完成。县政协领导班子成员和全县政协委员，要积极协助县委、县政府做好综治民调、信访维稳等工作，努力为协调关系、平息情绪、化解矛盾、优化环境献计出力。要广泛深入社会各层面，认真听取和收集社会各界群众的意愿和呼声，并积极向上级政协和县委、县政府及有关部门反映。要广泛宣传党的路线方针政策和县委、县政府的各项决策部署，将县委、县政府的意图转化为全体委员、广大群众的自觉行动，确保决策部署落到实处、各项工作顺利推进。

二、把促进发展作为第一要务，强化调研建言工作，努力在服务发展、推进决策上有新成果

发展是硬道理。九届县政协要始终把促进发展作为第一要务，将政协工作同全县中心工作和发展大局紧密结合起来，按照县第十二次党代会提出的奋斗目标，紧紧围绕"生态立县、工业强县、旅游兴县、农业富县"战略，尽职尽责，献计出力。全县政协委员要积极投身经济建设、社会发展主战场，主动参与重点项目建设、"三区"建设和美丽乡村建设，努力为新型工业、现代农业、全域旅游发展作贡献。要围绕产业转型升级、农业产业化、全域旅游、交通能源建设、水利建设、互联网+、生态环境保护、农村环境整治、创新创业等政府重点工作和社会关注的热点难点问题，主动深入地开展调查研究，积极探讨，精准建言，为推进各项工作和促进科学决策提供参考。

三、把改善民生作为第一重点，推进监督评议工作，努力在发展民利、优化环境上有新建树

民惟邦本，本固邦宁。九届县政协要始终坚持以人为本、关注民生、维护民利，坚持以群众呼声为第一信号，以群众利益为第一追求，以群众满意为第一标准，把实现好、维护好、发展好最广大人民的利益作为履行职能的出发点和落脚点。要围绕脱贫攻坚、社会保障体系建设、城乡教育、公共文化服务体系建设、基层医疗卫生、全民健身、城乡安居工程建设、依法治县、社会治安防控体系建设、食品药品安全、产品质量安全等人民群众普遍关心的热点问题，深入开展调研视察，积极建言献计。要把优化环境、提升效能、改进作风作为工作的重点，进一步强化提案办理、特约监督、民主测评、行风测评、反映社情民意等工作，积极反映好群众意愿，切实维护好群众利益。

四、把学习培训作为第一抓手，打造过硬工作队伍，努力在提升能力、发挥作用上有新突破

打铁还须自身硬。九届县政协要把打造过硬的政协工作队伍作为重要的基础性工作来抓。要重视委员学习，加强对委员的培训，努力增强委员的履职责任感和使命感。要认真组织政协委员参与调研、视察、评议等活动，积极为委员参政搭建平台。要鼓励和支持政协委员立足岗位作贡献，主动帮助委员解决生产生活困难，坚持用事业凝聚委员、用实践锻炼委员、用机制激励委员、用感情联络委员，充分发挥好委员的主体作用。要进一步完善政协各项工作制度，加强机关管理，着力推动政协工作的制度化、规范化、程序化建设，努力提升政协机关服

务保障水平。

各位委员、各位同志，回首过去，事业辉煌，展望未来，任重道远。让我们紧密团结在以习近平同志为核心的党中央周围，在中共宁远县委的坚强领导下，高举中国特色社会主义伟大旗帜，不忘初心，扎实工作，万众一心，奋力拼搏，为富民强县、全面建成小康宁远而努力奋斗！

大 事 记

1月

3日宁远县在水市镇召开乡镇区划调整改革工作推进会。县领导伍佑伦、刘庚旺和各乡镇（街道）党委负责人等参加会议。会上，湾井镇、水市镇、舜陵街道分别作典型发言。

4日下午，宁远县“第六届教师艺术节暨第十一届学生艺术节”颁奖典礼暨汇报演出在宁远一中体艺馆举行。

5日上午，县委副书记、县长桂砺锋主持召开县政府“严以用权”专题讨论会。县政府领导班子成员参加会议。与会人员畅谈对“严以用权”的心得体会。

6日上午，宁远县公安局在文庙广场召开公开返赃大会，向受害人现场返还追回被盗财物，总价值200余万元。

7日上午，县政协八届四次会议在政务中心召开。刘卫华、桂砺锋、伍佑伦、张明贵、李苏昭等县领导和部分老同志出席，驻宁省、市政协委员，县直单位负责人等列席会议。李苏昭作县政协第八届委员会常务委员会工作报告，李春茂作八届三次会议以来提案工作情况报告，刘庚旺代表县政府作八届三次会议提案、建议案办理情况的说明。县委书记刘卫华出席会议并作重要讲话。

10日，宁远县第十六届人民代表大会第五次会议闭幕会在县政务中心101会议室举行。县委书记刘卫华出席闭幕会并作讲话。县领导桂砺锋、伍佑伦、张明贵、刘军君、李亚峰、郑福章、周方、赵吉永、眭晓棠、何为民等出席会议。

10日上午，县委副书记、县长桂砺锋主持召开2016年县政府第一次常务会议。会议听取全县撤并建制村工作情况汇报，审议并原则同意各乡镇、街道并村工作方案，安排部署2016年县政府有关工作。

12日，九嶷大道改扩建工程举行开工仪式。九嶷大道改扩建项目，北起宁嘉公路，南至厦蓉高速宁远南收费站，全长7.9千米，按60米城市景观大道改扩建，双向六车道（宽24米），道路中间设5米绿化带，道路两边各设3米绿化带、5.5米非机动车道、5米人行道。

18日上午，宁远县召开安全生产工作紧急会议，学习传达省、市安全生产电视电话会议有关精神，通报“1·17”新美雅陶瓷事故情况，安排部署当前宁远县安全生产、信访维稳有关工作。

19日上午，县委书记刘卫华主持召开2016年县委第一次常委（扩大）会，听取新美雅陶瓷有限公司输送管道发生伤亡事故处理情况进展汇报，就如何抓好下段全县安全生产工作作出安排部署。

19日，永州市经开区党委委员、管委会副主任曾令富、廖为华一行到宁远县考察学习乡镇区划调整改革工作先进经验。

20日，永州市农村“四冬”生产现场会在宁远县召开。市领导张严、蒋善生，县领导刘卫华、桂砺锋、伍佑伦、刘庚旺，各县区分管领导，市直相关部门及各县区相关部门负责人等参加会议。

20日，宁远县舜源农业发

展有限公司的舜毅牌九嶷山兔肉和好放心米业有限责任公司的九嶷素米获湖南省首届名优特产认定商品。

22 日，由团中央学校部、全国学联秘书处、中国青年报社共同发起的寻访“最美中学生”和“最美中职生”活动结果揭晓，宁远县实验中学李凯同学被授予全国“最美中学生”称号。

27 日下午，县委书记刘卫华在县主持召开县委第二次常委会，专题听取县委经济工作暨 2015 年度工作总结表彰会准备、春节走访慰问、九嶷山旅建投和县农建投筹备情况汇报。

29 日，宁远县召开乡镇（街道）党（工）委书记履行基层党建工作责任述职评议会议。市委基层办主任郑国荣莅临指导。

2 月

1 日，宁远县十一届纪委八次全会暨乡科级党政正职集中述责述廉述德评议会议在县政务中心会议室召开。乡镇街道、县直单位负责人及部分“两代表一委员”参加会议。会上，唐建新等五位党政“一把手”进行述责述廉述德，并接受评议组现场问询和测评。县委常委、县纪委书记李亚峰出席会议并讲话。

1 日，宁远县申创全国基层中医药管理先进单位获通过，并授牌。

4 日，永州市委常委、常务副市长唐湘林带领市直相关部门负责人到宁远县开展走访慰问活动，为道德模范、困难党员和群众送上新春的问候和祝福。

15 日，县委书记刘卫华主持召开县委第三次常委会，专题研究 2015 年度绩效评估考核及各项表彰、社会管理、综合治理、人口和计划生育、安全生产等工作。

16 日，湖南省食药监局党组成员、副局长吴公平一行到宁远县湾井镇梅子窝村走访慰问。

17 日，宁远县召开脱贫攻坚推进会，安排部署精准脱贫攻坚工作。

17 日，永州市委政法委副书记王俊斌一行到宁远调研政法综治工作。先后到湾井镇下灌社区、冷水镇司法所、“智慧宁远”综合信息平台指挥中心和东溪社区进行现场调研。

23 日，县委书记刘卫华主持县委第四次常委会，传达湖南省贯彻中共十八届五中全会精神；传达永州市 2015 年度工作综合表彰大会及全市乡镇领导班子换届工作情况。研究宁远县纪委全会筹备、精准扶贫、基层党建以及宁远县重点项目建设等工作。

23 日，宁远县团委、县农委、农商行、县就业服务中心、县中医院、青年创业商会等单位团体到中和镇西江源瑶族村开展“弘扬雷锋精神，助力精准扶贫”为主题的青春服务活动。

25 日，宁远县经济工作会议暨 2015 年度总结表彰大会召开。县委书记刘卫华出席会议并作讲话，县长桂砺锋作总结报告，县委副书记伍佑伦宣读 2015 年度各项工作表彰通报。

29 日下午，宁远县消防安全委员会在消防大队召开 2016 年度第一次联席会议。会议通报春节以来的全市火灾形势，安排部署全国“两会”期间的消防安全保卫工作。

3 月

2 日，宁远县召开涔天河水库扩建工程宁远灌区工程建设动员会，桂砺锋、刘庚旺、何为民、李春茂等县领导和工程涉及的乡镇（街道）、村及县直单位负责人等参加会议。县长桂砺锋要求，相关乡镇（街道）、村（社区）要制订措施、落实制度、明确职责、责任到人，为工程建设营造良好的施工环境，确保灌区建设顺利施工。

3 日，湖南省扶贫办副主任张智勇到宁远县调研产业扶贫项目建设。先后到宁远县舜源农业、下灌旅游扶贫项目建设点、舜天恒禾养牛基地等地，详细了解宁远县扶贫产业项目进度、模式和相关政策落实情况并召开座谈会，对宁远县产业扶贫工作给予肯定。

4日，宁远县团县委组织青年志愿者及县青年创业商会爱心企业家，开展学雷锋“关爱农民工子女”志愿服务活动。

7日上午，宁远县召开“庆三八——话发展”最美村官、最美创客座谈会。下午，宁远县女企业家协会成立大会在莲花华天商务酒店举行。会上，参会的女企业家们举手表决通过《宁远县女企业家协会章程》《女企业家协会资金管理办法》《协会组织机构设置（草案）》，并选举产生会长、常务副会长、副会长、秘书长。

10日，县委书记刘卫华在县委七楼常委会议室主持召开县委第五次常委会，专题听取农业农村工作暨美丽乡村建设情况汇报。

12日，刘卫华、桂砺锋、伍佑伦、张明贵、李苏昭等县领导来到县狮子山公园，与3000余名党员干部群众、武警官兵和学生代表一同参加义务植树行动。

14日，县委副书记、县长桂砺锋与副县长欧阳学斌和相关部门负责人到实验中学和八中暗访校园食品安全。深入原料仓库和加工场所仔细检查食品原材料采购、储存和餐具消毒等情况，并详细了解从业人员健康体检等情况。

14日，县委书记刘卫华深入保安镇、禾亭镇调研乡镇领导班子换届和精准扶贫工作。刘卫华听取两乡镇换届工作和精准扶贫工作进展情况汇报，查看保安温氏集团养殖基地选址和禾亭镇再生资源回收利用的生产经营情况。

15日下午，台北硕天科技集团总裁一行到宁远县考察。

16日，宁远县出台《关于促进创新创业带动就业工作的实施意见》。为创新创业者提供宽松便捷的创新创业环境，落实创新创业税费政策，加大创业担保贷款扶持力度，落实创业孵化基地奖励扶持政策，设立创新创业扶持资金等措施。

17日，永州市农业委市场信息科协同杭州甲骨文科技公司有关人员到宁远就农村电子商务发展情况进行专题调研。调研组考察宁远县阿里巴巴农村淘宝服务中心，并就推进宁远县电子商务发展提出意见建议。

18日上午，宁远县农村淘宝县级运营中心在十里铺创业孵化基地开业。永州市商务和粮食局副局长曾全国、阿里巴巴农村淘宝项目湖南地区总经理李永强和县长桂砺锋为运营中心和县电商办揭牌。

19日，县委副书记、县长桂砺锋深入九嶷山乡黄河、庙冲等村实地调研扶贫工作。

20日，县委副书记、县长桂砺锋带领县政府办、城建投、住建、城管等相关部门负责人实地调研县城部分“断头路”打通情况。实地察看了园艺路接湘妃大道、莲花南路接园艺路、商均路接舜帝南路、重华南路等“断头路”。

20日，由中共中央宣传部、国家广电总局、中央电视台组织拍摄的大型文献纪录片《大会师》外景摄制组来宁远，深入水市镇包家村红军标语墙遗址及包家公厅红军宿营地、周家村红军宿营地遗址和天堂镇屋脊岗、横岭蒋家一带阻击战遗址等地进行拍摄。

22日上午，宁远县产业扶贫座谈会暨小额贷款集中投放签约仪式在县政务中心102会议室举行。县农商行与17家企业现场签订金融产业扶贫银行与企业合作协议书，共投放1867万元的产业扶贫贷款；县农行与9家种养大户签订了总计773万元的产业扶贫贷款。县委副书记、县长桂砺锋主持仪式并讲话。

25日，县委学习中心组开展第一次集中学习。会上，湖南日报社党组副书记、副社长、总编辑龚政文作《关于习近平总书记在党的新闻舆论工作座谈会上重要讲话的认识和理解》的专题讲座。县级各乡镇街道、县直单位负责人，宁远县新闻工作者、通讯员代表等聆听讲座。县委书记刘卫华就深入学习贯彻习近平重要讲话精神进行安排部署。

25日，永州市美丽乡村暨农村精神文明建设推进会在宁远县召开。市委书记陈文浩讲话，市委副书记、市长易佳良主持会议，市委副书记张严作工作报告，蒋善生、颜海林、石艳萍等市领导，各县区委书记、县区长，市直相关部门负责人等参加会议。

25日下午，宁远县政法工作暨全县清明维稳、禁毒工作会议召开。县委副书记、县长桂砺锋主持会议。县委书记刘卫华讲话。会议安排部署2016年政法工作、全县清明维稳和禁毒工作，表彰全县“五佳基层政法单位”和“十佳政法干警”。

26日，在第七届国际青少年书画艺术展上，宁远二小徐凤冰等十名同学的绘画作品分别获得3个金奖、5个银奖和2个铜奖。辅导老师李梅局获得辅导一等奖。

27日下午，县委书记刘卫华深入湾井镇下灌社区就美丽乡村建设进行现场办公。并召开座谈会，就如何抢抓时间加快美丽乡村建设、确保“五一”开门迎客进行交流讨论。

28日，香港铜锣湾集团董事局主席陈智带领考察团来宁远县考察旅游资源和美丽乡村建设。先后参观考察九嶷山舜帝陵、下灌古村、宁远文庙。

31日上午，县委副书记、县长桂砺锋主持召开全县安全生产工作会议。县领导刘军君、欧阳学斌和县直相关单位负责人，各乡镇长、街道办主任等参加会议。会议传达省市安全生产会议精神，通报一季度全县安全生产情况，分析了当前安全生产形势，安排部署下段工作。

4月

5日，宁远县入选全省旅游资源重点县，九嶷山瑶族乡入选特色旅游小镇。宁远县文体广新局被评为湖南省农家书屋工作先进单位，宁远县九嶷山瑶族乡上洞村、冷水镇毛家村、鲤溪镇东山岭村、水市镇黎壁源村、湾井镇朵山村和中和镇坦坝村等六村农家书屋被评为湖南省示范农家书屋。

6日，县委书记刘卫华就南部文化生态新城建设召开现场办公会。要求做好规划设计，加快项目建设进度，加强部门配合，做足概念性文章，进一步完善基础配套，做到全线开工，全面开工，全时段开工，确保南部文化生态新城顺利推进。

8日上午，县委书记刘卫华带领县委办、扶贫移民局、国土资源局、住建局等部门负责人深入禾亭镇、九嶷山瑶族乡、棉花坪瑶族乡实地察看移民搬迁选址，了解总体规划布局，群众搬迁意愿和项目工程进展。

8日，县政府召开县人大代表建议、政协委员提案交办会议。会议表彰2015年度建议提案办理工作先进单位和个人，安排部署2016年工作。

12日，县委书记刘卫华主持召开县委第六次常委会议，专题研究新型工业化、新型城镇化、全省旅游发展大会精神贯彻意见、教育、宣传思想、精神文明建设暨创建全国文明县城、组织、统战、安全生产等工作。

12日，宁远县首届“宁远创翼”青年创业创新大赛在十里铺工业园众创空间举办。13个项目团队参加。经过紧张的角逐，隆翔新型材料荣获一等奖，大舜同城配送、好放心米业获二等奖，“君定”礼品私人定制、有机垃圾回收利用设备获三等奖。

14日下午，宁远县新型工业化、新型城镇化、农村网格化暨社会管理综合治理工作推进会在县政务中心召开。县长桂砺锋作全县新型工业化、新型城镇化、重点项目建设、治理车辆超限超载工作报告。县委副书记伍佑伦就综治民调和城乡网格化建设作安排部署。

18日，市、县红十字会、爱心企业霖轩地产走进桐木漯中心校开展扶贫捐赠活动。霖轩地产为该校460名学生每人捐赠一套校服，为180名住宿生每人捐赠一床棉被、一方蚊帐。市县红十字会为学校捐赠图书500余套。

20日，北京宁远企业商会回乡考察投资环境。考察团先后实地考察宁远县南部生态新城展示中心、九嶷山国际会展中心项目选址现场，参观十里铺、五里桥等工业园区，听取宁远县经济社会发展情况和招商引资优惠政策介绍。企业家纷纷表示，将尽己所能为家乡的招商引资和经济发展做出应有的贡献。

22日，永州市委书记陈文浩深入宁远县调研烤烟生产、农业金融扶贫及烟叶受灾情况。实地查看仁和镇烤烟长势和柏家坪镇烤烟遭受雹灾情况，并召开座谈会。

24日，九嶷山兔精深加工、西部工业新城路网建设、二中新校区等7个重点项目在宁远县五里桥生物医药工业园举行集中开工仪式。永州市领导蒋善生、杨海河，县领导桂砺锋、伍佑伦、张明贵、李苏昭、刘军君、刘惠兰、胡昕若和县直相关部门负责人，项目业主等参加开工仪式。

24日，县委副书记、县长桂砺锋主持召开县政府第五次常务会议。传达全市电子政务、政府网站工作会议精神，研究宁远建设、“三实”信息集中采集、治理车辆超限超载、创建全市社会保障卡综合应用试点示范等工作。

25日下午，湖南省扶贫办副主任张智勇应邀来宁远县就精准扶贫工作进行专题讲座。张智勇以“精准发力，分类施策，努力实现脱贫攻坚新飞跃”为题，全面系统地介绍精准扶贫工作，分析当前形势，并就宁远县当前精准扶贫工作如何明确方向、如何把握契机、如何选准产业等问题提出相关意见和建议。

25日，县总工会组织市级以上劳模参观考察九嶷山旅游景区。是年县总工会为劳模办实事、办好事，帮助劳模解决实际困难，为劳模充分发挥作用创造良好环境。

29日上午，宁远县下灌旅游景区正式开园。永州市委常委、副市长蒋善生，宁远县领导刘卫华、桂砺锋、伍佑伦、张明贵、李苏昭等，各县直单位、乡镇街道负责人参加开园仪式。县委副书记、县长桂砺锋主持开园仪式。

5月

5月1日，九嶷山景区接待游客达10.28万人，下灌景区接待游客达3.5万人。

3日至4日，县委书记刘卫华主持召开县委第七次常委会，研究一季度经济形势暨重点项目建设情况，研究就业优先、生态优先工作，审议“雁过拔毛式”腐败问题和“纠四风治陋习”专项整治工作，听取“智慧宁远”建设情况和金融保险部门汇报。

3日，县委副书记、县长桂砺锋调研九嶷山现代农业科技园建设。并在台湾风情百果园组织召开现场办公会，强调相关部门和园区企业要加快创新发展思路、确保绿色环保、用好“互联网+”、加强协作服务、处理好周边关系、加强对贫困户扶持。

4日上午，宁远县纪念“五四”运动97周年暨青年表彰大会在县政务中心召开。会议表彰先进集体和先进个人，总结2015年全县共青团工作，对做好新常态下共青团和青年工作进行安排部署。

5日，宁远县普降暴雨，全县13个乡镇受灾，受灾人口4375人。倒塌农房7间，严重损坏房屋9间。农作物受灾面积802公顷，成灾面积549公顷，绝收面积253公顷。此次灾害造成直接经济损失675万元。

6日，县委副书记、县长桂砺锋深入龟形洞、卜家、牛娅岭等行政村调研湿地公园建设，并在九嶷山电站召开现场办公会。强调要及时成立领导小组，抓好顶层设计，统筹安排；要加快工作进度，保证工程质量，减少重复建设；要以湿地公园建设为契机，把沿线村打造成新农村建设、美丽乡村建设新亮点和示范区。

6日上午，县委常委、常务副县长刘军君带领水利局负责人冒雨来到双龙水库督导调度汛期水库防汛工作。

7日凌晨，宁远县遭遇暴

雨袭击，致使所辖X059线五里沟路段左侧山体滑坡，造成交通中断。县公路局第一时间调动机械，人力和物资快速赶赴现场进行抢险。经过四个多小时的紧张施工抢修，成功清除泥石，确保公路的安全畅通。

10日上午，宁远县召开县委第八次常委会议，传达永州市关于县区领导班子换届工作会议精神、全市“两学一做”学习教育工作会议精神，研究部署宁远县换届筹备工作和“两学一做”的学习教育工作。

11日上午，县委副书记、县长桂砺锋主持召开县政府第六次常务会议，学习《食品安全法》，专题研究“三项清理”、民政救助、创金融安全区、中小企业担保公司、商品房预售监管、征地拆迁绩效考核、安全生产、防汛等工作。

11日下午，湖南省畜牧水产局党组书记、局长袁延文一行考察宁远县舜天恒禾农业科技发展有限公司肉牛养殖基地，详细了解公司的生产经营状况和存在的实际困难，同时提出了相关意见建议。

12日，湖南省外侨办党组成员、副主任张建新一行来宁远县检查旅游和外事侨务港澳专项资金使用情况。现场察看宁远县旅游资源开发情况并查阅了2013~2015年外事侨务港澳专项资金使用情况相关资料，对宁远县近3年来旅游工作和专项资金使用给予肯定。

13日上午，宁远县对查处、收缴的大小烟花368筒、爆竹800万响和大小烟花小产品686箱（价值共计人民币22万元）在文庙街道白面砠村废旧石场进行集中销毁。

16日上午，湖南省政府参事戴菊芳一行到宁远县中医医院调研中医药工作。实地察看中医医院脑病科、骨伤科、颈肩腰腿痛科等科室，详细了解该院中医药工作现状等。

17日，湖南省社区矫正中心建设现场推进会在宁远县召开。市、县领导、与会人员参观县司法局社区矫正中心、柏家坪司法所和县安置帮教基地。总结全省2015年社区矫正中心建设工作，对2016年工作进行部署和动员。宁远县司法局作了经验介绍和典型发言。

17日，宁远县举行2016年科技活动周启动仪式。县领导及各乡镇、县直单位相关负责人参加仪式。此次科技活动周以“创新引领，共享发展”为主题，从5月17日至24日在全县范围内举行。

18日，湖南省远景旅游规划设计院院长北冰一行到宁远县考察乡村旅游资源。参观鲤溪镇大观堡和柏家坪镇春陵古城遗址、春陵侯墓、柏家村明清传统古村落，对柏家坪镇深厚的历史文化底蕴、丰富的文化旅游资源给予充分肯定，建议当地党委政府要做好“古”字文章，保护和开发好这些旅游资源，作好乡村旅游发展文章。

20日，宁远县交管大队组织召开城市道路交通管理听证会。对文庙广场、世纪联华停车场等路段采取交通管制方案，来自县住建局、交通局、城管局、教育局、东溪街道、文庙街道等单位代表与人大政协代表、居民代表就管制方案进行讨论，提出意见建议，并就方案进行投票表决。

24日，邵阳市委副书记、市长刘事青带领邵阳市政府考察团来宁远县考察城市建设和管理工作。考察团先后参观考察城南文化生态新城展示中心、下灌社区及城区各路段创卫和管理工作，听取宁远县城建城管工作情况汇报，与宁远县就城区创卫管理和城乡一体化建设进行交流探讨。

25日，县委书记刘卫华和县委常委及县直相关部门负责人深入乡镇、街道指导易地移民搬迁选址工作。先后实地查看五里桥工业新城前进小区、鱼桐村舜华小区、大路脚、金钩挂移民搬迁选址和九嶷山瑶族乡盘江湾移民安置点。

25日，湖南省交通运输厅批复宁远县G357二广高速宁远互通至天堂公路建设项目。该公路起于宁远县冷水镇社下洞，接G55二广高速宁远东互通收费站连接线，经四方井、卜家岭、东山庙等地至天堂镇，全长24.322千米，采用一级公路建设标准，路基宽24.5米，估算总投资83873万元。

26日，宁远县召开全县精准扶贫社会保障兜底对象联合认定工作动员会，会议宣读工作方案，县长桂砺锋在会上作重要讲话。

31日，中共宁远县委十一届六次全会召开。县委委员和县委候补委员出席会议。会议由桂砺锋主持。会上，王小丽宣读召开县委第十二次党代会的决议草案，刘卫华对决议草案进行说明。会议一致表决通过县委第十二次党代会召开时间、大会主要议程、代表名额、分配原则及产生办法等相关事项。

6月

2日，县委书记刘卫华主持召开县“四大家”班子党员领导干部“讲政治，有信念”专题讨论会。会上，刘卫华、桂砺锋、伍佑伦、彭小兵、刘军君、李亚峰、刘庚旺、王小丽、曹辉正等县领导联系各自学习和工作实际，畅谈自己对“讲政治，有信念”的体会；张明贵、李苏昭等县领导作书面发言。

5日，宁远县隆重纪念“六五”世界环境日系列活动在县文庙广场举行。23个相关部门的负责人及规模企业、群众代表共2000余人参加活动。活动通过文艺演出、设置宣传展板、搭建咨询平台和发放宣传资料等形式，宣传《环保法》等法律法规，引导社会各界从身边小事做起，共同呵护环境质量，共建美丽家园。

6日，县委书记刘卫华主持县委学习中心组第三次集中学习，集中聆听省委讲师团陈志强教授关于“两学一做”的专题讲座。

7日，县领导刘卫华、桂砺锋、伍佑伦、胡昕若等深入高考各考点巡视，先后察看县一、二、三中学考点监控室，听取县教育部门关于2016年高考工作情况汇报，并就考场安全工作进行特别强调。

7日晚22时许，县畜牧水产局夜间护渔执法人员在泠江河中开展护渔执法行动时，接到两名少年的求助。执法员立即开动执法船，迅速赶到被困少年身边，将其救起，并送交到赶来救援的消防队员手中。

8日上午，永州市政府副秘书长齐爱社一行到宁远县调研全市产业扶贫工作现场会筹备进展情况。先后实地查看水市镇恒禾养牛基地和九嶷山瑶族乡盘家湾移民扶贫项目、新塘葡萄基地等产业扶贫项目建设进展，详细了解产业扶贫模式和相关政策落实等情况。

8日，从国土资源部传来喜讯：宁远县申报的全国国土资源节约集约模范示范县资料已顺利通过国土资源部审核，获得“全国国土资源节约集约模范县”称号。

10日，宁远县自来水公司荣获“全国县镇供水工作先进单位”称号，为永州市区唯一获此殊荣的集体。

12日，县委书记刘卫华，县委副书记、县长桂砺锋在西部工业新城召开现场办公会。与会人员先后察看宁道绕城线周边项目和五里桥西部工业新城项目建设进展情况，听取相关部门的情况汇报，详细了解各个项目工程进展，并围绕解决的问题提出意见和建议。

13至14日，永州市政府副秘书长、市安监局长段灵利带领督查组到宁远县督查主汛期在建重点项目安全情况。实地查看宁远县金钩挂水库、舜阳大道、南部生态新城项目施工现场，对宁远县汛期在建项目安全工作给予充分肯定，并对存在的问题进行交办。下午，县委书记刘卫华主持召开防汛会商会。传达市委、市政府主要领导关于防汛抗灾工作指示精神，听取县防汛办、气象局等部门的情况汇报，安排部署强降雨防范工作。

15日，湖南省新闻出版广电局党组书记、局长朱建纲一行到宁远县调研。

16日晚，宁远县在县文庙广场隆重举行庆祝中国共产党建党95周年“红旗颂”大型群众合唱比赛决赛。

19日，第二届“中国—九嶷山”杯国际公路自行车邀请赛在宁远县隆重举行。参加本次赛事的有来自新西兰、波兰、加拿大、中国大陆及台湾地区等21支自行车车队160名选手参赛，特邀1997年、1999年山地车XC世界锦标赛美国冠军艾伦艾格作形象大使莅临赛事现场；赛事以山水毛家时尚酒店为起点，以九嶷山为终点，全程60公里。

18日上午，“福嘉综环科技股份有限公司”揭牌仪式暨成立“院士专家工作站”对接发布会在福嘉综环科技股份有限公司隆重举行。永州市政协副主席、工商联主席吕斌，县领导刘卫华、张明贵、李苏昭等出席仪式。吕斌、刘卫华为福嘉综环科技股份有限公司揭牌。

20日，宁远县残联联合永州市爱尔眼科医院在湾井镇对70余名疑似白内障的贫困患者进行筛查登记，此次筛查活动将在20个乡镇（街道）陆续展开。经过筛查，符合手术的白内障患者将在爱尔眼科医院进行免费手术。

21日，永州市九嶷山片区精准扶贫“一大一小”政策落实推进会在宁远县召开。与会人员参观宁远县东溪街道、九嶷山瑶族乡盘江湾村等易地扶贫搬迁点和舜天恒禾等小额信贷产业扶贫点。会上，宁远、江华、新田三县和相关乡镇、工作队作典型发言。

22日，永州市“两供两治”工作现场推进会在宁远县召开。与会人员先后参观宁远县七里岗垃圾生态封场、自来水公司、下灌人工湿地污水处理厂、华润燃气公司管输天然气撬装站。会议总结全市“两供两治”工作。会上，桂砺锋代表宁远县发言。

22日，宁远县数字宁远地理空间框架建设项目通过验收，并召开成果发布与应用推广会。省、市国土资源部门领导和县领导出席会议。

23日，县委书记刘卫华主持召开县委第十次常委会。会议研究上半年经济指标预测考核完成情况及“七一”表彰等工作，修改完善《宁远县党和国家工作人员违反作风建设规定问责暂行办法》，学习计生新法律法规政策。

24日，宁远县召开创建全国文明城市动员大会，永州市文明办主任陈水恩出席并就宁远县创建全国文明城市工作提出指导意见，县委书记刘卫华作动员部署，县委副书记、县长桂砺锋主持会议。

24日，2016年宁远县高考取得新的突破：二本以上上线851人，跻身永州市三强。上线人数比去年增加194人，增幅29.5%。其中一本上线191人，比去年增加92人，增幅92.9%；应届生上线709人。

25日，九嶷山舜帝陵景区仪门入口综合服务区项目正式开工。该项目主要包括游客服务中心、生态停车场、3A级景区厕所、园林景观等工程项目建设，由湖南柏加建筑园林（集团）有限公司承建，总投资2582万元。

24日至26日，中南大学湘雅医院第四党支部书记唐献忠带领专家教授一行20人，到宁远县人民医院进行为期3天的医疗帮扶指导。向宁远县医务人员传授技术和经验。县委书记刘卫华出席座谈交流会。

26日，宁远县禁毒办组织禁毒委成员单位工作人员在文庙广场开展“6.26”国际禁毒日禁毒大型宣传活动。引导广大市民同毒品违法犯罪作斗争，形成全社会共同抵制毒品的氛围。

30日，宁远县不动产权证书首发仪式在宁远县不动产登记中心举行，县委副书记、县长桂砺锋为宁远县市民龙慈章、欧阳文宜等人颁发第一批不动产权证书，标志着宁远县不动产权登记制度正式开启。

7月

1日，宁远县在政务中心隆重举行庆祝中国共产党成立95周年暨“七一”表彰大会。县委书记刘卫华出席并讲话，县委副书记、县长桂砺锋主持会议，县委副书记伍佑伦宣读表彰决定。对舜陵街道印山社区委员会等50个先进基层党组织、乐平永等30名优秀村（社区）党支部书记、杨长秀等50名优秀共产党员、周早林等50名优秀党务工作者进行表彰并颁奖。

3日，县委书记刘卫华主持召开创建全国文明城市工作调度会。会上，桐山街道、文庙街道、舜陵街道、东溪街道及各相关部门分别就创建开展以来的工作情况进行汇报。

4日，县委书记刘卫华主持召开县委第十一次常委扩大会，传达学习习近平在“七一”大会上的讲话精神，审议《宁远县城区文明劝导调整方案》，听取民生暨城区重点项目建设情况汇报，研究安全生产工作。

4日，县委副书记、县长桂砺锋到九嶷山调研乡村旅游。了解九嶷山现代农业产业园内的荷花种植情况，并与旅建投和九嶷山瑶族乡负责人就如何打响九嶷山荷花品牌进行交流。提出要加强基础设施建设，加大宣传营销力度，打响九嶷山荷花品牌，助推全县旅游又好又快发展。

5日，中铁二院贵阳公司总工程师周忠德一行到宁远县现场踏勘兴永郴赣铁路。实地查勘兴永郴赣铁路新宁车站预选址点，了解车站预选址点的交通、地形、方位等详细情况，并召开预可行性研究座谈会，听取宁远县县情和准备工作情况汇报，就铁路的线路走向、标准和车站选址等进行交流探讨。县领导刘卫华、桂砺锋、刘惠兰和相关部门负责人参加座谈。

6日，县委书记刘卫华带领相关单位负责人深入乡镇开展美丽乡村建设暨农村垃圾处理现场办公会。周克利、胡昕若、蒋家安等县领导参加现场办公会。

6日，县委副书记、县长桂砺锋深入中和镇坦坝村、聂家村、老村调研农村建设，并分别组织召开座谈会。

13日上午，县委书记刘卫华深入南部文化生态新城调研，并就项目建设工作进行现场办公。先后察看二中新址、党校新址、市民健身中心、明德学校、妇女儿童医院、路网等项目建设点，听取相关部门的工作汇报，随后召开现场办公会，就南部文化生态新城建设的规划、征地拆迁、安置等工作进行了调度。

13日，永州市委常委、副市长蒋善生带领督察组到宁远县交办督察安全生产工作。实地察看县指挥中心云数据管理平台建设、机关食堂，并召开安全生产督查交办会，听取宁远县情况汇报并通报对宁远县安全生产督查暗访情况，提出整改意见和建议。

14日，永州市副市长罗双全来宁远县调研生态文化旅游产业发展工作。先后深入到湾井镇下灌景区和汤泉农庄等景点，听取相关工作汇报，了解相关情况，对宁远县生态文化旅游产业工作给予充分肯定。

19日，县委书记刘卫华主持召开全县经济形势分析座谈会。县级领导和县直相关部门负责人及各企业代表参加会议。会上，参会企业代表围绕去产能、去库存、去杠杆等主题，结合各企业的实际，就如何抓住政策做大做强、走出困境作发言，提出意见建议，相关部门对企业代表提出的问题给予回应答复。

19日下午，湖南省农委新农处处长邓又新、省绩效办调研员齐群率省为民办实事督查组来宁远县督查指导美丽乡村建设工作。

27日，湖南省发改委副巡视员刘年来率督查组到宁远县督查易地扶贫搬迁项目实施情况。

29日，县委书记刘卫华主持召开县委第十二次常委会。研究村干部执行力考核办法，开展“两学一做”学习教育“讲规矩、有纪律”专题讨论暨换届专题民主生活会。永州市委组织部副处级纪检员祝平、市纪委副科级纪检监察员蒋建红出席专题讨论暨民主生活会。

8月

3日，永州市委常委、纪

委书记杨永来宁远县调研“雁过拔毛”式腐败问题和“纠四风，治陋习”专项整治工作。刘卫华、唐何、伍佑伦等县领导参加座谈会。会上，刘卫华作工作汇报，相关部门负责人发言。杨永充分肯定宁远县成绩，希望宁远县用专项整治的实际成效取信于民，不断开创党风廉政建设新局面。

3 日，永州市委常委、副市长蒋善生，市人大常委会副主任李俊湘来宁调研涔天河水库宁远灌区工程建设，察看宁远县涔天河灌区东、西干渠走向和黄龙头支渠建设现场点。

8 日，永州市“平安农机”创建现场会及农机局长座谈会在宁远县召开，宁远县作典型发言。

8 日下午，湖南省农村土地承包经营权确权登记颁证首证颁发仪式在宁远县湾井镇周家坝村举行。副省长戴道晋出席仪式并为村民颁发证书。

9 日，永州市委第三巡察组对宁远县县乡换届风气监督专项巡察见面会在县政务中心召开。听取刘卫华关于宁远县换届工作及换届风气监督工作的情况汇报，对宁远县县乡换届工作纪律执行情况给予充分肯定，并就进一步做好换届风气监督提出要求。

10 日，湖南省食药监局党组副书记、副局长刘湘凌一行到宁远县调研食品安全工作。

17 日上午，县委书记刘卫华主持召开会议，安排部署全市重点项目建设流动现场会筹备、省文明县城复查测评、国家扶贫办来宁检查调研、党代会等工作。

21 日，县委书记刘卫华主持召开县委第十五次常委会议，听取教育开学前准备工作有关情况汇报和第十二次党代会筹备工作情况汇报，专题研究《关于积极化解商品房库存促进宁远县房地产市场平稳健康发展的实施意见》。

26 日上午，代县长唐何带领县政府办、城建投、农建投公司负责人到省国开行争取金融扶贫项目，现场签订宁远县农村综合服务平台建设贷款项目，资金达 1.904 亿元。

27 日上午，县委书记刘卫华主持召开县委第十六次常委会。会议专题研究审定第十二次党代会大会以县委名义提交党代会预备会议通过的有关文件。

29 日上午，中国共产党宁远县第十二次代表大会在县政务中心隆重开幕。此次会议应到代表 300 名，因事、因病请假 2 名，实到 298 名，符合规定人数。会上，县委书记候选人提名人选刘卫华代表中共宁远县第十一届委员会向大会作题为《不忘初心，富民强县，为全面建成小康社会而努力奋斗》的工作报告。会议还听取了县第十一届纪律检查委员会工作报告和党费收缴、管理和使用的书面报告

29 日下午，宁远县第十二次党代会主席团第二次会议在政务中心召开。会议由县委书记候选人提名人选刘卫华主持，县第十二次党代会主席团全体成员参加会议。会议听取各代表团审议《县委工作报告》和《县纪委工作报告》等情况的汇报，研究修改意见；听取县委关于十二届县委委员、候补委员和纪委委员候选人预备人选名单的说明，并讨论通过此名单，提交各代表团酝酿；讨论通过出席市第五次党代会代表预备人选名单，提交各代表团酝酿；审议大会选举办法（草案）。会议还安排推选监票人及其它有关事项。

30 日上午，宁远县第十二次党代会第二次全体会议在县政务中心 101 会议室召开。会议由县委副书记候选人提名人选刘军君主持。县第十二次党代会全体代表参加会议。会上，县委书记候选人提名人选刘卫华代表主席团向大会提出第十二届县委委员、候补委员、纪委委员及出席市党代会的代表预选候选人名单并作说明。会议审议通过大会选举办法和预选、正式选举的总监人名单，宣布主席团通过的预选和正式选举的监票人，宣布预选和正式选举的总计票人和计票人名单。

30 日，演员、导演、云南润视荣光影业制作公司总裁于

荣光一行实地考察九嶷山瑶族乡寻龙谷旅游景区、湾井镇下灌景区及十里画廊、云龙牌坊等景点。

31日上午，中国共产党宁远县第十二次代表大会在圆满完成各项议程后胜利闭幕。大会通过《中国共产党宁远县第十二次代表大会关于中国共产党宁远县第十一届委员会工作报告的决议》《中国共产党宁远县第十二次代表大会关于中国共产党宁远县纪律检查委员会工作报告的决议》。

31日下午，宁远县委第十二届一次全会在县政务中心召开。投票选出刘卫华、唐何、刘军君、彭小兵、刘庚旺、王小丽、曹辉正、陈海平、黄永英、唐远军、唐浩等11名新一届县委常委。刘卫华当选县委书记，唐何、刘军君当选县委副书记。通过中国共产党宁远县第十二届纪律检查委员会第一次全体会议选举结果的报告。

31日，宁远县召开安全生产工作集体约谈会。会议传达省、市约谈工作会议精神，听取道路交通、水上交通等大排查大整治工作情况和全县1至8月份安全生产工作情况汇报。唐何在会上就抓紧抓实宁远县安全生产工作进行强调和安排部署。

9月

1日，县委书记刘卫华主持召开县委第十七次常委会。会议研究讨论县委常委会议事规则、常委分工和2016年9月全县主要工作、重要活动预安排，听取新美雅陶瓷爆炸事故有关责任人员处分意见汇报。

7日，县委副书记、代县长唐何深入五龙山、鲤溪、桐木漯、清水桥和柏家坪五个乡镇的易地扶贫搬迁点，了解搬迁点选址、搬迁方式、基础设施建设、群众搬迁愿望以及今后发展规划等情况，并听取各乡镇基本情况介绍和精准扶贫工作情况汇报。

8日，县委副书记、代县长唐何主持召开县城乡规划委员会2016年第3次全体会议。专题讨论研究县妇幼保健院规划项目、南城御园规划项目、县和美电器有限公司厂区规划项目、舜华小区易地扶贫安置规划项目和太平、九疑山、冷水等乡镇的易地扶贫安置规划项目。

9日，县委书记刘卫华主持召开县委第十八次常委会。会议听取县人大、政协换届选举工作情况，九嶷大道改扩建、医养中心、第二中学等三个建设项目政府购买服务资金列入财政预算的情况和金融扶贫建设项目政府购买服务资金列入财政预算的情况汇报，专题研究党政机关公车改革方案。

10日上午，县委书记刘卫华带领县领导刘庚旺、曹辉正、欧阳学斌和县直相关部门负责人在九嶷山景区现场办公，冒雨查看九嶷大道、冷九大道、鲁灌沿线以及九嶷山核心景区创AAAAA级旅游景区等项目工程进展，召开座谈会，听取相关单位的情况介绍，并就国庆期间全县旅游宣传营销进行交流探讨。

12日，县委副书记、代县长唐何深入保安镇和禾亭镇调研烤烟收购、易地扶贫搬迁等当前重点工作。

14日，县委学习中心组第五次集中学习在县政务中心举行。会上，永州市国家保密局局长周俊卫作题为《提高保密认识，加强保密工作》的讲座，深入地阐述了保密工作的重要性；永州市纪委调研法规室主任唐阳陵作题为《用好问责利器，推进从严治党》和《中国共产党问责条例》专题讲座，从何为问责制、制定《问责条例》的重大意义，结合实际案例进行生动讲解。

18日，宁远县综合治理暨农村网格化建设工作推进会在政务中心召开，会议听取全县综治工作报告及太平镇等单位作的经验介绍和后进单位的表态发言。公检法司“四长”作公开承诺。

19日上午，宁远县在文庙广场举行2016年“全国科普日”活动启动仪式。活动期间，将开展“科普进校园，点燃创新梦”“科普进社区，科学新生活”“科普进乡村，惠农大行动”及科普开放日等系列活动。

21日上午，湖南省扶贫办主任王志群来宁远县调研产业扶贫工作。一行来到舜天恒禾产业扶贫项目，查看项目建设规模，了解小额信贷、订单养殖、安置就业和产业结对扶贫等情况，并召开座谈会，听取宁远县和永州市产业扶贫工作情况汇报。

25日上午，宁远县优秀教师表彰大会在县文庙隆重举行。会上，县委、县政府对雷云桂等10名“宁远县优秀校（园）长”、胡三妹等40名“宁远县师德标兵”、蒋佳英等50名“宁远县优秀班主任”、郑国文等20名“宁远县先进教育工作者”、彭美志等20名“宁远县最可爱乡村教师”、何雄等140名“宁远县优秀教师”进行表彰，并授予张余德等20名教师“宁远县村小教育成就奖”。

10月

8日，县委常委、县纪委书记陈海平组织召开全县乡镇（街道）纪检工作调度会，开始“10·1猎鼠”行动。

10日，涔天河灌区工程宁远黄龙头支渠开工，永州市委常委、副市长蒋善生出席并宣布开工。

10日，县委书记刘卫华主持召开温氏一体化养猪项目建设推进会。

10日，县委副书记、代县长唐何主持召开县政府第十一次常务会议。会议专题研究农村综合服务平台建设、农村饮水安全巩固提升工程和九嶷山地质公园建设、工业、旅游、现代农业发展等13项工作。

14日，永州市厅级离退休干部考察团来宁远县考察。老干部们先后考察湾井镇标准化烟草站建设、下灌美丽乡村建设、冷水镇烟草援建水源性项目及仁和镇烟叶工场、烟水烟路项目等工作，听取宁远县情况汇报。

18日，永州市人大常委会副主任杨海河一行来宁远县指导县乡两级人大换届选举工作。听取宁远县关于县乡两级人大换届选举工作情况汇报后，对宁远县人大换届选举工作给予充分肯定。并就进一步做好县乡两级人大换届选举工作提出要求。

17至18日，县委副书记、代县长唐何，县委常委、县委办主任曹辉正带领相关部门负责人，考察了苏州工业园区规划展示馆及裕廊国际工程（苏州）有限公司以及位于昆山市千灯镇的蓝思科技（昆山）有限公司、真彩文具股份有限公司等企业，学习先进经验，寻找合作商机。

21日上午，县委书记刘卫华主持召开县委第19次常委会。会议听取并审议关于贯彻落实《湖南省党委（党组）意识形态工作责任制实施细则》的意见和考评细则，传达全市扶贫工作、美丽乡村建设、秋冬生产等会议精神，听取移民、秋冬生产、基层党建、2016年县绩效评估考核办法等情况汇报。

25日，宁远县精准扶贫暨美丽乡村、环境整治、乡村旅游、秋冬生产、农村人饮工程、河道治理、森林防火工作推进会在政务中心召开。代县长唐何安排部署宁远县精准扶贫、美丽乡村、秋冬生产等工作。

26日，江西省抚州市副市长、公安局局长万凯一行到宁远县考察学习治超工作。

26日，宁远县与湘潭市农商银行举行组建村镇银行合作签约仪式。

28日，湖南省美丽乡村建设考核验收组组长、省林业厅巡视员唐苗生一行来宁远县考核验收美丽乡村建设工作。考核组一行实地察看水市大界源生态度假山庄、小欧家万亩油茶基地和湾井镇周家坝村、下灌村美丽乡村建设等现场，观看美丽乡村建设专题片，听取情况汇报，对宁远县美丽乡村建设工作起点高、投入大、效果好给予充分肯定。

29日上午，“潇湘画派”研究院举行揭牌仪式。省、市、县领导肖雅瑜、唐定、吕斌、刘卫华、刘庚旺及来自全国各地的专家学者、文艺界代表及各界群众1000余人参加仪式。“潇湘画派”研究院由全国著名作家、画家、书法家唐思源投资建立，拥有5000平方米的创作教学展览建筑、8000平方米的文化产业楼和稳定的特聘教师、创作队伍，将成为宁远县又一文化客厅和文化交流平台。

31日，宁远县法院召开执行大会战兑现大会，当场兑现执行款180余万元，46名申请执行人领得执行款。

11月

1日，县委副书记、代县长唐何做客大茶网，通过湖南经视微直播《我是县长，我代言》活动，现场推荐九嶷山兔、九嶷素米、鑫农牌淮山、疑红牌红茶等具有宁远特色的农产品和旅游产品。

1日下午，宁远县人大选举委员会召开成员会议。会议听取县第十七届人民代表大会换届选举的情况汇报，宣读当选代表名单。参会人员举手表决通过县十七届人大换届选举和当选代表名单。

2日，中农联控股有限公司总经理刘伟一行到宁远县考察调研农产品批发中心项目，双方就投资建设农产品批发大市场事宜进行深入洽谈。

2日下午，湖南省委党校、省行政学院公共管理教研部主任、教授、硕士生导师唐琦玉应邀来到宁远县，以“突发安全危机的应对与处置”为题，为中青班学员上了一堂突发安全危机的应对与处置桌面推演课。

3日上午，县委书记刘卫华、县领导周克利和相关人员深入湾井镇下灌社区现场办公。先后查看灌溪学校、农家客栈，并走家串巷听取村民的意见建议，就房屋改造、农家客栈建设、宅基地管理、污水管网、公司经营等与随行人员交换了意见。

3日，宁远县市场质量监督管理局组织宁远县人民医院、县药材公司、永济堂、好心人药品零售连锁公司组建的医疗专家服务队，到中和镇西山精准扶贫村开展义诊和健康讲座活动，为该村群众诊症治病，并免费派发常用药品，宣传安全用药知识。为西山村义诊群众200多人次，免费派发药品价值12000多元。

4日上午，县委书记刘卫华、县委常委、组织部长王小丽深入九嶷山瑶族乡调研扶贫工作。先后走访九嶷山乡盘洞口、牛头江村，详细了解各村扶贫项目实施进展、村民生产生活情况，认真查看基础设施建设，听取各村扶贫工作进展和脱贫致富计划实施情况汇报。

4日，宁远县举行招商引资重点项目签约仪式，成功签约5个项目，总投资11.6亿元、1.9亿港元，折合人民币约13.25亿元。此次签约包括湖南鸿坤陶瓷、江博士鞋业、季丰农业、舜文化体验园和荣硕电子5个重点项目。

5日，县委副书记、代县长唐何带领相关部门负责人深入棉花坪、仁和和冷水三个乡镇督查易地扶贫搬迁项目建设工作，实地察看各项目建设进展。

6日，《舜志古今》拍摄组在九嶷山舜帝广场拍摄祭舜大典仪式，标志着旅游宣传片《舜志古今》音乐电影历经25天拍摄后顺利杀青。《舜志古今》拍摄工作先后深入宁远县全部景点和部分乡镇，大量使用航拍、移动式延时摄影镜头，辅助相关技术手段，将舜帝德孝文化发源地——宁远九嶷山多姿多彩的旅游资源、民族风情一一呈现。

7日~8日，永州市委常委、组织部长吴志雄来宁远县调研基层党建和县人大、政协换届工作。先后深入舜陵街道莲花社区、湾井镇下灌社区、梅子窝村、九疑山瑶族乡新塘村等地实地察看，听取宁远县基层党建和县人大、政协换届工作汇报，希望宁远县将在村级集体经济发展、基层党建经费保障等方面好的经验和做法进行总结并在全市推广。

9日，2016永州市“消除火灾隐患，共建平安社区”119消防宣传月启动仪式暨微型消防站建设推进会在宁远县召开。会议为10个消防科普教育基地命名并授牌。宁远县作微型消防站建设工作典型发言。永州市人大常委会副主任杨海河出席活动并宣布活动正式启动。

9日，永州市委常委、统战部长石艳萍一行到宁远县调研基层统战工作以及非公有制经济发展情况和“四同创建”工作进展情况。石艳萍一行深入华荣鞋业进行实地考察，并召开座谈会，听取宁远县2016年统战工作开展情况和下一步工作打算及对统战工作的意见建议。

5日至8日，冷水镇、水市镇、仁和镇、鲤溪镇、清水桥镇、禾亭镇、中和镇、保安镇、湾井镇等镇分别召开人民代表大会，选举了镇人民代表大会主席、副主席，镇人民政府镇长、副镇长；听取和审议并通过镇政府工作报告、镇人大工作报告、财政预算执行情况报告等。

10日下午，县委书记刘卫华主持召开县委学习中心组第八次集中学习会议，集中聆听了湖南省对台办副主任傅雷关于“对台工作”的讲座和智慧永州项目负责人、万达信息股份有限公司政府事业部总经理邱阳关于“智慧宁远建设”的讲座。

10日下午，湖南省文化厅党组副书记、副厅长禹新荣一行来宁远县调研创建省级现代公共文化服务体系示范区工作。先后实地查看县文化馆、舜陵街道、莲花社区、周家坝村、潇湘画院等地，听取相关情况介绍，查阅相关资料，并召开座谈会，与宁远县就公共文化服务体系建设进行交流探讨，对宁远县创建省级现代公共文化服务体系示范区工作给予充分肯定。

14日，国家土地督查武汉局督察二室主任陈汉江一行到宁远县督察基本农田划定、不动产登记等工作。听取宁远县永久基本农田划定、省域督察发现问题整改、闲置土地盘活与预防、不动产统一登记制度落地等情况汇报，对宁远县工作给予肯定，特别是在基本农田的划定和不动产登记方面走在省市前列，值得学习推广。

15日，宁远县召开2016年创建百岁健康村工作调度会。会议听取各乡镇街道的情况汇报，传达省、市有关会议精神，总结回顾宁远县工作情况，并对下阶段工作进行安排部署。

16日，湖南省就业服务局副局长周尧辉一行到宁远县检查就业创业工作。听取宁远县就业创业工作情况汇报，实地考察湾井镇梅子窝黑蘑菇种植基地、舜源农业农民工返乡创业园，对宁远县以旅游带动产业发展，以产业带动就业，促进全县电商发展的工作做法给予了充分肯定，并就进一步做好就业创业工作提出意见建议。

16日，宁远县人社局劳动保障监察大队与县公安局治安大队联合执法，为20余名民工追回拖欠工资72456元

16日下午，宁远县政协八届十六次常委会议召开。会议协商《政府工作报告》，协商通过县政协九届一次会议相关事宜。

18日上午，县委副书记、代县长唐何深入县人民银行调研指导金融工作。听取县人民银行关于全县金融运行情况和相关工作的汇报。

18日，《中国纪检监察报》采访调研组到宁远县调研廉政文化建设。该报记者卿洪春一行先后深入舜帝陵廉政文化教育基地、湾井镇路亭村、下灌社区等地调研采访全面从严治党向基层延伸的成效和特色以及传统家规家训家风经验挖掘和推介情况，对宁远县在廉政文化建设方面取得成果给予高度肯定。

19日下午，县委书记刘卫华，县委副书记、代县长唐何带领党政考察团到宁乡县参观考察农村综合服务平台和美丽乡村建设。宁乡县委书记周辉，县委副书记、代县长王雄文陪同考察。

21日，湖南省食药监局向湾井镇下灌完小，捐赠20台台式电脑和吉它、篮球、足

球、羽毛球拍等文体器材，总价值十余万元。

22日，宁远县召开传达贯彻湖南省第十一次党代会精神暨省委书记杜家毫重要讲话精神会议。县委书记刘卫华就如何落实会议精神提出要求。

22日下午至23日，宁远县十六届人大常委会召开第三十八次会议。审议“一府两院”工作报告（草案）等，审议和通过县人大常委会工作报告（草案）和县第十七届人民代表大会第一次会议有关事项等，审议并表决县政府关于提请审议宁远县九疑山生态旅游基础设施建设项目（二期）本息纳入财政预算等议案，并进行人事任免。

23日上午，县委书记刘卫华主持召开农村综合服务平台建设、城乡中小学校学位建设和医院床位建设三年行动计划办公会议。会议听取了县委组织部、教育局、卫计委的情况汇报，就三项工作三年行动计划进行讨论研究，原则通过宁远县农村综合服务平台建设实施方案。

25日，县委书记刘卫华主持召开换届风气监督工作会议。会上，市委派驻宁远县换届风气现场监督组组长、市纪委正处级纪检监察员段春平阐述换届风气监督工作的重要意义，并就加强和改进换届风气监督工作提出了明确要求。县委书记刘卫华代表县委、人大、政府、政协表态，表示将严肃认真对待派驻监督、积极配合做好监督工作、认真贯彻落实监督组提出的意见，确保换届风清气正、圆满完成。

26日，政协宁远县第九届委员会第一次会议在县政务中心隆重开幕。会议听取县政协第八届委员会常务委员会工作报告和县政协八届常委会关于提案工作情况的报告，听取委员们的协商发言。县委书记刘卫华向大会致贺词并作重要讲话。

27日上午，宁远县第十七届人民代表大会第一次会议胜利召开。会上，县委副书记、代县长唐何向大会作政府工作报告。会议书面报告《2012~2016年国民经济和社会发展计划执行情况与未来五年预期目标及2017年计划草案》与《2016年预算执行及过去五年财政工作情况和2017年预算草案》；会议举手通过县十七届人大一次会议《选举办法》。

27日下午，县政协九届一次会议召开主席团第二次会议。主席团全体成员参加会议。会议听取刘卫华关于九届县政协主席、副主席、秘书长、常委和十七届县人大主任、副主任及县人民政府县长、副县长、法检“两长”提名候选人的说明，并进行协商。会议还协商选举办法（草案）、总监票人和监票人名单（草案）。

28日上午，宁远县第十七届人民代表大会第一次会议在政务中心举行第二次全体会议。会议听取县人大常委会主任张明贵代表县十六届人大常委会作的工作报告、县人民法院代院长吕新陵作的法院工作报告、县人民检察院检察长周辉作的检察院工作报告。

29日上午，县政协第九届委员会第一次会议选举大会在县政务中心举行。会议举手表决通过县政协九届一次会议选举办法（草案），通过总监票人和监票人名单（草案），报告总计票人、计票人名单，投票选举产生九届县政协主席、副主席、秘书长和常务委员。会议选举李苏昭为九届县政协主席，蒋家安、欧桥贵、赵吉永、李春茂、肖红梅为九届县政协副主席，谢茂松为九届县政协秘书长。

29日，宁远县政协第九届委员会第一次会议在县政务中心举行闭幕大会。会议听取九届一次会议提案审查情况的报告，举手表决通过县政协九届一次会议政治决议，通过县政协九届一次会议关于八届县政协常务委员会工作报告的决议，通过县政协九届一次会议关于八届县政协提案工作情况报告的决议。九届县政协主席李苏昭在会上作重要讲话。

29日下午，宁远县第十七届人大一次会议在政务中心举行第三次全体会议，会议投票选举新一届人大常委会主任、副主任、委员，县人民政府县长、副县长，县人民法院院长、县人民检察院检察长和出席第五届人民代表大会的代表。通过人大代表投票选举，张明贵当选为县十七届人大常委会主任，唐何当选为县人民政府县长，周方、胡昕若、眭晓棠、何为民、谢金花当选为县人大常委会副主任，黄永英、曾海波、邓小英、陈云生、邓传文、欧阳国春、胡红灯当选为县人民政府副县长，吕新陵当选为县法院院长，周辉当选为县检察院检察长。

29日，宁远县福嘉综环科技有限公司跻身“2016湖南省民营企业100强”，排名全省第88位，成为永州市入围“全省名企百强”的第一家企业。

30日，湘威鞋业（钻石企业）总经理陈立宗一行到宁远县考察项目投资，与宁远县就投资建设事宜进行深入洽谈。刘卫华、唐何、黄永英、唐浩等县领导和相关部门负责人参加洽谈会。

12月

1日，宁远县市场质量监督管理局为个体工商户房培湘颁发全县首张“两证整合”营业执照。标志着个体工商户“两证整合”登记制度在宁远县全面实施。

1日下午，县委书记刘卫华到西部工业新城现场办公，指导拆迁安置选址。刘卫华一行来到舜德路、西部工业新城拆迁安置点等地实地调研。

2日，县委副书记、县长唐何主持召开县政府第十三次常务会议。会议听取宁远县市场质量监督管理局机构改革运行情况汇报，研究禾亭镇大邦鲁塘自然村癞子岭安置点工程、新能源公交投放、湘威鞋厂整体搬迁、职业烟农建设管理、编制县工业园区相关规划及鲁观风情小镇开发有限公司和县兴隆建设工程有限公司成立相关事宜等事项。

2日，宁远县与湖南省有色地勘局二一四队正式签订战略合作框架协议。县领导刘卫华、唐何、曹辉正、樊任武、欧阳国春、肖红梅、陈勇军出席签约仪式。

5日，宁远县参加2016年全国农民科学素质网络竞赛获全省第一。2016年4月1日至11月30日，中国科协、农业部、国家卫计委、共青团中央、全国妇联共同举办了“2016年全国农民科学素质网络竞赛”。宁远县高度重视，组织人员积极参与，参赛人数达30031人次，列湖南省第1名，全国第25名。

5日，县委书记刘卫华深入冷水镇大陂岭六十砠村、梅翠村、太平镇上下留村和五里坪移民安置点等地督查指导扶贫工作，详细了解各村脱贫进展、产业发展情况，并走家串户听取村民的意见和建议。

5日下午，县委副书记、县长唐何带队到岳阳市君山区学习项目投资管理和财政评审工作。君山区相关部门负责人介绍项目投资管理和财政评审成功经验。唐何强调，要认真吸收君山的成功经验，结合实际情况，制定宁远县相关规定，进一步有序规范宁远县项目投资管理和财政评审工作。

6日上午，县委书记刘卫华带领相关县直单位负责人深入城区调研中小学学位建设工作。刘卫华一行先后察看了县二中、明德中学、七小、一中、职业中专、八小等新建学校项目，听取各项目指挥部的情况汇报，详细了解项目工程进度，针对各项目存在的问题一一提出解决办法。

6日上午，县委常委、宣传部长刘庚旺带领县城管、住建、交警、东溪街道等相关部门负责人对县城仪凤路进行市容市貌环境专项整治。

6日，宁远县科协荣获“2016年全国科普日活动优秀组织单位”称号。

7日，中央纪委网络中心新闻采编处副处长吴晶一行到宁远，就宁远县创新开展“雁过拔毛”式腐败问题专项整治工作与县委书记刘卫华进行面对面访谈，深入水市镇实地采访部分党员干部和群众，对宁远县委态度鲜明抓整治、措施过硬严查处等多方面给予充分肯定。

13日上午，宁远县委书记刘卫华主持召开2016年精准脱贫攻坚工作汇报会。县长唐何向湖南省脱贫攻坚考评组汇报宁远县精准脱贫工作情况。

16日上午，宁远县委副书记、县长唐何在全县土地流转管控和小城镇开发座谈会上要求，要以政府为主导，抢抓机遇，发挥乡镇的主体作用，立足当地资源优势，以土地流转推动农业产业做大做强；小城镇开发要突出规划引领，以乡镇为主体，公司化运作，进一步完善集镇中心的各项设施，以镇带村，让老百姓在小城镇开发中得到实惠。

17日上午，永州市委常委、市委秘书长唐能武带领市直相关部门负责人来宁远县检查指导安全生产工作。先后查看永蓝高速安顺宁远车辆救援站、禾亭镇完小和易地扶贫育园搬迁安置点项目施工现场等地，详细了解禾亭镇安全生产责任落实、校车安全运营管理、农村道路安全监管和在建项目施工管理落实情况，听取宁远县安全生产情况汇报。

17日，国家土地督察武汉局调研处处长薛梅带领督察组到宁远县督察土地情况，先后察看柏家坪舜峰驾校拆除复耕、鲤溪镇瓜石绿必达石场复绿、西部工业园高压走廊复绿和宁道绕城线连接线等现场，听取项目用地情况汇报。

19日上午，宁远县召开县处级党政正职述责述廉暨民主测评大会。永州市纪委副书记盘晓波，宁远县委、县政府领导班子成员，县人大、政协主要负责人，法检“两长”，县纪委、监察局领导班子成员以及县直机关、乡镇（街道）负责人参加会议。

20日，永州市委考核组组长、市纪委副书记盘晓波带领市党风廉政建设责任制检查考核组来宁远县考核验收。听取刘卫华代表县委所作的党风廉政建设主体责任工作汇报和陈海平所作的落实党风廉政建设监督责任工作汇报。

20日，湖南省教育厅党组成员、省委教育工委委员王玉清一行对宁远县“平安校园建设先进县”项目推进情况进行评估验收，先后深入县实验中学、莲花小学等学校实地考察“平安校园”创建情况，观看宁远县平安校园建设专题汇报片，听取宁远县情况汇报，对宁远县“平安校园先进县”项目工作情况给予肯定。

20日，在中国教育学会科学教育分会开展的“小学科学教师优秀教学设计评比”活动中，印山小学吴正松教师撰写的教学设计《光和影》获全国一等奖。

21日上午，永州市委书记李晖到宁远县考察调研经济社会发展情况。先后查看九嶷山舜帝陵创建国家AAAAA级旅游景区项目、南部文化生态新城、福嘉综环科技有限公司、创新创业园暨135工程标准厂房和前进安置小区项目建设，听取宁远县情况介绍，详细了解宁远县三区布局和项目建设进展。

22日下午，宁远县委书记刘卫华深入柏家坪镇康德佳林业科技有限公司，就公司药材种植基地项目建设进行现场调研和指导。

23日晚，县公安局组织300余名警力在全县范围内开展集中清查行动。此次行动，清查出租房屋47间，网吧、宾馆、旅店等重点场所92处；查处各类违法犯罪人员29人，抓获犯罪嫌疑人3人，破获刑事案件3起，查处行政案件28起，对10个重点单位进行了消防检查，整治消防安全隐患25处。

24日上午，县委书记刘卫华深入中和镇白田村调研党建和美丽乡村建设。进村入户了解村民生产生活情况，先后察看村垃圾污水处理、水利设施建设和村总体规划设计图以及乡村旅游开发等相关项目建设。

25日上午，县委副书记、县长唐何深入柏家坪镇调研烤烟生产和美丽乡村建设。实地查看礼仕湾和百佳洞烟田翻耕起垄情况和大路尾村、坝子头村和柏家古村的美丽乡村建设情况。

27日，经湖南省农委、省财政厅的严格考评验收，宁远县申报的5个现代农机专业合作社全部被确定组建。截至2016年年底宁远县已有农机专业合作社47家，农机具2420台（套）。2016年农机合作社共完成机耕面积38.5万亩，机灌面积11.2万亩，机插（机播）面积12.5万亩，机械植保面积22.8万亩，机收面积22.5万亩，作业面积占全县总作业面积的50%。

26至28日，北京江山多娇规划院院长、教授原群一行到宁远县考察调研旅游资源及旅游规划现状。考察团一行先后实地参观考察舜帝陵、紫霞岩、鲁观、五里沟等景点。

29日上午，宁远县福嘉综环科技股份有限公司举行“院士专家工作站”揭牌暨“湖南省省级企业技术中心”认定仪式。中国工程院院士何继善，省科协副主席廖任强出席并揭牌，县委书记刘卫华在会上致辞。

30日，宁远县人民法院召开第三次执行款集中兑现大会暨执行工作新闻发布会，兑现大会集中发放该院在“执行案件百日大会战”活动中12月份执行到位的标的款，共向53名申请执行人发放标的款248万元，涉及民间借贷、农民工工资、金融案款及其他执行案款。

宁远概况

建置沿革

宁远县名始于宋乾德二年（964），属荆湖南路道州江华郡。明洪武元年（1368），宁远属道州府。洪武九年（1376），宁远属湖广省永州府道州。明崇祯十二年（1639）划境东北部南北二乡十三里置新田县，宁远仍属永州府道州。清康熙三年（1644）设湖南省，宁远县属湖南省衡永郴桂道永州府。民国三年（1914），废府留道，宁远属衡阳道。民国11年（1922）废道，设行政督察区，宁远属第七行政督察区。民国16年（1927）划县境北阳明山区及新田、祁阳、桂阳等部分地，设立阳明县。民国20年（1931）改阳明县为阳明特别区，民国22年（1933）撤销，原宁远划出地复归宁远。民国25年（1936），国民政府颁布《行政督察区专员公署暂行条例》，次年12月，宁远县属湖南省第九行政督察区。民国39年（1940）4月第九行政督察区改名第七行政督察区。新中国建立前夕，宁远仍属第七行政督察区。

1949年11月17日，宁远和平解放，县人民政府成立。宁远县属湖南省永州专员公署（后改为零陵专区）。1952年11月并衡阳、零陵、郴州三个专区为湘南行政公署（设衡阳），宁远县属湘南行政公署。1954年7月撤销湘南行政公署，恢复衡阳、郴州二个专区，宁远属衡阳专区。1962年12月，恢复零陵行政公署，宁远属之。1968年9月15日，零陵地区革命委员会成立，宁远属之。1979年3月24日，撤销零陵地区革命委员会，成立零陵地区行政公署，宁远属之。1995年11月22日，撤销零陵地区行政公署，成立永州市，宁远属之。

行政区划与人口

■概况 2016年，宁远县辖舜陵街道、文庙街道、桐山街道、东溪街道等4个街道，天堂镇、水市镇、湾井镇、九疑山瑶族乡、冷水镇、太平镇、保安镇、禾亭镇、仁和镇、棉花坪瑶族乡、中和镇、柏家坪镇、清水桥镇、桐木漯瑶族乡、鲤溪镇、五龙山瑶族乡等16个乡镇。共有406个行政村，12个社区，四个集镇社区。2016年末，全县户籍总户数25.41万户，户籍总人口88.75万人。年末全县常住人口73.09万人，其中男性38.94万人，女性34.15万人，男女性别比为114：100。常住人口中的城镇人口为30.77万人，城镇化率为42.1%。比2015年提高1.75%。全年出生人口数10733人，2015年漏报人数为1723人，新生儿男女性别比为116.7：100；死亡人口数5883人，人口自然增长率为5.46‰。

■区域变更 根据《中共湖南省委 湖南省人民政府关于开展乡镇区划调整改革工作的意见》，整合乡镇区域资源，宁远县人民政府组织开展乡镇区划调整改革工作。宁远县乡镇行政区划进行调整：舜陵街道由原来的15个建制村又从水市镇划入颜家、东瓜井、大潘家、小康家、百草坪5个建制村，从冷水镇划入上茶、杨柳塘、宝山、堂屋4个建制村，共24个建制村合并调整为15个建制村（其中2个建制村开展农村社区建设）。桐山街道由原来的15个建制村又从中和镇划入冷水洞、排楼屋2个建制村，共17个建制村合并调整为9个建制村（其中5个建制村开展农村社区建设）。文庙街道由原来的26个建制村合并调整为15个建制村。东溪街道由原来的20个建制村又从冷水镇划入云峰、卜家岭、东山、唐家、大屋地、下岭等6个建制村，共26个建制村合并调整为16个建制村（其中4个建制村开展农村社区建设）天堂镇由原来的29个建制村合并调整为17个建制村（其中4个建制村开展农村社区建设）。水市镇由原来的61个建制村、1个集镇社区居民委员会合并调整为33个建制村（其中1个建制村开展农村社区建设）、1个集镇社区居民委员会。湾井镇由原来的29个建制村、1个集镇社区居民委员会合并调整为17个建制村（其中1个建制村设立农村社区）、1个集镇社区居民委员会。九疑山瑶族乡由原来的31个建制村合并调整为21个建制村（其中1个建制村开展农村社区建设）。冷水镇由原来的66个建制村合并调整为39个建制村（其中2个建制村开展农村社区建设）。太平镇由原来的53个建制村合并调整为31个建制村（其中1个建制村开展农村社区建设）。保安镇由原来的35个建制村合并调整为19个建制村（其中2个建制村开展农村社区建设）。禾亭镇由原来的39个建制村、1个集镇社区居民委员会合并调整为24个建制村（其中1个建制村开展农村社区建设）、1个集镇社区居民委员会。仁和镇由原来的33个建制村合并调整为16个建制村（其中1个建制村开展农村社区建设）。棉花坪瑶族乡由原来的4个建制村调整为5个建制村。将柏家坪镇关塘村区划调整至棉花坪瑶族乡，跨乡镇区划调整由县民政局按程序向省、市呈报。中和镇由原来的67个建制村合并调整为37个建制村（其中9个建制村开展农村社区建设）。柏家坪镇由原来的49个建制村、1个集镇社区居民委员会合并调整为27个建制村（其中3个建制村开展农村社区建设）、1个集镇社区居民委员会。清水桥镇由原来的38个建制村合并调整为21个建制村（其中3个建制村开展农村社区建设）。桐木漯瑶族乡由原来的7个建制村又从清水桥镇划入桐梓坪建制村，共8个建制村合并调整为6建制个村。鲤溪镇由原来的55个建制村合并调整为27个建制村（其中3个建制村开展农村社区建设）。五龙山瑶族乡由原来的15个建制村合并调整为11个建制村（其中1个建制村开展农村社区建设）。

自然地理

■位置面积 宁远县位于湖南省永州市南部，南有九嶷山，北倚阳明山，东临新田县、嘉禾县、蓝山县，南接江华瑶族自治县，西邻道县、双牌县，北界祁阳县、金洞林场。地处东经111°43′39″~112°15′13″、北纬25°12′01″~26°08′19″之间，南北长101.5千米，东西宽53.2千米，国土总面积2510.96平方公里。

■地质地貌 宁远属湘南山区，地形复杂，地貌四周高、中间低，呈舟状，山地、丘陵、岗地和平原俱全，其中山丘面积占全县面积的62.78%。境内最高峰海拔1959.2米，最低点海拔165米。主要分布有春水、泠江、九疑河、仁水四条河流，湖泊主要以山塘水库为主，其中水市水库、半山水库、双龙水库、凤仙桥水库、永佳水库等五个中型水库总库容达到6463万立方米。

■气候 宁远县地处南岭中段萌渚岭北麓，阳明山之南，属中亚热带季风湿润性气候区，冬寒期短，夏热期长；春温多变，寒流频繁；雨季明显，局部洪涝，夏秋多旱；光照足，无霜期长，四季分明，生长期长。主要气象灾害有干旱、暴雨洪涝、冷害与连阴雨、大风、冰雹、冻害、雷电等。

2016年，宁远年平均气温为19.2℃，比历年平均值偏高0.6℃；年极端最高气温为39.6℃，出现在7月31日，年极端最低气温为-2.2℃，出现在1月25日。年降水量为1967.2mm，比历年平均值偏多516.9mm；一日最大降水量为136.8mm，出现在5月5日。年日照时数为1381.4小时，比历年平均值偏少204.8小时；年日照百分率为31%，比历年平均值偏少4%。无霜期日数为283天。

附：主要气象要素及天气现象

气温　宁远历年平均气温为18.5℃，年平均气温变动在17.5～19.4℃之间，变幅1.9℃. 宁远气温年变化较大，以年较差数计算（当年最热月平均气温与最冷月平均气温之差值），历年平均年较差为21.6℃，最大年较差为25.9℃，出现在1977年；最小年较差为18.7℃，出现在1997年。在一年之中，宁远最高气温出现在7月中旬至8月上旬，极端最高气温为40.2℃，出现在2003年8月3日；最低气温出现在12月下旬至2月初，极端最低气温为-6.2℃，出现在1999年12月23日。全年之中4~5月升温明显，这正是春暖夏热之交。10~11月降温明显，是秋凉转秋寒之际。气温的日变化一般是凌晨最低，午后最高，变化状况用气温日较差表示。气温的日变化具有明显的季节性，一年之中的盛夏和初秋最大，春季和秋季次之，冬季最小。宁远气温日较差大，平均气温日较差为8.1℃，其中7月最大，为9.4℃；2月最小，为6.4℃。一日最大日较差为23.6℃，出现在1989年12月4日。

表1　历年各月平均气温　单位：℃

月份	1	2	3	4	5	6	7	8	9	10	11	12	年
气温	7.0	8.8	12.8	18.6	23.0	26.4	28.6	27.9	24.8	19.9	14.3	9.2	185

表2　2016年各月平均气温

月份	1	2	3	4	5	6	7	8	9	10	11	12	年
气温	7.5	9.2	14.0	20.3	22.5	27.3	29.6	28.2	25.3	21.1	14.3	11.0	19.2

雨量　宁远年降水量在937.4～2186.0mm之间。年平均降水量为1440.0mm。降水量的年际变化大，最多的是2002年，达2186.0mm；最少的是1969年，只有937.4mm。从季节上看，4~6月是宁远的雨季，雨季总雨量为610.5毫米，占全年总降雨量的42%左右；7~9月是宁远的旱季，降水量显著减少，为339.4mm，仅占全年总降水量的24%。宁远月降水量以5月量多，为221.3mm，12月量少，为45.7mm。从逐月降水量变化情况看，3~5月降水量逐月增加，6~7月降水逐月减少，10月常有秋雨发生，11月后降水量减少，12月为最少。宁远降水日数在127~195天之间，历年平均降水日数为164天。年际变化比较明显，最多年195天（1970年），最少年127天（2003年）。以春季最多，平均降雨日数为52天，占年雨日的32%。降水强度最大的时期在4~8月；其中日最大降水量出现在2004年6月16日，日降水量达166.6mm。由于降水集中强度大，易引起山洪爆

发，造成洪涝灾害。

表 3　**历年各月平均降水量**　单位：毫米

月份	1	2	3	4	5	6	7	8	9	10	11	12	年
降水量	67.5	97.1	143.1	203.7	221.3	185.5	121.6	147.9	69.9	74.4	65.5	45.7	1440.0

表 4　**2016 年各月平均降水量、各月降水日数**

月份	1	2	3	4	5	6	7	8	9	10	11	12	年
降水量	97.0	51.5	228.7	402.0	382.8	361.9	53.9	74.1	69.6	73.9	144.0	27.8	1967.2
降水日	20	9	18	23	18	14	6	13	5	12	18	9	165

日照　宁远年平均日照时数为 1616.1 小时，年日照百分率为 37%，其中 1963 年日照时数最多，达 1973.6 小时，日照百分率为 45%；1960 年日照时数最少，只有 1343.6 小时，日照百分率为 30%。一年中，各月日照分布不匀，季节变化较大，日照时数夏季（6 ~8 月）最多，为 639.5 小时，占全年日照时数的 40%，其中 7 月份日照最多，为 251.7 小时，占全年日照时数的 16%。1978 年 7 月日照时数达 332.3 小时；冬季日照较少，为 247.5，只占全年日照的 15%，以 2 月份最少，仅有 60.3 小时，只占全年日照时数的 4%。2002 年 2 月日照时数只有 9.2 小时，可见日照的季节变化是很大的。

表 5　**历年各月平均日照时数**　单位：小时

月份	1	2	3	4	5	6	7	8	9	10	11	12	年
日照时数	73.0	60.3	66.6	93.9	133.5	165.1	251.7	222.7	168.0	139.9	124.5	114.2	1616.1
日照百分率	22	19	18	25	32	40	61	55	46	39	38	35	37

表 6　**2016 年各月平均日照时数**　单位：小时

月份	1	2	3	4	5	6	7	8	9	10	11	12	年
日照时数	40.3	109.5	74.1	40.3	96.5	194.7	252.5	186.1	125.3	573.5	73.0	11.6	1381.4
日照百分率	12	34	20	11	23	47	60	46	34	16	22	40	31

气压　宁远地处湘南，纬度较低，气压感应部份海拔高度为 205.0 米，年平均气压较低，为 991.4 百帕。气压年际间变化不大，年平均气压最高为 993.5 百帕，最低为 988.6 百帕。气压的年内变化较大，夏半年主要受暖湿气流影响，气压较低；冬半年主要受干冷空气影响，气压较高。月平均气压最高为 12 月，为 1000.6 百帕，月平均气压最低月为 7 月，为 981.4 百帕。历年极端最高气压为 1016.2 百帕（1999 年 12 月 22 日），历年极端最低气压为 969.1 百帕（2007 年 8 月 11 日）。

表 7　　历年各月平均本站气压　　单位：百帕

月份	1	2	3	4	5	6	7	8	9	10	11	12	年
本站气压	1000. 2	998. 0	994. 2	990. 0	986. 2	982. 4	981. 4	982. 5	988. 1	994. 1	998. 3	1000. 6	991. 4

表 8　　2016 年各月平均本站气压　　单位：百帕

月份	1	2	3	4	5	6	7	8	9	10	11	12	年
本站气压	995. 3	996. 0	989. 9	982. 5	981. 6	979. 6	977. 6	976. 2	981. 7	986. 7	992. 2	994. 7	986. 1

蒸发量　宁远历年平均蒸发量为 1438. 1 毫米，年蒸发量最多为 1739. 9 毫米（1963 年），年蒸发量最少为 1113. 9 毫米（2002 年）。温度是影响蒸发量的主要因素，盛夏季节气温高，蒸发量大，寒冬时节气温低，蒸发量少；本县蒸发量以 7 月最大，为 233. 6 毫米，1 月最少，为 49. 8 毫米．这与光照的多少，风速的大小，气温的高低是相一致的。

表 9　　历年各月平均蒸发量　　单位：毫米

月份	1	2	3	4	5	6	7	8	9	10	11	12	年
蒸发量	49. 8	54. 0	71. 3	97. 4	134. 8	160. 8	233. 6	199. 0	158. 9	124. 6	87. 6	66. 3	1438. 1

表 10　　2016 年逐月蒸发量合计

月份	1	2	3	4	5	6	7	8	9	10	11	12	年
蒸发量	54. 4	95. 7	101. 1	97. 1	214. 5	208. 1	284. 1	225. 1	171. 4	115. 5	82. 5	82. 4	1731. 9

湿度　宁远的相对湿度年内变化不大，年平均相对湿度为 79%，月平均最大为 83%，最少为 75%。春季 3~5 月相对湿度较大，平均为 82%，秋季 9~11 月相对湿度较小，平均为 76%。历年最小相对湿度为 8%出现在 1977 年 5 月 3 日和 1990 年 12 月 7 日。

表 11　　历年各月平均相对湿度　　单位:%

月份	1	2	3	4	5	6	7	8	9	10	11	12	年
相对湿度	80	81	83	82	81	81	75	77	77	76	76	76	79

表 12　　2016 各月平均相对湿度　　单位:%

月份	1	2	3	4	5	6	7	8	9	10	11	12	年
相对湿度	81	70	80	85	83	79	72	75	74	80	83	75	78

地温　宁远地面温度年平均为 20. 9℃，最高年份为 22. 1℃（1966 年、2007 年），最低年份为 19. 8℃（1960 年）。一年之中最高值出现在 7 月，最低值出现在 1 月。地面

极端最高温度为72.4℃（1971年7月16日），地面极端最低温度为-11.4℃（1963年1月15日），实际表明，地面温度与气温呈正比关系。5、10、15、20厘米浅层地温度的历年平均值分别为20.0℃、20.1℃、20.3℃、20.3℃。每层地温年平均值差别不大，其中地面至5厘米地温降低0.9℃，5厘米至10厘米地温降低0.1℃，10厘米至15厘米地温降低0.1℃，15厘米至20厘米地温相近，以上分析表明，上层地温比深层地温变化大。地温随深度的变化有明显的季节性差异，一年之中，3月至9月地温随深度的增加而降低，以7月份最明显，而10月至次年2月地温随深度的增加而增高，以12月份最明显。土壤温度的日变化以地表温度的日变化为最大，向下逐渐减少。

表13　历年地面温度　单位：℃

月份	1	2	3	4	5	6	7	8	9	10	11	12	年
0厘米地温	7.9	9.8	13.9	20.0	25.4	29.9	33.7	32.5	28.5	22.7	15.9	10.2	20.9

表14　2016年各月地面温度　单位：℃

月份	1	2	3	4	5	6	7	8	9	10	11	12	年
0厘米地温	8.3	9.7	14.8	21.5	24.3	30.5	35.3	32.1	28.7	23.1	15.8	11.6	21.3

风　风向　宁远的风向具有明显的季节性变化。冬季多偏北风，夏季多偏南风，春秋二季为冬、夏季风交替时期，风向不够稳定，但仍以偏北风的频率最大。宁远仅7月份多偏南风，其它各月均以偏北风占优势。

风速　宁远属于丘陵地区，平均风速较小，县城多年平均风速为1.8米/秒。各月平均风速在1.5~1.9米/秒之间，常给人以微风拂面的感觉。超过17.0米/秒的大风出现的次数不多，平均只有2次，最多的年为10次（1981年），本站的极大风速为24.8米/秒，出现在2002年4月5日。平均风速随季节变化不大。

表15　历年各月平均风速　单位：米/秒

月份	1	2	3	4	5	6	7	8	9	10	11	12	年
平均风速	1.9	1.9	1.9	1.7	1.6	1.5	1.8	1.6	1.6	1.7	1.8	1.8	1.8

表16　2016各月平均风速和各月最多风向　单位：米/秒

月份	1	2	3	4	5	6	7	8	9	10	11	12	年
平均风速	1.8	1.6	1.4	1.7	1.3	1.6	1.8	1.7	1.7	1.6	1.7	1.4	1.6
最多风向	NE	NE	C，NE	NE	NE	SE	SSE	C，NE	NE	NE	NE	NE	NE

备注：北（N）、东北东（NNE）、东北（NE）、东东北（ENE）、东（E）、东东南（ESE）、东南（SE）南东南（SSE）、南（S）、南西南（SSW）、西南（SW）、西西南（WSW）、西（W）、西西北（WNW）、西北（NW）、北西北（NNW）、静风（C）。

霜　宁远由于地理位置偏南，无霜期较长，历年平均霜日为14天，出现霜日的月份从当年的10月至次年的4月。年平均无霜期为291天。最长无霜期为348天（1965年），最短无霜期为230天（1966年）。出现的初霜日最早为10月29日（1992年），最迟为1月5日（1995年）；终霜日最早为1月10日（1980），最迟为4月6日（1969年）。2016年无霜期为：283天。2016年初霜日为11月27日。2016年出现霜冻日期为11天。

雾　2016年出现雾的天数为17天。

自然资源

■**土地资源**　全县土地面积250086.52公顷，其中耕地面积41654.34公顷，园地面积12416.8公顷，林地面积162048.84公顷，草地面积8552.37公顷，城镇村及工矿用地面积10974.77公顷，交通运输用地面积3228.52公顷，水域及水利设施用地面积7626.41公顷，其他土地面积3584.47公顷。

■**矿产资源**　宁远县已发现矿种25种，主要是锑、铅锌、铜、铬、铀、铁、钒、镍、钨、锡、汞、银、煤、砖瓦粘土、高岭土、灰岩、页岩、玄武岩、大理岩、钾长石等矿，其中中型矿区有2个，分别是新开锑矿和梅岗粘土矿，小型矿区有12个，分别是清水桥铅锌矿、仙子山铅锌多金属矿、挂钩冲锡矿、牛头江铀矿、铜矿岭铜矿、柏万城铁矿、华石盘灰岩矿、野鹿岗灰岩矿、纸厂里灰岩矿、冷水铺灰岩矿、桂里园高岭土矿、大尧砖瓦粘土矿。

■**水资源**　宁远县水资源丰富，其中地表水主要来源为大气降水。丰水年水量约26.9亿立方米，枯水年约12.7亿立方米。4~7月径流量约占全年的56%。南、北山区水量每平方公里110万立方米。东部岗丘地区仅61万立方米。每年从蓝山县流入水量约1.08亿立方米。年平径流量约19.8亿立方米。全县四大河流除部分河段受到污染外，总的水质良好，并正在加强对河流污染的治理。经各河流分段计算，全县水能理论蕴藏量11.24万千瓦，其中可供开发的水能资源为68615千瓦。宁远境内长度在5公里以上，流域面积在10平方公里以上的大小河流有60条，发源于县内的59条，发源于外县的1条。除黄司河流入祁阳县白水，下坠河经嘉禾、新田流入舂水外，其余河流均经县西注入潇水。其中，泠水、舂水、仁水、九嶷河为宁远四大河流水系。地下水，据湖南省地质局二十万分之一水文地质普查资料查明，全县有地下河42条，流量1282.1升/秒，较大泉井336个，流量722.09升/秒。二者总流量为2004.19升/秒，其中岩溶大泉34个，流量478.12升/秒。地下水分为松散岩类孔隙水、基岩裂缝水和碳酸盐类岩溶水三种类型。

松散岩类孔隙水　主要分布在泠、疑、舂、仁四水及主要支流沿岸的河漫滩和一级阶地中。含水层砂砾卵石厚度3~6米，地下水埋藏深度2~3米。因含水层不深，河床下切厉害，泉井出露位置较低，涌水量不大，孔隙水仅可作为分散居民的生活用水水源。

基岩裂隙水　主要分布在县境西北角步步岭、牛塘岭及南部九疑山一带。含水层为变质砂岩、板页岩、花岗岩、石英岩等，节理裂隙发育，岩石风化破碎厉害，富含基岩裂隙水。

碳酸岩类岩溶水　主要分布在鲤溪、太平、保安、下坠、云潭、泠水、湾井、禾亭、桐山、逍遥岩等地。县境东部太平镇，系碳酸盐岩类地层，岩溶发育，有较丰富的地下水。但地势较高，地下水埋藏深。

■**动植物资源**　宁远县山地广阔，相对高差大。森林垂直分布差异明显，树种繁多。全县查明有森林植物2000多种，乔木和灌木树种 87 科 254 属 596 种，其中有栽培价值的 236 种，有适用推广价值的 72 种。按林种分，用材林 218 种，经济林 96 种（其中果木 33 种），防护林 152 种，薪炭林 130 种。优势树种是杉木、马尾松和油茶，其生长面积 78.8 万公顷；约占有林面积的 80%。全县有珍稀优良乡土树种 52 种。属国家一级保护树种有水杉（引种）、摇钱树、红豆杉 3 种。二级保护树种有银杏、钟萼木、胡桃、福建柏、篦子三尖杉、杜仲、观光木、半枫荷 8 种。三级保护树种有红豆树、油杉、皂荚、黄连木、红楠、光皮树、交让木、栓皮栗、椴树、领春木、桢楠、白辛树、华南五针松、紫茎、凹叶厚朴、厚朴、油杉、红椿、南方铁杉、重阳木、三角槭、拐枣、鹅耳枥、榉树共 24 种。省属重点保护树种有中华五加、檫木、香榧、南方红豆杉、红花木兰、金叶白兰、白克木、香桦、湖南石槠、金毛柯、湖南山核桃、小叶黄杞、穗状猕猴桃、罗汉松、滇楸等 15 种。尤有九疑杉（属青枝杉），具有速生丰产，树干通直、木质透红芳香、材质好、耐腐力强等特点。旧志载：叩之作铜铁声。质坚若铁、削之芳香四溢。湾井镇黄花园村将军庙原有 6 株九疑古杉，2003 年仅存一株，高 39 米、胸径 1 米，单株材积 9.79 立方米。野生动物资源丰富。属国家保护的野生动物有 22 种：属一类保护的有黄腹角雉；属二类保护的有穿山甲、水獭、鹿、果子狸、大鲵（娃娃鱼）、猕猴、苏门羚、白鹇、锦鸡、大灵猫、小灵猫、虎纹蛙、鹰；属三类保护的有竹鸡、野鸡、豪猪、黄鼬、刺猬、蛇、龟、蛙。

旅游资源

宁远，历史人文圣地。拥有中华第一古陵——舜帝陵，江南第一大孔庙——宁远文庙，科举让第第一人——李郃，湖广特科状元第一人——乐雷发，状元进士数量居湖广各县区第一。集古舜帝庙遗址等 6 处“国保”单位，“舜帝祭典”等诸多国家省级非物质文化遗产，毛泽东主席赋诗“九疑山上白云飞，帝子乘风下翠微……”，臻日月而熠熠生辉。

宁远，山水生态绿地。生态禀赋出众，四季葱翠，隽秀无比，森林覆盖率 65%，森林蓄积面积达 425 万立方米，有“人间仙境”之雅称。有国家 4A 级旅游景区、国家森林公园、国家级自然保护区、国家级风景名胜区——九疑山保存有湘南最大的原始次森林、最大的天然植物园、最大的天然珍禽园，三分石上五涧纵横交汇一处，下注湘江之源。被誉为“绿色海洋、天然氧吧、生态胜境”。

宁远，潇湘旅游福地。聚世界罕见的人文和原生态旅游资源于一身，舜文化、儒文化、福文化、瑶文化交相辉映，瑶寨风情别具一格。茂林修竹、流觞曲水足以闲情逸致。江南第一大洞天福地——九疑山、湘南第一奇峰——三分石、天下第一盆景——玉琯岩、江南第一村——下灌村、楚南十二名洞（第一）——紫霞岩、世界一绝——斑竹，赢有“中国最美生态文化旅游名县、最美文化休闲旅游名县”的桂冠。

宁远，区位优越，交通便捷。地处湘粤桂三省交界，素称“三省通衢”之地。二广、厦蓉两条高速穿境而过，距长沙、广州都在 350 千米内，距永州高铁站、郴州高铁站 100 公里，距桂林 180 公里，是“大湘南”宜商、宜居、宜游的地方。

国民经济和社会发展

■概述 2016 年，宁远县 GDP 完成 1359778 万元，增长 9.5%，其中第一产业完成 285677 万元，同比增长 3.4%；第二产业完成 434755 万元，同比增长 8.0%；第三产业完成 639346 万元，同比增长 13.6%。实现工业总产值 154.67 亿元，同比增长

13.2%，其中规模工业总产值116.03亿元，同比增长15.2%；实现规模工业增加值27.99亿元，同比增长8.6%。财政总收入完成13.7491亿元，同比增长16.3%。其中，县级收入10.0772亿元，同比增长14.5%。累计入库税收收入10.8725亿元，占财政总收入的比重79.1%，较2015年同期上升3.9个百分点，财政总支出41.8778亿元，同比增加0.9676亿元，增长2.4%。社会消费品零售总额63.3亿元，同比增长11.9%，其中城镇社会消费品零售总额55.4亿元，同比增长12.9%；乡村消费品零售总额7.9亿元。农林牧渔总产值51.9亿元，同比增长3.5%。

■固定资产投资 2016年，宁远县完成固定资产投资167.5亿元，同比增长17.4%。第一产业完成投资10.7亿元，同比增长84.8%；第二产业完成投资60.4亿元，同比增长24.5%，其中，工业投资完成59.5亿元，同比增长22.6%；第三产业完成投资96.4亿元，同比增长9.1%。国有投资83.6亿元，同比增长31.5%，非国有投资83.9亿元，同比增长6.1%。

■政府机构改革 2016年，宁远县继续推进政府机构改革，着力提高各项服务效能，发挥综合协调作用，进一步推进经济体制改革。公务用车改革走在兄弟县区前列。按照中央简政放权的要求，机关行政事业单位名列出“权力清单”、“责任清单”。在项目立项审批中对项目核准、审批、备案、节能、招投标、项目稽察等行政权力和服务事项，逐个逐项公示，接受群众监督。公开项目审批、备案、招投标等流程图，最大限度减少审批环节、缩短审批时限、优化审批流程和推行重大项目并联审批，提高项目审批效率。全年审批、核准、备案项目87个，总投资102.62亿元；招投核准项目116个，总投资3.22亿元。县政府12345公共平台全面开通，对外开放水平提升。

■工业园区建设 2016年，宁远县工业园区运用以商招商，产业招商，以乡招商的办法，成功引进联兴制鞋、上宜鞋材、海亿压铸、金永嘉电线电缆、莲花富仙砠石材、湖南省康德佳建材科技、瑞果生物科技、发禹木业、福鑫家具制造、升辉竹叶加工、南岳生物宁远单采血浆站等企业并投产运行。成功签约中业家居博览城、捷安车辆检测站、汇盛香港制鞋、鸿坤陶瓷、华润燃气综合站等项目。丽弘模具、东泉模具材料有限公司等项目签订意向协议。全年，招商引资完成外贸进出口额11840万美元，同比增长20.3%；实际到位外资10154万美元，同比增长25.9%；内联引资24.1亿元，同比增产2.6%。

■精神文明建设 2016年，宁远县文明办制定下发《关于在全县开展“道德讲堂”建设工作的通知》，将道德讲堂建设作为一项常规性工作抓紧抓实，有序推进“三个统一”：一是统一部署。对开设道德讲堂的时间、环节、对象以及道德讲堂的标识作出具体安排，将“道德讲堂”纳入文明单位创建考评“一票否决”的内容。二是统一备课。从县委党校、县文明办、县教育局以及有关部门抽调人员组建一支业务强、素质高、认真负责、热心文明道德传播践行团队，集体备课，统一制作各类课件，不定期到各级各类道德讲堂进行宣讲。三是统一流程，统一标识和活动背景，创建活动基本流程，以身边好人为素材进行宣讲。全县开展县以上各级文明单位、文明标兵单位、文明窗口单位、文明社区、文明风景旅游区等一系列创建评比工作。参加创建的有省文明单位2个，省文明乡镇1个，市文明单位4个，市文明标兵单位2个，市文明乡镇1个，县文明单位23个。是年，全县有县以上文明单位90个（含村、社区）。每个文明单位还联系帮扶一个以上贫困村，每年为贫困村出资1万元以上用于该村“三个文明”建设。同时结合“美丽乡村”建设，在全县开展“星级文明户”创建评选活动。全年创评县、乡、村三级“星级文明户”21000户，向文明户发放牌匾和奖励。以仁和镇谷木洞村为试点，推进“爱心进村、孝心入户”工作，全县有20个村普遍开展。县文明办牵头开展“志愿服务进社区”“红绿灯路口文明劝导”“社区网格化文明劝导”和单位责任路段文明劝导工作。在文庙广场、汽车总站、湘运车站等窗口单位及县城12个社区、各类学校、旅游景点、县城主要交通路口设“学雷锋志愿服务岗”130个。全县在省文明网注册志愿服务者9.32万人次。占全县总人口的10.7%。把学雷锋志愿服务项目，纳入中小学的教育教学，坚持课堂教学，课外活动，社会实践相结合。以省、市、县文明单位为重点，建立网格文明传播基本队伍，全县有110个单位建立3人以上的网格文明传播志愿者队伍，全年发表文明博客、微博、微信、微视近4万条。

领导名录

中共宁远县委

县委书记 刘卫华

县委副书记 县长 桂砺锋（2014.03—2016.08）

县委副书记 县长 唐何（2016.08—）

县委副书记 伍佑伦（2015.04—2016.08）

县委副书记 刘军君（2016.08—）

县委常委 政法委书记 彭小兵（2016.08—）

县委常委 宣传部长 彭小兵（2015.05—2016.08）

县委常委 宣传部长 刘庚旺（2016.08—）

县委常委 纪委书记 李亚峰（2011.06—2016.08）

县委常委 组织部长 王小丽（2016.08—）

县委常委 组织部长 统战部长 王小丽（2015.04—2016.08）

县委常委 县委办主任 曹辉正（2016.08—）

县委常委 政法委书记 曹辉正（2011.06—2016.08）

县委常委 纪委书记 陈海平（2016.08—）

县委常委 常务副县长 黄永英（2016.08—）

县委常委 人武部部长 唐远军

县委常委 统战部长 唐浩（2016.08—）

正处级干部 欧胜清

正处级干部 何德仁

正处级干部 何国雄

正处级干部 李国生

县人大常委会

县人大常委会主任 张明贵

正处级干部 县人大常委会党组副书记 总工会主席 郑福章

县人大常委会党组副书记 副主任 周方

县人大常委会副主任 赵吉永（2009.08—2016.11）

县人大常委会副主任 胡昕若（2016.11—）

县人大常委会党组副书记 副主任 眭晓棠

县人大常委会副主任 何为民

县人大常委会副主任 谢金花（2016.11—）

原县人大常委会副主任 欧红杰

县人民政府

县委副书记 县人民政府县长 桂砺锋（2014.03—2016.11）

县委副书记 县人民政府县长 唐何（2016.11—）

县委常委 常务副县长 刘军君（2015.04—2016.11）

县委常委 常务副县长 黄永英（2016.11—）

县委常委 副县长 刘庚旺（2011.06—2016.11）

副县长 刘惠兰（2007.11—2016.11）

副县长 胡昕若（2010.06—2016.11）

副县长 县公安局局长 宋志雄（2012.10—2016.11）

副县长（挂职） 樊任武（2015.03—2017.03）

副县长 唐浩（2015.10—2016.11）

副县长 曾海波（2016.11—）

副县长 邓小英（2016.11—）

副县长 县公安局局长 陈云生（2016.11—）

副县长 邓传文（2016.11—）

副县长 欧阳国春（2016.11—）

副县长 胡红灯（2016.11—）

县正处级干部 周克利

副县长（2011.06—2016.11）原副县长（2016.11—） 欧阳学斌

县人民政府原顾问（正处级） 冯军胜

正处级干部 盘湘津

副处级干部 欧初旺

副处级干部 唐桐生

副处级干部 李友才

副处级干部 李池秀

副处级干部 陈勇军

副处级干部 蒋进红

副处级干部 黄生鸿

县政协

县政协主席 李苏昭

县政协党组副书记副主席 蒋家安

县政协副主席（兼）工商联主席 欧桥贵

县政协副主席 赵吉永（2016.11—）

县政协副主席 李春茂

县政协副主席 邓小英（2012.10—2016.11）

县政协副主席 蒋玉明（2012.10—2016.11）

县政协副主席（兼）商务和粮食局局长 肖红梅（2016.11—）

副处级职级干部

副处级职级干部 欧鹏飞

副处级职级干部 唐和鸣

副处级职级干部 郑亮

副处级职级干部 李忠明

副处级职级干部 夏峰

副处级职级干部 刘初成

副处级职级干部 李继辉

副处级职级干部 谢志远

副处级职级干部 刘向阳

副处级职级干部 彭政超

副处级职级干部 王晓华

副处级职级干部 周正河

县委工作部门及有关单位主要负责人

县纪律检查委员会（监察局）

县委常委纪委书记 李亚峰（2011.06—2016.08）

县委常委纪委书记 陈海平（2016.08—）

副书记监察局局长 袁春芬

副书记 徐东青

副书记 谭双喜

常委监察局副局长（兼） 彭舒洲

常委 李苏辉

常委 吕胜辉

常委 刘永生

常委 宋云蕾

县委办

县委常委县委办主任 曹辉正（2016.08—）

副主任 蒋先定

副主任 高艳娟

副主任 蒋国亮

副主任 周敬平

纪检组长 王桐旺

县委机要局（国家保密局、国家密码管理局）

局长 张进仁

副局长 周君翠

副局长 蔡红军

副局长 唐雄群

县信访局

政府办党组成员（兼）副主任县信访局党组书记局长 欧同茂

党组成员副局长 蒋小勇

党组成员副局长 贺帆

党组成员副局长 贺友金

党组成员副局长 李城俐

县委、政府接待科

科长 欧向中

副科长 姚小林

县委组织部

县委常委组织部长 王小丽

副部长（排第一） 谢金花

副部长 尹国军

副部长 欧啸

部务会成员 谭学峰

副部长人社局党组书记局长 赵利民

副部长老干局党组书记局长 欧阳宁芳

部务会成员 卢用军

部务会成员 姚 涛

县直属机关党委

部务会成员 直属机关 党委书记 姚 涛

副书记 邓爱华

党员教育中心

主任 魏阳涛

县委老干部局

县委组织部副部长 老干部局党组书记 局长 欧阳宁芳

党组成员 副局长 李泉涌

县委宣传部

县委常委 宣传部长 彭小兵（2015.05—2016.08）

县委常委 宣传部长 刘庚旺（2016.08—）

副部长（排第一） 乐松生

副部长 欧阳友忠

副部长 魏纲要

部务会成员 纪检组长 徐小文

县精神文明建设指导委员会办公室

主任 陈晓泉

县委政法委

县委常委 政法委书记 曹辉正（2011.06—2016.08）

县委常委 政法委书记 彭小兵（2016.08—）

副书记（排第一） 朱土旺

副书记 汪绪国

副书记 综治办主任 李碧海

副书记 维稳办主任 石循柱

副书记 "610"办主任 乐永珍

政法委委员 纪检组长 欧阳海军

政法委委员 梁宏峰

县委"610"办

政法委副书记 "610"办主任 乐永珍

县城乡社区网格化管理服务中心

主任 朱胜辉

县委统战部

县委常委 统战部长 王小丽（2015.04—2016.08）

县委常委 统战部长 唐 浩（2016.08—）

副部长（排第一） 工商联党组书记 李友茂

副部长 罗晓峰

县委台湾工作办公室

主任 欧珍爱

副主任 李雪莲

县归侨侨眷联合会

党组书记 主席 戴巧燕

副主席 周宏卫

县机构编制委员会

党组书记 主任 欧教荣

党组成员 副主任 李德祥

党组成员 副主任 欧 琳

县机构编制信息中心

主任 乐春涛

群众团体

县妇女联合会

党组书记 主席 邓水燕

党组成员 副主席 何 阳

党组成员 副主席 郑姣平

团县委

团县委书记 党组书记 张利军

团县委副书记 党组成员 唐 颖

团县委副书记 党组成员 周有志

县总工会

正处级干部 总工会主席 郑福章

党组书记 第一副主席 欧阳辉河

党组成员 副主席 蒋 健

党组成员 纪检组长 柏小白

县科学技术协会

党组书记 主席 刘晓玲

党组成员 副主席 黄立胜

县残疾人联合会

党组书记 理事长 樊志群

党组成员 副理事长 郑晓波

县工商业联合会（商会）

县政协副主席 工商联主席 欧桥贵

统战部副部长（排第一） 工商联党组书记 李友茂

党组成员 副主席 林文才

党组成员 副主席 周运菊

县政府工作部门及有关单位

政府办

党组书记 主任 欧阳国春
党组副书记 副主任 杨国基
党组成员 副主任 陈万生
副主任 朱文登
党组成员 副主任 陈 宜
党组成员 副主任 吴 杰
党组成员 副主任 郑 庭
党组成员 纪检组长 欧阳永生
党组成员 副主任 王 鋆
党组成员 副主任 县信访局党组书记 局长 欧同茂

县机关事务服务中心

党组书记 主任 欧阳胜辉
党组副书记 副主任 胡新军
党组成员 副主任 肖江涛
党组成员 纪检组长 欧日运

县电子政务管理办公室

主任 雷友胜

县发展和改革委员会

党组书记 主任 曾彩平
党组成员 副主任 蒋 全
党组成员 纪检组长 郑伟毅
党组成员 副主任 周忠红
党组成员 总经济师 管 波
副主任 黄琼轩
党组成员 副主任 李红茂
党组成员 副主任 唐国凯

县重点建设项目办公室

主任 蔡海丰

县科技和经济信息化委员会

党组书记 主任 周 俊
党组副书记 副主任 于文敬
党组副书记 副主任 杨学进
党组成员 副主任 周友平
党组成员 副主任 谭全茂
党组成员 副主任 李晓鹏
党组成员 副主任 蒋晓成
党组成员 纪检组长 童一飞

县工业企业改制服务办公室

主任 朱建军
副主任 李 翔

县教育局

党委书记 局长 胡红灯
党委副书记 副局长 李学勤
党委委员 纪委书记 邓文清
党委委员 副局长 李忠良
党委委员 副局长 何泽涛
副局长 雷 敏
党委委员 督导室主任 朱成宁

县招生考试中心

主任 荆道滨

县教育督导室

党委委员 督导室主任 朱成宁

县一中

党委书记 校长 刘国胜
党委委员 副校长 郑久祥
党委委员 副校长 李景太
副校长 陈清祥
党委委员 杨绪军
党委委员 张 涛

县二中

校长 黄新胜
党总支书记 吴华忠
副校长 罗土华
副校长 黄珍平

县三中

校长 胡顺发
副校长 吕宝军
副校长 骆征兵
副校长 谢建成

县实验中学

校长 欧阳祥华
副校长 欧阳友昌
副校长 刘俊涛
副校长 陈年成

县职业中专

校长 唐小舟
副校长 黄权喜
副校长 眭佳旭

县进修学校

校长 蒋 理
副校长 蒋志平
副校长 刘 平

县八中

校长 杨剑万

副校长 欧阳维浩

副校长 黄文志

副校长 欧咏梅

县公安局

副县长
县公安局
党委书记
局长 宋志雄（2012.10—2016.11）

副县长
县公安局
党委书记
局长 陈云生（2016.11—）

党委副书记
副局长 黄向东

党委副书记
副局长
交通管理
大队大队长 陈勇

党委副书记
副局长
纪委书记 林桦

党委委员
政工监督室
主任
工会主席 王承儒

党委委员
副局长 欧阳建军

党委委员
副局长 张立新

副处级干部 匡建华（2016.08—）

副处级干部 陈慧（2016.08—）

县交管大队

公安局
党委副书记
副局长
交通管理
大队大队长 陈勇

政委 刘文胜

副大队长 杨平洲

副大队长 何红县

副政委 许峰

县森林公安局

局长 张英

政委 刘学

县民政局

党组书记
局长 欧小平

党组成员
副局长 欧阳俊杰

党组成员
副局长 周中友

副局长 国长勇

党组成员
纪检组长 张丽慧

县低收入家庭认定中心

主任 郑林凡

县革命老区办

主任 王辉

县殡葬管理执法队

队长 陈元文

县司法局

党组书记
局长 欧阳建中

党组成员
纪检组长 冯友富

党组成员
副局长 唐义

党组成员
副局长 田光辉

副局长 柏艳

县财政局

党组书记
局长 杨友忠

党组副书记
农业综合
开发办
党组书记
主任 唐俊林

党组成员
副局长 周胜明

党组成员
纪检组长 肖卫华

党组成员 汤华利

副局长 陈苏平

党组成员
副局长 陈群星

党组成员
总会计师 杨霞丽

县农业综合开发办公室

财政局
党组副书记
农业综合
开发办
党组书记
主任 唐俊林

县乡镇财政管理局

局长 柏永顺

县非税收入征收管理局

局长 谢珊珊

县国库集中支付中心

主任 谢先成

县人力资源和社会保障局

县委组织部
副部长
人社局
党组书记
局长 赵利民

党组成员 许仲军

党组成员
副局长 黄祥云

党组成员
副局长 李文明

党组成员
纪检组长 唐振

副局长 龙小荃

党组成员
副局长 蒋嶷平

县劳动保障监察大队

队长 黎道运

县医疗保险基金管理中心

主任 蒋智辉

县就业服务管理局

局长 乐军红

县工伤保险管理中心

主任 李卫平

县社会劳动保障管理中心

主任 文胜红

县机关事业单位社会保险管理中心

主　　任　乐寿忠

县城乡居民社会养老保险中心

主　　任　夏木军

县劳动人事争议仲裁院

院　　长　蒋嫦春

县国土资源局

党组书记
局　　长　郑志晖

党组成员
副 局 长　李光钦

党组成员
副 局 长　郑卡敏

党组成员
纪检组长　柏文德

党组成员
总工程师　张国姣

党组成员
副 局 长　周林茂

县国土资源执法监察大队

队　　长　胡运松

县土地开发整理中心

主　　任　邹卫国

县不动产登记中心

主　　任　胡小川

县住房和城乡规划建设局

党组书记
局　　长　蒋崇庆

党组成员
副 局 长　宋长清

党组成员
纪检组长　李隆任

县房产局

党组书记
局　　长　吴国斌

党组成员
纪检组长　肖　勇

党组成员
副 局 长　李怡恰

党组成员
副 局 长　陈文军

党组成员　陈世超

县城市园林局

局　　长　欧阳宁群

县交通运输局

党组书记
局　　长　邓传文

副 局 长　柏尧清

党组成员
副 局 长　欧阳顺利

党组成员
纪检组长　姜凌帆

党组成员
副 局 长　欧阳翔凤

党组成员
总工程师　姜海军

县公路局

局　　长　周万红

副 局 长　李志宁

副 局 长　李海武

副 局 长　李国胜

副 局 长　罗　健

副 局 长　陈建强

县地方海事局

局　　长　徐文泽

县道路运输管理所

所　　长　陈治海

县交通建设质量安全监督管理站

站　　长　骆明昆

县农业委员会

党组书记
主　　任　郑　曦

党组成员
副 主 任　陈小清

党组成员
副 主 任　胡星祖

党组成员
副 主 任　李剑飞

副 主 任　张井雄

党组成员
纪检组长　郑群秀

党组成员
总农艺师　陈同旺

党组成员
副 主 任　何良胜

党组成员
县委农办
专职副主任　黄昌勇

县农业综合执法大队

队　　长　乐文波

县扶贫移民局

党组书记
局　　长　刘小珍

党组成员
副 局 长　奉茂宣

党组成员
副 局 长　陈国春

党组成员
副 局 长　牛爱秀

党组成员
副 局 长　张　莹

县农村经营服务站

站　　长　龙小菲

县农村能源办公室

主　　任　何志敏

县农业技术推广中心

主　　任　柏小勇

县畜牧水产局

党组书记
局　　长　郑　辉

党组成员
副 局 长　蒋　祎

党组成员
纪检组长　欧阳化文

党组成员
副 局 长　欧阳斌

县动物卫生监督所

所　　长　欧阳昌勇

县农业机械化管理局

党组书记
局　　长　熊　波

党组成员
副 局 长　柏益早

党组成员
副 局 长　古黎明

党组成员
纪检组长　李之平

党组成员 刘胜富

县水利局

党组书记 局长 刘柏华（2016.11—）

党组成员 副局长 欧阳高尚

党组成员 副局长 黄宏清

党组成员 纪检组长 欧阳维宪

党组成员 总工程师 郑四清

副局长 何美清

县防汛抗旱指挥部办公室

主任 李宁

九疑水电管理站

站长 卿永洪

县林业局

党组书记 局长 何文祥

党组成员 副局长 欧阳胜林

党组成员 纪检组长 何尚成

党组成员 总工程师 邓国旺

党组成员 副局长 胡建平

洋塘林场

场长 徐义平

雾云山林场

场长 李生德

白云山林场

场长 陈正如

县商务和粮食局

党组书记（主持工作） 乐宁波

政协副主席（兼）局长 肖红梅

党组副书记 副局长 蒋迎辉

党组成员 副局长 刘文胜

党组成员 副局长 冯俊

党组成员 副局长 彭亚

党组成员 副局长 成国平

党组成员 纪检组长 欧志斌

党组成员 总经济师 朱松青

县投资促进事务局

局长 李元斌

县商业企业改制服务办公室

党组书记 主任 何克勤

党组成员 副主任 郑波

党组成员 副主任 李宇明

县市场服务中心

党组书记 主任 何海彪

党组成员 纪检组长 肖晓泉

党组成员 副主任 王少波

党组成员 副主任 李光明

党组成员 副主任 姜志宏

县文体广电新闻出版局

党组书记（主持工作） 蒋贤军

局长 周秋云

党组副书记 副局长 李松平

党组成员 副局长 朱志杰

党组成员 副局长 刘四军

党组成员 纪检组长 欧阳小飞

党组成员 副局长 杨世军

党组成员 副局长 杨剑波

县文化市场综合执法大队

党组书记 大队长 魏晓清

县文物管理局

党组书记 局长 崔习明

县全民健身服务中心

主任 欧阳幼志

县文学艺术界联合会

主席 何庆

副主席 黎成钢

县卫生和计划生育委员会

党委书记 主任 万志湘

党委副书记 副主任 李春生

副主任 何玉兰

党委委员 副主任 欧阳金

党委委员 纪委书记 欧阳玲英

党委委员 副主任 廖保发

党委委员 副主任 蒋春熠

党委委员 副主任 欧庆

党委委员 总会计师 欧阳红君

县计划生育协会

原正处级干部 计生协会会长 杨丢清

卫计委党委书记 主任 计生协会第一副会长 万志湘

卫计委党委成员 副主任 计生协会常务副会长 廖保发

专职副会长 主任科员 姜德宴

秘书长 夏双青

县红十字会办公室

秘书长 欧阳光

县爱国卫生运动委员会办公室

主任 欧向忠

县农村合作医疗管理办公室

主任 杨臣山

县乡镇卫生院管理中心

主任 唐良才

县疾病预防控制中心

主任 李万忠

县妇幼保健计划生育服务中心

主任 邓玉华

县卫生计生综合监督执法局

局长 郑必成

县人民医院

党委副书记 院长 欧阳旭俊

党委书记 鲁菊英

党委副书记 黄光洪

副院长 李军

党委委员 副院长 吴群辉

党委委员 副院长 刘自清

党委委员 纪委书记 黄勤

县中医医院

院长 何辉平

副院长 正科级干部 胡见求

副院长 张军辉

副院长 郑生勇

纪检员 姚莉

副院长 李胜才

副院长 李小阳

县审计局

党组书记 局长 朱庆元

党组成员 副局长 秦峥峰

党组成员 副局长 郑永华

副局长 姜慈云

总审计师 黎小清

县环境保护局

党组书记 局长 肖志亮

党组成员 副局长 徐义权

副局长 欧阳剑云

党组成员 纪检书记 张旭

党组成员 总工程师 骆胜红

县统计局

党组书记（主持工作） 唐华

局长 唐双萍

党组成员 副局长 柏宁清

党组成员 副局长 李会农

党组成员 总统计师 陈键

党组成员 纪检组长 唐宏亮

县社会经济调查队

队长 刘来富

县安全生产监督管理局

党组书记 局长 汤正美

党组副书记 副局长 姜尚忠

党组成员 副局长 陈晓智

党组成员 总工程师 冯平顺

党组成员 陈运成

党组成员 纪检组长 许良峰

县安全生产执法监察大队

队长 李少文

县市场和质量监督管理局

党组书记 局长 彭盛辉

党组副书记 副局长 蔡明智

党组副书记 副局长 李昌民

党组成员 副局长 陈晋

党组成员 副局长 江仁安

党组成员 副局长 欧阳帆

党组成员 副局长 蔡文辉

党组成员 纪检组长 杨云聪

党组成员 副局长 郑云峰

党组成员 副局长 何永辉

副局长 谢宏程

县市场和质量监督管理综合执法大队

队长 曾苏忠

县城市管理行政执法局

党组书记 局长 胡顺斌

党组成员 副局长 宋桐青

党组成员 副局长 刘明军

党组成员 纪检组长 李小平

党组成员 副局长 杨小东

县自来水公司

经理 樊志军

县人民防空办公室

党组书记 主任 蒋珍旺

党组副书记 副主任 张明旺

党组成员 副主任 陈先辉

党组成员 纪检组长 曾元先

人大、政协工作机构

县人大机关办公室

人大党组成员 办公室主任 李国燕

副主任 姜飞鹰

副主任 主任科员 荆培源

纪检员 刘世红

法制委员会

主任委员 田云涛

副主任委员 李志

财政经济委员会

主任委员 郑敏娟

副主任委员 张文辉

内务司法工作委员会

主任 袁文辉

副主任 主任科员 谢长秀

民族教育科学文化卫生工作委员会

主任 邓成仲

副主任 万运新

城建环保工作委员会

主任 郑光红

副主任 欧阳志华

农业农村工作委员会

主任 欧庆红

副主任 李剑波

选举任免联络工作委员会

主任 刘俊兴

副主任 王开富

县政协机关办公室

党组成员 办公室主任 谢茂松

副主任 杨明

提案工作委员会

主任 雷满林

副主任 李运泰

民族宗教法制群团三胞联谊委员会

主任 刘照成

副主任 王军生

经济科技人口资源环境委员会

主任 谢昌波

副主任 周运胜

学习文史宣教卫体委员会

主任 唐太培

副主任 刘健林

法院、检察院

县人民法院

党组书记 院长 唐小辉（2012.10—2016.08）

党组书记 院长 吕新陵（2016.08—）

党组副书记 副院长 于来清

党组成员 黄斌智

党组成员 纪检组长 王国芝

党组成员 政工科长 邓平超

党组成员 何俊斌

党组成员 唐利辉

党组成员 欧阳鑫

副院长 奉丽

县人民检察院

党组书记 检察长 周辉

党组成员 郑志刚

党组成员 副检察长 欧阳永红

党组成员 纪检组长 郑生彪

党组成员 副检察长 杨军

党组成员 陈运田

党组成员 龚运富

党组成员 江中主

党组成员 杨宇

党组成员 周宁京

副检察长 蒋艳

县委、县政府派出机构

工业园区管委会

党工委书记 蒋崇庆（2016.11—）

党工委副书记 主任 周俊（2016.11—）

原党工委书记 乐云发（2012.09—2016.11）

原党工委副书记 管委会主任 郑运辉（2015.11—2016.11）

原党工委副书记 管委会主任 周光镇

党工委副书记 向大宣

党工委委员 纪工委副书记 王春旺

党工委委员 李建锋

党工委委员 邓厚成

党工委委员 徐春旺

党工委委员 招商局局长 杨红艳

党工委委员 唐得鑫

县委、政府直属事业单位

九嶷山国家森林公园管理局

党委书记 黄安成（2016.08—）

党委副书记 局长 唐太勇
原党委书记 陈建华(2016.08—)
党委副书记 副局长 蔡群峰
党委委员 副局长 夏利勇
党委委员 诸文杰
党委委员 副局长 徐永宁

九疑山林场

场长 文沙宁

县档案局

党组书记 局长 李木旺
党组成员 副局长 唐凌峰
党组成员 副局长 周君强

县党史与地方志征集编纂办公室

主任 李胜平
副主任 郑才林
副主任 张红志

县委党校

校长 文星平
副校长 姜晓明
副校长 贾丽琼
校务委员 欧阳丽君

县政务服务中心

党组书记 主任 蒋少军
党组成员 纪检组长 郑群燕
党组成员 副主任 黄少辉

县广播电视台

党组书记 台长 雷程燕
党组成员 副台长 主任科员 欧阳土荣
党组成员 副台长 王海清
党组成员 总工程师 谢剑平

公共资源交易中心

党组书记 主任 胡进雄
党组成员 纪检组长 徐友利
副主任 欧阳小梅

县烤烟生产办公室

党组书记 主任 刘柏华(2016.03—2016.11)
党组成员 副主任 陈勇

县供销合作联社

党组书记 主任 杨永平
党组成员 副主任 李文宣
党组成员 副主任 孙全东
党组成员 罗铭
党组成员 副主任 欧晓春

县城市建设投资管理中心

党组书记 主任 欧小仕
副主任 张明钢
副主任 胡青文
党组成员 副主任 骆俊平
党组成员 总经济师 李庆云
副主任 邝亮

其他单位

县九嶷山旅游发展公司

总经理 欧阳悬
副总经理 肖格莉
副总经理 欧嶷琼
副总经理 陈国宏
副总经理 郑明辉
副总经理 兼财务总监 邓莹
监事长 刘志勇

县农村建设投资开发有限公司

总经理 徐永才
副总经理 蒋舜军
副总经理 邓元金
副总经理 陈靖萍
监事长 贺斌
副总经理 李平辉

乡镇(街道)

舜陵街道

党工委书记 周意恒
党工委副书记 办事处主任 薛忠胜
党工委副书记 徐湘富
党工委委员 人大工委主任 唐媛
党工委委员 宣统委员 政协工委主任 黄晓东
党工委委员 纪工委书记 蒋文
党工委委员 组织委员 周早林
党工委委员 办事处副主任 武装部长 李日晖
党工委委员 政法委员 党政办主任 李艳梅
人大工委副主任 王承熹
办事处副主任 欧阳艳丽

文庙街道

党工委书记 欧正杰

党工委副书记办事处主任	周英华
党工委副书记	姚茂芳
党工委委员人大工委主任	陈　伟
党工委委员宣统委员政协工委主任	唐文生
党工委委员纪工委书记	刘国顺
党工委委员组织委员	王　强
党工委委员政法委员党政办主任	崔　敏
党工委委员武装部长办事处副主任	汤华远
人大工委副主任	张伟荣
办事处副主任	蒋玉华

桐山街道

党工委书记	欧阳坤
党工委副书记办事处主任	胡新胜
党工委副书记	谢　军
党工委委员人大工委主任	李立应
党工委委员宣统委员政协工委主任	张志清
党工委委员纪工委书记	黄慧萍
党工委委员组织委员	张艳旺
党工委委员武装部部长办事处副主任	冯军辉
党工委委员政法委员党政办主任	李　明
人大工委副主任	刘　倩
办事处副主任	奉　婕

东溪街道

党工委书记	鲁素春
党工委副书记办事处主任	何立群
党工委副书记	李国军
党工委委员人大工委主任	李剑涛
党工委委员宣统委员政协工委主任	唐芳华
党工委委员纪工委书记	黄红星
党工委委员组织委员	郑少华
党工委委员武装部长办事处副主任	欧阳新春
党工委委员政法委员党政办主任	欧阳植攀
人大工委副主任	魏海云
办事处副主任	罗美娟

天堂镇

党委书记	黄海燕
党委副书记镇长	欧文红
党委副书记	陈盛林
党委委员人大主席	尹新明
党委委员宣统委员政协工委主任	黄小帅
党委委员纪委书记	续燕燕
党委委员组织委员	欧艳平
党委委员武装部长副镇长	何　云
党委委员政法委员党政办主任	黄宁华
人大副主席	李芳彦
副镇长	欧阳逢华

水市镇

党委书记	郑生权
党委副书记镇长	唐红庆
党委副书记	田明俊
党委委员人大主席	周双华
党委委员宣统委员政协工委主任	欧阳涛
党委委员纪委书记	林　可
党委委员组织委员	高　进
党委委员武装部长副镇长	郑霖杰
党委委员政法委员党政办主任	卜文舟
人大副主席	黎新顺
副镇长	周玉娟

湾井镇

党委书记	皮国钧
党委副书记镇长	石循斌
党委副书记	肖冯勤
党委委员人大主席	曾美艳
党委委员宣统委员政协工委主任	李明贵

党委委员 纪委书记	刘勇军
党委委员 组织委员	陈　彪
党委委员 武装部长 副镇长	陈斌辉
党委委员 政法委员 党政办主任	蔡世主
人大副主席	赵品雄
副镇长	肖　哲

九疑山瑶族乡

党委书记	何开银
党委副书记 乡长	黄成波
党委副书记	张成文
党委委员 人大主席	欧荣华
党委委员 宣统委员 政协 工委主任	黄　敏
党委委员 纪委书记	贺胜清
党委委员 组织委员	杨田田
党委委员 武装部长 副乡长	黄　宇
党委委员 政法委员 党政办主任	单述波
党委委员 人大副主席	李红艳
副乡长	欧　伟

冷水镇

党委书记	田胜辉
党委副书记 镇长	欧阳辉
党委副书记	蒋晶升
党委委员 人大主席	李春勇
党委委员 宣统委员 政协 工委主任	刘建国

党委委员 纪委书记	石　俊
党委委员 组织委员	李　洁
党委委员 武装部长 副镇长	吴绍辖
党委委员 政法委员 党政办主任	李文武
人大副主席	欧运辉
副镇长	柏玉姣

太平镇

党委书记	欧阳清
党委副书记 镇长	黎登文
党委副书记	欧阳丽芳
党委委员 人大主席	柏艳阳
党委委员 宣统委员 政协 工委主任	王方亮
党委委员 纪委书记	李天云
党委委员 组织委员	薛朝辉
党委委员 武装部长 副镇长	唐才旺
党委委员 政法委员 党政办主任	张　亮
人大副主席	江秀梅
副镇长	龙林枫

保安镇

党委书记	何江权
党委副书记 镇长	廖迪茂
党委副书记	伍　鹏
党委委员 人大主席	胡泽成
党委委员 宣统委员 政协 工委主任	聂余芳

党委委员 纪委书记	邓小春
党委委员 组织委员	欧阳辉
党委委员 武装部长 副镇长	周启明
党委委员 政法委员 党政办主任	刘昌盛
人大副主席	蔡　旭
副镇长	姜莲萍

禾亭镇

党委书记	何胜兵
党委副书记 镇长	陈祥旺
党委副书记	欧　力
党委委员 人大主席	肖　锋
党委委员 宣统委员 政协 工委主任	刘　琴
党委委员 纪委书记	蒋志成
党委委员 组织委员	汪　霞
党委委员 武装部长 副镇长	邓智明
党委委员 政法委员 党政办主任	何华俊
人大副主席	欧阳红新
副镇长	粟玖旺

仁和镇

党委书记	欧阳涛
党委副书记 镇长	欧　庆
党委副书记	欧阳健龙
党委委员 人大主席	郑裕仁
党委委员 宣统委员 政协 工委主任	刘雪丽

党委委员 纪委书记 欧碧珍

党委委员 组织委员 王承柳

党委委员 武装部长 副镇长 欧阳雅敏

党委委员 党政办主任 林　斌

人大副主席 杨成文

副镇长 何　琴

棉花坪瑶族乡

党委书记 周国建

党委副书记 乡长 赵勇军

党委副书记 胡志辉

党委委员 人大主席 武装部长 政法委员 党政办主任 欧阳佳胜

党委委员 宣统委员 政协工委主任 副乡长 张海清

党委委员 纪委书记 胡晓燕

党委委员 组织委员 康　香

人大副主席 王先文

副乡长 冯永贵

中和镇

党委书记 毛　永

党委副书记 镇长 陈明心

党委副书记 唐剑勇

党委委员 人大主席 欧阳柳毅

党委委员 宣统委员 政协工委主任 蒋宁资

党委委员 纪委书记 李群阳

党委委员 组织委员 黄云涛

党委委员 武装部长 副镇长 彭述彩

党委委员 政法委员 党政办主任 邓怀雄

人大副主席 欧阳东利

副镇长 何　明

柏家坪镇

党委书记 黄胜洪

党委副书记 镇长 周文毅

党委副书记 李少军

党委委员 人大主席 唐　武

党委委员 宣统委员 政协工委主任 蒋军明

党委委员 纪委书记 李国斌

党委委员 组织委员 刘志明

党委委员 武装部长 副镇长 郑建辉

党委委员 政法委员 党政办主任 李德顺

人大副主席 周来胜

副镇长 欧阳峰连

清水桥镇

党委书记 邓长春

党委副书记 镇长 朱锦生

党委副书记 唐洪成

党委委员 人大主席 欧阳文福

党委委员 宣统委员 政协工委主任 朱太顺

党委委员 政法委员 党政办主任 石卫民

党委委员 纪委书记 李珊珊

党委委员 组织委员 黄建英

党委委员 武装部长 副镇长 何俊杰

人大副主席 彭　伟

副镇长 唐珍珍

桐木漯瑶族乡

党委书记 李敏玲

党委副书记 乡长 邓朝富

党委副书记 欧阳勇胜

党委委员 人大主席 武装部长 政法委员 党政办主任 卢清文

党委委员 宣统委员 政协工委主任 副乡长 匡明兴

党委委员 纪委书记 邓　勇

党委委员 组织委员 彭杲云

人大副主席 欧阳群松

副乡长 李凤花

鲤溪镇

党委书记 骆友情

党委副书记 镇长 欧阳建辉

党委副书记 周小丹

党委委员 人大主席 刘建峰

党委委员 宣统委员 政协工委主任 吴　健

党委委员 纪委书记 邓富超

党委委员 组织委员 欧阳华雄

党委委员 武装部长 副镇长 汪海平

党委委员 政法委员 党政办主任 欧阳阿勇

人大副主席 梁格菊

副镇长 周玉辉

五龙山瑶族乡

党委书记 冯云辉

党委副书记 乡长 陈国雄

党委委员 副书记 汪修才

党委委员 人大主席 武装部长 政法委员 党政办主任 郑勇军

党委委员 宣统委员 政协工委主任 副乡长 贺芳雄

党委委员 纪委书记 王承利

党委委员 组织委员 罗军义

党委委员 人大副主席 房邦浩

副乡长 唐红艳

中央、省、市驻宁单位

县人武部

县委常委 武部部长 唐远军

政委 严兴荣

副部长兼 军事科科长 张志林

县消防大队

教导员 易星

大队长 熊鹰

县武警中队

中队长 康振华

政治指导员 金恩进

县国税局

党组书记 局长 刘红

党组成员 副局长 魏前明

党组成员 副局长 欧光成

党组成员 副局长 唐茂冬

党组成员 纪检组长 范昌柱

党组成员 副局长 郑冠春

县地税局

党组书记 局长 邹建军

党组成员 副局长 陈阳

党组成员 副局长 唐慧安

党组成员 副局长 吴铭哲

党组成员 纪检组长 左裕琴

县人民银行

行长 陈丽芳

副行长 李文毅

副行长 柏向东

纪检组长 邝建玲

县工商银行

行长 曾江虹

副行长 龙周松

副行长 向阳

县建设银行

行长 柏金斌

副行长 谭航华

副行长 冯进辉

副行长 徐春梅

县农业银行

党委书记 行长 刘昶

党委委员 纪委书记 副行长 工会主席 周降芳

党委委员 副行长 黄明波

党委委员 副行长 欧飞舟

县农业发展银行

行长 陈晓春

副行长 邓文君

县邮政储蓄银行

行长 林涛

副行长 工会主席 刘伟

副行长 尹亮

县农商银行

党委书记 董事长 尹青春

党委副书记 副董事长 行长 陆骥江

党委委员 纪委书记 监事长 郑飞

党委委员 副行长 张培新

党委委员 副行长 张英健

中国银行

行长 卿卫荣

副行长 邹杰

副行长 李文君

县财产保险公司

经理 胡国雁

副经理 尹颖芳

副经理 欧少君

经理助理 欧阳群军

县人寿保险公司

经理 张咏华

副经理 姚小兵

副经理 乐素娟

县中华保险公司

经　　理　李　政

县邮政局

党组书记
总 经 理　陈　明

党组成员
副总经理　郑艳军

党组成员
副总经理　张智红

县电信公司

总 经 理　何月春

副总经理　李庚友

副总经理　成　飞

县移动公司

经　　理　李四生

副 经 理　熊勇军

副 经 理　黄　曦

县供电分公司

总 经 理　秦恩德

党支部书记　徐　志

副总经理　蒋永东

县电力公司

总 经 理　李国胜

副总经理　房邦义

副总经理　杨军成

副总经理　骆　琳

工会主席　石祥东

县烟草专卖局

党组书记
局　　长
经　　理　周建钧

党组成员
副 局 长　贺光辉

党组成员
副 经 理　谢国胜

党组成员
纪检组长　李湘冀

党组成员
副 经 理　张　勋

党组成员
副 局 长　冯振华

县新华书店

经　　理　欧平顺

副 经 理　欧光宏

副 经 理　郑　晖

县药材公司

经　　理　樊佳宏

副 经 理　朱来生

工会主席　李卫民

副 经 理　魏国军

副 经 理　欧阳云亮

县盐业公司

局　　长
经　　理　周三平

副 经 理　罗　俊

县石油公司

经　　理　欧阳忠明

副 经 理　樊　超

县湘运公司

经　　理　唐　明

党支部书记　李向阳

党 支 部
副 书 记　范松平

副 经 理　匡巍山

副 经 理　李向东

副 经 理　洪余九

副 经 理　许爱军

工会主席　蒋　和

国家统计局宁远调查队

队　　长　郑会后

副 队 长　姜上武

纪检监察员　雷群生

县气象局

党组书记
局　　长　周明辉

党组成员
纪检组长
副 局 长　刘建洁

党组成员
副 局 长　成雄威

县住房公积金管理中心

主　　任　胡国庆

中共宁远县委员会

综　　述

■**概况**　2016年，中共宁远县委深入实施生态立县、工业强县、旅游兴县、农业富县“四大战略”，兴“三业”、建“三区”、增“三量”，解放思想解难题、改革创新创新业、创先争优竞一流，宁远县经济社会发展风正势好劲足，实现“十三五”良好开局。

中共宁远县委把坚定理想信念作为开展党内政治生活的首要任务，加强理论学习，以思想理论上的清醒来保持政治上的坚定，做共产主义远大理想和中国特色社会主义共同理想的坚定信仰者和忠实践行者。坚持和创新党内学习制度，立起县委中心组学习这根标杆，组织各级党组织和各级各部门开展集中学习，把学习情况作为领导班子和领导干部考核的重要内容。全年共开展中心组集中学习8次。先后邀请湖南日报社总编辑龚政文、省委讲师团陈志强、红网董事长舒斌等7名专家和领导作辅导讲座，重点学习中共十八届五中、六中全会和习近平总书记系列重要讲话精神以及“五大发展理念”“四个全面”等重要思想。深入开展十八届五中、六中全会精神、习近平总书记系列重要讲话精神、《中国共产党廉洁自律准则》、《中国共产党纪律处分条例》等集中宣讲和微宣讲活动。

始终把党的纪律和规矩挺在前面，让党的政治纪律和政治规矩在头脑中立起来、在决策中用起来、在言行中严起来、在履职中抓起来。严格执行党的路线方针政策和上级决策部署，不打折扣、不做选择、不搞变通，确保党的政治纪律规矩和中央、省市的各项决策部署在宁远有效落实。坚持按照民主集中制原则办事，召开县委常委会23次，严格执行县委常委会议议事规则、“三重一大”事项集体决策、“五个不直接分管”、“一把手”末位表态等制度，推进决策科学化、民主化和公开化。在大是大非面前保持头脑清醒，旗帜鲜明地与违反党的纪律规矩的言行作坚决斗争，切实维护中央、省市委权威和党的团结统一。带头执行个人重大事项报告，带动全县党员干部报告个人重大事项3000余人次。

把开展“两学一做”学习教育作为重要政治责任，认真履行牵头抓总职责，精心谋划、从严督导，推进学习教育深入开展。领导示范带动，从县委主要领导做起，带动县委常委每人上党课3次以上、25名“四大家”党员班子成员建立示范点101个、全县各级党组织开展学习讨论5030次、各级党组织书记讲党课1620次。创新学习方式，在县内主流媒体开辟“两学一做”专栏，及时报道工作经验和先进典型；举办全县“两学一做”知识抢答赛，并在全市竞赛中获季军；创新开展“好党课、微故事、微体会”评选活动，“我身边的共产党员——‘两学一做’先进事迹报告会”，用身边人身边事教育引导广大党员干部学先进、赶先进；深入开展“一学二比三提升”主题活动，引导广大党员干部投身经济发展、脱贫攻坚、项目建设等主战场干事创业。从严从实督导，组建高规格的“两学一做”学习教育协调小组和5个督导组，县委常委一班人带头深入联系乡镇、村、社区督促指导工作，有效推进工作落实。突出问题整改，开展基层党支部和党员存在问题大排查，排查出9类突出问题的党支部235个、存在5类突出问题的党员365名，依规处置无法取得联系的党员62名。

中共宁远县委紧紧围绕全面建成小康社会目标，扭住经济建设这个中心不动摇，加强和改进党对各项工作的领导，全县经济社会持续快速健康发展，绩效考核保持全市前列，县域经济实力在全省位次提升。2016年实现生产总值136亿元，增长9.5%；规模工业增加值28亿元，增长8.6%；固定资产投资167.5亿元，增长17.4%；社会消费品零售总额63.3亿元，增长11.9%；财政总收入13.75亿元，增长16.3%，各项主要指标增速高于省市平均水平。全面小康实现程度达到89.5%，同比提升5.1个百分点。

新型工业转型升级，实现规模工业总产值116亿元、工业税收1.75亿元，分别增长15.2%、25.4%；新入统规模企业17家；建材冶金、加工贸易、食品和生物医药三大产业快速发展；新能源、新材料、电子信息等新兴产业由小变大，产值达到29.3亿元；福嘉综环科技股份有限公司入选“全省民企百强”，为永州市首家。现代农业提速增效，收购烟叶17.9万担，稳居全省第二、全市第一；新增市级以上龙头企业6家、农民合作组织30个、休闲农庄10家；规模以上农产品加工业产值占农业总产值比重再攀新高，达到60%；全市农村“四冬”生产现场会在宁远召开。全域旅游蓬勃发展，接待游客800万人次，实现旅游综合收入48亿元，分别增长17.6%、20%，排全市第一，赢得全国“景区带村”旅游扶贫示范项目、国家全域旅游示范区创建名单两张“国字号”品牌。“三区建设”（城区、园区、景区）增后劲。实施重点项目68个，完成投资46.5亿元，增长28.62%；包装项目207个，向上争取到位资金20.8亿元，排全市首位。城区扩容提质，率先完成县城总体规划和土地利用规划，城区面积超过20平方公里、人口达20.5万人；总投资120亿元、规划入住10万人的南部文化生态新城雏形初具；“六纵六横”城市路网全部拉通；旧城改造、“两供两治”加快推进；继舜德书院之后，宁远“文化客厅”潇湘画派研究院建成开放；创建全国文明县城全面铺开。园区升级提档，“一园三区”（工业园、循环经济区、加工贸易区、食品生物医药区）格局基本成型，建材冶金区升级为循环经济区，加工贸易区基础配套不断完善，西部工业新城拉开10平方公里，探索走出工业新城、城市新区、产城融合新路子；创新创业园“135”工程迅速推进，新建标准厂房45万平方米；全市第一家院士专家工作站落户宁远。景区升格提速，九嶷山舜帝陵创国家5A级景区进展顺利，申创国家风景名胜区进入评审阶段；高品质旅游宣传片《舜志古今》完成拍摄；下灌景区成为全市乡村旅游新亮点、特色旅游新名片，累计接待游客100万人次。乡村颜值提升。12个品质活力示范乡镇“十个一，扎实推进，190个村的乡村风貌改造、农村环境整治、农村“五化”行动全面完成。连续4年获得全省美丽乡村建设先进县，全市“两供两治”、美丽乡村暨农村精神文明建设、农村垃圾污水处理等现场会相继在宁远召开。

“三项改革”出活力。以行政管理体制改革、农村产权制度改革、社会治理机制改革为突破口，激发经济社会发展动力活力。率先完成农村土地确权登记颁证，发出全省第一本农村土地承包经营权证书，开启全省新一轮农村土地革命序幕。率先实施乡镇区划调整，提前超额完成并村工作，实现平稳过渡，687个建制村合并为406个建制村，精简幅度高达40.9%。率先完成城市社区网格化建设，全面铺开农村网格化建设，在全市农村网格化建设推进会上作典型发言。率先组建旅建投、农建投，依托城建投，全部实行市场化运作，2016年融资到位13.2亿元、意向融资18亿元。率先完成政府机构改革，消化超配干部82%，为全市提供了改革样本。大众创业、万众创新形成浓厚氛围，全县市场主体突破1.3万户，认缴注册资本超过90亿元，新培育小微企业350家。扩大开放取得新突破，实际利用外资9000万美元、到位内资25亿元；完成外贸进出口1.12亿美元，增长13.8%。大力实施脱贫攻坚、民生保障、社会治理三大工程，抓重点、补短板、兜底线、促和谐，人民群众的归属感、自豪感和获得感大幅提升，民生支出占财政总支出的75.8%。脱贫攻坚扎实推进，创新实施"分贷统还"委托帮扶模式，发放小额扶贫贷款3.7亿元，排全省第一位，带动33个扶贫企业和10093户贫困户发展；建成98个金融扶贫服务站，排全市第一，新增贷款18亿元；按照就城、就镇、就园、就村、就路"五就原则"，完成安置点建设21处，落实易地搬迁对象1490户5635人，超出省、市考核任务2459人；2016年减少贫困人口35955人，全市扶贫小额信贷推进会、九嶷山片区"一大一小"等现场会先后在宁远召开。民生保障扎实有力，突出就业优先，新增城镇就业、农村劳动力转移就业1.22万人，保险、救助、救济扩面提标；突出教育优先，新增学位3700个，高考二本上线增加人数占全市增加总数的70%、排全市第一，新二中、明德学校湘南分校和4所农村公办幼儿园开工建设；突出文化惠民，广播电视"户户通"工程安装率、开通率100%，列全省第一，省级现代公共文化服务体系创建示范区深入推进；突出生态优先，全面禁伐限伐，"十年不砍树、十年栽好树"，新造林5.52万亩，占市任务的122.6%，建成全省首座污水污泥无害化处置设施、全省首座生态封场、首个建制镇水平潜流式人工湿地生活污水处理设施。社会治理扎实有效，深入推进平安宁远、法治宁远、智慧宁远建设，人民群众的安全感不断提升，荣膺全国普法工作先进县，综治民调重返全省第一方阵，各项得分超全省平均水平。

■党建工作 中共宁远县委始终把抓好党建作为最大的政绩，坚持实功实做抓党建，突出问题导向，抓创新、破难题、补短板、强保障、促长效，努力提升基层党建工作水平。针对党建工作虚功虚做的问题，创新引入项目管理理念，推进党建工作项目化、项目责任化、责任具体化，将中组部安排的7项重点任务和本县的8个重点问题确定为15个项目，做到党建工作目标、措施、责任和时限"四个明确"，变党建"软指标"为"硬任务"。针对县直单位党建"灯下黑"的问题，创新推行县直机关党支部星级考评，探索将学校、医院等行业系统党员归口主管部门管理。针对村干部为官不为的问题，创新实行村干部执行力精细化考核，促进村干部各尽其责，实现各项工作"村为主"。针对干部"本领恐慌"的问题，创新与浙江大学合作举办2期培训班，培训干部130名；选派74名领导干部参加中央、省、市调训；依托县委党校举办各类培训班11期，培训党员干部1561人次、村党组织书记533人次、扶贫工作队员141人次。

针对基层党建中存在的短板，对症下药，精准施策，补齐补强。着力补齐"两新"组织覆盖不全面的短板，成立县委"两新"组织工作委员会，组织开展"两新"组织拉网式大普查，3名以上正式党员的"两新"组织全部单独成立党组织，党员不足3名、暂不具备单独组建条件的建立联合党组织；对于有名无实的"空壳"党组织及时撤销，并做好党员组织关系转接工作，避免党员“挂空”或“失联”。着力补齐村级集体经济薄弱的短板，通过精选一个产业项目、支持一笔引导资金、明确一个服务单位、选派一名项目带头人的方式，安排500万引导资金，在20个贫困村探索走出集体经济发展新路子。着力补齐软弱涣散党组织的短板，按照“一村一策”和“五个一”工作要求，采取“县级领导联点、县直单位挂点、乡镇干部驻点”的方式，扎实推进整顿工作，47个党支部全部转化升级。

把党建投入作为必须支付的政治成本，给钱、给人、给位子。通过建立基层党组织运转经费保障经常性增长机制，使村级组织、乡镇社区、城市社区平均运转经费分别达到了23.8万元、44万元、56.44万元，超过省定标准；新增党建投入4000万元，全年达1亿余元，村党组织书记的基本报酬达到2.1万元，是2015年的2.6倍。8个高标准社区综合服务用房全部竣工，12个城市社区全部拥有自主产权的办公用房；从省国家开发银行争取贴息贷款2亿元，在全市率先实施农村综合服务平台建设。认真落实职务与职级并行制度，383名科员、162名副科级干部、71名正科级干部分别享受职级待遇，提高工作积极性。

坚持把“三会一课”和“135”村级治理模式作为基层党建实功，着力抓好岗位承诺制、村干部值班、周例会制和为民服务全程代理制度等“五项制度”的落实。以“两学一做”学习教育为契机，严肃规范党内政治生活，各级领导干部分块包干督促指导基层党建落实“三会一课”等制度，在全县406个行政村，统一制作“零距离”服务公开栏，对村干部值班的时间、地点、内容、人员，为民服务全程代理的具体内容、办结时限予以公示，让群众参与监督，确保制度执行效果。为推动各项制度落实落地，约谈党建督查排名靠后的5个乡镇和10个县直单位主要负责人，调整27名党建工作不力的干部。

■党风廉政建设 突出党风廉政建设责任主体地位，种好“责任田”，守好“主阵地”，营造山清水秀的良好政治生态。

切实担负起统一领导、直接主抓、全面落实的主体责任，县委主要领导切实担负起“第一责任人”责任，县委常委认真履行“一岗双责”，形成管党治党、从严治党的大合力。制定下发落实“两个责任”的实施意见、责任清单和追责办法，逐级签订责任书，层层传责加压，形成一级抓一级，层层抓落实的工作格局。当好纪检部门的坚强后盾，在人、财、物、事等方面给予全力支持，旗帜鲜明地支持纪委执纪办案。2016年，县委常委会先后7次专题研究党风廉政建设，县委主要领导先后作出重要批示19件次、调度“两个专项整治”工作3次、督办重要案件4件次；因落实党风廉政建设责任不力等问题，约谈乡镇党委书记、纪委书记43人次；全县共立案121件129人，下发案件通报9期，在全县产生极大震慑。

把“雁过拔毛”式腐败问题和“纠‘四风’、治陋习”专项整治作为党风廉政建设的重中之重，县委书记主动担任专项整治工作领导小组组长，通过县、乡、村三级责任同捆绑，打造全覆盖的责任网；“公告+名片+案例”相结合，打造全方位的宣传网；自查、督查、巡查齐推进，打造全领域的核查网；有举必查、边查边处、快查快处共发力，打造全过程的查办网。共核查惠民资金项目11765个，追缴违纪资金225.9万元；清退村级招待费209.9万元；清理纠正低保623户；查处“雁过拔毛”式腐败案件81件，给予党政纪处分85人，免职、停职16人，移送司法机关3人，追缴违纪资金809万元。特别是在国土领域开展“猎鼠”行动，初查涉案金额近210万元，涉及人员108人，其中移送司法3人，采取“两规”措施1人。

专项整治工作实现“五个100%”目标，先后两次在全市推进会作典型发言，中纪委作专题推介。

■干部选任 始终坚持好干部标准，以实绩论英雄、凭贡献摆位置。以县乡集中换届为契机，树立正确用人导向，严肃换届风气监督，选优配强各级领导班子，圆满完成县乡换届。组织提名人选全部高票或满票当选，换届风气综合测评满意率达100%。特别是对基层干部坚持高看一等、厚爱一层，极大地激发干部干事创业热情，共有18名乡镇干部交流到县直单位任职，15名乡镇干部跨乡镇交流；从符合条件的优秀村主干、乡镇事务中心负责人、大学生村官中选拔16人进入乡镇领导班子；乡镇党委委员平均年龄为37岁，党政正职平均年龄37、38岁，班子整体功能进一步增强，结构进一步优化。

坚持教育、监督、制度，齐头并进，建立不想腐、不敢腐、不能腐的长效机制。深化廉洁教育，持续推进“党内法规学习教育年”活动，创新开展家训家风征集活动，加大案件通报曝光力度，《小桃源村有块禁赌碑》《解码“让”的千年传承》先后在《中国纪检监察报》大篇幅推介，《迟来的忏悔》《蝇贪》等警示教育影片相继在市县电视台播出。强化监督制约，突出“咬耳扯袖”，用好问责利器，开展作风督查145次，查处违规公款吃喝、违规发放津贴补贴、操办婚丧喜庆和收送礼品礼金70人；开展廉政谈话、工作约谈5122人次，诫勉谈话89人；先后对履职不力、单位腐败案件频发的县国土资源局纪检组长，以及全县办理纪检监察信访工作不力的相关责任人员进行严格问责。扎紧制度笼子，破“潜规则”、立“明规矩”，出台财政资金管理办法、政府投资建设项目审计监督实施办法、村级财务管理办法、党和国家工作人员违反作风建设规定问责暂行办法（2016年修订）等一批规范性制度，从源头上预防和减少腐败。

重要会议

■县委常委会议 2016年，召开县委常委会23次，严格执行县委常委会议议事规则、“三重一大”事项集体决策、“五个不直接分管”、“一把手”末位表态等制度，推进决策科学化、民主化和公开化。其中召开县委常委扩大会议3次，7次专题研究党风廉政建设。县委常委8次中心组集中学习，坚持和创新党内学习制度，立起县委中心组学习这根标杆。

■经济工作会 2016年5月3日，中共宁远县委召开全县一季度经济形势分析暨重点项目建设会议，县委书记刘卫华讲话。7月19日县委书记刘卫华主持召开宁远县经济形势会议，及全县企业界代表座谈会。

■县委全会 2016年5月31日，中共宁远县委十一届六次全会召开，宣布召开中国共产党宁远县第十二次党员代表大会决议草案，会议一致表决通过中国共产党宁远县第十二次党员代表大会召开时间，大会主要议程、代表名额、代表分配原则及产生办法等相关事项。

2016年8月27日，县委书记刘卫华主持召开中共宁远县委十一届七次全会，会议听取关于建议出席永州市党代会代表名单说明和县委工作报告起草说明、县纪委工作报告起草说明，审议并举手表决通过十一届县委工作报告和县纪委工作报告。8月29日至8月31日，中国共产党宁远县第十二次代表大会在宁远县政务中心召开。8月31日下午，中共宁远县委第十二届一次全会召开，通过选举办法，选举产生新一届中共宁远县委常委。

2016年8月31日，召开中共宁远县第十二次党员代表大会，选举中共宁远县委委员36人，候补委员6人，县委常委11名，县委书记刘卫华、副书记唐何、刘君军。

重大党建活动

■“两学一做”学习教育

2016年，中共宁远县委，坚持把开展“两学一做”学习教育作为重要政治任务，高度重视，精心组织，周密部署，确保学习教育活动有序推进。5月10日上午，县委常委召开专题会议，专题听取全市“两学一做”学习教育工作会议精神汇报，研究制定全县“两学一做”学习教育实施方案，明确做到人员优先抽调、办公场所优先安排，工作经费和工作用车优先保障。当日下午，召开全县“两学一做”学习教育工作推进会，对“两学一做”学习教育工作进行安排部署。由县委常委、县委组织部长王小丽任组长的协调小组，负责全县“两学一做”学习教育的牵头抓总、研究谋划、统筹协调、组织推进等工作。协调小组办公室下设综合组、宣传组和督导组，从相关单位抽调10名工作人员集中办公。县“四大家”班子25名党员领导干部带头建立联系点101个，每人分别联系1个乡镇、1个县直单位、1个村（社区）和1所学校、县委书记刘卫华还增加1个企业党组织联系点，对联系单位的学习教育进行督促指导。全县所有乡镇（街道）党（工）委班子成员分别联系1个村（社区），县直单位党组成员分别联系1个村、下属单位或企业。全县各级党员领导干部建立联系点766个。全县所有基层党组织都按照时间节点分别召开动员会，党员干部参加学习动员覆盖率100%。宁远电视台在黄金时段推出“两学一做”栏目，将专家讲座“两学一做”有关知识进行巡回展播。在宁远新闻网、党建网、政府网等县内主要网站，开辟“两学一做”学习教育专栏，及时报道学习教育的工作部署、进展动态、工作经验和先进典型。还利用手机报向全县党员干部推进“两学一做”有关知识，学习教育协调小组编发简报19期。加强学习教育，做到规定内容一点不少、规定时间一天不减、参学对象一个不漏。创新学习方式：一是领导示范带头学，以县委中心组学习为“龙头”，以县处级领导干部为重点，每名党员领导干部先学一步，深学一层、多学一些，以身作则，作出表率。二是专题讲座辅导学。县委书记刘卫华带头上党课进行专题辅导，邀请省委讲师团陈志隆教授上党课《让“两学一做”学习教育取得明显成效》。全县先后举办了6期领导干部轮训班、1期组工干部培训班、2期村党组织书记培训班。三是集中讨论交流学。县委书记刘卫华主持召开“四大家”班子党员领导干部“讲政治、有信念”专题讨论会进行示范。县委常委参加县人大、县政协班子成员、县委政府其他正、副处级干部和副处级职级干部会议，交流学习心得体会。四是创新载体引导学。县“两学一做”学习教育协调小组、县纪委、县委组织部、县委宣传部联合举办全县“两学一做”知识抢答赛，全县65支队伍参赛，并将比赛现场录制成电视节目，在宁远电视台播出。选出参赛优胜队参加永州市“两学一做”知识竞赛。“七一”前，县委、县政府举办庆祝中国共产党成立95周年“红旗颂”大型群众合唱比赛，在全县开展“好党课、微故事、微体会”评选活动。全县各级党组织依托微博、微信、QQ群、微信群等社交媒体建立网络互动平台1700多个，打造20多个“两学一做”学习教育平台，让党性教育深入党员干部的日常生活。为使“两学一做”全面覆盖、精准定位、取得实效，县委始终坚持以督促学、以督促行，县“四大家”党员班子成员都深入到各自联系单位和分管领导进行督促指导。全县“两学一做”学习教育协调小组还专门组织5个督导小组进行全覆盖督导，发现问题及时反馈，限期整改，跟踪监督推进落实，确保“两学一做”学习教育取得实效。

■星级考评 2016年，中共宁远县委在县直机关党建工作中推行星级考评活动，进一步规范县直机关党建工作，切实发挥机关基层党组织的战斗堡垒作用。年初，制定《县直机关基层党支部规范化建设星级考评标准》，围绕基本组织、基本队伍、基本活动、基本制度、基本保障、基本台账“六个规范化”的要求，设减分项100分，分为六大类22项，每项内容对应一定分值，细化评分标准，对工作成效和特色成果设加分项20分。通过分值评定，划分星级等次，得分90分以上为五星，85~90分为四星，75~85分为三星，75分以下为不合格，不定星级。用星级化考评方式，使各项规章制度变成“硬指标”，促进机关党建工作，便于操作、便于落实、便于考核。星级考评，按照“三评一审一分开”的程序评定星级等次。三评，即党支部自评、党总支复评，组织部考评。一审，即是部委会审议定星，根据考核情况，召开部委会审议结果，对各基层党支部评定星级。一公开，即公开亮星，对定为五星的单位、颁发“五星级党组织”荣誉牌匾，对不合格的党支部予以黄牌警告。建立星级管理工作信息台账，根据评星定级结果，及时记录在案、更新信息，实施动态管理。星级评定结果实行“三个挂钩”。与评先评优相挂钩，县直机关单位推荐为省市级表彰必须为五星，推荐县级表彰必须在四星以上。考评结果记入领导干部实绩考核和执行力考核中，作为评先评优的重要依据。与绩效考核相挂钩，机关单位的党建考核以星级考核为主要依据，无三星级以上单位不评为优秀单位、文明单位。与干部任用相挂钩，对党组织主要负责人，分管领导及支部书记，成功创建五星级党支部的，优先提拔任用；对不创星的且年终党建考核排全县后10位的，不提拔重用；对履职不力，发现问题仍整改不到位的党组织主要负责人，按问责条例进行诫勉谈话。2016年，有234个党支部申报创星，经过严格把关，认真审核，其中有53个党支部确定为“五星级”、111个党支部为“四星级”，61个党支部评定为“三星级”。

（张伟荣）

纪律监察

■概况 1950年12月，宁远县设立纪律检查委员会。1955年10月，改为监察委员会。1967年2月至1968年2月，因“文化大革命”运动，工作停止。1968年3月，纪检职能由宁远县革委会组织组代行。1973年7月，县委组织部配纪检干部。1977年11月，恢复县纪律检查委员会。1984年，中共宁远县纪律检查委员会升格为副县级单位。1988年，编制19人。内设办公室、信访室、案审组、纪检组。1993年3月起，县纪委、县监察局合署办公。至2015年，共召开12次党员代表大会，每次大会，均选举产生新的纪律检查委员会常务委员和委员。2016年，内设办公室、组织部、宣传部、党风政风监督室、信访室、案件监督管理室、第一纪检监察室、第二纪检监察室、第三纪检监察室、第四纪检监察室、案件审理室等11个内设机构。

1950年~1956年，宁远县无监察机构。1957年8月，宁远县设监察室。1958年1月与宁远县人事局合并。1961年10月，恢复监察室。1962年9月又并入人事科。1984年4月，设宁远县监察局。2002年2月，宁远县机构改革，监察局列入政府工作部门序列，不计政府机构个数，与县纪委合署办公至今。

■落实党风廉政建设责任制 2016年，中共宁远县委常委，先后7次专题研究党风廉政建设工作，内容包括纪委内设机构改革，乡镇纪委换届、换届风气监督、“两个专项整治”、干部作风建设、“两项法规”学习等。县委主要领导切实担负起“第一责任人”责任，对廉政建设、干部作风建设逢会必讲。重大问题亲自过问，先后3次调度“两个专项”整治工作。对反腐倡廉建设作出批示19件次，并多次向市委和市纪委书面报告主体责任落实情况。2016年，中共宁远县纪委常委班子切实履行党风廉政建设监督责任，对信访举报，专项整治，执纪审查等纪检监察工作，组织协调和跟踪督办，先后向县委常委会专题汇报党风廉政建设工作7次，提请研究解决重要事项。召开全县反腐败协调工作会议2次。研究制定《宁远县2016年度落实党风廉政建设责任检查考核实施方案》，对113个单位开展责任制检查考核。严格执行《关于落实党风廉政建设党委主体责任纪委监督责任的意见》和《关于印发〈宁远县党风廉政建设主体责任和监督责任追究暂行办法〉》，明确党委（党组）的10项主体责任、纪委（纪检组）的8项监督责任。在年初的县纪委全会上，全县所有副科级以上单位党委（党组）书记、纪委书记（纪检组长）分别向县委书记、县纪委书记，递交党风廉政建设主体责任和监督责任书，执行签字背书制度，执行责任报告制度，县纪委每季度向市纪委报告履行党风廉政建设监督责任情况，对全县党风廉政建设的全局性和阶段性重要工作，第一时间向市纪委和县委、县政府专题报告。县纪委制定下发《关于开展党风廉政建设常态化约谈工作的通知》并对落实“两个责任”、基层信访、换届风气监督等工作不力的相关责任人进行约谈。

■干部作风建设 2016年，县纪委将党员干部涉赌涉毒、违规公款吃喝、违规操办婚丧喜庆事宜等问题作为重中之重，严查快处、通报曝光。下发各类典型案件通报9期，分别对22起“雁过拔毛”式腐败问题案件、17起党员干部职工涉赌涉毒案件、11起党员干部职工醉酒驾驶案件进行通报。开展节假日期间作风督查75次，查处违规停放公车4人次，公款清单消费1起，乡镇干部走读2人次。开展作风督查145次，下发通报35期，查处违反作风建设规定85人次。其中科级干部26人。全县各级各部门开展廉政谈话、提醒谈话和约谈5122人次，诫勉谈话89人。

■廉政建设 2016年，县纪委深入开展“雁过拔毛”式腐败问题和“纠四风、治陋习”两个专项整治，加强廉洁从政建设，采取“公告+卡片+案例”的方式，将各项惠民政策宣传到户，确保宣传入户率100%，惠民资金拨付告知率100%。发动1200名干部进村入户，面对面做实群众工作，印制3000份举报公告张贴到乡镇村组，发放“举报电话便民卡”3万张，展播村（社区）干部典型案例42个。还整合各部门强农惠农政策，印制《春风化雨润“三农”——宁远县强农惠民政策汇编》6万册发放到农户手中。县委主要领导2次在省市作典型发言，专项整治经验被中纪委、湖南省纪委、永州市纪委认可推介。县纪委开展全领域排查，及时规范处置每一条问题线索。把专项整治与信访举报结合起来，并主动出击，在乡镇集市，现场受理群众举报。发现“两个专项整治”线索2457件，其中“雁过拔毛”式腐败问题线索1459条，“纠四风、治陋习”问题线索998条，是年全部办结销号。运用“信访+监督+案件”的查办模式，确保惠民资金退还补发率100%，国家惠农项目核查率100%。2016年，各部门单位共核查资金项目11765个，清退村级招待费209.9万元，清退违规发放津补贴226.41万元，清理检查纠正低保户623户，追缴违纪资金809.68万元。两个专项整治立案82起，结案82起，给予党政纪处分86人，免职、停职16人，移送司法3人。

■行政监察 2016年，宁远县人大、政协换届选举。宁远县纪委先后下发《宁远县关于加强换届风气监督的通知》、《关于成立全县县乡领导班子换届风气督导组的通知》，明确细化“责任清单”“任务清单”，做到人人头上有指标，个个肩上有压力。县委主要领导切实担负“第一责任”，县委常委班子以身作则，主动担当，县纪委、监察局紧推规矩戒尺，划定红线，确保全县换届风清气正。在宁远政府网、新闻网、廉政网、电视台、县城和乡镇LED电子显示屏，采用飞字幕等方式集中滚动播放中央“九个严禁，九个一律”等相关纪律要求，群发换届纪律短信4万余条。组织全县党员干部集中学习干部选拔任用，换届选举工作的政策、法规。组织全县人大代表，政协委员集中观看衡阳破坏选举案和南充、辽宁拉票贿选案警示教育片。换届选举期间，县纪委常委分别带队分成5个督查组驻会监督和指导，与县委组织部组建换届风气督导组24小时驻会监督。同时坚持有信必办、有案必查、有腐必惩。县纪委监察局机关共受理群众信访86件次，按照五类标准的要求进行处置，在规定时间办结回复。全县信访举报件处置情况总体呈现“两降一升”，即信访总量下降，共受理86件，同比下降78.9%，越级信访量下降，中纪委转办6件，同比下降79.3%；省纪委转办27件，同比下降87.3%。转交办件和本级受理限时办结率上升，均实现100%。

■案件查办 2016年，宁远县纪检监察组织立案121件，129人，结案118件，126人。参与查办江华县原人大常委会副主任屈某、县委原常委朱某、新田县原财政局局长陈某等专案。结合专项整治开展宁远县国土部门“10·1猎鼠”行动，深挖国土所工作人员，向群众索拿卡要的问题，初查涉案金额数百万元，4名国土所工作人员移送司法，1名被“双规”。全年，宁远县纪检监察组织，严格遵守办案纪律，未发生违反办案安全纪律和规定的现象。

■制度建设 2016年，宁远县纪委，查处党员干部和国家工作人员违规公款吃喝、发放津贴福利、操办婚丧喜庆和收送礼品礼金等各类典型案件下发通报9期，分别对22起“雁过拔毛”式腐败问题案件、17起党员干部职工涉赌涉毒案件、11起党员干部职工醉酒驾驶案件进行通报。对开展作风督查情况下发通报32期。2016年，中共宁远县委下发《关于加强换届风气监督的通知》《关于成立全县县乡领导班子换届风气督导组的通知》。2016年，重新修订下发《宁远县纪检监察信访举报工作责任追究暂行办法》《宁远县2016年度落实党风廉政建设责任制检查考核实施方案》《关于开展党风廉政建设常态化约谈工作的通知》《宁远县党和国家工作人员婚丧喜庆事宜报告制度》《关于严格贯彻执行〈关于党和国家工作人员操办婚丧喜庆事宜的暂行规定〉的通知》《关于7起党员干部职工涉毒涉赌案例的通报》、《宁远县纪律审查协作制度》等。

■廉政文化 2016年，宁远县纪委监察局，深入挖掘本地优良家规家训家风。5月16日、10月17日，《中国纪检监察报》先后刊载《小桃源村有块禁赌碑》和《解码“让”的千年传承》文章，推介宁远县禾亭镇小桃源村的禁赌家规家训和宁远县湾井镇下灌村李氏的让第家风进行大篇幅推介。《湖南日报》《三湘风纪网》《永州日报》、永州廉政网等主流媒体也先后对宁远县的家规家训家风，进行重点推介。11月18日，湖南省纪委调研组深入宁远县调研传统家规家训家风经验，对宁远县廉政文化建设给予高度肯定。2016年，宁远县纪委以违纪案例为素材拍摄的微电影《深渊》在湖南省纪检监察系统微电影评比中获二等奖。微电影《迟来的忏悔》和微电影《蚁贪》等在宁远县电视台，宁远廉政网和“清风九嶷”微信公众号等新闻媒体平台上展播。

■**农村基层党风廉政建设** 2016年，宁远县纪检监察组织开展“雁过拔毛”式腐败问题和“纠四风、治陋习”专项整治，推动县纪委重心向基层贴近，纪律规矩向基层延伸。采取“公告+卡片+案例”的方式，将各项惠民政策宣传到户，确保惠民政策宣传入户率100%，惠民资金拨付告知率100%。印制3000份举报公告张贴到乡镇村组，发放“举报电话便民卡”3万张，展播村（社区）干部典型案例42个。集中汇编民政、水利、住建、国土等22个部门的强农惠民政策，印制《春风化雨润三农——宁远县惠民政策汇编》6万册发放到农户手中。在农村基层，把专项整治与信访举报相结合，在乡镇集市现场受理群众举报，全年共发现问题线索2457条，其中“雁过拔毛”式腐败问题线索1459条，“纠四风、治陋习”问题线索998条，是年，全部办结销号。全年，宁远县各部门单位核查惠民资金项目11765个，清退村级招待费209.9万元，清退违规发放津贴226.41万元，清理检查纠正低保户623户，追缴违纪资金809.68万元，其中查处套取危房改造资金25起，涉案金额31.7万元，追缴资金8.4万元。“两个专项整治”立案82起，结案81起，给予党政纪处分85人，免职、停职16人，移送司法4人。

（刘飞）

县委办工作

■**概况** 1949年11月，初设秘书处，后更名秘书室。1953年4月，改称办公室。“文化大革命”开始后不久，受到冲击，基本停止工作。1973年7月，恢复县委办公室。1983年，宁远县机构改革，归口县委办公室的有县档案局、信访办、政策研究室、党史资料征集编纂办公室。1995年，县委督查室、机要科并入县委办公室。2002年，县委办公室（加挂县农村工作领导小组办公室牌子）。县委办内设6个职能科（室）即：政策研究室、督查室、机要科（加挂国家保密局牌子）、文秘室、政工室、行政事务室（2003年6月撤销）。县委管理的直属事业单位有县委党校、党史地方志征集编纂办公室、档案局。2016年，县委办内设机构有：政研室、督查室、文秘室、机要室（加挂保密局牌子）、政工室、行政事务室。县委办机关共35个编制，其中行政编制27个（不含县级领导）、事业编制3个、工勤人员编5个。2016年全市党委办公室考核评比中，获全市优胜单位、单项工作和个人获奖19个。

■**文秘工作** 2016年，起草各类综合文稿317篇，总计128万字。总结推介宁远经验和先进典型，在市级以上报刊发表综合文章51篇，其中国家级2篇，省级11篇，涵盖31项工作。

■**文书处理工作** 2016年，县委办严格制发文件，高效处理文件，规范管理文件，县委办下发文件同比下降10.1%，规范性文件向市委报备率100%，清理1978年至2013年党内规范性文件394份，拟废止131份，宣布失效15份。办会实行会议筹办全程全景模拟化思考模式，实行“321”限时结办制度（会务人员提前30分钟到场，提前20分钟完成工作任务，专管人员提前10分钟完成督促检查）、“三化”（人性化、标准化、规范化）标准和“五不四净”卫生标准（不见积水，不见积尘，不见杂物，不漏垃圾，不乱倒垃圾，廊面净，桌面净，玻璃净，窗帘净），是年，县委办共办理会议57次，其中筹办省市在宁远召开的大型现场会和推进会共6次，无一疏忽遗漏。

■**综合协调** 2016年，宁远县委办公室围绕经济形势分析、全域旅游、脱贫攻坚、重点项目建设、农村网格化建设、农村干部专职化管理、换届思想动态等各类重点或难点工作，深入基层一线，深入群众当中，摸实情、讲实话、出实招、求实效，开展调研30余次，形成科学决策第一手资料，20项建议进入县委决策，并转化为科学发展实际成果。在全市优秀调研文章评选中，获奖20篇，占全市1/3，排全市第一。

■信息工作 2016年，中共县委办公室向省、市报送信息720条，被省市采用123条，被省里单独采用15条，其中《乡镇区划改革并村后村级运行出现四类新问题》的信息，就得到永州市委副书记张严批示。2016年，信息报送未发生错报、漏报、瞒报现象，实现信息工作“零”事故。在全市党办系统“好信息竞赛”活动中，获一等奖1篇，二等奖2篇，三等奖1篇，排全市第一。

■督查工作 2016年，宁远县委督查督办工作以“实”字为要。实行“一月一调度、一季一通报、半年一小结、年终结总账”制度，形成部门齐抓共管理的“大督查”机制。围绕县委经济工作会议，县政府工作报告和县委常委会等议定事项及县委书记、副书记批示件等，开展大型督查40次，下发各类督查通报18期，发出督查公函72件，点名通报批评单位76个次。办理省、市主要领导批示件和省委巡视组交办件38件，办理县委、县政府主要领导批示、交办件106件，所有交办、指示事项全部限时办结。县委督查室被评为全省党委督查工作先进基层单位。

■机要保密工作 2016年，机要保密以“万无一失”为基准点。确保密码安全、通信畅通。全年接收办理密码电报175份，明传电报531份、传真264份，发出明传电报42份，无错办、漏办、延办、丢失等现象发生，获评2016年全省党政系统密码工作先进单位。机要密码工作连续4年被评为全省先进，保密工作连续4年处于省、市第一方阵。

■接待工作 2016年，宁远县接待工作，严格执行中央“八项规定”，大力推进节约型机关、平安型机关建设。县委、县政府接待科坚持有利公务、勤俭节约、杜绝浪费的原则，与县公安局、县交警大队、县城管局、县信访局（县信访联席办）和县卫生防疫、药食监督等部门构建“大接待”机制，确保接待工作万无一失。推行“一对一”接待、亮牌接待和文化接待。“重要来宾、重点接待”，在“细节”上下功夫，圆满完成县委、县政府交办的各项接待任务。全年接待来宾266批、4843人，其中接待副国家级领导1批次50人，省部级领导5批次346人次。接待厅级领导159批2125人次。

■全面小康工作 2016年，小康办推动全县全面建成小康社会实现程度已达到89.5%，4年累计提升17%，两项指标均快于全市水平。其中全面小康五大类指标中的人民生活类指标4年累计提升近27.8%。2015、2016两个年度累计获得湖南省委、省政府奖金总额800余万元，处于永州市第一方阵。宁远县连续两年被湖南省评为全面小康十快进县。

■全面深化改革工作 2016年3月，成立中共宁远县委改革办公室，与县委办实行一个机构两块牌子，行政编制为3名，2名专职副主任和1名专职联络员，有独立的办公场所、工作经费列入财政预算。宁远县为永州市第一个实现改革办相对独立运转、专职专岗的县区。宁远县委改革工作以“三项改革”和供给侧改革重点，全面对接省市工作要点，全县改革要点明确208项改革任务，是年，完成191项、占比92%，10项要待中央省市政策出台后即可启动、占比5%，7项跨年度实施的省市试点性、自主探索性改革顺利推进中、占比3%。并村改革、公车改革获市先进，“三项改革”工作名列全市第一，改革工作绩效考核名列全市第二，改革创新奖评选获三等奖3个、优胜奖1个。向市委改革办报送改革信息及快讯80余条，被《永州改革简报》采用5条。《坚持精准突破，推进并村强村》的典型材料被湖南省委改革简报第157期（2016年第12期）采用，《精准确权颁铁证，服务三农奔小康》被省委《决策参考》（湖南发展研究中心）采用。向省委改革办报送改革信息和快讯80余条，省委《每日改革快讯》采用9篇。创办宁远县《改革简报》，全年刊出6期。利用县广播电视台、政府网、新闻网、手机报、掌上九嶷、宁远微生活等媒体宣传改革动态。推行奖优激励措施，县委经济工作会议表彰2016年度改革工作先进，拿出近22万元奖励先进乡镇（街道）、专项小组、责任单位、个人。

（薛庭勋）

组织工作

■概况 1949年11月，设立中共宁远县委组织部。1968年3月，宁远县革命委员会内设组织组。1973年7月，恢复县委组织部至今。1983年，宁远县机构改革，归口组织部的单位有县编制委员会办公室（简称编委办）、老干局、落实政策办公室。1989年2月，撤销县委落实政策办公室。1995年，县直属机关工委并入组织部。2002年6月，县直属机关工委更名县直属机关党委，归口县委组织部。老干局归口组织部。2016年县委组织部设办公室、干部室、干部教育监督室、人才工作室、党建室、基层办、县委考核工作管理办7个内设机构，归口管理1个副科级参管单位（党员教育中心）和股级事业单位（县党代表联络办公室）。

2016年，县委组织部认真贯彻落实县委和市委组织部的决策部署。加强调查研究，《合并村运行情况调查与思考》调研课题获市委组织部“一部一题”优秀调研课题成果“一等奖”。建立《部机关联系指导党建工作制度》，由部务会成员带队，所有干部职工，分块包干联系乡镇（街道）和县直单位党建和组织工作。开设“组工讲坛”，举办为期一周的全县组工人事干部培训班，培训组工干部215名，选派8名部机关干部外出参加全国或省市培训。注重加大机关干部交流，交流7名干部，调入8名干部，盘活干部资源，激发干事活力。2016年基层党建工作获“全市先进县”，先后被评为全市信息工作先进单位、全市文明单位。在全县绩效考核中被评为“优秀单位”。10余项特色工作被新华社、《湖南日报》等重要媒体推介。

■党组织和党员状况 2016年，宁远县有基层党委37个，党工委6个，党总支56个，党支部951个，有党员30591人，其中2016年发展党员263人。

■基层党建 2016年针对县直单位党建“灯下黑”的问题，推行县直机关党支部星级考评，细化评分标准，促进县直机关基层党支部建设规范化。针对村干部为官不为的问题，制定出台《村干部执行力精细化考核办法》，考核内容量化到人，促进村干部各尽其责。针对“两新”组织覆盖不全面的短板，成立县委“两新”组织工作委员会，加强“两新”组织党组织日常管理。针对村级集体经济薄弱的短板，选择20个村开展新型村级集体经济试点。为全县406个行政村统一制作“零距离”服务公开栏，落实“三会一课”和“135”村级治理模式，抓好岗位承诺制、村干部值班制、例会制和为民服务全程代理制度等。严肃规范党内政治生活，由各级领导干部分块包干负责督促指导。建立基层党组织运转经费保障经常性增长机制，村级组织、乡镇社区、城市社区平均运转经费超过省定标准，新增党建投入4000万元，村党组织书记的基本报酬是2015年的2.6倍。8个高标准社区综合服务用房全部竣工，12个城市社区全部拥有自主产权的办公用房。从国开行争取贴息贷款2亿元，率先实施农村综合服务平台建设。

■**党员发展工作** 2016年，制定《宁远县2016年发展党员工作指导意见》，坚持调控总量、优化发展结构、突出重点群体，执行发展党员推荐制、培养制、预审制、公示制、票决制、责任追究制等制度。印发《发展党员工作资料汇编》、《农村党组织发展党员应知应会》等资料，规范发展党员程序。县委组织部认真履行对发展党员工作的审查责任，对入党材料仔细审查把关，严防发展党员中的违规情况。同时，把发展党员工作纳入基层党建考核，压实基层党组织发展党员的责任。2016年，共发展党员263名，其中女性党员42名，少数民族党员2名，大专以上文化程度93名，35岁以下党员105名。

■**党员管理工作** 2016年，全面开展党组织关系集中排查行动，共排查62名无法取得联系的党员，并按要求进行处置。同时开展基层党支部和党员存在问题大排查，对排查出来的存在5类突出问题的365名党员，逐一制定整改方案，落实整改措施，明确整改期限，切实整改到位。规范党费收缴，实行按月缴纳、按季结账。将执行力管理考核向普通党员延伸，探索建立党员执行力卡，对全县所有党员实行执行力卡管理，执行力得分作为干部任用、评优评先及村干部工资津贴发放的重要依据。全面推开农村党员积分制管理，对党员日常履行义务、发挥先锋模范作用情况进行量化积分，奖优罚劣，实现党员日常管理制度化、规范化、科学化。

■**党员电教工作** 2016年，宁远县在全面完成乡镇、村远程教育站点建设的基础上，将建点范围向街道、社区延伸，实现远程教育网络全覆盖。同时结合宁远基层党建新格局，将远程教育向种养大户、农村经济合作社、非公企业等拓展延伸，使远程教育向更广阔的领域辐射。结合村级组织阵地建设和村落文化建设，合理规划站点布局，优化教学设施。2016年新建县级示范站点15个，新建远教学用基地7个。每年由县财政投入103万元，用于远程教育设备维修维护，对站点播放设备维护进行服务外包，确保设备安全稳定运行，确保教学活动正常有序开展。将远程教育与以“三会一课”为主要内容的基层党员活动、组织生活等经常性教育管理相结合，纳入农村基层党建考核。先后三次下达书面通知，要求党员干部订阅、使用共产党员微信、易信，至2016年底，全县订阅用户已达党员总数的80%。

■**县乡换届** 宁远县乡镇领导班子换届，县委提名的137名乡镇党委委员和80名乡镇人大、政府人选，全部满票或高票当选。换届后，乡镇党委委员平均年龄为37.2岁，党政正职平均年龄37~38岁，选拔16名乡镇事业编制、优秀村干部、大学生村官等“三类人员”进入新一届乡镇领导班子。县“四大家”领导班子换届时，从严把好代表委员的提名推荐、组织考察、联合审查等关口，选举产生223名第九届县政协委员，296名县第十七届人大代表，委员代表质量进一步提升。会同县纪委组建21个换届风气巡回督查组和16个换届选举指导组，全程监督指导县乡换届，组织提名人选全部满票或高票当选，换届全程风清气正，县委换届风气测评好评达99.3%，县人大、政府、政协换届风气测评好评100%。

■**干部队伍建设** 2016年，宁远县以政府机构改革和领导班子换届为契机，推进干部交流、干部能上能下，激发干部队伍干事创业活力。全年调配干部222名，其中退出领导岗位30名、交流或免职163名、机构更名24名、其他情形1名。交流7名县直单位干部、30名乡镇干部。推动干部能上能下，调整免职干部35名，其中问责6名、不适宜担任现职14名、健康原因调整5名、违纪违法免职10名。认真落实职务与职级并行制度，会同人社局对符合职务职级晋升条件的545人进行民主测评，其中383名科员享受到了副科级工资待遇，162名副科级干部享受到正科级工资待遇，71名正科级享受到副处级工资待遇。

■干部教育培训 2016年，宁远县落实干部教育培训规划，选派74名领导干部参加中央、省、市调训。实施“执行力+”培训工程，选派130名党员干部到浙江大学完成2期精准扶贫培训。依托县委党校举办副科级以上党员领导干部、农村党组织书记培训班、扶贫工作队培训班共11期，培训党员领导干部1561人次、村党组织书记533人次、扶贫工作队员141人次，提升干部的综合素质。

■干部考核及监督管理 2016年，宁远县出台《关于进一步加强公务员考核工作的意见（试行）》，以平时考核为基础，健全完善公务员考核评价机制；制定《2016年县管领导干部实绩管理和执行力“四位一体”考核评估实施方案》，量化考核指标，对县管干部实绩管理和执行力考核实行“上级垂直评价、同级横向互评、干部职工测评、服务对象访评”的“四位一体”立体综合考评，多渠道、全方位、多形式考准查实干部执行力。完成宁远县干部档案专项审核工作，审核干部人事档案2552卷，审核存疑档案37卷，信息记载不一致档案536卷，诫勉谈话2人次。

■人才队伍建设 2016年，宁远县加强人才队伍建设和培训，全年面向社会公开招考公务员109名，选调（聘）42名，招募“三支一扶”人员9名，招聘或选聘事业单位工作人员175名，公开招聘或引进教师211名、社区网格员21名。选派22名科技特派员进驻乡镇开展创业服务，引进新品种11个，推广实用技术18项。扶持乡镇卫生院1个，培育农民专业合作组织24个。

（张伟荣）

宣传思想工作

■概况 中共宁远县委宣传部于1949年11月设立。1967年2月至1968年2月，“文化大革命”初期停止工作。1968年3月，宁远县革命委员会设立宣传组代行职权。1973年7月，恢复中共宁远县委宣传部至今。2016年，宁远县宣传思想工作，坚持围绕中心，服务大局；坚持稳中求进，改革创新；坚持贴近实际，贴近群众，唱响主旋律，打好主动战，为推进“四个全面”战略，建设品质宁远、活力宁远，提供有力思想保证，精神动力，舆论支持和文化条件。在党管意识形态，理论学习，对外宣传，宣传监管，新媒体融合发展，精神文明建设等方面，做了大量工作，取得好的成绩，发挥宣传思想工作应有的作用和成效。

■意识形态工作 2016年，县委成立意识形态工作领导小组。县委书记刘卫华任组长，县委副书记、县委常委宣传部长任副组长，县委常委为成员。领导小组负责指导组织、协调监督和落实全县意识形态工作。县直各单位明确一名领导分管意识形态工作。按照属地管理，分级负责和“谁主管、谁负责”的原则，各级党委（党组）领导班子对本部门本单位意识形态工作负主体责任。党委（党组）书记为第一责任人。建立分析研判机制，县委常委两次专题研究意识形态工作，深入分析社会思潮发展演变的趋势和规律，定期在党内通报意识领域情况，及时将意识形态领域的重大情况向上级党委报告。县委将意识形态工作纳入绩效评估和干部执行力考核的重要内容。年底，县委常委专题听取县直、乡镇（街道）党委（党组）书记的意识形态工作述职，并组织开展评议，将评议结果计入领导班子和书记年度考核及执行力考核分值。

■舆论引导 2016年，县委宣传部严把新闻宣传舆论导向，严守新闻宣传纪律，始终坚持正面宣传为主。对重大舆情实行报告制度和审批制度，建立突发事件舆论应对机制，加大对重大问题、敏感问题和突发事件的正确舆论引导。全县各类网站未出现导向错误，广播电视播出安全平稳，未出现舆论事故。

■对外宣传 2016年，县委宣传部围绕县委、政府的重大决策、重大部署、重大工作开展系列主题宣传活动。如“两学一做”学习教育活动、创建国家文明城市、“大众创业、万众创新”、欢乐潇湘、和美永州、建党95周年“红旗颂”等重大活动的组织宣传。邀请著名影视演员于荣光摄制完成《舜志古今》等相关外宣作品的制作。全年全县通讯员在《湖南日报》刊发稿件80多条，《永州日报》刊发稿件900多条，中央电视台刊发2条，湖南卫视、永州电视台等省、市电视台和各级新闻网站发稿400余条，其他报刊和各级新闻网站刊发2600多条。仅“两学一做”学习教育活动就刊发200余条。在《湖南日报》刊登《九嶷扬帆踏歌行》《党建引导促发展》《全城旅游映九嶷》等专版宣传文章，充分发挥宣传主阵地作用。2016年进一步建立健全外宣队伍。各乡镇（街道）县直各单位都成立报道组，落实专门经费，确定专职通讯员，建立骨干通讯员定期培训制度，建立健全县委和县政府新闻发言人制度，开展新闻发布工作。2016年，红网宁远分站宁远新闻栏目共发新闻稿3000余篇，其中300余篇被红网采用，200余篇被永州新闻采用，100余篇被红网永州分站采用。全年信息员投稿4000余篇，形成强大的正面宣传阵地。2016年，宁远手机报征订近万份，发布手机报新闻1680余条。全年共发布240余期专题报道，其中廉政专刊11期。与县纪委、县农委等单位合作，开展专刊业务，配合县委政府重点工作，陆续推出乡镇区划改革、全面建成小康、精准扶贫、县乡换届等专题报道。

■新媒体融合发展 2016年，网宣办促进新媒体融合发展，整合网络媒体，视频媒体、纸质媒体等各方面媒体资源，成立湖南省首家县级新媒体中心，定编9人。在宁远新闻网上开辟“聚焦宁远”栏目，专门刊发湖南日报、永州日报、红网，时刻新闻等党报党刊党网对宁远工作亮点的报道，开辟视频“宁远新闻”栏目，使网民能随时点播电视台“宁远新闻”栏目，实现电视媒体与网络新闻的融合。网宣办开通“宁远发布”微博微信公众号，围绕县委、县政府中心工作，策划“全县经济工作会”、“九嶷山——下灌景区宣传”、“打击非法集资”等一系列集中宣传活动。特别是五一期间，围绕县委、县政府“旅游兴县”战略部署，协调10余家社会微博、微信公众号，联合推出一系列表现“九嶷山——下灌”景区旅游盛况的稿件，被新浪、搜狐、红网、环球网、今日头条等知名网站在醒目位置转发。2016年，“宁远发布”融合平台资源，与电力、教育、公安等部门衔接，利用“宁远发布”平台发布精准扶贫政策、停水停电便民信息、及时发布冷水镇杀人案、帝景湾群殴案等敏感舆情真相，吸引网民关注，打击网络谣言。

■新闻宣传管理 2016年，宁远县成立由县委书记任组长的网络安全和信息化领导小组。制订《信息内容三审制》《24小时值班制》等10余项规章制度，逐步形成网宣工作长效机制，确保新闻发布舆情监控引导等工作导向正确，安全运行。按照中央、省、市网的宣传指令，完成各项跟帖、发贴任务。全年完成跟帖任务1300余条，共编发手机涉宁舆情简报365份。及时监控、上报并妥善处置春节期间新美雅陶瓷爆炸、清明禾亭村民扫墓伤亡、端午节宁郡华府业主上街游行、市“两会”前夕涉恐谣言，禾亭扶贫移民用地阻工案、冷水镇上山脚村命案、帝景湾“群殴”案、莲花山公园“砍人”案等舆情。与相关部门一起对擅自发布敏感信息，影响社会稳定的“掌上九嶷”微信公众号经营者、“巴厘岛主5832739558”博客所有者进行约谈责令其限期删除；查处“宁远五里沟发生重大车祸”、“中央巡视组进驻宁远”、“宁远太平下坠丢失多名小孩”、“市‘两会’前夕涉恐事件”等多起网络谣言案，训戒7人，行政拘留4人。积极开展网络问政工作，回复问政湖南、问政永州贴139个，回复率94%。网评员队伍稳定，密切与总站编辑和部分网站管理员的关系，增强维护网络文化环境的责任意识。文化市场监管更加规范严谨。开展卫星电视地面接收设施专项整治、“扫黄打非”、“黑网吧”专项整治、学校及学校周边环境专项整治等一系列重大整治行动。出动执法人员9700余人次，查处违规经营场所100余家。对全县书店、流动摊点的教材教辅读物进行重点清查；对全县的印刷复印企业、物流公司、快递公司等公共服务场所进行4次突击检查。

（县委宣传部）

统战工作

■概况 2016年，统战工作，坚持围绕中心，服务大局，贯彻落实中央、省、市委关于统一战线一系列重大决策部署和《中国共产党统一战线工作条例（试行）》，县委常委会专题听取统战工作情况汇报，研究部署全县统战工作，认真落实统战工作“四个纳入”“四个带头”，坚持把统战工作纳入党委重要议事日程，纳入党委领导班子、领导干部考核内容，纳入宣传工作计划，纳入党校教学内容；县委领导班子带头学习宣传和贯彻落实党的统一战线理论，方针政策和法律法规，带头参加统一战线重要活动，带着广交深交党外朋友，带头帮助统一战线单位解决实际困难。成立以县委书记为组长的县委统战工作领导小组，统战部门牵头协调，有关方面各负其责的大统战工作格局形成，全县统一战线事业蓬勃发展。2016年，县委统战部获“永州市民族团结进步模范集体”“永州市统战调研工作先进单位”称号，获“永州市统战工作实际创新优秀成果奖”“全市统战理论政策研究优秀成果三等奖”。

■民主党派和党外知识分子工作 2016年，宁远县健全党外代表人士推荐机制，及时发现培养党外人才，建立重点联系对象名单。全县建立120余名副科及以上党外干部和140余名重点党外知识分子数据库。完善组织部门、统战部门及其他有关部门共同参与的选拔培养党外干部联席会议制度。2016年换届中，党外干部县商务和粮食局局长肖红梅被推荐提拔为县政协副主席。截至2016年，全县有副处级党外领导干部5人，20个乡镇（街道）配备党外实职领导干部19人，县政府工作部门配备党外实职领导干部27人，其中正职4人。“法检两院”按要求配备党外副职。县人大代表、政协委员换届，安排党外县人大代表106名，占35.8%，党外县政协委员137名，占61.0%，人大党外常委9名，占25.7%，政协党外常委28名，占65.1%。在全县范围内开展党外知识分子和新社会阶层代表人士调查摸底活动，建立党外知识分子和新社会阶层代表人士数据库，进一步熟悉党外知识分子和新社会阶层代表人士的基本情况，加强交流联系，发挥党外知识分子的智囊作用。据统计全县在册党外知识分子5400余人，新社会阶层代表人士60余人。

■统战理论信息工作 2016年，统战理论信息工作，按照省委统战部下发的《2016年度全省统一战线理论政策研究课题指南》和市委统战部下发的《2016年度全市统战信息调研工作考核评比表彰办法》，确定一批调研课题。调研重点课题为《关于基层统战工作面临的新情况及对策思考》。出台《关于进一步做好统战信息调研宣传工作的意见》，明确分管领导和专职信息员。确定全县党外科级领导干部和乡镇街道宣统委员及1名办公室干部为兼职信息员，并聘请7名特约信息员。据统计，全年上报统战信息54条，调研报告3篇，各类媒体采用的统战宣传稿件80余篇次。其中三湘统战网7篇，永州统战网12篇。组织统战系统干部，统战成员关注“同心潇湘”微信公众号，利用微信平台学习和关注统战知识。配合做好省、市委统战部到宁远开展调研活动。

■社区统战工作 2016年，社区统战工作主要深化“四同创建”工作。即创建“同心园区”“同心项目”“同心社区”“同心乡村”。围绕省委统战部关于在全省统一战线深入实施“同心工程”的决策部署，把开展“四同创建”作为加强自身建设，服务社会发展的重要活动载体。成立由县委书记、县长任顾问、县委统战部长任组长、统战系统各单位主要负责人及县直有关单位负责人为成员的宁远县实施“同心工程”领导小组。建立并完善全县统一战线成员单位“四同创建”活动联席会议机制，召开相关成员单位负责人联席会议。创建领导小组定期督查，分类指导，及时协调解决工作中存在的问题和困难。实施三大行动，确保创建实效。实施“建言献策”行动。组织全县统一战线成员，特别是党外专家学者，就“四同创建”深入调研，建言献策。实施“引资引智”行动，发挥统一战线，联系广泛的优势，加强与外界经济人士交流合作，为“四同创建”引资引智。实施“万企联村”行动，发挥统一战线联系非公经济的优势引导非公企业与“同心乡村”共赢发展，带动村民脱贫致富。全年，宁远县有市级“四同创建”示范点3个，县级“四同创建”示范点9个。

（县委统战部）

政 法 工 作

■概况 1982年4月，中国共产党宁远县委政法委员会成立。（简称政法委）内设办公室。2003年，内设办公室、执法监督室、综合治理办公室、维护社会稳定办公室。多年来，政法委内设机构未发生大的变动。2016年，以创“五佳基层政法单位、十佳基层政法干警”、全县禁赌全民禁毒、全县平安家庭创建三大活动为抓手，深入推进平安宁远、法治宁远和过硬政法队伍建设，为宁远县经济社会发展，创造和谐稳定的社会环境。宁远县成功创建全国“六五”普法法治宣传教育先进县，综治工作获省先进、确保了“全省平安县”称号。湖南省社区矫正中心建设现场推进会、永州市政法工作形势分析暨政法综治宣传碰头会，先后在宁远县召开，宁远县反邪教工作被省委防范办推荐为“全国无邪教百强县”。防范邪教、社区矫正、司法公正等工作分别在全省工作会议上作典型发言。网格化工作、维稳工作、国安工作等，得到省、市领导肯定。

■政法综治宣传 2016年，深入推进“七五”普法教育，持续开展“法律六进”（进机关、进乡村、进社区、进学校、进企业、进单位）活动和形式多样的主题法制宣传活动。结合“三八”妇女维权周、“3·15”消费者权益保护日、“综治宣传月”“6·5”世界环境日、“6·26”国际禁毒日等节点，协调配合各相关部门，开展集中宣传活动。宁远县普法讲师团、志愿者等深入机关、社区、学校、企业、农村等地，举办各类法治讲座320多期，受教人数近20万人次。

■维护社会稳定 2016年，县委、县政府强化基层基础设施建设，全县20个乡镇（街道）

均建起维稳中心、拨付综治维稳经费，配齐配强专（兼）职人员、各村（社区）组建综治巡逻队和应急处理突发事件力量。落实县级领导包案调处制度和挂牌督办制度，构建全方位、全覆盖的综治维稳工作机制，加强“维稳信息网络平台”建设，发挥以县国安办、维稳办为信息中枢的维稳信息网络系统作用，确保信息安全，准确、快捷、共享。收集各类苗头性、预警性情报信息569条，排查、调处各类矛盾纠纷120余起，预防、制止群体性纠纷械斗9起，化解上访、闹事苗头99人次。落实职能部门实施风险评估主体责任，实现重大事项风险评估全覆盖，主动防范化解稳定风险。每月开展全县横向到边、纵向到底的不稳定因素排查调处。对重点工程和重大决策等开展社会稳定风险评估20起，防止苗头性纠纷隐患30余起，各级协调委员会共调处矛盾纠纷4410余件，调解率100%。防止民间纠纷转化为刑事案件30件，防止群体性上访40件，防止群体性械斗18件，妥善处置群体性事件苗头43起，处置成功率100%。

■政法队伍建设 2016年，宁远县政法委始终坚持政治建警、作风优警、科技兴警、素质强警，积极推进政法队伍建设。加强执法司法作风建设，以零容忍态度，严肃查处违纪违规民警4人。查处腐败案件3起，查处5人。开展“五佳基层政法单位”和“十佳政法干警”评选表彰活动。中共宁远县委、宁远县人民政府授予宁远县公安局刑事侦查大队等5个基层单位为“宁远县五佳基层政法单位”，授予宁远县司法局水市司法所所长卜文舟等10名政法干警为“宁远县十佳政法干警”称号。并对5家获奖单位各奖励2万元，10位获奖个人各奖励3000元。

■治安防控体系建设 2016年，宁远县建成953个视频监控点。是年，新建1200个高清视频监控点，完成采点工作。新增五个电子卡口，已进行实地勘查，确定了具体位置，制作完照片和绘图资料。宁远县城乡已逐步构建起全天候、全方位、无缝隙、立体化的防控体系。2016年，已构建起城乡治安巡逻网。开展“六巡”机制：即县级领导带头巡逻，部门单位夜间巡逻、社区干部配合巡逻、乡镇干部义务巡逻、公安民警专职巡逻、巡特警、武警敏感节点联勤巡逻的机制。同时，还构建农村治安联防网。村党支部书记为农村治安联防第一责任人，组建村巡逻队，推进农村治安防控体系建设。

■社会治安集中整治 2016年，宁远县社会治安整治工作稳步推进。县财政拨付30万元资金用于“三实采集”，是年，“三实”信息采集工作取得阶段性成效，已采集录入信息1715940条，其中实有人口1036050个、实有单位9335个、实有房屋299657座。人口信息采集完成100%。联合交通、安监、公路等职能部门，开展道路交通安全隐患排查整治15次，查处各类交通违法2.8万余起。突出抓夏季消防检查和冬、春二季火灾防控等专项行动。火灾起数、财产损失数与上年比分别下降21.23%、34.45%。开展危暴物品专项整治行动，发现整改安全隐患100余起。收缴非法枪支23支、子弹223发、管制刀具40把，烟花368筒、爆竹800万响。

■专项治理 2016年，宁远县专项治理，破获刑事案件518起，刑事拘留637人，逮捕360人，移送起诉660人，取保候审272人，监视居住42人。受理行政案件2097起，行政拘留1280人。追回上网逃犯98人。打掉盗抢骗团伙12个，打掉黑恶团伙3个。现行命案发7起破7起。破获16年前命案积案1起。捣毁黄赌窝点24个，收缴赌博机134台。枪爆整治中，收缴枪支543支，破获涉枪爆刑事案件24起，刑事拘留24人，查办枪爆行政案件74起，抓获违法人员93人，行政拘留39人，警告罚款54人。打击经济犯罪立案26起，破案23起，刑事拘留20人，逮捕10人，起诉23人，追回逃犯3人，追缴非法所得款600余万元。一审判决有罪人数20人。8月26日，永州市严打整治“飓风”行动，宁远县刑拘4795人，完成215.02%，强戒98人，完成70.50%，行政拘留591人，完成176.42%，追逃26人。全市排名第四。反邪教工作，成功破获谢某、陈某、欧阳某某等人非法串联，散发传单一案，共查获、搜缴“法轮功”邪教周刊、书籍165本，传单、图片、报纸等51份。成功转化实名制“法轮功”顽固分子15名，反恐防暴工作，坚持中心城区“情报、打击、防范、应急”四位一体实战体建设，确保反恐防暴工作常态化，以武警中队、治安巡逻大队、民兵应急分队为反恐维稳主力军，在中心城区开展24小时巡逻防控。开展打击食品药品犯罪“利剑”行动和打击涉破坏生态环境犯罪“清水蓝天”行动。

■平安建设 2016年，宁远县开展各级平安创建活动。以“平安家庭”创建为抓手，推动平安乡镇，平安村、平安街道、平安社区、平安单位、平安学校、平安医院创建活动，促进平安宁远建设上新台阶。2016年，全县共评选出5800多户平安家庭，调动宁远县全县上下参与平安创建的积极性。

（县政法委）

综治维稳

■概况 1989年1月，宁远县社会治安综合治理领导小组成立，下设办公室（简称综治办），编制6人。办公室主任由政法委副书记兼任，与县委政法委合署办公。1991年3月，宁远县社会治安治理领导小组，更名为宁远县社会治安综合治理委员会（简称综治委）。2003年综治办编制5人，与政法委合署办公。2016年，宁远县综治办，在平安创建、推进网格化建设、民调措施的落实等方面下功夫，为维护宁远县社会大局持续和谐稳定发展作出应有贡献。2016年，全年综治民调得分87.66分，排湖南省第一方阵。永州市全年综治考核中，得分93.03分，被评为湖南省综治工作先进县，继续保持全省平安县。

■综治责任制落实 2016年初，县综治办出台《宁远县2016年综治维稳（平安建设）考评办法》，并以县委办、政府办两办文件下发，宁远县综治委下发考评细则。年中，综治办组织公、检、法、司会同县委办、政府办督查室、县纪委等单位，采取明察暗访，专项督查等方式，对各乡镇、街道、县直单位的综治工作措施，落实情况进行多次督查，对县模拟民调靠后的乡镇、街道和单位进行通报，对个别单位民调工作进行挂牌督办。年终，开展现场检查，对各乡镇、街道、县直单位的综治工作进行考核。

■平安创建 2016年，县综治办组织开展“平安家庭”创建活动，1月20日，在文庙广场举行“平安家庭”创建活动启动仪式，县委书记出席并作重要讲话。在创建过程中，运用电视、广播、互联网等主流媒体，广泛宣传。并以歌舞、小品等文艺表演，把创建活动具体化、形象化、通俗化，做到家喻户晓，人人参与。平安创建活动，采取家庭自评，群众互评，评选推荐，全县共评选出5800户“平安家庭”，县委、政府给予表彰奖励。

■城乡网格化服务管理 2016年，《宁远县规范社区公共服务事项的通知》共下放69项公共服务事项到社区办理。其中直办21项、代办14项、协办31项、授权办理3项。2016年9月试行以来，共直办各项公共服务事项1467件，代办2480余件、协办1679件、实现社区公共服务信息办理工作目标。同时还探索实施 2 个“1+N”模式的应用。第一个“1+N”模式应用为“1+N”的资源整合即以“智慧宁远”指挥中心为枢纽，整合 N 项信息资源。2016 年，已整合公安、教育、水利、国土、林业等部门的信息资源 120 万余条。第二个“1+N”模式应用为“1+N”联运协调，以一套网格化事件联运处置为核心，实现 N 家单位协调联动。2016 年，“一站式”解决群众反映的问题 3000 余件。以农村网格化建设为重点，对全县所有精准扶贫村，示范村，按要求进行网格化划分到位，网格员配备到位。组织架构搭建到位、服务场所建设到位。在乡镇，整合乡镇民政、司法、劳动保障、计生、国土等相关职能，构建大部门工作机制，建立乡镇便民服务中心，综治信访维稳中心和网格管理中心。实现有阵地、有牌子、有制度、有人员、有设备等“五有”工作目标。

■民调大走访 2016 年，宁远县综治工作组织开展民调大走访。在城区，由县委常委、县综治委副主任指导联系社区开展大走访活动。公、检、法、司等政法单位包街道社区开展大走访。由政法干警与网格员共同组成走访工作组，到社区开展大走访。在农村，各乡镇、村的走访以乡镇党政主要领导负总责，组织乡镇干部、村组干部，逐村逐户集中走访。县直单位和中央、省、市驻宁单位领导负责本单位干部职工及联系村走访活动。让走访活动深入民心收获民意。

（县综治办）

机关党建

■概况 1950 年 7 月，设中共宁远县直属机关支部委员会。1958 年 8 月，更名为中共宁远县直属机关党委。1960 年 10 月，改为中共宁远县直属机关总支委员会。1967 年 2 月至 1968 年 2 月，因“文化大革命”而停止活动。1973 年 9 月，重设中共宁远县直属机关委员会。1988 年 11 月，改为中共宁远县委直属机关工作委员会，为县委的工作机构。1995 年，并入县委组织部，对外保留直属机关工作委员会牌子。2002 年 6 月，又恢复为中共宁远县直属机关委员会至今。2016 年，宁远县直属机关党委，以开展“两学一做”学习教育和机关基层党支部规范化建设星级考评为重要载体，不断改革创新、开拓进取，推进党的思想、组织、作风建设，机关党的建设规范化、科学化水平得到全面提升。宁远县机关党建工作，在省直工委《机关党建》第四期进行推介。机关基层党支部规范化建设星级考评工作，在永州电视台都市频道进行专题报道。

■组织建设 2016 年，县直属机关党委，配合县委组织部，在机关党组织中开展十项基层党建工作大排查，促进各基层组织深入推进基层党建 7 项重点任务落实落地。全面推行星级考评管理。科学制定《县直机关基层党支部规范化建设星级考评标准（试行）》。用星级考评的方式，使各项规章制度变成“硬指标”，使机关党建工作便于操作、便于落实、便于考核。2016 年，共有 163 个党支部申报创星，占机关支部总数的 73%。星级评定结果实行“三个挂钩”即与评先评优相挂钩、与绩效考核相挂钩、与干部任用相挂钩。6 月开展半年督查，8 月，县委书记刘卫华约谈了 10 名上半年基层党建工作排位靠后的县直单位党组织负责人。12 月进行年终考评，年终考评结束后，对年度排后 5 位的党组织负责人，进行诫勉谈话。通过星级管理，形成县直机关抓党建，管党建比学赶超的浓厚氛围，推动全县党建工作上新台阶。2016 年，进一步加大“两新”（新经济组织、新社会组织）组织党建力度，采取联合组建、挂靠组建、下派组建、培养备建等灵活办法，新组建“两新”组织党支部 8 个。2016 年，全县有“两新”组织党支部 76 个，党员 1100 多名。利用县政府安排的“两新”组织专项经费，为每个党支部建起党建室，营造“两新”组织党建工作良好环境。同时，抓实机关党组织的换届工作，编印《机关基层党支部换届选举工作手册》300余册，下发到各支部，督促指导县直机关8个总支部，102个党支部，按时进行改选。

■思想建设 2016年初，下发《县直机关2016年理论学习安排意见》，扎实开展“两学一做”学习教育活动。7月中旬，配合县委组织部在县委党校举办1期组工干部培训班，培训党务干部137名。11月，组织全县238名机关党组书记、总支部书记、支部书记开展党建业务知识培训。配合县纪委举办“学党章党规、学系列讲话，做合格党员”活动知识抢答赛，县直单位和中央、省、市驻宁单位的63支代表队参加。配合县委宣传部等单位举办庆祝中国共产党建党95周年“红旗颂”大型合唱比赛，34支县直单位组队参加。全县机关3000多名党员订阅《共产党员》微信，组建机关党建QQ群和新党员QQ群平台。发挥党建网、微信、QQ群平台等关注人数多，幅射面广、传播迅捷的优势，发布“两学一做”学习教育的各类文件和相关信息，传导学习教育活动的经验和体会。引导党员干部争做优秀党员、先锋模范。

■发展新党员 2016年，注重做好入党积极分子的培养，建立入党积极分子管理台账，加强对他们的培养，教育和考察，下发《关于做好2016年入党积极分子备案工作的通知》，对入党积极分子培养联系人及主要任务、培养教育的内容、培养教育的形式和方法，作出具体的要求。7月，在县委党校举办3期入党积极分子培训班。培训县直单位学员107人，“两新”组织学员、街道办学员216名。2016年，严格按照程序，发展新党员18名。

■党员管理 2016年4月，把卫计、工商、教育等8个单位原来在乡镇管理的党员，全部归口到县直单位进行管理。同时，安排专人负责党员组织关系接转工作，做到组织关系接转去向明了，组织关系接转程序规范，组织关系接转后监管到位，全年共接转党员476名。进一步规范党费收缴制度，下发《关于做好党费收缴工作的通知》，对近年来机关党支部的党费缴纳情况进行全面检查，要求党费收缴人员在党费收缴中做到台账、票据、党员花名册、明细“四对口”，严格收缴标准，开展党费清理，查实并补交近三年欠缴的党费36.52万元。加强县直单位专职党务干部管理，联合县委组织部对县直科局以上单位的专职党务干部进行一次全面清理和考察，对新选配的111名党务干部，进行集中培训。

（邓爱华 欧晶）

机构编制

■概况 1980年前机构编制工作由县委组织部承担。1980年4月成立县编制委员会。1981年1月编制委员会下设办公室，在组织部内办公。1983年12月机构改革归口组织部。1989年，县编制委员会办公室划归人事局，1990年6月从人事局析出，成为县委、县政府的常设机构。1995年县编制委员会办公室列为县委工作机构。2016年，编委办围绕年初制订的各项工作目标，狠抓行政管理体制改革，严控机构编制，强化日常管理，各项工作取得可喜成绩。“三项改革”工作获全市第一。编委办被评为县先进单位。

■机构编制管理 2014年，出台《宁远县机构编制委员会工作规则》和《关于全县机关事业单位编制使用核准与用编计划管理有关事项的意见》等机构编制管理的规范性文件。2016年，在日常机构编制管理过程中，以这些规范性文件为工作准则，凡涉及机构编制事项的均由编委办受理初审，并按照权限报编委会议或县委常委会议研究，确保机构编制管理规范化、制度化。严控机构编制，确保财政供养人员只减不增。具体操作是："盘活存量，用活总量"，严格按照"不超总量、从紧控制、适度增减"的原则。保证事业编制不突破2012年总量。乡镇区划调整工作结束后，编委办及时上报请示，经批复，及时下发《关于调整全县乡镇（街道）机构编制事项的通知》对全县乡镇（街道）的分类情况、机构设置、领导职数及人员编制等机构事项进行重新调整。同时，做好网上中文域名管理工作。宁远县行政事业单位机构数为537个，至2016年12月18日，已注册成功270个，已审核通过尚未缴费的48个，注册覆盖率为55.65%，达到上级要求的标准。

■机构改革 2016年，机构改革工作顺利进行，首先是政府机构改革，对政府工作部门和部分涉改副科级单位，提出制定"三定"（定机构、定编制、定人员）方案的要求，专门下发通知进行安排，通过"两上两下"的程序，不断修改完善。8月底，将全县37个单位的"三定"方案全部印发到位。对涉改单位人员划转工作，通过摸清底子，按照省市机构改革涉改人员划转的要求，结合宁远县实际情况，将人员及时划转到位。确保本轮县政府机构改革成功。本轮政府机构改革，撤销51个事业单位，新设立31个事业单位，对89个事业单位的编制进行适当调整，共收回事业编制265名。其次是推进行政审批制度改革，成立县长任组长的行政审批制度改革领导小组，将行政审批制度改革工作列入县政府绩效考核内容。及时下发《宁远县人民政府关于承接落实国务院和省市人民政府取消、调整和下放行政职权的通知》，取消县本级行政审批事项38项，承接市政府下放的行政审批事项13项。从5月开始，组织全县31个行政权力实施单位开展行政清理工作。通过清理规范，县政府工作部门及具有行政权力的单位共保留行政权力2159项，其中行政许可185项、行政处罚1407项、行政强制150项、行政征收32项、行政给付8项、行政确认34项、行政奖励21项、行政裁决8项，其他行政权力172项，并在2016年8月底，在县政府网站公布。同时，制定下发《宁远县行政审批事项管理办法》，规定全县行政审批的实施、监督和公开等必须以《目录》为依据，未纳入《目录》的行政审批事项不得实施。投入2万元，在全市率先建设"三清单一目录"网上公开平台。2016年底，"三清单一目录"信息全部录入信息系统，方便群众办事，提高审批效率。推进事业单位分类改革。全县原有行政类事业单位15个，改革后余2个；原有生产经营类事业单位7个，改革后余5个。同时，实行事业单位登记改革，全面实施事业单位网上登记工作。至12月底，已上网登记380家，登记率为100%。按照要求，对全县所有事业单位更换了新版事业单位法人证书，及时将质监部门的组织机构代码职责调整到县编委办。12月底前，全部完成机关、群团组织统一社会信用代码换证工作，换证率100%。

■实名制系统建设 2013年以来，县编委办安排专人负责机构编制实名制系统建设，经过3年的不断完善，全县的机构编制实名制系统已能及时反映全县机关事业单位的机构及人员状况，实现系统信息与实有人员的一一对应。2016年，实名制系统建设工作，加强部门联合管控。实有人员的出编，如调出、死亡、退休等，必先由财政工资统发中心签字盖章，再到编办出编，方可办理后续手续。注重信息实时更新。机构的设立、更名、撤销以及人员的出编、调整异动等信息，及时在机构编制实名制系统中得到反映，实现实有机构、编制、人员与实名制数据库登记信息一致并实时更新。

加强档案备案管理。对机构编制实名系统变更的数据，均要求有一份编号的纸质档案备案对应，确保系统信息变更有依据，易查找。

（县编制委员会办公室）

机关事务管理

■概况 2003年，宁远县设立机关事务局，直属宁远县人民政府的事业机构，负责县委、政府大院的所有机关事务。2015年，机构改革，更名为宁远县机关事务服务中心，工作性质、职能未变。2016年，宁远县机关事务服务中心，围绕机关后勤管理和优质服务的主题，增强服务意识，提高服务质量，在机关后勤管理、保障及服务等方面，做了大量工作。2016年，宁远县机关事务服务中心有工作人员42人，在编42人。

■后勤服务 2016年机关后勤服务工作。安保服务。现聘有安保人员32人。严格执行门卫制度，所有机关工作人员来大院都必须佩戴好服务中心统一制作的“工作人员证”。外来人员前来办事，必须事先预约，凭身份证或其他有效证件，进行登记允许后方可进入；安保工作做到24小时不间断巡逻，特别是夜间巡逻力度大。同时加强停车管制。每晚进行车辆停放统计，据统计全年夜间车辆停放56228台，平均每天停放171台，查处违规停车843次。配合相关部门，妥善处理群体性上访事件。会务服务。制定严格的设施设备操作规范和会议运转流程，确保每个步骤和流程不遗漏。做到会前准备、会中协调、会后跟踪专人化和常态化。执行“五不见四净”卫生标准，不见积水、不见积尘、不见杂物、不见垃圾、不见乱倒垃圾，廊面净、桌面净、玻璃净、窗帘净，确保容貌。2016年服务各类会议共计1200余场，其中大型会议及各种演出80余场，接待省市领导20余批次，各类参观团体20余次。食堂服务。机关食堂自2015年11月运营以来，相继出台《食堂管理人员岗位职责》《食品物品采购制度》《食品卫生管理制度》等一系列食堂管理制度，严把人员健康关，严格做到持健康证上岗；严把采购加工关，从源头上杜绝食物中毒现象发生；严把餐具消毒关，做到一洗、二刷、三冲，严把环境卫生关，“除四害”设施齐全完备，环境卫生专人清理，定期消毒灭菌，避免环境污染。四是公共场所卫生服务。每天安排20名清洁人员，对机关大院的所有楼道、卫生间、空坪闲地等地方，进行8小时不间断清扫、擦洗，坚持做到上班前清洁舒适，下班后干净卫生。

■安全生产 2016年安全生产工作，公务车辆的定期维修、保养，破除侥幸心理，确保车辆安全运行。做好食品安全，完善出纳、采购、仓管、验收等多个环节的管理制度，对餐厅人员进行食品安全责任分解，对餐厅的环境卫生、储存加工、清洁消毒等工作流程进行优化、对原材料购置、食品加工等各个环节严格把关，不定期开展安全检查，确保食品卫生监管无盲区。机关大院安全保卫和消防器材的检查和维护，水电服务方面主动安排预防性维修，及时完成日常性维修，认真进行改善性维修。定期对机关大院的电力设施、消防设备、市政设施等进行全面排查，填写排查日记，切实消除安全隐患。

■后勤管理 2016年后勤管理工作，配合相关部门做好公务用车制度改革，组建公务用车服务过度平台，成立宁远县公务用车服务中心，制定公务用车各项管理制度。12月公务用车服务中心正式运行，对各个参加车改的单位进行封车。围绕统一管理、科学调度，建立高效有序的车辆管理运营模式。会同县纪委、县委办、政府办等单位成立办公用房清理工作组，制定《宁远县办公用房统一管理制度》，向全县各单位发出进一步规范办公用房的自查通知，并对各单位办公用房使用情况进行了检查，对不符合标准的办公用房进行整改。同时，安排水利局、住建局等4家在外租房办公的单位进驻原招待所办公。成立依法行政领导小组，制定《机关事务服务中心依法行政工作制度》，规范干部职工的行政行为。充分发挥“12345”热线职能，创新服务理念，优化服务方式。

（欧阳胜辉　谢岚霞）

史志工作

■概况　1981年7月，宁远县设立党史资料征集办公室，开始宁远党史资料征集、整理。后又建立党史联络组，组织老同志撰写回忆录。1986年8月，成立宁远县地方志编纂委员会，下设办公室，开始新中国诞生后，第一轮宁远县志的编纂。2002年，党史办、地方志办合并，成立宁远县党史与地方志征集编纂办公室。内设综合股、党史征研股、地方志股等三个股室，定编7人，实有6人。史志工作连续多年保持全市先进，2013～2015年连续3年保持全市第一，2016年，被评为全市史志工作优秀单位。

■党史研究　2016年，宁远县史志办，广泛征得上级史志办领导和党史专家的意见，结合征集到新的史料，全办同志参与，分工负责，对《中国共产党宁远历史》第三卷，进行第三次大的修改完善。同时，还撰写和整理多篇文章，在省级公开出版物上发表。其中《周礼给我做思想工作》《回忆华国锋视察水市》在《湘潮》刊发，《宁远：帝王和领袖眷顾的地方》在《文献与人物》刊发，《宁远“七一”党史宣讲高潮迭起》等反映宁远县党史工作面貌、特色和成绩的8篇稿件在永州史志网、百年湘潮网、湖南省地方志网、湖南省《市县志工作简讯》上发表。

■党史宣教　2016年初，县史志办向县纪委、县委办、政府办、组织部、宣传部、政法委、住建局、印山小学、下灌小学及扶贫村、联系点赠送党史书籍600多册，让更多的人全面了解中国共产党党史。2016年史志办参与相关部门组织的有关纪念红军长征的活动。3月，参与湖南省气象工程师汪扩军等一行，到宁远开展“点亮风雨长征路——气象防灾减灾潇湘行”活动。4月，陪同开国将军后代合唱团到宁远寻找先辈的足迹，重温红军长征的光辉历程，传播红色文化，弘扬长征精神的活动。是年，县史志办举办一系列党史宣教活动，迎接“七一”党的生日，纪念建党95周年宣讲党史，到机关，到联系点村赠送党史书籍，为县烟草局机关党支部到水市烈士陵园缅怀先烈，重温入党誓词活动，详细讲解水市革命烈士陵园历史及红军长征过宁远情况。

■革命遗址保护　2016年，县史志办扎实推进革命遗址保护工作，在水市镇包家村、周家村建立两块红军长征宿营地旧址纪念碑，在天堂镇屋脊岗建起一块红军战斗遗址纪念碑，在清水桥侯平村建起响鼓岭战斗遗址纪念碑。支持天堂镇干部欧阳大柱开办宁远县抗日战争纪念馆，为其赠送史志书籍。

■《湘潮》杂志发行　2016年史志办继续做好《湘潮》杂志发行工作，完成发行《湘潮》杂志600份。

■地方志编纂　2016年，县史志办启动《宁远年鉴》的编纂工作，开展《名村志》的编纂，指导《工会志》《人力资源和社会保障志》《卫生计划生育志》等部门志的编纂工作。完成《舜帝陵志》的编写工作。收集整理《永州市志》人物篇宁远部分资料及宁远概述。编辑《县委书记工作日志》和《县长工作日志》。

（县史志办）

档案工作

■概况　1980年前，宁远县档

案工作，由县档案馆负责对全县档案收集、整理。1980年12月设档案科，归口县委办。1983年11月由科改局与档案馆合署办公。2002年，档案局与档案馆合一。一个机构，两块牌子，沿袭至今。2016年，1月25日，县政府常务会议，专题研究档案工作，上半年完成新馆的装修和设备的添置，如期搬迁至新馆办公。并以两办名义下发《关于加强和改进新形势下档案工作的实施意见》及《关于档案移交工作的通知》。7月8日，档案新馆正式投入使用，是全省县档案馆中最大，功能齐全、办公设备先进的档案馆。2016年档案工作，围绕中心，服务大局，坚持依法治档，加强档案基础设施建设，提高管理水平，优化服务质量，稳步推进全县档案事业科学发展。

■档案业务指导 2016年，继续加强对各单位的档案业务指导，督促及时整理档案，同时还提出做好档案数字化和移交进新馆的要求。突出加强对农村土地确权档案的跟踪指导，安排专人到县土地确权试点村进行档案业务指导。全年，有20多个村完成档案整理工作。8月8日，湖南省副省长戴道晋在永州市委书记陈文浩、市长易佳良等领导陪同下到宁远县湾井镇周家坝村档案室，翻阅查看“宁远县农村土地承包经营权确权登记颁证”档案，对确权颁证档案收集保管工作给予高度赞扬和肯定。还督促指导社会档案中介机构加强档案资源建设。中介机构东方飞扬，承包国土局档案整理工作，达到省特级要求。是年，宁远县争创规范化管理达到省特级的有检察院、国土局、烟草局等3个单位。

■档案行政执法 2016年，档案法制工作，创新工作思路，改进宣传方式上，利用电视、网络、新闻媒体、各种会议等全方位宣传档案法规，推介档案工作。“6.9国际档案日”联合检察院、国税局、司法局等10家涉民事件较多的单位，在县文庙广场，开展以“档案与民生”为主题的宣传活动。发放资料1600多份，摆放展板20多块，悬挂宣传挂图2套。为市民解答档案法规有关问题。宁远电视台对“国际档案日”活动进行报道。同时制作宣传手机短信利用红网手机平台，向全县机关干部职工发送短信6000余条。2016年档案局被评为全省档案宣传工作先进集体。是年，加大对重点建设项目档案的执法力度。10月，与县委办、政府办督查室、发改委联合对全县在建、已建的100多个重点建设项目档案进行检查。转发国家发改委、国家档案局《关于重大建设项目档案验收办法的通知》，开创重大建设项目档案执法的新局面。

■档案收集和利用 2016年，县档案局重点开展征集地方特色档案的活动，多次到乡镇走访古村落，对地方特色档案进行摸底清查，下发《宁远县档案局关于征集“地方特色档案”的通知》，进一步明确地方特色档案征集的范围、内容、方法及要求，以此丰富档案馆藏，更好地为社会经济服务。同时，还开展档案资源编研活动。编纂印刷《2014年宁远县大事记》，向全县内部发行300本。组织人员对退休干部龚戴锦撰写的《舂陵故事》进行编审。

■档案管理 从2016年起，县档案局开展规范化管理年活动。投资200万建设好数据平台，并开始进行目录数据库建设。2016年宁远县成立档案数据中心，县档案局编制由16人增加到23人。在职人员由12名增至18名，其中研究生3名，本科毕业生11名，人才结构优化。县财政拿出300万奖补资金在全县范围内对档案规范化管理达省二级以上的单位，给予奖励。县档案局下发《宁远县“档案工作规范化管理年”活动实施方案》，开展档案移交进馆质量竞赛活动。5月9日至11日，举办全县档案员业务培训班，邀请永州市档案专家授课，就文书档案、会计档案收集整理、归档等方面进行培训。5月底，安排局职工3人参加省档案局举办的全省档案信息化培训班。6月又有3人参加全省档案工作继续教育培训班。是年，组织6名年轻职工撰写6篇论文参加湖南省档案学会第24次论文评选活动。组织7名职工向湖南省档案申请通过2个档案科研课题。

（县档案局）

信访工作

■**概况** 1949年11月~1953年，县委、县政府分别指定专人负责接待、处理人民来信来访，并有县长定期接待群众的制度。1954年起，分别由县委办公室和县政府秘书室，负责接待处理来信来访。1956年9月，县委、县人委分别设接待室。1961年5月，成立信访办公室。1964年4月，县委决定每月1日、15日，为书记、县长接待日。1979年12月，县委规定每月1日、15日，由县委常委轮流接待上访群众。1985~1986年，实行县委、县政府主要负责人预约接待群众的制度。1987~1989年，建立县人民政府正副县长定期接待群众上访制度。1990年起，坚持和完善定期研究、领导接待日、重点问题排查、领导包案、检查督促、责任追究六大信访工作制度。2002年3月，机构改革，县信访办与县调纠办合并为信访局。次年7月，又析分为县信访局、县调纠办，明确县信访局是县委、县政府的办事机构，代表县委、县政府行使信访事项交办权、查办权、协调处理权和对干部在信访方面使用、奖惩的建议权。2016年，宁远县信访工作，在重大时间节点、信访特护期间，实现“双升双降一好转”（信访案件息访办结率和群众满意度上升；越级上访量、信访总量下降；全县信访质量明显好转）的工作目标。

■**信访会议** 2016年，宁远县三次召开县委常委会，两次召开政府常务会议，专题研究信访工作。县委、县政府两次组织召开全县性信访工作推进会，宣传、部署信访工作。联席会议第一召集人、县委副书记刘军君刚分管信访工作，就连续主持召开两次联席会议，专题研究信访形势，部署信访工作。坚持联席会议定期议访，召开议访会议4次，解决疑难信访问题22件。

■**信访接待** 2016年，县委、县政府主要领导人，带头深入一线接待信访群众，县级领导接待来访群众450批，2010人次。乡镇实行逢圩日集中接访，其他工作日，由班子成员轮流值班接访处访，一线化解矛盾。全县各乡镇街道接访2000余件，化解1600余件。宁远县推动网上信访，开通56个网上信访终端，受理办理网上来信、来访、投诉件1715件，按期办结率100%。其中回访1492件，回访率87%，回访群众满意率100%。网上录入1175件，网信占比率42%。

■**信访案件督查督办** 2016年，严肃责任倒查，实行平日督查与重点督查相结合、督查工作与绩效考核相结合、督查工作与责任追究相结合的三结合模式，推动责任落实。2016年，全面督查工作3次，专项督查3次，信访积案督查29件。将督查督办情况计入考核。同时，按照省、市及本县的追责办法，对因失职失位引发的越级上访，进行责任倒查，特别是对引发问题的责任倒查。

■**领导干部下访活动** 2016年，县委书记、县长，带头包案化解积案，带头深入一线，接待信访群众，县长唐何刚来宁远，就亲自接谈部分特殊群体信访代表，听取情况汇报，研究解决信访问题。原政法委书记曹辉正和现任政法委书记彭小兵，带头化解信访积案。

■**概领导干部信访接待日活动** 2016年，县级领导干部信访接待日活动全年早安排每月4天，即每周1天，一般为每周星期一每个领导按县级领导干部年初的分工和安排日程，按时到县信访接待中心进行信访接待。在信访接待中，对自己分管负责方面的信访问题均要给予明确答复或即时给予解决，不在分管范围内的信访问题对上访者给予解释和建议，对分管问题需要集体讨论研究才能答复的问题，也要给出具体安排时间进行答复和解决。乡镇领导干部信访接待日，一般安排逢圩日进行接待或直接到村组进行接访及时解决信访问题。

（县信访局）

老干部工作

■概况 1983年12月，宁远县成立县委老干部局，管理离退休干部。1987年9月，成立宁远县关心下一代协会，1991年3月，关心下一代协会更名为关心下一代工作委员会。2002年，县委老干局，内设综合性办公室，加挂县关心下一代工作委员会牌子。2015年，关心下一代工作委员会析出单列。2016年，县委老干局有工作人员6人。

■离退休干部党建工作 2016年，突出建立健全离退休干部党建工作。帮助禾亭镇新天村培训村支两委干部。推行结对帮扶制度．老干部局每个工作人员联系1~2名困难离退休干部或困难群众，在每年“七一”前和重阳节进行走访慰问。严格党员管理，每个党员如数缴纳党费。全面落实党建工作述职评议考核制度。

■政治待遇落实 2016年，组织老干部参加县“两会”和“县党代会”，为宁远经济社会发展建言献策，组织老干部考察宁远县南部、西部新城园区开发建设项目和下灌景区开发项目，为宁远县建设项目当场出谋划策。在湖南省委老干部宣传群中宣传宁远正能量。组织离退休干部，开展“为党和人民的事业增添正能量”、“我看宁远新变化”、“最美少年”评选活动。创建省级标准示范型老年大学，宁远县老年大学现有学员600多人。2016年，老年大学成立新的校委会班子。

■落实离休老干部生活待遇 2016年，坚持对每一位老干部至少走访1~2次。每一位老干部生日时，都必须送去真挚的祝福和礼品。全年累计发放走访慰问金5万余元。为困难老干部和离休干部遗孀建档立卡。2016年，为老干部及离休干部遗孀发放困难帮扶资金2万多元。

■离退休干部作用发挥 2016年，组织离退休老干部开展“送温暖、送技能、送健康、送文化”活动，发挥老干部、老科技工作者的优势和专长，助力扶贫攻坚，做到有智帮智，有力出力，有物捐物，帮助贫困村早日脱贫致富。为创建“百岁健康县”献计出力，宁远县老科协把“创百”工作，摆在建设“健康宁远”、“小康宁远”的重要位置来抓实抓好，把长寿文化作为宁远的一个大品牌来打造。2016年，宁远县已涌现一批一村一品，各具特色的典型。全县共发展“创百”示范村252个，“创百”示范乡镇7个，“创百”社区5个，百岁老人41人。文庙街道欧村被评为湖南省“创百”示范单位。湾井镇朵山村被评为永州市“创百”示范村。

■老干部文体活动 2016年，县财政局拨付40多万元，用于老同志开展门球比赛活动。县老年门球协会成功举办“2016年永州市24届党政机关企业事业单位门球赛”；宁远老年门球协会开展“平安宁远、平安单位”一系列门球赛活动。2016年，宁远县书画爱好者，齐聚老年书协，共绘宁远新篇章，参加永州市开展的“老干部眼中的品质活力永州”摄影作品展。宁远县有《三分石雄姿》《祭舜大典（组图）》《巍峨三分石》《烤烟》

《文化大餐》等优秀作品入围展出。还有县老年书协会长欢阳运才、书法爱好者黄留中的作品参加湖南省老干部书协组织的纪念红军长征80周年书画展并被收入书画集。

■关心下一代工作 2016年，宁远县关心下一代工作委员会（简称关工委）与县文明办、司法局、公安局、教育局等单位协同组织“五老”宣教团成员深入乡镇、企事业单位、学校举行“法制、安全”和“文明、卫生”主题教育报告会42场，20000余人参加。举办主题教育系列活动。开展“爱祖国、爱宁远、爱家乡”、“爱雷锋、心向党、讲品德、见行动”、“争做五好小公民”等主题教育活动。4月，组织中小学生参观永市烈士陵园、舜帝陵等爱国主义教育基地。6月，开展读书、写作、演讲、书画及“老师您好，我的好老师”等各项活动，荣获教育部关工委颁发的第19届全国青少年五好小公民“老师您好，我的好老师”主题教育活动先进集体奖牌。11月，与县委宣传部、文明办、文广新局、教育局、县妇联、团县委、图书馆等单位联合开展“书香湖南2016年宁远少年儿童‘光荣与梦想’纪念建党95周年暨红军长征胜利80周年现场竞答活动”。永州市各县、区图书馆派人观摩。2016年，动员社会力量，继续做好关爱留守儿童工作，宁远五小、六小、天堂完小等学校和湾井镇朵山村、中和镇坦坝村等均组织“五老”参与校外活动，担当“代理家长”，创设留守儿童之家。6月，县关工委开展“六一”走访慰问活动。协同县教育局与“免费午餐”公益组织联系，让5所边远山区学校600余学生享受“免费午餐”。6月县关工委组织县直单位关工委到所联系的学校开展扶贫助学活动，共发放扶贫助学金29.2元，近1000名学生得到资助。12月，县关工委对乡镇街道的52名贫困学生走访慰问，发慰问金3.12万元。

（谷燕文）

党 校 工 作

■概况 1949年11月，设县委干部培训班，1955年8月，更名为党训班。1958年1月成立中共宁远县委党校。1966年6月至1968年4月停办。1968年5月，设“毛泽东思想学习班”。1971年8月改为“五、七”干校。1971年10月，恢复县委党校。1989年，设立大专函授站。长期以来，党校为县委、政府培训了大量的党员、干部。2016年，按照党中央“四个全面”的战备布局，始终坚持党校姓党的根本原则，坚持以质量立校、人才强校、科研兴校为主线，以打造“全省示范性县级党校”为目标，积极推进教学内容更新、课堂模式创新、教学管理规范，不断提升教学质量和水平，全年共举办各类培训班12期，培训3300人。党校新建搬迁项目在2015年完成选定项目建设地址的基础上，2016年3月，完成党校整体规划方案设计、地堪、施工图设计，规划方案设计图纸送县委、县政府领导以及有关部门审定，用地审批手续已经省国土厅批复，其他各项手续均已办妥，4月已作为县委、县政府集体开工项目开工。新建成的县委党校占地面积5.3公顷，计划投资4000多万元，建筑面积29000平方米。由一栋教学楼（德政楼）、一栋会议综合楼（德润楼）、一栋学员宿舍楼（德雅楼）、四栋公寓楼组成。

■教学工作 2016年，县委党校根据《宁远县2016年干部培训计划》要求，以质量立校为根本，不断更新教学内容，创新课堂模式，规范教学管理。在办班形式上灵活善变，坚持主体班次与专题班次相结合，全年举办领导干部轮训班，村党组织书记培训班、扶贫培训班、党性教育专题班、招商引资和项目经济建设培训班等。坚持县内培训与县外培训相结合，干部教育培训“走出去”拓展合作办学新路子，与清华大学、北京大学、浙江大学、延安市委党校等县外培训机构建立良好合作关系；坚持专家学者“请进来”，邀请省市县的教授学者和领导来校授课。其中省委党校肖万春、龚永爱、唐琦玉、林国际、霍修勇等教授专题讲座10场，省直机关党校罗发仁教授专题讲座1场，市委党校郑文飞、黄燕等教授专题讲座3场。同时，根据县委常委会议精神，常委进党校课堂成为“新常态”。全年培训中，11位常委参加开班式和到党校上课20多场次。在教学管理上，出台“两把关、三统一、四环节”授课制度（讲义、课件在试讲前必由校委成员亲自把关，精品课程实行集体备课，同一课程的老师必须“统一讲稿、统一课件、统一使用普通话授课”，每个承担新专题的老师，都要按照“备好课、制好课件、试好讲、上好课”的程序进行教学）。主体班学员满意度测评平均达98.5%。

■科研工作 2016年，党校科研工作，大力实施科研精品战略，不断提升科研成果质量，力争在党校系统科研工作品位争先晋位。

课题立项数量不断增长 在湖南省委党校、行政学院系统社会科学课题申报中，宁远县委党校的《看齐意识的哲学思考》、《湘南山区易地扶贫搬迁的实践与探索——以永州实例为证》、《多元文化背景下党员干部的党性修养研究》、《党员领导干部廉洁自律的“拱心石”——家风建设研究》等4个课题获得湖南省委党校、行政学院系统社科规划立项，创下县级党校课题立项的新高。

科研成果持续提质 校长文星平撰写的《看齐意识的哲学思考》获湖南党校系统哲学教学理论研讨会一等奖。《湘南片区探索绿色优先发展之路的实践与启示——以宁远县为例》在省委党校刊发推广。《看齐意识的哲学思考》《新常态下精准扶贫战略的现实挑战与对策研究》《多元文化背景下党员干部党性修养的途经研究》《宁远县“互联网+”的调查与思考》等5篇文章，获省委党校理论研讨会二等奖。

科研平台重大突破 由校长文星平和湖南省委讲师团巡视员、教授陈志强牵头的“湖南家风建设课题组”8月底在宁远县成立“湖南家风建设宁远研究基地”。成功申报由县委书记刘卫华同志主持、县委党校承担研究工作的省级重点课题“习近平家风建设思想研究”，正在调研、写作阶段，研究结果将形成2篇论文，1部专著。

■干部培训 2016年，党校以干部培训为主体，共举办各类培训班12期，培训3300人。县直单位和乡镇（街道）领导干部轮训班，举办5期，400余名副科级以上干部参加轮训。合并村党组织书记培训班举办3期，300余人参加培训。举办扶贫班1期，省市县及乡镇（街道）重点扶贫村党组织书记等14人参加培训。举办县委书记、县长专题党课培训班，1060人参加培训。2016年，与清华大学、北京大学、浙江大学、延安市委党校等县外培训机构合作，举办精准扶贫与电子商务培训班2期，科学党建与执行力提升培训班1期，党性教育专题培训班1期，干部领导力提升与供给侧改革培训班1期，招商引资和项目经济建设培训班1期。全县各级党员干部350余人参加培训。全年的培训中，还邀请省市县的专家学者来校专题讲座11场。

（县委党校）

宁远县人大常务委员会

■**概况** 1950~1953年，实行人民代表会议制度，县为各界人民代表会议，乡为农民代表会议。1954年起实行人民代表大会制度。乡（公社）镇人民代表由选民直接选举，县人民代表以间接选举方式产生。至1964年通过普选产生第一至五届、县乡（公社）、镇人民代表。“文化大革命”期间，普选中断。1968年3月18日在城关一完小召开宁远县革命委员会成立大会，被作为第六届县人民代表大会，但未选举代表。1977年12月第七届的人大代表，亦未经过普选程序，而是采用酝酿协商提出候选人，再由各公社革命委员会扩大会选举的方式产生。1980年后，恢复普选制度，县、乡（镇）两级人民代表均由选民直接选举产生，每3年换届选举一次。第七届人民代表大会后至2003年止，共召开人代会24次，人大代表及常委会共作出重要决定决议46项。

2016年，宁远县人大常委会在县委的坚强领导和市人大常委会的精心指导下，依照宪法和法律赋予的职责，紧紧围绕全县改革发展稳定大局和人民群众普遍关心的问题，创新工作思路、优化工作环境、增强履职能力、努力解决工作重点，突破工作难点，打造工作亮点。较好地完成县十六届人民代表大会第五次会议确定的工作目标和任务。有力地推动社会主义民主法治建设和全面小康宁远建设。

■**重要会议** 1月7~10日，举行第十六次人民代表大会第五次会议。审议并表决通过了县人大常委会、“一府两院”的工作报告及国民经济和社会发展计划、财政预算相关决议。

11月1日，县人大选举委员会召开成员会议。听取县第十七届人民代表大会换届选举的情况汇报。

11月20日，县人大常委会组织召开新一届县人民代表大会，第一次会议安排部署工作。

11月22日下午至23日，县十六届人大常委会召开第三十八次会议，会议审议“一府两院”工作报告（草案）等。

11月27日，县第十七届人民代表大会第一次会议召开。会上，县委副书记、代县长唐何向大会作政府工作报告，举手通过县十七届人大一次会议《选举办法》。

11月28日，县第十七届人民代表大会第一次会议在政务中心举行第二次全体会议。会议听取县人大常委会主任张明贵代表县十六届人大常委会作的工作报告。

■**工作监督** 2016年，综合运用听审报告、调查、视察、专项检查，工作审议，述职评议和民意测评等经常性监督的方式方法；加强审计结果的运用，对审计反映出来的问题进行跟踪调查，并督促被审计单位限期整改。强化常委会会前调研、会中审议和会后督办，把审议意见整改落实情况作为跟踪督查的重要内容，督促“一府两院”及其部门切实改进工作并及时报告整改情况。上半年，组织100名县人大代表对县交管大队、广播电视台、扶贫移民局、城建投资管理中心、电力公司等5个单位的工作审议整改情况进行满意度测评。9月，组织县人大常委会委员视察现代烟草农业和金钩挂水库建设情况，提出一系列合理化建议。

■法律监督 2016年，组织人大常委会组成人员，乡镇人大主席、街道工委主任和部分县人大代表认真学习《湖南省县乡两级人大换届选举工作手册》和新修改的《代表法》《组织法》《选举法》《预算法》，提高监督能力和水平。先后开展《大气污染防治法》《中华人民共和国行政诉讼法》《中华人民共和国道路交通安全法》《中华人民共和国农产品质量安全法》的执法检查，还组织有关部门配合市人大就《中华人民共和国食品安全法》和《湖南省食品生产加工小作坊和食品摊贩管理条例》进行执法检查。

■代表工作 2016年，县人大常委会加强代表履职、履责管理。开展代表小组活动，坚持邀请县人大代表列席常委会会议，组织代表参与常委会的视察、调研、执法、检查和法院旁听庭审活动。开展各类活动100余次。县人大常委会做好代表服务工作，坚持分工联系县人大代表，积极参加代表小组活动，密切与代表联系，坚持走访代表制度，了解代表的工作、生产、生活情况，听取代表的建议意见，着力帮助解决一些难点问题，完善人大代表列席常委会议制度。

■依法决定重大事项 2016年，重点审议决定县人民政府提请审议的《关于在宁远县城“禁放烟花爆竹、营造优美环境”的议案》《关于宁远县南部文化生态新城建设项目以PPP模式实施的议案》《关于九嶷大道改扩建项目的议案》《关于宁远县医养中心建设项目的议案》《关于贫困村综合基础设施建设项目的议案》《关于提请审议宁远县九嶷山生态旅游基础设施建设项目（二期）本息纳入财政预算议案》《关于查处和预防职务犯罪工作情况报告》《关于县人民法院人民陪审员工作情况报告》等议案和工作报告。

■关注民生 2016年，县人大常委会组织相关部门加大环保执法力度，立案查处环境违法行为28起，“农产品质量安全行”活动组委会开展执法检查和监督，认定公害产地3万亩，认证产品30个，检查农资经营户75户次，抽检肥料9批次、蔬菜水果产品5500批次，瘦肉精3000批次，立案处理农资案件4起。督促政府加大村卫生室建设投入力度，促使全县2016年村卫生室建设项目全部验收合格。大力开展义诊活动，先后组织县人民医院、中医院、残联的医务技术人员，深入九嶷山、湾井等乡镇，茶罗、黄花源等村开展义诊、办证活动，免费为瑶族群众送医药数万元，上门为残疾人办证20本。

■专项评议 2016年，县人大常委会组织相关部门深入基层调研，经过听民声、汇民意、集民智，先后形成《关于宁远县少数民族政策落实情况的调研报告》《关于宁远县城乡总体规划的调研报告》《关于宁远县房地产市场现状的调查报告》《关于宁远县混凝土市场现状的调研报告》《关于我县税收征管工作的调研报告》等调研报告。

■依法选举任免 2016年，县人大常委会严格程序，规范人事任免。将党的领导和依法行权结合起来，探索人事任免工作新方式，对任命干部把好任前调查，法律考试，任前发言，议案审议，任后监督等“五关”。2016年共任免干部72人次，执行宪法宣誓制度。

（县人大常委会办公室）

宁远县人民政府

综　　述

2016年宁远县人民政府在市委、市政府的领导下，带领全县上下深入实施生态立县、工业强县、旅游兴县、农业富县“四大战略”，解放思想、改革创新、创先争优、团结奋进奔小康，经济社会实现全面发展。荣获国家出口食品农产品质量安全示范区、国土资源节约集约模范县、“六五”普法先进县、全省美丽乡村建设先进县，入选全国“景区带村”旅游扶贫示范项目、国家全域旅游示范区创建名单。

2016年全县GDP达到136亿元，增长9.5%；规模工业增加值28亿元，增长8.6%；固定资产投资167.5亿元，增长17.4%；社会消费品零售总额63.3亿元，增长11.9%；财政总收入13.75亿元，增长16.3%；全面小康总实现程度达到89.5%，同比提升8.1个百分点。第三产业结构由上年的22.1：33.5：44.4调整为21：32：47，第三产业比重提升1.9个百分点。

产业建设迈出新步伐。新型工业转型升级。全年实现规模工业总产值115亿元，同比增长12.4%。新入统的15家规模企业完成工业产值12.4亿元，同比增长50.7%。工业用电量57290万千瓦时，增长24.4%，排全市第一。完成工业税收1.7亿元，同比增长18.6%。建材冶金、加工贸易、食品和生物医药三大产业快速发展，电子信息等新兴产业产值达到29.3亿元，占全县规模工业的26.3%，同比增长27.4%。现代农业优化提升。收购烟叶17.9万担，稳居全省第二、全市第一；新建1000亩以上油茶基地3个，省、市级标准化养殖示范场13家，市级以上龙头企业6家，农民合作组织30个，休闲农庄10家；舜天恒禾肉牛养殖、九嶷山农业科技示范园等重大项目基本建成。全市农村“四冬”生产现场会在宁远县召开，林业转型发展、绿色粮食产业等工作在全省推介。旅游服务业提速增效。与云南润视荣光影视公司合作，完成高品质旅游宣传片《舜志古今》拍摄。投入9000万元，改造升级下灌景区，打造全市乡村旅游新亮点、特色旅游新名片，仅“五一”“十一”接待游客24万人次。成功举办第二届中国九嶷山杯国际自行车邀请赛、千人祈福祭祀、中国旅游日等系列节会活动。全年接待游客800万人次，实现旅游综合收入48亿元，分别增长17.6%、20%。民营医院、现代物流、健康养老、信息咨询等新兴服务业不断兴起，电子商务发展较快，实现交易总额9.2亿元。

基础建设和发展后劲增强。全年申报项目207个，到位资金20.8亿元，排全市第一；列入省“十三五”重点项目9个、总投资360.5亿元，排全市第二。实施重大项目68个，完成投资41.5亿元。城区建设全面推进。县城扩容提质3年行动计划顺利收官，中心城区土地利用总体规划调整、县城总体规划修改完成，县城面积超过20平方公里、人口达20.5万人，城镇化率达到42.3%。九嶷大道、舜华大道等8条道路建设加快，南部文化生态新城建设扎实推进。旧城提质改造、棚户区改造、沿河景观带、生态公园建设扎实有效。两供两治完成供水管网120公里。湖湘“文化客厅”潇湘画派研究院建成开放。全国文明县城创建有力推进。统筹推进小城镇和美丽乡村建设，12个品质活力示范乡镇“十个一”扎实推进。以农村“五化”行动为抓手，推进美丽乡村建设，完成100个村“五化”行动、100个秀美村庄建设、17个乡镇161个村3914户民房“乡村风貌”改造、102个村“点亮乡村行动”、330个村废弃空心房处置、406个村农村电网升级改造。全市“两供两治”、美丽乡村暨农村精神文明建设、农村垃圾污水处理等现场会在宁远县召开。园区建设全面推进。循环经济区、加工贸易区的公租房、安置小区建设加快，城北水厂、路网工程进展顺利。西部工业新城7个重点项目集中开工，水电路讯加快建设。新建“135工程”标准厂房45万平方米，迅捷电子、东升机械等15个工业项目建设加快。景区全面推进。全年完成景区投资3.3亿元，九嶷山舜帝陵创国家5A级景区扎实推进，游客中心、大型生态停车场、仙子山景区、灌溪仙境景区等项目进展迅速。新增荷花观赏池、寻龙谷等新景点，创建全省旅游名乡名村3个、3星级以上乡村旅游区12个。

改革创新取得新突破。率先完成农村土地确权登记，涉及农户19.2万户、水田49.6万亩、旱土11.3万亩，发出全省第一本农村土地承包经营权证书。率先实施乡镇区划调整，提前超额完成并村工作，全县687个建制村合并为406个建制村，精简幅度高达40.9%。率先完成城市社区网格化建设，全面铺开农村网格化建设，全县20个乡镇（街道）“三个中心”建成投入使用。65个示范村、119个扶贫村基础配套设施全部到位，组建旅建投、农建投，全部市场化运作，融资到位13.2亿元。率先完成政府机构改革，消化超配干部82%。双创工作深入推进。发放创业担保贷款2410万元，新培育小微企业341家。商事制度“五证合一”试点，激发创新创业热潮，全县新增市场主体3403户，同比增长45.8%，其中新增各类企业502户，同比增长49.8%，认缴注册资本26.57亿元，同比增长13.1%。率先成立全省第一家县级院士专家工作站，成功搭建高校与企业联姻平台。开放步伐不断加快。全年承接对接项目33个，实际利用外资9000万美元、到位内资25亿元，完成外贸进出口1.12亿美元，增长13.8%。

民生事业开创新局面。全年民生支出占财政总支出的75%以上，城镇、农村居民人均收入分别达到22020元、11450元。同比分别增长9.5%、10%。脱贫攻坚扎实有力。发放小额扶贫贷款3.7039亿元，为省、市考核任务的3.7倍，排全省第一，带动33个扶贫企业和10093户贫困户发展。建成98个金融扶贫服务站，排全市第一，新增贷款18亿元。落实易地扶贫搬迁对象1490户、5635人，超出省、市考核任务2459人，资金到位3亿元，完成安置点建设21处。完成危房、无房改造1302户，是省下达任务的118.4%。全年减少贫困村29个、贫困人口35955人，全市扶贫小额信贷推进会、九嶷山片区“一大一小”现场会先后在宁远县召开。民生事业扎实有为。城镇新增就业、农村劳动力转移就业1.22万人，五大社会保险持续扩面，城乡低保、农村五保实现应保尽保。棚户区改造1100户，农村危房改造1285户。一中新校区、明德湘南学校启动建设，党校、二中搬迁新建加快推进，新增城区学位3000个；高考二本上线人数增量占全市70%，增幅排全市第一，中考优秀率进入全市前三。新改扩建街道卫生院2所，县乡村三级医疗水平不断提升，人口计生工作转型发展。重点文物保护单位全面修缮提质，全民健身运动蓬勃开展。食品药品安全监管不断加强，生态建设持续优化，湘江污染防治首个“三年行动计划”完成，全年新造林5.52万亩。全年单位GDP能耗下降5%。社会治理扎实有效。深入推进平安宁远和法治宁远建设，政务公开和政务服务工作在全市作典型发言。信访形势总体平稳，逐级走访、网上信访，依法治访、诉访分离有效落实。安排500万元引导资金在20个贫困村先行先试，创新集体经济发展新路子，在全市率先启动实施农村综合服务平台建设。加强安全生产隐患排查和整治，强力推进“五大”行动，全年社会安全指数达100%。严密防控和严厉打击各类违法犯罪活动，社会治安持续稳定。

重要会议和活动

■政府常务会议 2016年，政府常务会议共13次。1月10日上午，县委副书记、县长桂砺锋主持召开2016年县政府第1次常务会议。会议听取全县撤并建制村工作情况汇报，审议并原则同意各乡镇、街道并村工作方案，安排部署2016年县政府有关工作。

3月21日下午，县长桂砺锋主持召开第四次县政府常务会议。会议听取城乡环境卫生整洁行动工作，城市建设管理工作和旅建投、农建投的成立及现代公共文化服务体系建设工作汇报。研究被征地农民的社保工作和禁毒工作。

4月24日，县长桂砺锋主持召开县政府第五次常务会议。会议传达永州市电子政务、政府网站工作会议精神，研究宁远建设、“三实”信息集中采集、治理车辆超限超载、创建全市社会保障卡综合应用试点示范等工作。

5月11日，县长桂砺锋主持召开政府第六次常务会议。学习《食品安全法》。专题研究“三项清理”、民政救助、创金融安全区、中小企业担保公司、商品房预售监管、征地拆迁、绩效考核、安全生产、防汛等工作。

10月10日，县委副书记、代县长唐何主持召开县政府第十一次常务会议。专题研究农村综合服务平台建设，2016年农村饮水安全巩固提升工程、九嶷山地质公园建设、工业、旅游、现代农业发展等13项工作。

11月9日，召开县政府第十二次常务会议，听取实施县城街景改造工程情况汇报，讨论研究《政府工作报告（讨论稿）》《2016年财政预算执行情况和2017年财政预算草案的报告（送审稿）》《2016年国民经济社会发展计划执行情况和2017年计划草案的报告（送审稿）》

12月1～2日，县委副书记，县长唐何在县政务中心203会议室主持召开县政府第十三次常务会议。会议听取关于市场监督管理、禾亭镇大邦鲁塘自然村癞子岭安置点工程结算、鲁观旅游风情小镇开发有限公司组建、交通运输行业开展“强素质、正行风、优服务、树形象”创建活动和三年交通大建设、工业园区相关规划编制、湘威鞋厂搬迁、职业烟农建设、实施阶梯水价和污水处理费收费标准调整、“扶贫特惠保”实施、劳务协作脱贫暨创业担保贷款工作及城区改造提质、体育中心、南部新城基础设施和配套建设、一中新校区4个建设项目政府购买服务资金列入财政预算的情况汇报、审议《2017年重点项目建设融资方案（送审稿）》《加强政府投资项目监管的意见（送审稿）》《2017年涉农资金统筹整合使用方案（送审稿）》。

■县长办公会议 2016年县长办公会议，根据需要召开，全年共10次。

1月5日，县长桂砺锋主持召开县政府“严以用权”专题讨论会。

5月3日，县长桂砺锋调研九嶷山现代农业科技园建设，并在“台湾风情百果园”组织召开现场办公会议。

5月6日，县长桂砺锋深入龟形洞、卜家、牛亚岭等村，调研湿地公园建设，并在九嶷山电站召开现场办公会。

5月9日，县长桂砺锋主持召开不良贷款清收工作专题会。

5月12日，县委书记刘卫华、县委副书记、县长桂砺锋在宁远县城西部工业新城召开现场办公会。察看宁道绕城线周边项目和五里桥工业新城项目建设进展情况，围绕解决的问题提出意见和建议。

8月12日，常务副县长刘军君带领相关部门负责人，到县老年大学现场办公，研究解决老年大学面临的各种实际问题。

政府重要政务活动

1月12日，九嶷大道改扩建工程举行开工仪式。中科建设开发总公司副总经理程明山，县领导彭小兵、刘军君、曹辉正、陈勇军等出席。

3月12日，县领导刘卫华、桂砺锋、伍佑伦、张明贵、李苏昭等来到宁远县狮子山公园，与3000余名党员干部群众、武警官兵和学生代表一同参加植树活动。

3月15日，县领导桂砺锋、伍佑伦、刘惠兰、樊任武等与台北硕天科技集团总裁一行，考察宁远十里铺工业园区厂房建设和硕宁电子厂情况。

3月18日，县领导桂砺锋、樊任武、欧鹏飞与永州市商务和粮食局领导曾全国等出席宁远县农村淘宝县级运营中心在宁远县十里铺创业孵化基地开业仪式。

3月22日，宁远县产业扶贫座谈会暨小额贷款集中投放签约仪式在县政务中心举行。县农商银行与17家企业现场签订金融产业扶贫银企合作协议书，县农业银行与9家种养大户签订产业扶贫贷款协议。县委副书记、县长桂砺锋主持会议。

4月29日上午，宁远县下灌旅游景区正式开园。永州市委常委、副市长蒋善生、宁远县主要领导及县直各单位负责人参加，县委副书记、县长桂砺锋主持开园仪式。

5月17日，宁远县2016年科技活动周启动仪式，在宁远文庙广场举行，县领导、各乡镇、街道、县直单位负责人参加仪式活动。

6月5日，宁远县纪念“六五”世界环境日系列活动在宁远文庙广场举行，县领导、23个相关部门负责人及规模企业负责人、群众代表参加。

6月16日，宁远县庆祝中国共产党建党95周年“红旗颂”大型群众合唱比赛在宁远文庙广场举行，县领导与上千名观众观看比赛。

6月26日上午，宁远县禁毒办组织县禁毒委员会成员单位工作人员在宁远文庙广场开展“6·26”国际禁毒日禁毒大型宣传活动。发放宣传资料2万余份。

8月8日，湖南省农村土地承包经营权，确权登记颁证首证颁发仪式在宁远县湾井镇周家坝村举行。副省长戴道晋出席仪式并为村民颁发证书。

8月26日上午，县委副书记、代县长唐何带领县政府办、城建投、农建投公司负责人到湖南省国家开发银行，争取金融扶贫项目，现场签订宁远县农村综合服务平台建设贷款项目资金1.904亿元。

9月19日上午，宁远县举行2016年“全国科普日”活动启动仪式。活动期间，将开展“科普进校园，点燃创新梦”“科普进社区，科学新生活”“科普进乡村，惠农大行动”等系列活动。

10月29日上午，“潇湘画派”研究院举行揭牌仪式。省、市、县领导肖雅瑜、唐定、吕斌、刘卫华、刘庚旺及来自全国各地的专家学者、文艺界代表及各界群众代表1000余人参加。

10月31日，县人民法院举行执行大会战兑现活动，当场兑现执行款180余万元，46名申请执行人喜得执行款。

11月4日，宁远县举行招商引资重点项目签约仪式，成功签约5个项目，总投资11.6亿元、1.9亿港元。

11月6日，《舜志古今》

拍摄组在九嶷山舜帝广场拍摄祭舜大典仪式，标志着旅游宣传片《舜志古今》音乐电影，历经25天艰苦拍摄顺利杀青。

重要决策和重要项目建设

1月5日，宁远县召开文化创意园建设项目协调会，就文化创意园建设相关工作进行安排部署。文化创意园建设项目位于原宁远瓷厂，占地约30亩。园区将在瓷厂旧厂房的基础上，进行更新改造，并配套建设文化创意、休闲娱乐、餐饮服务、商业购物等项目。

1月12日，宁远县九嶷大道改扩建工程开工。九嶷大道改扩建项目，北起宁嘉公路，南至厦蓉高速宁远南收费站，全长7.9公里，按60米城市景观大道改扩建，双向六车道（宽24米）道路中间设5米绿化带、道路两边各设3米绿化带、5.5米非机动车道、5米人行道。

3月16日，宁远县出台《关于促进创新创业带动就业工作的实施意见》，为创新创业者提供宽松便捷的创新创业环境，落实创业创新税费政策，落实创业孵化基地奖励扶持政策，设立创新创业扶持基金等措施。

4月24日，九嶷山兔精深加工、西部工业新城路网建设、二中新校区等7个重点项目，在宁远县五里桥生物医药工业园举行集中开工仪式。

5月25日，湖南省交通运输厅批复宁远县G357二广高速宁远互通至天堂建设项目。该公路起于宁远县冷水镇社下洞，接G55二广高速宁远东互通收费站连接线，经四方井、卜家岭、东山庙等地至天堂镇，全长24.322公里，采用一级公路建设标准，路基宽24.5米，估算总投资83873万元。

6月22日，宁远县数字宁远地理空间框架建设项目通过验收，并召开成果发布与应用推广会。

7月13日，县委、县政府主要领导察看宁远二中新址、党校新址、市民中心、明德学校、妇女儿童医院、路网等项目建设点。

9月8日，县政府专题研究县妇幼保健院规划项目、南城御园规划项目、宁远县和美电器有限公司厂区规划项目、舜华小区易地扶贫搬迁安置规划项目和太平、九嶷山、冷水等乡镇的易地扶贫安置规划项目。

9月10日，县委、县政府主要领导察看九嶷大道、冷九大道、鲁观沿线以及九嶷山核心景区创5A级旅游景区等项目工程进展。

10月10日，县委书记刘卫华主持召开温氏一体化养猪项目建设推进会，要求加快项目建设进度，确保项目规划和标准。

10月10日，县政府召开第十一次常务会议，专题研究农村综合服务平台建设，2016年农村饮水安全巩固提升工程和九嶷山地质公园建设等项目。

11月4日，宁远县举行招商引资重点项目签约仪式，成功签约湖南鸿坤陶瓷、江博士鞋业、季丰农业、舜文化体验园和荣硕电子5个重点项目。

政府办公室工作

■概况 1949年11月，设宁远县人民政府秘书组，后改为秘书室。1962年12月，更名为县人民委员会办公室。1968年3月，改称革命委员会办事组。1973年7月，复名办公室。1981年1月，改设为宁远县人民政府办公室。1985年内设经济调查研究室（后改调查研究室）。1995年6月，县政府法制办公室、县经济体制改革委员会（调查研究室）、县民委并入县政府办公室。后法制办、民委又从政府办析出。2002年3月重并入政府办、经济体制改革委员会撤销。县政府办公室内设综合调研室、文秘室、督查室、法制办、民族工作办（对外加挂民族事务委员会牌子）、人防办、政工室、机关事务室，定编43人，其中行政编制34人（含县政府领导)。2016年，县政府办内设机构有：调研室、督查室、文秘室、应急办、经济和社会发展室、政工室、金融室、民族宗教事务办、法制工作室、县优化经济发展环境办公室、旅游外事侨务办、行政事务室、禁毒工作社会化办公室。

■文秘工作 2016年，宁远县人民政府办公室，围绕县委、县政府中心工作，组织专题调研13次，完成调研报告11篇。2016年，组织起草《政府工作报告》、领导讲话、综合汇报等文稿350多篇，270余万字。

■信息工作 2016年，宁远县政府办公室，以“加强联系沟通、提供决策服务、挖掘亮点工作、宣传宁远形象”为目标，广泛搜集信息资料、精心整理、撰写、编发、上报各类信息1500多条。在土地确权颁证、易地扶贫搬迁、美丽乡村建设等多项工作的经验总结，在省市推介。

■督查工作 2016年，宁远县政府督查工作，坚持实行每周一督、每月一报制度。先后13次对政府常务会议研究的工作，进行重点督查。对开展的重点项目、美丽乡村建设、农村环境整治等工作，督查88次，下发督查通报53期。2016年，突出抓好人大代表建议和政协提案的督办落实，办理代表建议和政协提案191件，办复率100%。

■办文办会工作 2016年，县政府办严格规范办文程序，压缩发文数量。全年起草、审核文件655件，共收发文件511份，公文处理无一纰漏。形成县政府常务会议、县长办公会议等各类会议纪要58期。印发《宁远政报》10期。2016年承办各类会议460余次，下发会议通知888次（个），无一延误会议现象发生。全年共清理规范性文件191件，失效67件。

■县政府办公室文件印发 2016年，县人民政府办公室承接县委、县政府、县委办公室、县政府办公室所签发的全部文件，并规定和要求适时分发到乡镇街道和县直各单位。据统计中共宁远县委发文15号，宁远县人民政府发文16号，中共宁远县委办公室、宁远县人民政府办公室联合发文46号，宁远县人民政府办公室发文70号。

（陈玲）

人事人才工作

■概况 1952年9月，设宁远县人事科。1955年4月，人事科改为人监科。1960年10月，复称人事科。1964年4月撤销人事科，宁远县人事工作归县委组织部管理。1980年3月，成立宁远县人事局。1984年3月，人事局内设办公室、干部调配股、干部任免奖惩股、科技干部管理股。1987年增设工资福利股，科技干部管理股并入干部调配股。1989年增设保险福利股，原工资福利股改为工资股。1990年12月，成立宁远县退休干部管理办公室，归口人事局。1993年，设立人才交流中心，归口人事局。1996年，成立宁远县机关事业单位社会养老保险管理站，为人事局所属事业单位。后人事局内设机构时有调整。2003年5月，县机关事业单位社会养老保险管理站划归宁远县劳动和社会保障局。11月，成立人事争议仲裁委员会，归口人事局。至年底，人事局内设5个股室，下属单位2个（人才交流中心、考试培训中心）。2015年，撤销县人事局、劳动和社会保障局，成立人力资源和社会保障局。2016年，人力资源和社会保障局有内设机构：办公室、法规信访室、规划财务股、就业促进与失业保险股、公务员管理股、事业单位人事管理股、专业技术人员管理股、职业能力建设股、劳动关系股、工资福利股、社会保险管理股、社会保险基金监督股、绩效评估和重点民生实事考核办公室、政工室等14个股室。下属单位：劳动保障监察大队、医疗保险基金管理中心、工伤保险管理中心、就业服务管理局、社会劳动保险管理中心、劳动人事争议仲裁院、人力资源服务中心、人事考试培训中心、人力资源和社会保障统计信息中心。

■公务员管理 2016年，宁远县公务员管理工作。做好考录工作。2016年计划招录公务员130名，经笔试、面试、体检、考察等程序，共招录公务员109名，其中乡镇公务员48名，乡镇财政所10名，县直机关公务员48名，公安特警3名。8月30日前，招录的公务员均分配到各单位、各乡镇。做好2016年高校毕业生“三支一扶”招募工作。省市分配宁远招募计划9名，根据省市统一安排，经过报名、笔试、面试、体检、考核、公示等各个环节，报经省市审批，确定9名招募对象，完成“三支一扶”招募工作。做好事业单位招聘工作。3月，完成对2015年事业单位公开招聘人员的面试、体检、考察等工作，共招聘58名工作人员；8月1日，发布2016年度事业单位公开招聘简章，计划招聘158人，因部分职位报名人数未达到开考比例，经调整核减为136人，此次报考人数为1535人，8月23日进行笔试。2016年教育系统计划招聘280人，经过报名、资格审查、笔试、面试、体检、考察、公示等程序，共招聘180名教师。做好机关事业单位选调（聘）工作，分别于2016年3月和8月，开展两次县直机关事业单位选调（聘）工作，面向省市机关事业单位选调（聘）42名优秀人员补充到县直机关事业单位。完成年度考核、人事统计、人员调配、任免奖惩、教育培训、人才交流、职务与职级并行审核等业务工作。2015年机关事业单位年度考核和人事统计，于2016年5月底完成。参加2015年度机关事业单位考核总人数15054人，其中优秀1718人，称职（合格）12708人，基本称职（基本合格）14人，不称职（不合格）55人，不定等次383人。开展调研，建立健全相关制度。先后开展乡镇（街道）公务员队伍建设调研，当前乡镇“七站八所”情况调研，公务员平时考核情况调研，高中师资情况调研等。拟定、完善宁远县机关事业单位人事管理相关规定，如人才引进、选调（聘）、公开招聘的相关规定，平时考核和年度考核意见，请销假制度等。

■工资福利管理 2016年，宁远县工资福利管理工作，完成全县机关事业单位工作人员2016年7月调整工资标准和离休人员增加离休费工作，共审批13196人，其中离休人员增加离休费10人。做好全县机关事业单位工资信息化系统基本信息采集、录入、上报和审核工作，共计13186人。做好机关事业单位2016年度正常晋升工资的审批工作，共审批11660人。审批乡镇工作补贴420人。完成公务员晋升职级后兑现工资工作，共审批570人。完成2015年度考核工资的审批工作，共审批2700人。办理工资关系转移手续460人，岗位异动调整工资1256人，转正定级151人。完成工资基金审批126个单位。完成警衔津贴调整审批工作，共审计420人。完成2015年度退伍兵安置70人及2016年度招聘公务员和事业单位工作人员的工资核定及审批213人。做好福利与离退休人员管理工作，审批机关事业单位工作人员丧葬费和抚恤金手续124人，办理退休手续262人，工龄认定手续40人。

■专业技术人才管理 完成全县专业技术人员职称评审工作。5月底，完成2014年度专业技术人员中，高级职称评审行文工作和待遇兑现。其中高级通过52人，中级通过146人，初任中级5人。其中，中小学教师系列中学高级评审通过30人，中级评审通过128人；卫生系列高级评审通过22人；畜牧水产系列中级通过6人；农业系列中级通过4人；工程系列中级通过8人；教育系列初任中级4人，体育系列初任中级1人。卫生系列2016年度初、中级职称考试报名资格审查和申报材料及数据上报，共计362人，其中，中级75人、初级287人。完成2015年度教育系列初级职称评审工作，共申报273人通过271人。已全部完成行文、颁证、聘用和待遇审批等工作。2016年8~9月，做好其他系列中、高级职称职数申报和资格审查工作，其中：中级职称正常申报43个；研究生初任中级9个；高级正常申报41个，市核准中级职数正常申报42个，初任中级职数9个，省核准高级职数41个。共上报材料87人。2016年12月，完成中小学教师职称申报工作，共申报536个职数，其中高级正常申报174人，增加3个百分点后申报23人；中级正常申报275人，增加5个百分点后申报53人，“退多补少”申报11人。完成中小学教师职称制度改革职称（职务）过渡人员登记审核审批的学校61所，共3000余人，其余22所学校过渡登记审核审批工作在有序进行中。2016年还做好执业考试通过人员岗位聘用审核审批及待遇兑现工作，其中：中级审核通过并聘用35人，初级聘用43人。2016年，按照《关于开展第四次湖南省特别优秀人才高级职称评审工作的通知》要求，经过企业推荐，选送上报2名优秀人才申报高级职称。完成全县专业技术人继续教育培训工作。首先完成2015年度专业技术人员继续教育培训参培人员4500人次，大部分单位已完成其考试考核及登记验证工作。接着下发《关于做好2016年度专业技术人员继续教育有关工作的通知》，对全县2016年度专业技术人员继续教育培训工作作出全面安排和部署。宁远县首次采取由各主管部门根据公需科目主题，针对行业特点施行自主组织培训的模式，参培单位56个。做好“湖南省为贫困地区搭建科技平台”工作。陪同省市领导做好搭建科技平台来宁远调研、考察项目基地、专家慰问走访活动及首席专家联系基地对接服务工作。宁远县选送7名专业技术人员参加省里“为贫困地区搭建科技平台”2期培训班学习。

■军转干部安置 2016年，宁远县共安置军转干部2名。其中一名正营级干部安置在县住建局，一名副营级干部安置在县公安局。春节期间，为企业军转干部每人发放600元慰问金。“八一”期间，为企业军转干部，每人发放600元慰问金，并按300元/人的标准体检。对自主择业军转干部，每人发放慰问金200元，按200元/人的标准体检。同时，还按照相关文件要求，及时为企业军转干部增发解困金和生活困难补助。

■人才交流 2016年，宁远县共招录公务员109人、选调（选聘）42人，招募“三支一扶”工作人员9人。指导教育系统完成人才引进7人，公开招聘中小学教师182人，招聘特殊教育学校教师和职业中专教师22人。指导国土局、房产局完成不动产登记中心工作人员选聘39人。完成事业单位公开招聘人员136人，社区网格员招聘人员20人。

（县人社局）

民族宗教

■概况 1985年成立民族事务委员会，归口县政府办公室。1995年民族事务委员会并入县政府办公室为内设机构，2001年成立宁远县宗教事务办公室，归口县委统战部。2002年机构改革，又并入县政府办公室。2016年，民族、宗教事务归口县政府办公室，对外加挂民族宗教事务局牌子。2016年，宁远县民族宗教工作，以民族团结进步和和谐观创建为主线，开展少数民族特色村寨建设，加强到宁少数民族服务管理和宗教场所安全执法检查，强化部门自身建设，取得一定成效，被市委、市政府授予全市民族团结进步模范集体荣誉称号。

■**民族工作**　2016年，宁远县进一步开展民族团结进步活动，通过《舜志古今》宣传片的拍摄，推介九嶷山牛头江村和牛亚岭村的风土人情及自然景观，两个村的旅游资源得到提升。2016年，高校招生中享受民族优惠政策考生的合法权益得到保障，宁远县共审核确定两种考生154人，其中少数民族考生39人，占25.3%；汉族考生115人，占74.7%。县外就读生18人，做到应审尽审，同时争取省内二本院校少数民预科班指标10名，录取5人。公务员招考单列指标招录3人。2016年，在推进美丽乡村建设中，棉花坪瑶族乡寨头岭村、九嶷山瑶族乡紫江村列入乡村风貌改造名单。成功建设九嶷瑶族乡牛亚岭瑶寨。打造一批有瑶族风情特色的村寨。

■**民族文化**　2016年，宁远县实施民族文化传承和保护工作，暑假期间，组织两期长鼓舞培训班，从江华瑶族自治县聘请瑶族长鼓舞非遗传承人担任教练。11月中旬，组队42名歌手，参加在郴州桂阳县举行的“湘南三市六县八瑶族乡瑶族坐歌堂暨民族团结进步”活动。12月举办两项原生态瑶歌文化传承培训，加强民族文化交流，增进民族感情，传承民族文化。

■**民族管理**　2016年，宁远县主要加强对外来少数民族的服务管理，配合县公安局、县城管局、市场质量监督局等开展4次对来宁远少数民族督查活动，组织相关单位对外来少数民族进行摸底统计，建立台账。对这些来宁经商的少数民族，坚持管理与服务并进，明确相关单位的责任。与文庙街道一起，共同创建外来少数民族服务示范区。同时与卫生医疗，计生协会、流动保障等部门协同配合，对少数民族流动人口就业、医疗保健、计划生育等方面提供服务。

■**宗教事务管理**　2016年，宁远县宗教事务管理，加强宗教教职人员的登记工作，完善宗教教职人员流动登记制度，定期邀请他们参加各种座谈会，及时倾听他们的意见和建议，帮助他们协调处理一些实际问题。开展宗教教职人员的保障工作。对宗教界人士在生活上关心、工作上支持、政治上信任，鼓励他们转变工作作风，增强在信教群众中的影响力。帮助爱国宗教团体解决办公条件，帮助和指导他们增强自养能力，解决全县宗教教职人员9人的城镇职工基本养老保险。对贫困教职人员进行摸底造册上报，争取资金，完善其生活保障。

■**宗教活动场所管理**　2016年，宁远现有寺观教学和固定活动场所8个，其中水市镇堡子地、天堂镇大阳洞基督教堂、舜陵街道水口寺、冷水镇东溪寺等5个场所存在不同程度的危房，已上报上级宗教主管部门申请维修资金进行修缮。定期检查各宗教团体、宗教活动场所的治安、消防、卫生防疫及抵御境外渗透情况，与乡镇（街道）签订宗教场所安全生产责任状，多方协调，争取资金，支持帮助宗教活动场所进行危房改造维修。2016年，对宗教场所进行3次安全生产大检查活动，发现问题，及时进行整改，维护宗教团体的正常活动。

（县民族宗教事务局）

为民办好事实事

2016年，宁远县人民政府关注民生，为民办好事实事，着力增进民生福祉。脱贫攻坚扎实推进，21处易地搬迁安置点全面动工，是年，贫困户搬迁1495户5860人。发放扶贫小额贷款3.8亿元，全年实现3万人脱贫。城镇新增就业、农村劳动力转移就业1.22万人。五大社会保险持续扩面，城乡低保、农村五保实现应保尽保。实施棚户区改造1100户，完成农村危房改造1285户。新改扩建街道卫生院2所，县乡村三级医疗水平不断提升，人口计生工作转型发展。一中新校区、明德湘南学校启动建设，党校、二中搬迁新建加快推进，新增城区学位3000个。全民健身运动蓬勃发展，设施设备不断增多和完善。安全生产和食品药品安全监管不断加强。扎实开展“亮剑”“飓风”等专项整治，社会治安持续稳定，群众安全感明显增加。

（陈玲）

政务服务与公开

2016年，宁远县政务中心办事窗口共接待办事群众17万余人次。窗口收件170128件，其中政务服务类160866件，行政许可类8221件，非行政许可类1041件，无黄、红牌现象。2016年，主动公开信息21362条，其中重点领域信息456条。收到依申请公开申请共14条，及时答复14条，回复率100%。非税窗口收入3.2亿元，同比增长20%。2016年，整合窗口，提升政务中心办事能力。协助创建宁远县办税服务大厅。8月1日，“宁远县办税服务大厅”揭牌。不动产登记中心、城乡医疗办、红十字会等整体进驻县政务服务中心。开展基层便民服务中心（点）示范创建。2016年评选出3个示范乡镇便民服务中心和6个示范村（社区）便民服务点，分别给予1万元和5000元奖励。

（黄少辉　唐小红）

电子政务

2016年2月，“智慧宁远”指挥中心，综合应用云平台、云计算中心初步建成并投入使用。其中，指挥中心，建成大屏显示系统，汇聚整合社会治理，平安城市、数字国土、校车监管、水利水情、气象会商、灾情上报、森林防火、社区矫正等系统。2016年指挥中心召开全县防汛紧急会商会，数字宁远地理空间框架建设项目验收暨成果发布与应用推广会等重大会议，承接省市领导调研和外县市参观学习35批次。综合应用云平台，社会综合治理模块已投入使用，城市管理模块、公共服务模块已完成开发建设，待测试完善后投入使用。“宁远社管通”APP系统，完成开发并安装到所有网格员手机。普通百姓的“市民云”APP系统完成开发即将投入使用。“智慧宁远”微信公众号已上线运行，并与综合应用云平台相接，全县普通百姓可通过文字、照片、视频等方式，随时随地上报反映非警务类、非上访类问题事件。同时，还整合“12345”公共服务热线、县长信箱等原有政民互动渠道，由平台统一受理，实现信息多渠道汇聚，使事件处置更高效快捷。2016年共受理事件1272件，办结1122件，办结率88.2%。云计算中心初步建成具有大数据量存储，多部门网络汇聚等功能的云计算中心。对城管2万余副井盖、公共设施、管线等城市部件信息进行数据入库处理，初步完成宁远县城市部件信息库建设，将城市部件信息与国土局数字宁远政务版地图数据进行关联，在地图上实现城市部件的信息查询、定位等功能。2016年，还采录人口、房屋、重点场所、矛盾纠纷等各类综合数据的网上信息化、网格精细化管理。为12家职能部门开放共享数据。2016年，宁远县政府门户网站总访问量达168.6万余次，主动公开信息7252条，公众网上申请办件175720件，办结175710件。

（县电子政务办）

政协宁远县委员会

概　　况

中国人民政治协商会议宁远县委员会成立于1984年4月。当月2日至8日，县政协第一届委员会议在县城召开，由中国共产党、中国民主同盟宁远县小组、妇联会、农民、工会、个体商业协会、文化、艺术、科学技术、教育、体育、工商、少数民族、台胞台属、侨属、特邀16个界别人士组成，委员共116人。大会听取并审议政协筹备委员会《关于中国人民政治协商会议宁远县第一届委员会筹备工作报告》，按政协章程选举22名政协常委，从常委中选出政协主席、副主席。此后，政协委员会议每年召开一次。第一届至第三届每届任期三年，从第四届起每届任期五年。所有政协委员列席人大代表会议。县委、政府主要领导分别在政协会议的开幕式、闭幕式上讲话。县委、政府有关部门负责人列席听取政协会议的发言。政协会议的主要任务是：听取并审议政协常务委员会工作报告，听取并审议政协委员会议提案办理情况和提案审查情况的报告，列席县人大代表会议，协商讨论县人民政府工作报告及检察院、法院、计划、财政工作报告。就有关重大问题通过专题发言与县委、政府协商。通过政协会议政治决议，政协常委会工作报告决议和提案工作报告决议。人事变动的选举事项。政协委员会议闭会期间，由政协常务委员会行使职能。2016年，政协宁远县委员会召开16次政协常务委员会议。11月26日到29日召开政协宁远县委员会第九届委员会第一次会议。会议听取县政协第八届委员会常务委员会工作报告和县政协八届常委会关于提案工作情况的报告，听取委员会的协商发言。县委书记刘卫华向大会致贺词并作重要讲话。29日上午，县政协第九届委员会第一次会议，举手表决通过选举办法，投票选举产生第九届县政协主席、副主席、秘书长和常务委员。

县政协主席会议

2016年，中国人民政治协商会议宁远县委员会主席会议召开12次。

2016年2月1日，宁远县政协召开2016年度第1次主席会议。会议主要协商县政协换届有关事项。

2016年2月2日，宁远县政协召开主席扩大会议暨全体干部职工会议，会议主要内容是传达县委、县政府关于禁放烟花爆竹文件精神及推优评先和部署春节期间的作风建设等工作。

2016年2月27日，宁远县政协召开2016年度第3次主席会议。会议主要协商公车改革的有关事项。

2016年3月29日，宁远县政协召开2016年度第四次主席会议。会议主要协商2016年政协工作要点和机关干部工作安排。

2016年4月6日，宁远县政协召开2016年第五次主席会议。会议主要协商研究扶贫工作。研究机关干部作风和廉政纪律工作。

2016年5月10日，宁远县政协召开2016年度第六次主席会议。会议主要研究课题调研开展情况。

2016年6月14日，宁远县政协召开2016年度第七次主席会议。会议主要协商宁远县2016年财政收支预算方案。

2016年7月20日，宁远县政协召开2016年度第八次主席会议。会议主要协商安全生产工作。

2016年8月3日，宁远县政协召开2016年度第九次主席会议。会议主要研究宁远县政协九届一次会议筹备工作。

2016年10月8日，宁远县政协召开2016年度第十次主席会议。会议主要研究重点提案工作和研究政协换届选举筹备工作。

2016年11月14日，宁远县政协召开2016年度第十一次主席会议。会议主要研究政协九届一次会议相关工作和专题研究安全生产工作。

2016年12月6日，宁远县政协召开2016年度第十二次主席会议。会议主要研究政协换届选举后的相关工作。

政协履职

■政治协商 2016年，政协宁远县委员会，按照“协商在党委决策之前、人大审议通过之前、政府决定实施之前”的“三在前”原则，通过大会协商发言、列席或出席会议等途径，对宁远县改革发展中的综合性，前瞻性问题，开展协商、议政建言，政协宁远县八届四次会议期间，全县政协委员围绕“一府两院”的报告，以联组讨论，协商座谈，提出提案等形式，建言献策，提出意见建议110余条。2016年，县政协围绕城区交通、群众就医、养老机构建设、师德师风建设等全县经济社会发展中的热点问题和人民群众关心的焦点问题，开展专题协商和重点协商，提高协商的针对性的建言的精准性，提出许多建设性意见和建议，为科学民主决策提供参考。

■参政议政 2016年，县政协通过开展调研、反映社情民意、落实中心工作、参政议政，为宁远县民生改善、县城发展贡献力量。2016年，县政协各专业委员会组织政协委员，围绕群众看病难、药费高、电子商务发展、美丽乡村建设、城中村改造与发展等课题，先后开展12次重点调研，提出一些具有前瞻性、可行性、可操作性的意见和建议，受到有关部门的关注。2016年，向上级政协组织和有关部门报送各类社情民意和信息60多条，提出建设性意见200余条，得到上级政协和有关部门的采纳。2016年，县政协领导班子成员主动融入全县各项中心工作，深入到所联系的重点项目、乡镇、村和社区开展工作。特别是推进扶贫开发，从制定发展规划到筹集资金，主动牵头，亲自协调，开展精准扶贫。县政协还注重激发和调动社会各界人士的智慧和力量，引导各政协委员投身宁远县改革发展，鼓励和邀请政协委员参加调研考察活动，主动为委员们参政议政提供平台。2016年配合省市和兄弟县政协先后开展湘菜产业发展、民办教育发展、乡镇政协工委建设等10个课题调研，受到各级领导好评。县政协领导还积极参与全县人大接访活动，认真做好平息情绪、化解矛盾工作，为维护宁远社会和谐稳定作出努力。

■民主监督 2016年，县政协精心组织政协委员的视察活动，加大视察活动的力度。通过提案督办视察，调研视察等途径，围绕社会关注、群众关心的问题，开展16次专项视察活动。政协委员们在视察中，提出70多条综合性意见建议。同时，还组织开展特约监督，加强对特约监督员的选派与管理。是年，向全县有关部门和单位派出38名特约监督员，为改进部门和单位的工作作风，优化宁远县发展环境发挥积极作用。

■提案办理 2016年，县政协切实抓好提案办理的各个环节，通过重点提案领导督办、提案委协调督办、委员参与督办等途径，增强提案办理的效果。同时加大对重点提案和委员大会发言建议的办理力度，采取提案办理与开展视察相结合的方式，对政协八届四次会议委员大会发言的重点提案，进行集中督办。是年8月，县政协八届四次会议征集的62件委员提案已全部办理完毕，办复率100%，委员对提案的满意度达98%。

■文史工作 2016年，县政协文史委扎实开展重点课题研究，为宁远县精准扶贫谋划新路径，发挥文化教育的治本作用，推进精准扶贫工作，是一项十分紧迫和具有现实意义的课题。文史委组织部分市、县政协委员，成立调研组，对文化教育精准扶贫进行了重点调研，形成了《扶贫先扶智，治穷必治本》的调研报告，报告在县政协九届一次会议上发言，引起了县委、县政府的高度重视。同时，我们还配合市政协做好了非物质文化遗产保护、文化产业发展两个课题的调研。并参与组织政协委员参与了教师招聘、高考、城乡整洁行动、视察县检察院、县法院、县养老体系建设。精心做好文史资料工作，采取专题约稿、查阅资料、登门拜访等形式，完成《二十世纪永州名人》宁远籍名人、农业文化遗产、“知青史”、“文革史”资料的收集整理，全年共整理文史资料10余万字，收集文史图片100余幅。组织开展摄影书画创作交流活动，6、7月组织县政协书画摄影联谊会的书画家到湾井镇、九疑山瑶族乡采风创作，并协助举办了“小康宁远·美丽乡村”摄影作品展，展出了40位摄影爱好者的70多幅作品，以艺术的角度展示宁远县开展美丽乡村建设活动后优美的生态环境。

（县政协办公室）

群众团体

宁远县总工会

■概况 1926年9月，宁远县总工会筹备处成立，11月成立宁远县总工会。1949年11月，成立宁远县总工会筹备委员会。1950年12月，召开宁远县首届工会会员代表大会。是时，基层工会6个。1954年3月，县总工会改称县工会联合会。“文化大革命”初期，工会机构瘫痪。1968年5月，成立宁远县职工代表委员会，代行县工会职权。1969年11月县职工代表委员会并入县革委群工组。1973年6月，召开宁远县第八届工会会员代表大会，恢复宁远县总工会，各基层工会随之恢复。1978年，宁远县总工会内设办公室、女工联、财会股。1984年，总工会内增设组宣股。1992年，宁远县总工会内设办公室、组宣部、女职委、财务部。至2003年，内设机构及人员编制时有变化。2016年，宁远县总工会内设机构有：办公室（加挂县总工会经费审查委员会办公室牌子）、组织宣教部、维权部。行政编制8人，工勤人员事业编1人。2016年，宁远县总工会获县综合绩效考核优秀单位，安全生产工作先进单位、招商引资工作先进单位。永州市总工会考评，宁远县总工会由“三星级”工会跃升为“四星级”工会，并获“永州市文明单位”称号。

■创建新农村工会组建形式 2016年，总工会制定并下发《关于开展农民工入会的实施方案》，对乡镇（街道）农民工建会工作进行考核奖励，同时，发挥工会维护农民工权益的作用，吸引农民工参加工会组织。2016年，新建农民工工会组织62家，发展会员2713人。

■发挥工业园区工会作用 2016年完善工业园区职工维权帮扶工作机制和功能，新增企业工会组织3家，园区工会组建率100%。

■组建基层工会班子 2016年指导基层工会，严格按照议程，召开职工大会，选举产生新一届工会领导班子。是年，共调整规范10家行政事业单位工会领导班子。

■工会组织建设规范化 2016年，宁远县仁和镇申报为省级“六好”乡镇街道工会。宁远县司法局、宁远县人民医院、宁远县电力公司、宁远县福嘉有色有限发展公司等申报市级“模范职工之家”。

■维护职工合法权益 2016年，维护职工合法权益，以服务职工为主线。元旦、春节期间，慰问困难劳模和劳动岗位一线职工661人，发放慰问金45万元，其中困难女职工266人。3月，会同人社局举办各类春风行动招聘会3场，成功签约1300余人。8月，给600多名在高温岗位职工，送上饮料、毛巾、十滴水等防暑用品3万余元。9月，资助困难学生36人，发放助学金7.1万余元。组织社会捐资助学125人。当年，全县135个单位，7642人参加医疗互助，收缴互助金56.247万元，全年共报账367人次，发放互助金62万元；调处劳动纠纷4起；开展工资专项集体合同履约行动，集体合同和工资集体合同签订率达98%以上，女职工权益保护专项集体合同签订率达95%以上；开展拖欠农民工工次清理专项行动，为农民工追回拖欠工资310万元。

■再就业帮扶工作 2016年，宁远县总工会，联合相关职能部门举办培训班352期，培训各类产业工人11560名。7月，启动劳模生活状况模底调查，澄清底子，实行劳模管理常态化。同时，开展“双联”工作，调整宁远县“双联”工作领导小组成员，下发2016年工作方案及考核细则，县级领导及县直单位负责人联系困难企业13家，结对帮扶困难职工278户。

■职工劳动竞赛及文体活动 2016年，宁远县人民政府下发了《宁远县职工关于开展劳动竞赛活动方案》，举办电力维护、汽车修理、人员护理、金融技能等各种技能活动，参与单位58个，参与职工2万余人。赛后，选送宁远县交通局、宁远县旅游建设投资公司、宁远县电力公司、宁远县人民医院等4支代表队参加永州市工匠劳动技能比赛。宁远县交通局职工杨迪勇夺得汽车修理第一名。宁远县先后举办女职工跳绳比赛、工间操比赛、智跑比赛、职工排球赛、职工文艺晚会、京剧表演、劳动模范参观考察九嶷山旅游项目、及单身职工交流会等大型活动10余场次，参与职工达4000余人。县工会职工代表队参加永州市职工智跑比赛获第一名。

（县总工会）

共青团县委

■概况 1926年，中国共产主义青年团宁远特支成立，有团员4人，隶属共青团衡阳地委领导。“马日事变”后，共青团宁远特支遭到破坏。新中国成立后，改称中国新民主主义青年团。1950年3月，新民主主义青年团宁远县工作委员会成立。1954年更名为新民主主义青年团宁远县委员会。1957年5月更名为共产主义青年团宁远县委员会。“文化大革命”初期，团组织活动停止。1968年3月至1972年4月，共青团工作由革委群众工作组代行。1972年5月1日，召开共青团宁远县第八次代表大会，成立新的团县委，恢复共青团各级组织活动。1978年，中国共产主义青年团宁远县委会（简称团县委）内设办公室、组宣部、活动部。至2003年，团县委内设综合性办公室（加挂县希望工程工作办公室牌子）。2016年，团县委内设综合性办公室，有编制5人。2016年，荣获湖南省“三下乡优秀团委”和“永州市思想宣传工作先进团委”荣誉称号。成功创建“湖南省青年之家”、“湖南省安全生产青年示范岗”。

■青少年思想道德建设 2016年，团县委注重室内教育与室外活动相结合的形式开展思想教育宣传活动。组织青少年到水市烈士陵园进行爱国主义教育，到舜德书院进行人文教育，到残疾特殊学校进行感恩教育，利用主题团队活动，开展社会主义核心价值观、“做一个有道德的人”教育活动，组织学雷锋志愿者行动，以行促学，组织少先队员、团员、青年、团队干部观看电影《百团大战》《古田会议》等影片；组织开展纪念少先队建队67周年及《红领巾心向党》等系列教育活动，加强青少年思想道德建设。同时，用新媒体牵线搭桥，组建120余人的网络宣传队员，把引导、交流、服务有效结合。围绕共青团湖南省委、共青团永州市委关于“学校学生暴力、爱团爱党、道德教育”等网宣要点，突出加强网络正面宣传引导。发掘宣传、推选一批“宁远好青年”“最美基层团员、团干”“青年岗位能手”“青年文明号”等先进典型，开展“青春路上好故事”先进事迹展播，召开纪念“五四”运动97周年暨表彰大会，表彰25个先进集体和56名先进个人。

■希望工程 2016年，探索“微爱众筹”的资助模式，携手君毅财富等社会企业走进贫困村、贫困家庭，慰问贫困孤儿。全年筹集各类爱心助学、资助善款62万余元，全部用于直接资助350名留守儿童、贫困学生及大学新生。开展希望工程“一元捐”及救助患病学生等各类帮扶帮困活动。牵头组织全县相关部门共同开展“关爱留守儿童，携手助梦飞翔”主题活动，构建关爱体系。联合湖南师大“三下乡”队伍，深入太平镇岭头源完小开展义务支教活动。

■青年志愿者工作 2016年，推行社区志愿者注册登记制度，全年共注册志愿者1000余人。舂陵社区创建为省级“雷锋号”志愿者工作站。组织爱心人士及青年志愿者关心关爱宁远县30余名残疾儿童行动5次，走访慰问敬老院老人，福利院儿童4次，送去物资价值2万余元。国庆期间，在下灌景区设置青年志愿者服务站，青年志愿者在景区进行文明劝导、协助景区工作人员做好卫生保洁等工作。为游客提供旅游咨询、应急服务等。牵手县人民医院，农业委、就业服务中心、创业商会等单位和团体，共同组织青年志愿者服务队，多次到山区开展扶贫帮助活动。组织青年志愿者团队，实地拍摄记录贫困学生情况，制作爱心公益视频，利用公益晚会等方式筹措扶贫帮困资金10万元。组织青年企业家代表深入中和镇西江源、鲤溪镇雷家源等扶贫村，为贫困户家庭送去慰问品和慰问金共2万元。

■维护青少年合法权益 2016年，扎实做好预防青少年违法犯罪和未成年人保护工作。开展“青少年远离毒品”流动车进校园、进社区禁毒宣传教育活动；开展“6. 26”国际禁毒日宣传活动，发放宣传折页、宣传单1万余份，宣传画报500余张，开展禁毒讲座15期。运用“官方微信”不定时推送“禁毒小课堂”“秒辩毒品”等信息。开展“国家宪法日”“法制宣传月”青少年观摩庭审等活动，发放“两法”宣传资料7000余份，展出展版50余块。同时，积极促进青年创业就业。成功举办“宁远创翼”全县青年电商大赛，组织青年电商代表参加永州市电商大赛，有4家企业和个人进入决赛。开展全县青年创业就业技术技能培训，全年共有240人次接受各种技能培训。

（团县委）

县妇女联合会

■概况 1927年4月，宁远县女界联合会成立。“马日事变”后，被迫解散。1941年6月，宁远县妇女会成立。1950年3月，宁远县妇女联合会筹委会成立，是年8月，宁远县第一次妇女代表大会召开，成立宁远县民主妇女联合会。是年底，各区、乡建立妇联组织。1957年10月，宁远县民主妇女联合会改称宁远县妇女联合会，区、社妇女组织随之健全，至1965年，宁远县的行政组织区、人民公社、生产大队、生产队，均有妇女组织。“文化大革命”开始后，妇联组织瘫痪。1973年，恢复妇女联合会，各级妇女组织随之恢复。1978年至1984年，县妇联无内设机构。1985年起，县妇联内设办公室、组宣部、维权部、托幼办。2002年，宁远县妇女联合会内设办公室（加挂组宣部牌子）权益部、少儿部（加挂妇女儿童工作委员会办公室牌子）。2003年，宁远县有乡镇妇联组织17个，县直单位妇联组织76个，村妇女组织687个。2016年，宁远县有乡镇街道妇联组织20个，县直单位（含非公经济组织）妇女组织113个，村妇联组织422个。

■培养选拔妇女干部 2016年，宁远县乡镇村妇联进行换届，县直单位妇联也进行换届，期间成立12个系统妇工委。同时，以县委组织部文件下发了《关于坚持党建带妇建，加强基层妇联组织建设的实施意见》。解决乡镇村（社区）机关企事业单位的妇联组织工作的经费问题。提出乡镇妇联主席由乡镇领导班子成员兼任，并至少配备一名专职副主席。宁远县20个乡镇（街道）全部按标准配齐妇女干部。班子成员兼任妇联主席，享受同级党政领导副级待遇，专职副主席享受同级中层干部待遇。村（社区）妇联主席享受村“两委”干部待遇。机关事业单位妇委会主任按不低于本单位内设机构负责人的任职条件配备，享受所在单位内设机构负责人的待遇。

■维护妇女儿童合法权益 2016年，“三八”维权周期间，县妇联联合县农委、卫计、司法等部门在城乡开展维权宣传活动，现场发放种子、杀虫剂等农资，为广大群众免费体检，发放《反家庭暴力法》、禁毒知识小册子等宣传资料40000余份，宣传展板4期，现场接待咨询群众4800余人。受理来信来访，咨询300多人次，处理120起，信访处理率为98%。5月，召开妇女儿童工作委员会成员单位会议，专题总结上一轮《妇女儿童发展规划》实施情况，安排部署新一轮规划编制工作。宁远县人民政府，表彰实施妇女儿童发展规划（2011～2015年）先进集体和先进个人各10名。2016年，县妇联法律援助工作站为妇女解答法律咨询，提供法律援助100余人次。2016年宁远县财政拨款8万元工作经费，聘请专职调解员，接待婚姻家庭咨询260人次，调解婚姻家庭矛盾104对。妇儿工委成员到社会福利院、特殊教育学校、机关幼儿园、乡村小学、幼儿园等看望少年儿童，并为留守儿童捐款捐物。县妇联还组织12个农村学校的200名农村留守儿童到舜帝陵广场参加大型孝道文化教育活动。建起宁远县首个关爱留守儿童“知心屋”，总投资10万元，有专职人员管理。发动30名爱心人士与40名贫困学生结对，资助资金物资等12万元。邀请县人民医院的专家志愿者团队，进校园开展预防儿童意外伤害及自救知识讲座活动。开展农村适龄妇女“两癌”免费检查，共检查10522人，投入经费120万元。向县财政争取10万元为5000名农村低保妇女，建档立卡，投保“两癌”保险。同时发动妇女群众购买安康保险。

■巾帼建功 2016年3月，宁远县妇联组织召开“女创客女村官”座谈会，搭建“企业联村联户”平台。邀请有关部门的领导与女企业家、女村官就如何用好国家政策，发展经济，带动贫困妇女就业脱贫展开互动。达成张春荣九嶷兔业发展有限公司与鲁观村20多名妇女、琵琶岗村300多户家庭的养兔扶持协议。樊智乐的易田农村淘宝电商平台，带动14个农村女性，加入农村淘宝电商，50户女性加盟土特产供应商，为电商平台长期提供农副产品。是年，召开宁远县女企业家协会成立大会，同时创建微信群，搭建女企业家协会会员与新型职业女农民的交流合作平台，引领妇女们在不同领域奋发图强，建功立业，为社会作贡献。

■妇女就业 2016年，县妇联联合就业局举办6期月嫂培训班，其中一期到农村开展培训，共培训320人，全部推荐就业，其中15人，推荐到广东省就业，一名学员参加东莞市月嫂比赛，获银奖。是年，县妇联联合县农委举办宁远县首届新型职业女农民培训班，培训50名。特邀湖南商学院教授，湖南思洋信息技术有限公司总裁熊苹授课。开展“春风送岗位”行动，招聘现场发放资料30000余份，提供就业岗位8000余个。发放妇女小额担保贷款1900万元，扶持带动260名妇女创业就业。

■文明家庭创建 宁远县妇联，结合寻找“最美家庭”活动，联合县文明办、县教育局、县文广新局等单位，举办首届家庭才艺大赛、家风家训故事讲座等活动，推进家庭文明建设。开展“星级文明户”创建评选活动。2016 年共创评，县、乡、村三级文明户21000 多户。组建“巾帼文明劝导员”“妈妈禁毒联盟”“巾帼律师社区行”等巾帼志愿者行动，引导妇女参与到创建“文明县城”“文明家庭”的行动中来，当好文明家庭的创建者。

（县妇联）

县归国华侨联合会

■概况 2016 年 10 月，宁远县召开第一次归侨侨眷代表大会，选举产生主席、副主席、秘书长，编制定编 5 人。首次实现宁远县侨联“有牌子、有人员、有经费、有场地、有活动的五有”目标。

■侨联工作 2016 年，宁远县侨联，先后开展归国留学人员、侨资企业、贫困归侨侨眷生产和生活状况等专项调查。走访慰问归侨侨眷 40 户，送慰问金 1.6 万元。上报省侨联“千侨帮千户”工程扶助对象17 户。走访调研 3 所侨心小学，并为学校解决用电等实际问题。适逢县人大、县政协换届选举，县侨联主动汇报，积极工作，现县侨联 9 个委员中有 1 个县党代表，2 个县人大代表、3 个县政协委员。11 月，美国旧金山湾区湖南同乡会华人科学家黄厚斌先生、企业家于海燕女士等一行 4 人，来宁远县一中，举行励志报告会，和优秀贫困学生进行交流互动。

（县侨联）

县工商业联合会

■概况 1953 年 1 月，宁远县工商联合会成立。分别在城关、水市、禾亭、柏家坪等地成立工商联合分会。在湾井、太平、中和等地建立工商办事处。“文化大革命”中，宁远县工商联组织撤销。1986 年 7 月，恢复宁远县工商联合会（简称工商联）。1987 年 9 月至1996 年 10 月，举行第四、第五、第六届工商业联合会会员代表大会。每届大会均选举产生工商联执行委员、执行常委、正副会长。2016 年 5 月，召开宁远县工商业联合会第九次会员代表大会。大会通过工作报告，选出新的领导班子。选举产生工商联主席 1 人、副主席 11 人，执行委员 149 人。2016 年，有工商联会员 1676人，其中企业会员 189 人，团体会员 32 人，个人会员1455 人。

■参与“四同创建”（“同心园区、同心项目、同心社区、同心乡村”） 2016 年，工商联班子成员，参与“四同创建”调研活动，引领非公经济人士参与创建工作。共同商定创建示范点。组织宁远县非公经济人士，特别是党外专家学者，就如何创建“四同工程”，建言献策，实施“引资引智”行动，实施“万企联村”行动。引导非公企业与“同心乡村”共赢发展，以“公司+农户”、村民带地入股、培训就业等多种形式，带动村民脱贫致富，实现企业创收，农民增收，创建项目取得实效。2016 年，有市级“四同创建”示范点 2 个，县级“四同创建”示范点 9 个。

■万企帮万村活动 2016 年 1 月，全国工商联，国务院扶贫办、中国光彩会联合下发《关于深入推进“万企帮万村”精准扶贫行动实施意见》，要求各级工商联组织民营企业开展“万企帮万村”精准扶贫行动。5 月，宁远县工商联，向全县非公经济人士发出倡议，积极参与“万企帮万村”做宁远精准扶贫带头人，为建设开放、文明、富裕、和谐、幸福“宁远”作出新贡献。并成立县“万企帮万村”领导小组，联合县扶贫移民局、县总商会制定行动方案。非公企业参与贫困村基础设施建设及公共服务，牵头组建或参与管理农村专业合作社，企业家为结对村引入更多扶贫资源，组织企业员工，开展志愿服务。企业在结对村设立产业帮扶基金，帮助农户发展生产。永州和荣投资有限公司结对帮扶九嶷山瑶族乡新塘村，全村流转土地400余亩，投资1000万元，分别建成百亩葡萄产业园基地、百亩荷花产业基地、百亩台湾风情水果种植基地和60亩水产养殖基地。宁远舜灵开发有限公司，联系九疑山瑶族乡牛头江村对接九嶷山——三分石景区项目进行整体开发，投资1.7亿元，对所有瑶族山寨全部纳入景区整体开发范围，扩造“九嶷山和舜文化”旅游精品工程。2016年宁远县发放非公经济组织扶贫小额贷款18447.5万元，参与企业57家。有10家非公企业与10个贫困村建立结对帮扶关系，先后为结对帮扶村投入资金和实物2500万元，落实帮扶项目70多个。县工商联为中和镇砠江村筹资3万元，协调各部门出资150万元为该村硬化村道4.3公里。

■光彩事业 2016年，宁远县工商业联合会，继续开展光彩事业主题活动。县非公有制经济人士共捐赠各类资金100万元。同时，开展暖阳工程，县总商会筹资1万元，走访慰问太平镇完全小学50名留守儿童。县工商联为柏家坪镇中学、双井圩完小的贫困学生各捐款4000元。县霖轩房地产开发有限公司为五龙山瑶族乡完全小学的学生，捐赠书包等学习用品120件，校服120套，图书1000余册。

■组织建设 2016年，召开宁远县工商联（总商会）第九次会员代表大会，选出新的领导班子。认真贯彻落实湖南省工商联《关于创建“五好”县级工商联建设示范点的实施意见》，狠抓乡镇（街道）商会建设。各乡镇（街道）商会按照“五有”标准（有场所、有设施、有标志、有书报、有制度），推进活动场所规范化建设，20个乡镇（街道）商会，全部达标。是年，县工商联被全国工商联确定为全国“五好”县级工商联建设示范点。2016年加强基层商会组织建设，太平镇下坠商会在县民政局完成注册工作，成功召开第一次会员代表大会，27家会员企业，100多名会员参加会议，选举商会班子，通过章程和经费管理办法。县工商联进一步规范20个乡镇（街道）商会，1个村级商会，1个责任区商会，9个行业商（协）会，27个宁远异地商会和异地宁远商会。2016年，宁远县有工商联会员1676人，比2015年增加152人，增幅9.9%。其中企业会员189人，比2015年增加20人，增幅11.8%。团体会员32人，比2015年增加2人，增幅6.7%。个体会员1455人，比2015年增加130人，增幅9.8%。企业会员、团体会员、个体会员在会员总数中所占比例分别为11.3%、1.9%、86.8%。会员数量中，规模以上企业的比例达71%。

（县工商联）

县残疾人联合会

■概况 1991年5月，宁远县残疾人联合会成立，归口县民政局管理。8月，全县所有乡（镇）行政村先后成立乡（镇）村残疾人联合会。据1991年12月调查，宁远县有符合国家标准的五类残疾人32512人，占全县总人口的4.6%。1994年3月，宁远县人民政府成立残疾人工作委员会，由政府办、宣传部、财政局、卫生局、民政局、工商局、税务局、劳动局等22个县直单位负责组成，分管民政工作的副县长兼任主任。1997年7月，县残联从民政局析出，为正科级单位，下设宁远县残疾人劳动就业服务社和宁远县残疾人用品用具服务站。2003年，宁远县有符合国家标准的六类残疾人39500人，占总人口的5.1%。2016年，全县残疾人联合会编制由原来5人调整为22人（含残联8人、残疾人服务社14人）为全额拨款事业编制。据调查，2016年，宁远县有符合国家标准的六类残疾人15360人。

■残疾人康复 2016年，宁远县完成脑瘫儿童康复16名，孤独症儿童康复1名，智力儿童康复8名。安装矫形器8例，大小腿假肢14例。对急需辅助器具的贫困残疾人，实名制登记，建立信息台帐，免费发放残疾人轮椅63台，盲杖32根，腋杖、坐便器、助听器、助行器等辅助器具130多件。2016年经政府采购中心，采购轮椅66台、坐厕椅23件、拐杖和腋杖72副、助听器32个。还对100名贫困精神病患者，每人实施价值600元的免费医疗救助，为10名贫困精神病患者，每人实施价值4000元的免费住院治疗。

■残疾人教育 2016年，县残联会同宁远县教育部门完成未入学适龄残疾人儿童的统计工作。筹措资金5.2万元，支持宁远县特殊教育发展。配合做好宁远县特殊教育学校和永州市特殊教育学校的招生工作，共输送40名残疾人入学就读。配合教育部门对149名重度残疾儿童少年送教上门。选送3名优秀的残疾学生到湖南特教中专就读。对14名高中阶段残疾人学生和困难残疾人家庭子女进行申报资助。对考入大中专院校的15名残疾学生和残疾人家庭子女学生，给予一次性奖励，发放奖励金6万余元。选送6名盲人，参加永州市保健按摩培训。在宁远县水市、冷水等4个乡镇开展残疾人职业技术培训，培训183人。

■残疾人权益保障 2016年，县残联接待残疾人及其亲属来访380人次，98%以上的来信来访，在初信初访后得到妥善解决。省、市交办的信访文件都给予落实和回复。对8名贫困残疾人实施法律援助。残疾人信访件办结率98%。2016年，重新调查宁远县主要公共场所的无障碍设施建设情况，并形成调查报告上报。对县贫困残疾人进行筛查，并筹措资金14万元，扶持20户贫困残疾人家庭实施残疾人家庭无障改造。同时，还开展宁远县残疾人机动轮椅车燃油补贴调查统计，新增下肢残疾人建档立卡，数据录入，让所有残疾人的权益得到保障。

■助残活动 2016年5月13日，组织开展第26次“全国助残月”活动。走访慰问县特殊教育学校，为学生们送上书包和各种文具。为冷水镇和天堂镇的28名听力障碍老人免费赠送助听器。澳籍华人魏基成夫妇为宁远县听力残障患者捐赠160个助听器。配合中国农工民主党，吴阶平医学基金会检验专项基金会和全国小儿脑瘫康复基金会开展“杏林春雨”走进宁远活动，对95名脑瘫儿童进行筛查、义诊活动，免费输送3名脑瘫儿童到北京进行康复手术。与永州职业技术学院附属医院、爱尔医院联合组织医生对全县20个乡镇（街道）的白内障患者进行筛查，完成白内障复明手术140多例。配合县人社局和县工业园区，组织2场招聘会，帮助22名残疾人实现就业。做好宁远县各用人单位按比例安排残疾人就业年检年审工作，对未能安排残疾人就业的单位，采取财政代扣，地税代征方式征收残疾人就业保障基金220万元。2016年，宁远县新增一个扶持残疾人创业就业基地，扶持15名残疾人创业，发放补贴资金15万元。购买鸡苗、鸭苗，扶持103户贫困残疾人家庭发展生产。开展“连千村帮万户残疾人扶贫工程”，天堂镇天堂村为10名贫困残疾人开展“一帮一”的帮扶工作。县残联自筹资金10万元，对1079名未纳入低保、五保范围的重度残疾人，购买城乡医疗保险，按照90元/人标准，给予补贴。对176户农村贫困残疾人家庭危房改造数据重新进行核实对比，帮助15户贫困残疾人进行危房改造。通过临时救助和年终走访慰问贫困残疾人800多人次，发放慰问金21万余元。

（县残联）

县科学技术协会

■概况 1959年5月，宁远县科学技术委员会和科学技术协会（简称科委和科协）成立。“文化大革命”期间，机构瘫痪，科技人员调走，科技工作停滞。1978年7月，宁远县恢复科学技术委员会。12月，恢复科学技术协会。科委科协合署办公，两块牌子，一套人马。1979年，宁远县科协第一次代表大会选举产生科协正副主席7人，委员53人。1985年3月，宁远县科协单设编制4人。1992年1月，宁远县科协第二次代表大会选举产生科协正副主席5人，委员45人，编制5人，内设综合办公室。2016年，宁远县科协进一步完善基层组织建设，开展科普宣传和科普日活动，创建全国科普示范县等工作有序推进。获中国科协“2016年全国科普日活动优秀组织单位”奖。全国农民科学素质网络知识竞赛活动全省第一名，全国第25名。重华社区成功创建湖南省科普示范社区。宁远“院士专家工作站”获批准并挂牌。

■科普宣传 2016年，宁远县科协印发《宁远县全民科学素质行动计划纲要实施方案》，开展科普宣传，营造全县学科学、用科学的良好氛围。牵头联合团县委、县妇联、县农委、县卫计委等相关部门，采取科普进乡村（社区）、科普进校园、科普进机关、科普进企业等方式发动农民、居民、学生、干部职工参加全国农民科学素质网络知识竞赛活动，参赛人数达30031人次，名列湖南省第1名，全国第25名，《湖南日报》《永州日报》予以报道。在县政府大门前、九亿广场、南门刘家沿河地段等地方，设立30块高标准的科普宣传栏。各街道社区内，建有标准的科普活动室、科普培训室、科普图书室、配备科普宣传栏、科普显示屏、投影仪等科普宣传设备。组织科普志愿者进院落开展科普宣传讲解，定期组织社区居民参加科普培训及科普讲座等活动。创设新媒体科普宣传栏目，与电视台联合开办《科普宁远》专栏，播出时间为每周二20：00~22：00和次日7：30。同时还组织开展科普知识扫码活动，到各企业引导企业员工开展“科普湖南”扫二维码活动，参与人数近万人。

■科技之家 2016年，县科协正式启动创建2016~2020年度“全国科普示范县”工程并获批复。成立由县委书记任顾问、县长任组长、县委常委、宣传部长、县政府分管领导任副组长，相关单位的主要负责人为成员的创建全国科普示范县领导小组。全县20个乡镇（街道）和有关单位签订创建全国科普示范县责任书，确保创建工作组织健全、经费保障、专岗专职，辖区内无恶劣影响的愚昧迷信、伪科学活动，无重大安全责任事故发生，社会综合环境良好科技之家。2016年，成功创建永州市首家“湖南省院士专家工作站”。指导重华社区开展湖南省科普示范社区争创工作，通过申报和认定，重华社区已成功创建为湖南省科普示范社区。帮助宁远县宏源金银花基地、仁江杨梅基地争取省级“基层科普行动计划”项目，获项目以奖代补专项资金20万元。

■全国科普日活动 2016年9月19日，县科协在文庙广场举行全国科普日活动启动仪式，举办大型广场科普活动，设立20个科普展示宣传台，布置展板62块，发放宣传资料10万份。开展科普咨询，科普讲座，科普志愿者“在行动”等活动，展示科技成果及青少年创新作品。活动期间，还开展“科普进校园，点燃创新梦”“科普进社区，科学新生活”“科普进乡村，惠农大行动”及科普开放日等系列分场活动。重华社区组织居民观看科普视频，开展以“绿色环保”为主题的科普讲座。实验小学展示获奖作品及手工制作作品数千件。科协、卫生、农业、畜牧等部门组织 20 多名专家，深入冷水镇，开展以“优生优育、种植、养殖”为主题的科普培训。设立科普宣传服务台，展示最新科技成果 12 项，发放宣传资料 2 万余份，接受咨询 95 人次。免费开展健康检查、义诊 62 人次。免费赠送价值 2 万多元的种子、叶面肥、科普书籍等。被中国科协评为“2016 年全国科普日活动优秀组织单位”。

■基层协会管理 2016 年，宁远县有各类学会、协会组织 78 个。根据中共中央办公厅、国务院办公厅印发《行业协会商会与行政机关脱钩总体方案》的要求，县科协及时召开学会与行政机关脱勾工作会议，要求各学会与行政机关做到“五分离”，即机构分离、职能分离、财务分离、人员分离、党建分离。同时，对各协会、学会是否利用本单位的影响，到处摊派、乱收费的行为进行检查清理，逐步成为依法设立，自主办会，服务为本，治理规范，行为自律的社会组织。8 月，下发《宁远县科学技术协会关于〈宁远县学会理事会换届工作的暂行办法〉的通知》，召开全县学会工作会议，安排布置宁远县各类学会理事会的换届工作，各学会按期召开会员代表大会，及时进行换届选举。是年，学会理事会换届完成 60%。16 个乡镇和 4 个街道办也都建立科协组织。选配分管领导、协会主席和科普员，各行政村、（社区）配备科普员。专门负责科普工作。同时，各乡镇、街道科协，重新组建科普志愿者队伍和农业科技服务队，开展经常性科普活动。

（县科协）

县文学艺术联合会

■概况 1986 年，宁远县文学艺术界联合会成立，下设文学、音乐、美术、戏剧、摄影、书法等协会，配专干 1 名。至 2003 年，共召开三次代表大会，每次均产生新的文联主席、副主席、秘书长和委员，有 10 个专业协会。2016 年 5 月，召开文联第四届委员会第三次代表会，选举何庆为宁远县文联主席。宁远县文联工作，在文艺之家创建、文艺作品创作、书画展览、作者培训、作家采风、对外交流等方面，不少作品获奖，为繁荣宁远文艺创作，丰富人民群众的文化生活。

■文艺之家建设 2016 年，宁远县文联与潇湘画派研究院等筹集资金 10 万元，建起一个高标准书画创作室，供书画作家们活动之用。音乐家协会筹集资金 4 万元，在县城女英路租一层楼房，建起高标准音乐创作室，成立音乐人之家，供音乐爱好者交流、创作。县文联出资帮助作家协会会员姜国平的《下灌的传说》、郑国茂的长篇小说《天地人寰》等出版。邀请《中国建材报》副刊编辑来宁远举办改稿会，帮助宁远作者在国家、省、市等刊物发表作品 100 余篇。办好《九嶷山》杂志，增设反映宁远新栏目，开设会员作品展示栏，全年共刊登文学、摄影、书法、美术等作品 228 件。

■文艺活动 2016 年，宁远县文联开展一系列文艺活动。年初，举办“迎新春·颂宁远”楹联书法大赛；开展“送春联、送全家福”下乡进村活动；举办春节联欢晚会，委派少儿舞苑参加永州市春节联欢晚会开场节目表演。组织舞蹈、曲艺、音乐等协会会员，参加县委、政府主办的春节慰问活动。九嶷山艺术团，金秋艺术团、舜德艺术团等开展送戏下乡、进社区慰问演出活动。县文联与华润（雪花）啤酒有限公司联合举办“雪花勇闯天下”九嶷山发现之旅古建筑摄影活动，收集 1000 多幅作品，选出 40 幅作品进行展出。举行“五一”文艺晚会。开展宁远“艺术进校园”活动。县文联与团县委、新元素文化传媒公司联合举办大型少儿励志公益活动。举办“大众创业、万众创新”书画作品征集活动，征集作品 70 余幅，评选35幅送永州市企业书法家协会展览。举办“迎国庆，游下灌”书法作品展。组织音乐、京剧、曲艺等专业协会的艺术家到下灌完小等学校开展“传统艺术进校园”活动。

■作者培训 2016年4月，召开宁远文艺座谈会，邀请著名画家刘双全进行讲座。5月，书协主席李友茂为宁远企业界书法爱好者作“书法让生活更美好”的主题讲座。9月，邀请著名诗人张泽槐、著名作家郑正辉来宁远进行诗词、小说创作培训，参加培训人员120余人。11月，邀请《中国建材报》副刊部主任郭宗忠、编辑柳枢来宁远为宁远作者举办改稿会。

■作家采风 2016年4月，宁远县文联参与组织“湖南百名摄影家走进九嶷山采风活动”暨“省艺术摄影创作基地”挂牌仪式。10月，九嶷诗社邀请张泽槐、黄春芳、伍志军等著名诗人来九嶷山采风，创作多篇作品，在《永州日报》发表。中央美院卓鹤君等18名教授、研究生，到九嶷山采风创作，现场创作作品30多幅。11月，《中国建材报》副刊部主任郭宗忠、编辑柳枢到九嶷山采风创作。当月，《中国建材报》副刊发表宁远作家何庆的散文《母亲的教诲》、黎成钢散文《九嶷绝岩》等作品。组织宁远县作家、书法、美术、摄影等协会的部分艺术家到九嶷山瑶族乡，太平镇采风创作，创作作品300多篇幅。县作家协会组织部分文学、音乐、书法、美术、摄影家等协会的艺术家到湖南、广东两省采风创作，创作作品70多篇（幅）。是月，全国知名作家50余人，到九嶷山开展“锦绣潇湘，永州发现”采风创作。

■对外交流 2016年3月，宁远县书法家协会与蓝山县书法爱好者共同举办书法笔会活动。宁远县文联，还组织部分会员，到海南三亚、广东连州、湖南江华等地开展交流。12月，县舞蹈家协会、曲艺家协会、组织部分会员，到郴州市北湖区参加第二届瑶族盘王节活动，表演多个优秀节目，获得组委会一致好评。

■作品获奖 2016年，宁远县文联各协会，作品获奖多。曲艺家协会拍摄的微电影《深渊》，在湖南省廉正清风微电影大赛中获省二等奖、市二等奖。微电影《路》获永州市两学一做微电影大赛三等奖。李怡恰、李佑生、徐永宁等的书法作品入围湖南省首届中青年书法展。李佑生书法作品荣获第三届“黄庭坚奖”全国书法大赛奖。黄留中、廖东望、邓建军、肖怡等的书画作品获永州市企业家书画大赛奖。黄留中、邓建中的书法作品获湖南省爱国主义主题书法篆刻大赛奖。

（县文联）

军 事

人民武装

■**概况** 1951年8月，正式成立中国人民解放军湖南省宁远县人民武装部（以下简称人武部），内设政工，军事2科。8个区成立区人武部。1954年8月，县人武部改称兵役局。1959年3月兵役局复称县人武部。1986年5月，县人武部划归地方建制，更名为湖南省宁远县人民武装部，受零陵军分区和中共宁远县委、县政府领导。1996年4月人武部恢复军队建制，复称中国人民解放军湖南省宁远县人民武装部，受中国人民解放军永州军分区和宁远县委，县人民政府双重领导。2003年，部队精简整编，宁远县人武部定编8人，部长、政委各1人，军事、政工、后勤3个科，各2人，17个乡镇基层人武部专职人武干部32名。2016年，被湖南省军区评为全面建设先进单位，被永州军分区评为军事训练、安全管理、新闻工作和后勤管理先进单位。

■**民兵军事训练** 2016年，宁远县民兵骨干和民兵应急分队的训练，先后完成4期328名民兵训练任务。常驻民兵应急分队，按照连队组训模式，按计划实施训练，落实训练常态化要求，编制125人。民兵整组，全县编组基干民兵2900人，实现各专业技术分队布局与战时兵员动员需求相适应。整组期间，先后2次召集全体专武干部进行业务培训，召开3次整组工作推进会，悬挂横幅64条，张贴标语、公告3000余份，群发短信3万余条。县广播电视台每晚20时至21时飞幕宣传整组工作。18至35周岁的男性公民落实兵役登记。

■**政治思想教育** 宁远县人武部同步参加湖南省军区组织的“坚决服从改革大局，忠实履行职能使命”和永州军分区组织的“坚决拥护支持投身改革，正确对待个人进退去留”专题教育，以“明职责、敢担当、有作为，做新一代国防动员人”为主题，组织大讨论谈体会，讲心得，开展专题讨论3次和心得体会展评3次。

■**征兵工作** 2016年5月，宁远县人武部班子成员，深入乡镇（社区）村组，宣讲征兵政策条件，分片对未报名的适龄大学生采取打电话或上门入户的方式，逐一点对点、面对面动员报名。7月，全面部署征兵工作。

■**学生军训** 2016年8~9月，宁远县人武部按照连队组训模式，完成宁远一中、宁远二中、宁远三中和宁远县职业中专4200名学生军训消防演练。

■**拥政爱民** 2016年，宁远县人武部官兵在地方参建参治出动400余人次，完成维稳7次，应急救援4次，协助处置突发事件11次。16次深入扶贫点调研制定扶贫计划，协调筹建篮球场1个，机耕道1条，维修加固饮水工程1处，兴建环村水泥路1条。5月5日，人武部官兵到华荣鞋厂瓦窑头附近解救被水围困学生35人。5月10日，出动车辆2台，携带冲锋舟2艘，应急分队12人到天堂镇伞把冲水库援救溺水人员1人。在冷水镇援救溺水人员1人。

（县人武部）

武装警察

■概况 中国人民武装警察部队宁远县中队（简称宁远县武警中队），以强军目标为统领，紧紧围绕“聚思想、敢担当、强素质、有作为”的中队年度工作思路，铸牢军魂，正规秩序，严格管理，狠抓落实，推动部队建设又好又快发展。2016年圆满完成武装押解、联勤武装巡逻和重大会议的安全保卫等临时任务。被评为“2016年度全市反恐怖工作先进基层单位”和“宁远县先进基层政法单位”。

■实战化军事训练 遵照“按纲施训、以人为本、循序渐进、确实安全”的指导思想，注重基础，突出抓体能，抓硬难科目训练，改变训练不均衡现象，提升训练水平，促进部队战斗力提高。年初，中队成立以中队长为组长的训练小组，着力培养“四会”教练员，进行示教作业，提高班长的军事素质，组织指挥能力和授课教学能力。开展评比竞赛，建立训练评比专栏，军事训练龙虎榜，宣传训练中的好人好事。以“每周小会操，每月大比武”的形式，开展班、排、个人之间的训练竞赛；开展评标兵、树典型、建立示范班，在中队掀起比、学、赶、帮、超的训练氛围，练硬“拳头”，打造“利刃”。

■正规化建设 武警中队在正规化建设中，突出“五管”：一是做好表彰模范管，中队干部以身作则，处处模范带头，真正给官兵做出好样子；二是突出重点科学管，始终坚持以人员管理为重点，以“管好干部带好兵，管好骨干带部队”为工作思路，对干部、士官、义务兵采用不同的管理方法，做到因人施管。特别重视新兵的管理工作，开展“五个一遍”和“深知兵、真爱兵”的活动，帮助新兵度过想家关，苦累关和进步观，让新兵尽快适应新环境；三是贴近实际经常管，中队针对存在的问题，抓好人员八小时外的管控，确保人员时刻在位，不失控；四是依靠载体灵活管，中队充分运用“三互”、“双四一”有效载体，形成良好的互管共赢局面；五是抓住安全齐心管，中队坚持把安全工作作为头等大事来抓，注重抓好安全常识教育和警示教育，坚持每周进行一次安全隐患大排查和安全形势分析，增强官兵共抓安全、共抓防范的意识，守住安全发展底线，确保中队又好又快发展。

（县武警中队）

公安消防

■概况 新中国成立后，宁远消防工作由公安局主管。1955年，宁远县有义务消防队18个，林区护林防火委员会72人，防火小组221个，防火突击队18个。1978年县公安局设立消防股，消防员由公安干警义务担任。1983年1月，消防股改为消防中队。纳入中国人民武警部队序列。1984年12月，消防中队改为宁远县公安消防股。1997年5月，消防股升格为宁远消防大队，称中国人民武警部队宁远县消防大队，隶属永州市消防支队。1998年，宁远县成立专职消防队，由消防大队管理。2002年12月，专职消防队撤销。2003年1月，中国人民武装警察部队宁远消防中队成立，与县公安消防大队合署执勤。年底，全县有公安消防大队（中队）1个。2016年，消防大队官兵在全市举行消防比武竞赛中取得第二名。

■火灾及处置情况 2016年，宁远县公安消防大队接火警347起，出动车辆587辆次，出动警力1697人次，抢救被困人员187人，抢救财产价值4988.57万元。火灾处置率达100%，火灾起数下降21.23%，财产损失下降34.45%，未发生一起执勤事故及安全事故。

■消防宣传　2016年，宁远县消防大队以《全民消防安全宣传教育纲要》宣传为抓手，全方位，多层次开展消防宣传。消防宣传进企业、进学校、进社区、进农村、进家庭。依托手机短信、LED显示屏、官方微博等现代电子传媒以及标语、灯箱、广告牌等传统宣传媒介开展消防知识宣传，全县LED显示屏播放标语2500条，设立大型消防宣传牌8块，发送手机短信20万条，发放宣传资料5万份，建设消防宣传一条街，创作消防摄影作品《我们永远在一起》，联合青年本土作家郑明辉创作漫画作品《顺顺溜溜学消防》。县内广播电视开辟《直通119》消防宣传栏，深度报道消防安全知识和典型火灾案例，增强消防工作责任意识，督促指导各单位开展消防安全自查，及时发现和整改火灾隐患。全县20个乡镇（街道）层层落实责任制，建立12家农村消防宣传服务站，构成农村火灾预备、扑救和宣传教育平台。

■消防工作责任制　2016年，县委、县政府及各职能部门的人事职能重新调整合并后，县消安委相应重新调整，分管领导为主任，县政府办、公安、消防、安监、文广、财政、电力、住建、城管、市监等相关单位负责人为成员的消防安全委员会，具体协调消防安全工作。各乡镇（街道）也调整相应领导机构和工作班子。县政府与各职能部门、各乡镇（街道）和消安委成员单位，层层签订消防安全工作责任状。确定重点单位60个，并将监管责任落实到每名监督员。对重点单位实行“户籍化”管理，三项报备和等级管理制度。

■消防安全监督检查　2016年，由“两办”督查室牵头，组织相关单位，对全县20个乡镇（街道）开展2次消防工作专项督查。深入海天商场、工业品批发市场和华荣鞋业等火灾隐患单位进行现场办公，责成建设、城管、安监、工商、工业园等部门配合消防大队，监督整改火灾隐患。共排查单位1283家，发现火灾隐患1695处，责令“三停”15家，临时查封15处，拘留2人。治理消防违法行为53处，整改火灾隐患64处。全县派出所消防监督工作实现常态化，共检查单位3165家，发现整改火灾隐患4869处。全年县安委会组织联合组9个，共排查单位154家，发现火灾隐患221处，整改火灾隐患194处。

■岗位练兵　2016年宁远县消防大队以提高战训基础工作为重点，狠抓业务训练。对中队装备器材和作战能力进行全面评估，进行排烟装备及防护装备实战效能测试。严抓“六熟悉”训练，全年共修订完善预案60份，开展各类演练76次，战评率100%。同时，开展执勤岗位练兵比武、业务技能竞赛活动，加强官兵体能训练，技能训练，全员参训，提高基本素质。以实战为背景，加强想定作业，无预案演练，开展合成训练，不断加强装备人员有机结合。

■队伍建设　2016年，全县有42家重点单位，4个社区和1个居民住宅小区物业管理公司建成微型消防站，发展队员276人，配备灭火器材934件，个人防护装备件276套及手持对讲机138台。消防大队组织培训人员深入各乡镇（街道）开展为期一个月的乡镇长、农村“两委”负责人进行消防安全培训，培训乡镇长38人，村两委负责人1467人。组织专业讲师对县工业园16家密集型企业上门培训，培训员工10000人。县政府先后在冷水、中和、水市、太平、柏家坪、湾井、禾亭等7个镇建立专职消防队，征召28名专职消防员，投入经费60万元组建鲤溪和清水桥镇专职消防队，征召10名专职队员，每名队员均配备个人防护器及灭火救援设备。

（县消防大队）

人民防空

■概况　1978年设立宁远县人

民防空办公室。1980年后，由县人武部国防动员委会办公室代行人防职能。2002年8月，县政府成立专门人防机构——人防办，为副科级行政单位。2016年“十三五”规划人防工程建设，防空警报器统控率、覆盖率、完好率均达到100%。宁远县城区共设警报器16台，实现城区警报音响全覆盖。

■人防宣传教育 宁远县人防办专门召开党组会议，研究制定《2016年人防宣传教育工作》，并组织实施。在“5·12”全国防灾减灾日及11月1日全省防空警报试鸣日，开展一系列人防宣传活动，发放宣传资料5000份，投入宣传经费10万元，城区60%的社区普及人防宣传教育，完成1所学校的宣传示范点。9月27日，在宁远县莲花小学组织《人防小博士》发放仪式，县电视台予以报道。8月26日，在宁远县第一中学协同宁远县人武部组织28个高中班，共1568名师生参与防灾减灾疏散演练，演练采取理论授课，发放《人防小博士》图书和现场疏散演练相结的方式进行。2016年共制作宣传横幅56条、宣传展板30板、发放《人防行政审批指南》等宣传资料10000份，发送手机短信18万条，接受建设单位和市民咨询100人次。

■稽查执法 2016年，宁远县人防办严格审批人防工程易地建设项目，制定分类处置规定，提出分类处置办法。对主动补办已建项目手续的单位和个人，按照在建项目时的收费标准收取，对逃避缴费已建成或未报先建项目的进行罚款。对个别经教育仍不履行人民防空义务的“钉子户”，及时运用行政、司法手段执行。2016年，对8个建设单位进行11次专项执法检查，下达法律文书2份，追缴人防易地建设费275.2万元。针对部分项目审批后又改变规划的，组织联合检查组进行调查走访、现场观察、资料核对、规划复审等方式，进行全面稽查，发现新增建设面积项目4个，对印山花园、兴隆步行街、宁远顺意置业有限责任公司等项目，追缴人防易地建设费116万元。

（县人防办）

法　　治

综　　述

2016年，宁远县以创“五佳基层政法单位·十佳基层政法干警”、全县禁赌、全民禁毒、全县平安家庭创建，三大活动为抓手，深入推进平安、法治宁远和过硬政法队伍建设，为全县经济社会发展创造和谐稳定的社会环境，公平正义的法治环境和优质高效的服务环境。宁远县成功创建为全国“六五”普法法治宣传教育先进县，综治工作获“全省平安县”称号，全省社区矫正中心建设现场推进会在宁远县召开，永州市政治工作形势分析暨政治综治宣传碰头会先后在宁远县召开。涌现出全省维稳工作、国安工作一大批典型。社区矫正、司法公证工作分别在全省工作会议上作典型发言。

法治政府建设

■概况　1990年10月，县政府法制办公室成立。1995年6月，县政府法制办公室并入县政府办公室。后又析出，2002年3月，又重并入政府办，属政府办内设机构。法制办成立后，负责清理县政府历年发布的规范性文件。1993年8月，县政府与44个县直行政执法单位和47个乡镇政府签订行政执法责任书，在全县建立起行政执法监督机制。制定规范性文件备案审查规定、行政执法监督暂行规定、行政性收费实行收支两条线的规定以及行政复议工作程序和制度。2016年，县法制办以《中共中央关于全面推进依法治国若干重大问题的决定》和中共中央、国务院《法治政府建设纲要（2015——2020）》为指导，围绕宁远经济社会发展这个中心，全面推进依法行政，加强法制政府建设。

■行政决策　2016年，宁远县重新修订《宁远县重大行政决策程序规则》，制定《重大行政决策专家咨询制度》《重大行政决策合法性审查制度》《重大行政决策责任追究制度》，健全依法决策机制，落实公众参与、专家论证、风险评估、合法性审查、集体讨论决定重大行政决策程序，推进科学决策、民主决策、依法决策，确保决策制度科学、程序正当、责任明确。是年，全县召开行政决策听证会6次，建立听证代表名录历史记录册，确保听证会无特殊情况不出现雷同代表，保证听证参与者的广泛性、代表性。每一次听证会召开后，都将听证会结论公布在县政府网上。

■规范性文件管理工作　2016年，严格规范性文件计划管理，围绕县委县政府中心工作，按照突出重点，统筹兼顾，急需为先，质量为上的原则，确定规范性文件制定项目，凡未纳入计划又急需制定的，均按要求经县政府主要领导审签后再制发，防止滥发规范性文件。同时严格落实规范性文件合法性审查“三统一”制度。由县法制办对县政府出台的所有规范性文件的合法性进行审查，并出具合法性审查报告，领导签发后出具规范性文件登记通知书，确保规范性文件合法有效。2016年县政府法制办共审查规范性文件草案63件，县政府规范性文件49件，审查县政府工作部门文件85件，提出修改意见940余条。所有规范性文件都由县法制办统一登记、统一编号、统一在县政府网站和《宁远政报》上公布。2016年《宁远政报》发刊十二期，把县政府制定的规范性文件全部公布。还建立健全数据库和网上检索系统。法制办、政府办文秘室、电子政务办三个部门积极协调，建立健全县政府规范性文件数据库和网上检索系统。2016年宁远县根据相关要求，对2011年以来的规范性文件，进行专项清理，共清理规范性文件191件，其中继续有效的103件，重新修订公布的21件，失效废止的67件。同时，按规定及时将发布、修改、废止规范性文件结果，报送市法制办和县人大常委会备案，接受指导和监督。

■备案审查 2016年，宁远县十分重视维护非公有制经济的合法权益，凡是涉及全县招商引资、重大项目建设的合同起草、审查、签订，必须由县法制办审查把关，不经法制办审查把关不能签订；凡是涉及公民、法人和社会组织权利义务关系、涉及全县人民群众切身利益的规范性文件的制定，必须由县法制办审查把关，不经县法制办审查把关不能上县长办公会和政府常务会议。

■行政复议 2016年，县政府共受理复议申请12件，其中撤销违法行政行为3件。县法制办在受理案件时，坚持依法立案，秉公办案，对行政复议案件办理过程中发现的违法行政行为坚决撤销不留情。同时，认真办理县政府行政诉讼工作。2016年，县法制办出庭应诉案件8起。注重加强与人民法院的联系沟通，稳妥处置涉诉行政争议，督促各部门自觉执行人民法院已生效的判决、裁决。

■行政审批制度改革 2016年，宁远县大力推进行政审批制度改革，全面落实限时办结制度，对行政审批项目和公共服务项目进行多次清理。所有保留的审批项目，均在宁远政府网上公示。推进政务公开，进一步健全政府信息公开制度，对非涉密政府信息一律公开上网。加大推进财政预决算、重大建设项目、公共资源配置、公益事业建设等重点领域的信息公开，做到在阳光下运行。建立健全应急管理体系，制定和完善各类突出公共事件应急预案，建立健全应急协调联动机制，对突发应急事件做到快速反应，果断处置。

■权力清单和责任清单编制工作 2016年，宁远县深入推行“三清单”制度。对权力清单、责任清单、负面清单进行公示并实行动态管理。县编委办根据新出台的法律法规和各单位的职权变化，及时对相关权力事项进行动态调整。县法制办对各单位上报的责任清单进行认真审查和反复确认，理清与行政职权相对应的责任事项，建立责任清单，明确责任主体。县监察局、县政务中心对各单位行权平台的运行、录入情况，进行督查、通报。

■政府合同管理 2016年，宁远县制定出台《宁远县政府合同管理办法》，重点加强对国有资产、财政资金使用的政府投资、资源开发、招商引资等方面行政机关合同的监管，规范合同管理流程。2016年6月，县法制办制定《宁远县招商引资合同文本》，对县政府招商引资合同进行规范化管理。全面执行事先合法性审查制度，完善行政机关重大合同内部备案、档案管理制度，提升行政机关合同管理规范化水平。

■行政执法工作 2016年，宁远县行政执法工作，配合湖南省行政执法资格考试，对全县所有行政执法人员开展行政执法培训，开展执法监督检查，规范行政执行行为。组成联合检查组，对各乡镇、各部门行政执法情况进行专项监督检查。对检查中发现的问题，及时发出《行政执法监督检查整改通知书》。开展执法案卷评查工作，对全县各行政执法单位行政执法案卷进行评查，并对案卷评查结果进行反馈和通报，作为依法行政考评的重要依据。及时发布行政执法指导案例，提升行政执法的准确、公平、公正。审计机关加大对重点领域、重点单位和重点资金的审计监督力度，监察部门加强廉政监察、执法监察、效能监察，督促政府工作人员廉洁从政。

（县法制办）

公安工作

■概况　1949年11月24日，宁远县人民政府设立公安局。1967年，受“文化大革命”冲击，公安机关处于瘫痪，公安中队改为中国人民解放军建制，由人民武装部领导。是年11月成立中国人民解放军宁远县公、检、法军事管制小组，1968年10月，县革命委员会设立人民保卫组代行公、检、法职能。1973年7月，恢复公安局。1977~1979年，先后恢复和新建柏家坪、水市、禾亭、中和4个派出所。1986年，设立林业公安股。1987年8月17日，接收全县交通管理，成立宁远县公安局交警队，1989年10月增设户政股。1995年10月，组建宁远县公安局巡警大队。1997年6月正式开通“110”报警服务平台。2002年8月，增设宁远县公安局禁毒大队。2003年增设宁远县公安局警务督查队，年底，宁远县公安局内设办公室、户政管理股、公安信息网络安全监察与通信股、法制股、行政财务装备股、政工室等机构。2016年，所属机构有：指挥中心、政工室、警备保障室、法制室、信访室、纪委、刑侦大队、禁毒大队、治安大队、国保大队、经侦大队、网安大队、反恐大队、巡特警大队、人口与出入境管理大队、看守所、拘留所、城南派出所、城北派出所、天堂派出所、水市派出所、九疑山派出所、湾井派出所、冷水派出所、太平派出所、禾亭派出所、仁和派出所、中和派出所、柏家坪派出所、清水桥派出所、鲤溪派出所、五龙山派出所、保安派出所、泠江派出所、桐山派出所、交警大队。2016年，“飓风”行动，收缴整治枪爆物品专项行动、绩效考评，综治考评排名全市前列，被评为“全省公安信访窗口示范单位”“全市公安机关严打盗骗毒亮剑行动标兵单位”。获2016年度全县绩效评估优秀单位、2016年度全县社会管理综合治理工作先进单位、2016年度全县维稳工作先进单位、2016年度全县重点项目优质服务先进单位三等奖、2016年度全县信访工作先进单位、2016年度全县禁毒工作先进单位、2016年度全县法治政府建设工作先进单位、2016年度精准扶贫工作先进单位。

■刑事犯罪活动打击　2016年，开展严打“盗骗毒”“全县禁赌、全民禁毒”“利剑”行动等专项活动。共破获刑事案件701起，刑事拘留759人，逮捕398人，移送起诉881人，取保候审416人，监视居住58人；受理行政案件2731起，行政拘留1595人；追回网上逃犯121人；打掉盗骗团伙12个；打掉黑恶团伙3个；现行命案发7起破7起。破获16年前命案积案1起。捣毁黄赌窝点24个，收缴赌博彩同134台，行政拘留700人，追逃27人。10月8日，开展收缴整治枪爆物品专项行动，共收缴枪支626支，子弹38617发，烟花爆竹1260箱。办理刑事案件117起，刑事拘留51人，取保候审92人，监视居住10人。办理涉枪涉爆行政案件182起，行政拘留56人，罚款126人。

■治安管理和安全保卫　2016年，宁远县开展“六巡”机制：即县级领导带头巡逻、部门单位夜间巡逻、社区干部配合巡逻、乡镇义务巡逻、公安民警专职巡逻、巡特警武警敏感时期联勤巡逻等。健全完善夜巡逻查缉机制，抽调局机关民警和交警开展夜巡逻查缉，每日20时至23时由局机关民警分7个小组在城区夜巡、交警大队2个小组在舜帝广场路口和九嶷南路红绿灯路口设卡盘查。全年道路交通安全隐患排查整治15次，查处各类交通违法2.8万余起，其中醉酒驾驶80余起，饮酒驾驶150余起、刑事拘留65人，行政拘留79人。死亡人数受伤人数与2015年同比分别下降8.8%、13.1%，事故起数、经济损失分别同比上升48.6%、173.1%。建立健全火灾隐患排查整治常态化机制。2016年全县火灾起数、财产损失数同比分别下降21.23%、34.45%，重大火灾事故零发生。开展危爆物品专项整治行动，发现整改安全隐患100余起。收集各类苗头性、预警性情报信息470条，排查、调处各类矛盾纠纷120起，预防群体纠纷械斗30起，化解上访、闹事苗头50次，摸排、送治精神病人32人，接访351人次，办结信访事项126件次，办结率94.59%，化解信访积案5件。

■公安队伍建设 宁远县公安加强执法队伍建设，建立健全网上学法、定期抽考、执法资格考试、随岗培训等制度，提升民警执法素质；开展执法“不作为、慢作为、乱作为”专项治理；重点整治“窗口”服务、接外警、立案、办案等环节不作为、慢作为、乱作为突出问题，限期整改执法问题100项。坚持从严治警、铁腕治警，以零容忍的态度严肃查处违纪违规行为。全年立案一起，对7名民警进行诫勉谈话；对1名派出所长停止执行职务；对3名民警采取禁闭措施。深入开展“雁过拔毛”式腐败问题和“纠四风、治陋习”专项整治，专项督察10次，出动督察人员30人次，督察单位96个次，查处“雁过拔毛”式腐败案件3起，查处人数9人。

■流动人口管理 2016年，建立流动人口计生协会组织。按照党支部+协会、商会+协会、协会+协会、单位+协会的模式抓好流动人口管理。4月20日，宁远县与广东省广州市花都区联合在宁远县召开流动人口服务管理区域协作联席会，双方签订《流动人口服务管理双向协作协议书》和《建立流动人口计生协会有关事项的协议书》。同时，两地建立双边互赢的“四个制度”即：双方协作联席会议制度，信息互通制度，流动人口计划生育技术服务制度，生育关怀救助制度。5月31日至6月4日，宁远县先后在广东深圳龙岗街道、东莞市谢岗镇、广州市花都区新华街道建立三个流动人口计生协会。

（欧霞）

道路交通管理

■概况 1950～1987年4月，宁远县境交通监理归口交通部门。公安机关协助处理重大交通事故。1987年5月，公安机关接管交通监理工作。9月17日，成立交通警察队，具体负责交通监理。1992年3月，交警队升格交警大队，内设办公室，安宣股、车管股，下设城关交警中队，1993年3月，组建冷水、禾亭、柏家坪交警中队，编列二、三、四中队，城关交警中队更名交警一中队。

■规范执法 2016年，宁远县交警大队辖区共接警4270起，处置报警4270起，处理一般程序事故案件151起，重大事故52起（死亡53人，其中上报市支队统计事故11人，非统计事故21人，共计32人），发生一般逃逸案件8起，侦破5起，发生重大逃逸事件4起，侦破2起，处理简易程序908起，自行协商2379起。在交通事故中受伤275人，直接经济损失294400元。行政拘留18人，刑事拘留48人（其中：交通肇事28人，危险驾驶20人），四项指数同比去年分别是：事故起数48.6%，死亡人数-8.8%，受伤人数-13.1%，经济损失173.1%。车管所业务窗口工作量达到30723辆，其中办理注册登记8790辆，转移登记2095辆，变更登记2786辆，抵押登记3139辆，注销登记1632辆，转入业务327辆，档案更正45次，车辆年检8425辆，其他业务3484次。全县机动车保有量达到96680辆，其中大车1611辆，小车27608辆、摩托车65352辆，低速车2105辆，其他5辆。共办理各类驾驶证业务18788件，其中，摩托车初次领证2110人次，增驾496人次，满分学习考试729人次，审验驾驶证4851本。完成全市农村"四冬"生产现场会交通安全保卫；全市美丽乡村建设暨农村精神文明建设推进会交通安全保卫；宁远县下灌旅游景区开园仪式活动交通安全保卫；全省社区矫正中心建设现场推进会交通安全保卫；第二届"中国九嶷山"杯国际公路自行车邀请赛交通安全保卫；宁远县迎接"全市重大项目建设流动现场推进会"交通安全保卫及各项警卫牵引等任务100余起。

■综合整治　2016年突出抓春运道路交通安全，落实春运各项工作措施，开展道路交通安全集中整治，春运机动车及驾驶人临时检查审验工作，开展城区专项整治。"城区夜间巡逻查缉"、"飓风行动"、"查酒驾、毒驾"、"改装电摩整治"、"涉牌涉证整治"、"农村交通法律集中整治"、"打非治违"等专项整治活动。在开展活动中邀请宁远电视台记者随警作战。2016年，共查处各类交通违法行为42580起，其中超速行驶13334起，酒后驾驶219起，醉酒驾驶149起，客车超员149起，闯红灯2179起，涉牌涉证4269起，违法停车11691起，校车超载1起，暂扣证件541本。做好农村道路交通管理工作，充分发挥乡镇党委政府的组织和协调作用，齐抓共管。创新勤务模式，实现城区道路全时段、无缝隙管控。确定城区九嶷路、泠江路为交通"严管街"。交警大队每天派出4个小组，2台警车和4台警用摩托车、从早上7时至晚上12时，对"严管街"巡逻维护交通秩序，指挥疏导交通。开展城区堵点、乱点调研论证，协调争取各方支持，先后对城区主要交叉路口、堵点乱点通过渠化设计、完善基础设施，施行单向通行等措施，不断促进科技化管理在实际工作中的应用，以信息化应用为推手，提升城市交通管理水平和警务效能。

■车辆管理　2016年，共排查危化品运输企业8家、客运企业5家，下发隐患整改通知书27份，与"两客一危"企业签订责任书27份，承诺书503份，确保对"两客一危"车辆源头管控到位。结合"交通违法大清零"行动，督促客运企业及车辆驾驶人，及时处理好交通违法行为。对支队下发的3次以上交通违法行为未处理的车辆，及时抄告相关部门，督促限期尽快处理。对在日常勤务中发现有3次以上交通违法未处理的营运车辆、危险物品运输车及其他车辆，及时告知，督促限期尽快处理。经告知无正当理由超期一个月不接受处理的及时抄告运营部门，建议暂停营运。

■危险路段排查　交警大队联合教育、农机、安监、交通、公路等部门对辖区事故多发点、急弯、隧道、桥梁、涵洞、长下坡等危险路段进行排查。是年，开展事故隐患路段综合排查行动6次，排查隐患10处，下发整改通知书10份，有效遏制重特大道路交通事故的发生。

（李璐）

检察工作

■概况　1955年10月，成立宁远县人民检察院。1967年11月，县公、检、法实行军管。1968年8月，检察院被撤销，检察职权由公安机关行使。1978年7月，恢复县检察院。2010年9月，宁远县检察院搬迁至县城九嶷南路占地面积16849平方米，检察综合技术大楼总建筑面积8315平方米。2016年，有办公室、政工科、侦查监察科、公诉科、反贪污贿赂局、反渎职侵权局、监所检察科、民事行政检察科、控告申诉科、检察技术科、职务犯罪预防科、法警大队、林业检察科、纪检监察室、案件管理中心等15个内设机构。

■批捕和起诉 2016年，共批准逮捕各类刑事案件358件418人，提起公诉673件807人。坚持把严重暴力犯罪和多发性侵财犯罪作为打击重点，批捕故意杀人、强奸、恶势力犯罪案件12件12人，起诉12件13人；批捕“两抢一盗”、诈骗犯罪案件98件125人，起诉121件162人。坚持少捕慎押，对犯罪情节轻微的刑事案依法不批捕174人；完善轻微刑事案件快速办理机制，引导当事人达成刑事和解18次；探索未成年人刑事案件办理新机制，强化对涉罪未成年人的司法保护，设立未成年人刑事检察专干；探索分案审查，附条件不起诉、犯罪记录封存、案后帮教等诉讼模式和办案方法。批捕集资诈骗、贷款诈骗、非法吸收公众款等扰乱金融管理秩序犯罪案件7件8人，起诉11件13人；批捕诈骗、非法经营等扰乱市场秩序犯罪案件6件7人，起诉7件9人。

■职务犯罪查办和预防 2016年突出加强职务犯罪预防工作，先后对6个重点项目开展专项预防工作，针对办案中发现的问题提出检察建议6份，结合办案开展警示宣传教育23次，提供行贿犯罪案查询190次。

■诉讼监督 2016年强化刑事立案侦查监督，对侦查机关应当立案而未立案的监督立案8件10人，追捕12人；追诉7件8人，提出书面纠正意见11件次。强化刑事审判监督，建立检察机关量刑建议，抗诉情况通报等制度，加大对审判活动的监督力度，共提请刑事抗诉5件。

■民事行政 2016年，开展督促行政机关依法履职依法行政工作，共接待民事申述30次，办理督促、支持起诉、民事案件3件、执行监督3件。

■检察队伍建设 检察队伍自身建设以提高业务素质和执法水平为重点，构建本院培训、脱产培训、学历升级的“三级”培训模式，形成系统化教育培训体系。开展岗位练兵、案件质量评比、业务竞赛和专题培训。2016年，共组织干警参加学习培训35人次。实施“AB”岗工作模式，青年干警列席旁听检委会，青年干警轮流接访等一系列制度，培养和锻炼干警的综合素质能力。有5名35岁以下青年干警走上中层岗位。

■监所检查 2016年，重点强化刑罚执行监督，加强派驻监管所检察室规范化建设。对刑罚执行和监管活动中的违法情形提出纠正违法意见8次，消除监管所安全隐患20起。

■反贪污贿赂工作 2016年，共立案查办贪污贿赂案件10件10人，查办渎职侵权案件3件5人。突出查办职务犯罪案件，所办案件中涉及县处级干部1人，正科级干部3人。参与侦查一体化，坚持上下一体联合办案。通过整合各部门力量，增强内部办案合力，立案查办蓝山县厦蓉高速建设协调指挥部贪污、受贿系列案，新田县财政局原局长陈某某受贿案等一批上级交办案件。

■廉政文化建设 2016年宁远县检察院针对检察权的岗位配置和运行特点，建立廉政风险防控机制，加强对检察的监督和制约，防止权力任性。实行集中管理机制，通过案件管理中心，对所有案件进行源头管理，统一分流、集中评查和分案监管。开展案件质量评查，建立自查、复查、评查和综合评析、个案评析、优案评析的“三查三评”制度，执法办案活动逐步从事后监督扩展到事前、事中监督。

（王承松）

法院工作

■概况　1949年11月设宁远县人民政府司法科，主管全县审判工作。1950年6月撤销司法科，成立宁远县人民法院，为全县的审判机关。10月，成立宁远县人民法庭，下设一、二、三分庭。1967年11月至1973年6月，审判职能由军管小组和人保组取代。1973年7月，恢复人民法院，1978年县人民法院内设机构有办公室、刑事审判庭。办公地址在城关镇北正街32号一座老公房内。1987年9月，县法院机关迁到舜陵镇九嶷中路120号新建机关大院办公。2002年4月，执行庭升格为执行局。2008年5月县法院综合性审判大楼建成并投入使用，县法院机关整体迁到九嶷南路现址。

■刑事审判　2016年，宁远县人民法院共审理各类刑事案件694起，结案660件，判处被告人773人。审结“两抢一盗”、诈骗犯罪121件162人。在开展“全县禁赌、全民禁毒”活动中，共审结涉赌、涉毒犯罪案件130件，对138名被告人判处刑罚，对一些初犯、偶犯和未成年犯罪依法从轻、减轻或免予处罚。强化刑事司法人权保障，所有被告人不穿马甲、囚服等具有监管机构标识的服装出庭受审。

■民事审判　2016年，宁远县人民法院受理民商事案件2722件，审结2532件。高质高效审理涉民生案件，审结婚姻家庭、遗产继承、相邻关系纠纷等案件728件，妥善化解家庭邻里矛盾；审结追索劳动报酬、经济补偿、工伤保险等劳动争议案件59件，切实维护弱势群体合法权益。坚持将调解贯穿民事诉讼全过程，通过调解、撤诉方式结案1020件，化解一大批社会矛盾。开展“服务金融专项审判”活动，共受理金融审判案件108件，结案100件，结案标的1000余万元，为辖区金融企业的健康发展提供司法保障。

■行政案件审理　2016年5月1日起，根据永州市中级人民法院关于行政诉讼案件集中管辖试点改革的要求，宁远县法院管辖道县、蓝山、新田三县辖区内第一审行政诉讼案件，宁远县辖区内第一审行政诉讼案件由道县法院管辖。全年，县法院共受理行政诉讼案件75件，审结73件；审查计生、拆除违法建筑等非诉行政执行案件149件，共征收社会抚养费100余万元。

■案件执行　2016年宁远县人民法院受理各类执行案件1284件，结案972件。投入40余万元建成一个执行指挥中心，实现执行过程全程同步，对外出执行活动实时监控，提高执行快速反应能力。10月~12月共执行案件200余件，兑现案款近1000万元。对11名涉嫌拒不执行法院判决裁定犯罪的执行人移交公安机关立案侦查，对2名构成拒执犯罪的被告人判处刑罚。

■审判监督　2016年，宁远县人民法院本着有错必究的原则，依照法律程序，对已经发生法律生效民事案件启动审判监督程序5件，对3件案件进行再审改判。

■司法救助　2016年司法救助，为困难当事人减、缓、免交诉讼费20万元，对10名经济困难的刑事被害人、申请执行人给予司法救助30万元；加强法律援助工作，为26名符合条件的刑事被告人指定辩护律师。

■基础设施建设　2016年，宁远县人民法院推进诉讼服务中心建设，开通12368诉讼服务热线，为群众提供法律咨询、风险告知、诉讼指导、案件查询、诉前调解等“一站式”服务。推进数字化法庭建设，先后投入60余万元在院机关建设两个科技化法庭，可实现对庭审的同步录音录像，并可实现同步网络视频直播。2016年11月22日县委常委会第21次会议决定撤销舜陵法庭、太平法庭、冷水法庭、湾井法庭，新建柏家坪、水市、中和、禾亭、九嶷山五个中心人民法庭，县政府保障25亩建设用地和750万元建设资金，决定由县发改委将该项目纳入2017年全县重点建设项目。

■司法改革 2016年宁远县法院按照省委和上级法院的要求深入推进司法体制改革，推动人员分类管理改革，通过考试、考核等方式遴选出首批41名入额法官；向县委政府争取通过购买服务的方式招聘聘任制书记员37名，基本实现员额法官、法官助理、书记员1∶1∶1的配备比例；同时改革法律文书签发制度，员额法官承办案件的法律文书不再由院庭长签发。针对改革过程中可能存在的廉政风险问题，对全院审判执行各个环节可能存在的廉政风险点进行逐一排查，共排查出廉政风险点40余个，并制定防范和应对措施。

（潘彦军）

司法行政

■概况 1981年3月，成立宁远县司法局。编制15人，实配5人，内设办公室、法律顾问处、公证处，办公地址租用县政府招待所房屋。1983年，设立宁远县司法局拘役所。1984年，县司法局搬迁至城关镇北正街32号院内办公，同年设立指导基层调解工作股、法制教育宣传股。1986年，拘役所停办。1989年5月，司法局搬迁至舜陵镇九嶷南路162号机关院内办公，法律顾问处更名为宁远县律师事务所。1992年，司法局内设办公室、基层调解工作指导股（简称基层工作股）、法制教育宣传股、公证处。1995年全县撤区并乡建镇，是年10月，成立舜陵镇、天堂镇等15个乡镇司法所（棉花坪瑶族乡、桐木漯瑶族乡暂不设所），为股级行政所。1998年7月，司法所的人、财、物正式收归司法局。2016年内设机构有办公室、政工室、基层工作股、律师公证管理股、教育宣传股、社区矫正办、行财装备股、政策法规股、下属机构有公证处法律援助中心、20个乡镇（街道）司法所。归口管理的单位有：湖南舜源泽律师事务所、湖南铭慧律师事务所、湖南盛仁律师事务所、永州舜源司法鉴定所、湖南大鹏法律服务所、湖南舜峰法律服务所、湖南群益法律服务所。2016年，宁远县获全国“六五”普法法制宣传教育先进县；宁远县司法局获全省司法行政系统先进集体、荣立全省司法行政系统专项重要工作集体三等功、获全省优秀青少年法治教育实践基地等多项荣誉，连续6年全市司法行政系统目标管理考核第一，荣获法治政府建设、全面深化改革、社会管理综合治理、调纠先进单位等7项县级表彰，在全县绩效考核中连续四年获得优秀单位。柏家坪、东溪司法所分别被评为“全省模范司法所”“全省规范化司法所”。

■人民调解 2016年，宁远县司法局进一步完善人民调解、行政调解、司法调解联动工作体系，加大医疗、道路交通事故、婚姻家庭、环境治理等行业性、专业性调解组织建设，将人民调解工作纳入社会网格化管理，形成“三调联动”大调解工作格局。各级调解委员会共排查纠纷449次，调处矛盾纠纷5626件，防止民间纠纷转化为刑事案件27件，防止群体性上访63件，防止群体性械斗24件。

■普法工作 2016年，宁远县普法工作着力构建社会化、常态化普法格局。法治宣传教育涵盖全县各个层面、全体公民，普及率100%，让法治成为人民群众的自觉认同和信仰。建立健全干部学法考法制度，2016年，县委中心组以扩大会形式组织各部门主要负责人参加涉法集中学习3次，县委党校举办涉法知识讲座11次，组织包括全县所有县处级干部和副科级以上干部在内的一万余名干部职工参加年度法律知识学习和考试。县普法讲师团、志愿者深入机关、社区、学校、企业、农村举办法治讲座320期，受教育人数20万人次，免费发放普法资料20万份，普法围裙36000条。先后有县市场和质量监督管理局城南分局、安全生产监督管理局、国家税务局纳税服务科、司法局、柏家坪司法所、五龙山瑶族乡人民政府，消防大队成功申报全省依法办事示范窗口单位。

■法律援助　宁远县司法局整合律师、公证、法律援助中心、司法所四支力量，在全省率先建立县公共法律服务中心，在柏家坪、中和、冷水、东溪四个乡镇（街道）建立公共法律服务站，形成“如法网+法律服务+人民调解+社区矫正+公证+司法鉴定”大格局。2016年，法律援助中心共受理各类法律援助案件250件。

■公共法律服务中心（站、点）　2016年前建立20个乡镇（街道）司法所，全部达到市级示范化司法所标准。2016年，整合律师、公证、法律援助中心、司法所四支力量，在全省率先建立县公共法律服务中心，柏家坪镇、中和镇、冷水镇、东溪街道4个公共法律服务站相继建成，完成“如法网+法律服务+人民调解+社区矫正+公证+司法鉴定”大格局。共接听法律服务热线电话280人次，法律援助中心受理各类法律援助案件250件。

■基层法律服务　2016年，宁远县推行律师担任村（社区）法制副主任制度。每个乡镇（街道）安排2~5名律师，每名律师联系5~10个行政村。律师通过开展法制宣传教育、民间纠纷调解等活动，为联系村村民提供实实在在的法律服务。

■公证　2016年，宁远县率先完成县级公证处改制，主动对接上级改革要求，成功将公证处改为独立核算，自收自支的公益二类事业单位，坚持业务拓展与优化服务并重，向服务要效益、实现公证社会效益、经济效益双赢。2016年，共办理公证2672件，业务收入达90万元，司法局在全省的公证改革推进会上作典型发言。

■社区矫正　2016年，开展入矫宣先450人次，有效增强社区服刑人员的法制观念和悔罪意识。同时认真核查，把好入口关，开展审前委托社会调查评估50件，其中、出具建议适用社区矫正意见43例，建议不适用社区矫正意见7例。全县累计接收社区服刑人员2120人，依法解除矫正1386人，截至12月底，在册社区服刑人员709人，矫正成效明显。5月全省社区矫正中心建设现场推进会在宁远召开，司法局作典型发言。

■安置帮教　2016年宁远县司法部门与太平镇鑫农蔬菜种植基地合作，建立宁远县安置帮教基地，累计安置“三无人员”10人，过渡性安置刑释人员，社区矫正人员就业培训320人，组织社区矫正人员参加集中教育培训、社区服务860人次，带动40名社区服刑人员和刑释人员从事蔬菜种植。截至2016年12月底，5年内接收刑满释放人员1161人，3年内解除社区矫正纳入帮教对象583人，共1744人，安置率和帮教率都达到100%。

（彭平胜）

综合经济与管理

发展和改革

■概况 1954年设立计划统计科，管理和编制工、农业生产和商品流动计划。1955年8月，设县计划委员会，主管全县经济计划工作。1968年3月与科委等机构合称计划科技组，是年12月撤销。1969年5月设计划统计组。1973年7月复称计划委员会。内设办公室、劳动工资组、统计科。1979年4月设立劳动局。1980年设统计科、物价科。1983年，机构改革，统计科、物价科析出设局。1987年4月设经济信息中心。1995年增设以工代赈办公室。1995年6月计委与物价局合并，组建计划物价局。11月又分设计划委员会、物价局。2002年3月计划委员会更名为发展计划委员会，物价局并入，保留牌子，内设办公室、综合法规办、项目投资管理办、纪检监察室，编制17人。2004年更名为发展和改革委员会，内设机构未变。2015年增设重点建设项目办公室（含重点建设项目办、以工代赈、重大项目前期办）价格事务中心。

■争取资金与立项目 2016年，向上级争取项目17个，总投资11.27亿元，争取用地指标465亩。积极开展专项建设基金申报，其中申请2017年预算内项目35个，总投资6.07亿元。全县共安排重点建设项目68个，年度计划投资37.78亿元，年底完成投资45亿元，超额完成投资19.1%。完成固定资产投资161亿元，同比增速15%。审批、核准、备案项目共87个，总投资102.62亿元。招投标项目116个，总投资3.22亿元。

■易地扶贫搬迁 2016年，宁远县23个集中安置点均已相继开工建设。其中16个乡镇集中安置点总建筑面积228666平方米，2207套住房，可安置8674人；县城4个集中安置小区总建筑面积68925平方米、624套住房，可安置2677人。

■公车改革 2016年宁远县公车改革，拟定《宁远县党政机关公务用车制度改革车辆处置实施方案》。审核公车改革单位车辆、单位拟处置车辆的封存工作进行顺利。对99个涉改单位公车的实有台数，封存台数，拟拍卖台数，拟报废台数、留存台数进行审核，摸清涉改单位公车的底子。经统计，涉改单位公车409台，拟报废41台，完成车改任务。

（国剑滨）

物价管理

■概况 1950年，由工商科管理物价工作。1955年，由计划委员会管理物价工作。1959年成立物价委员会，“文化大革命”期间机构被撤销。1973年7月，恢复县计划委员会，物价工作由计委负责。1978年，恢复县物价委员会，1984年改称物价局。1987年5月，建立水市、禾亭、柏家坪物价检查站，为物价局下属机构。1992年，增设价格事务所。1995年6月，县物价局与县计划委员会合并为县计划物价局，同年11月，县计划物价局分设为县物价局，县计划委员会。2003

年，宁远县物价局设有办公室、业务股、价格事务所、物价检查所和三个基层物价检查站。2015 年物价局并入发改委。

■价格管理 2016 年，宁远县制定出租汽车劳动价格和污水处理费征收标准。组织实施教育收费检查，进一步规范教育收费行为，全年检查 83 所中小学校，对收取的伙食、作业本费重点检查，预防教育乱收费发生。规范价格收费行为，对医院违价乱收费的 40 万元进行收缴并罚款 9.09 万元。完成各类涉案物监证 263 件，涉案金额 1061.4 万元。出动人数 1500 余人次，发放《价格提醒告诫通知书》1000 份。对全县有资质物业收费的 53 个小区规范性整治，对未经审批收费的宁郡华府、山水城等小区及时下达停止收费通知书，并对审批未完工前收取的物业管理费进行清退。

■市场价格监测 2016 年宁远县农贸市场晚籼米 2.2 元/斤，与上年晚米籼 2.2 元/斤价格持平，早稻米 1.95 元/斤，与上年的 1.95 元/斤价格水平相当。普通面粉和精面粉价格，同比去年同期价格持平。羊肉、牛肉、猪肉除春节和节假日有小幅度上涨，平时价格稳定。食用油价格稳定。桶装金龙鱼精炼一级大豆油 42.9 元/5 升，比往年还低。鲁花花生油和盘中餐油的价格维持去年同期价格不变，没有异常波动。本地蔬菜盛产时节，蔬菜价格较为便宜。平时价格稳定。春节期间 12 公斤装液化气 85~100 元/瓶，（不含运费），平时价格 12 公斤装液化气 60~70 元/瓶（不含运费），宁远县液化气价格处中等价位。建材持续低迷，下半年钢材销售淡季，中钢材价格 3800 元/吨，钢材价格 3600 元/吨，水泥价格 340 元/吨。农资价格，居民公用事业价格保持稳定。

■价格举报 2016 年，宁远县“12358”价格投诉咨询电话受理群众价格咨询举报 102 件，举报案件办结率和咨询回复率均为 100%，清退违法收费 94720 元。

■价格专项检查 2016 年，宁远县为规范房地产小区管理，维持社会稳定，会同房产、街道等单位对房地产开发小区山水城、宁郡华府、锦绣嘉园等，及时制止价格违法行为，清退违法收费 93010.67 元。对宁远县教育收费执行情况重点抽查，学校严格执行教育收费政策。

■价格认证 2016 年，宁远县重新调配具有丰富工作经验的老同志从事价格认定工作，增强价格认证队伍，从人员数量上予以保障。根据上级文件制发价格认定工作管理制度，明确价格认证工作职责和服务内容，规范认证工作管理。重视对涉案物品价格认定人员的培养。在价格认定工作中、客观、公正地为委托者提供价格认定服务，认真对待因价格争议，价格矛盾引起的不和谐的经济关系和人际关系；对群体性事件，协助解释协调配合，对经济纠纷，以政策宣讲耐心引导，对价争议，积极疏导解除疑虑。2016 年，受理价格认定业务总数量 263 件，认定金额 1061.4 万元。其中：刑事案件 230 件，认定金额 783 万元；民事案件 26 件，认定金额 264.2 万元；行政案件 7 件，认定金额 14.2 万元（车辆定损 7 件，认定金额 14.2 万元）。

（县发改委）

审 计 管 理

■概况 1984 年，宁远县审计局成立，内设行政事业审计股和粮贸审计股。1985 年，增设办公室，商贸审计股改为工业企业审计股。后工业企业股分为工交基建审计股、财经贸易审计股。1989 年，增设内审、社审股。至此审计局内设股室为 1 室 4 股。1991 年，新增农业水利股、法制法规股，内设股室扩大为 1 室 6 股。1993

年，复改为1室4股。1998年至1999年，分别增设乡镇财政审计股、经济责任审计股。2002年，内设办公室、经济责任审计设、行政事业外资审计股、财政金融企业审计股，法制基建审计股。2003年12月，内设办公室、法制股、财政金融审计股、行政事业审计股、经济责任审计股、企业外资股。2016年，审计局有内设机构：办公室、经济责任审计室、财政金融审计股、行政事业审计股、企业外资审计股、固定资产投资审计股、审计技术法规股、审计执行股。下属两个机构：县政府投资审计中心和县审计技术服务中心。

■审计工作 2016年，完成审计项目164个（政府投资审计项目128个）。查出管理不规范金额3170万元，违规金额914万元，归还原渠道资金584万元，增收节支622万元。政府投资审计金额为3.98亿元，在财政评审的基础上核减工程价数1965.3万元，核减率为4.93%。

■预算执行审计 2016年，完成对县财政局、地税局（税收征管）、环保局、残联、教育局等5个部门进行预算执行审计。审计中发现：土地出让收入等非税收入未纳入预算管理4877.67万元，工资中心利息收入未缴国库2.11万元，挤占专项资金56万元，部分商品和服务支出未按规定办理政府采购手续16.8万元等问题。

■经济责任审计 2016年完成对林业局、中和镇党委、太平镇党委、二中、交通局、文物局、公安局交警大队、人力资源和社会保障局、司法局、公路局等10个单位主要领导人的任期经济责任审计，查处违规资金863.13万元，违规发放补助3.35万元。

■专项审计 2016年，完成政府投资审计项目128个，审计金额3.98亿元。审减金额1965.3万元。

■行政事业审计 2016年，对人民医院、县发改委、原农办、县一中等10个行政事业单位开展财务收支审计。

■配合上级审计机关工作 2016年，派出6名审计骨干参加永州市审计局组织实施的保障性安居工程交叉审计工作，抽调2人参加省医保审计。

（张文）

统计调查

■概况 1956年6月，设统计科。1958年9月，并入计划委员会。1962年，恢复统计科。1968~1980年，与计划等机构合并。1982年2月，宁远县统计科恢复。1982年初，统计科下设农村抽样调查组。1983年12月，统计科改为统计局。1984年10月，组建宁远县农村抽样调查队，隶属统计局，后改为宁远县农村社会经济调查队。1989年统计局内设办公室，业务股。次年设电子计算站。1992年增设统计法检查股。1996年7月增设城市调查队和统计事务所。2003年，统计局设办公室，业务股。股级事业单位有电子计算站、统计事务所。2016年，统计局辖社会经济调查队（参管），民意调查中心，电子计算站。

■基层统计工作 2016年，新进入统计企业33家，其中规模工业企业17家，有资质的房地产企业5家，限上批发零售住宿餐饮企业6家，规模服务业企业5家。清退不符合联网直报条件单位15家。完成柏家坪镇名录库试点工作。全年基本单位名录库覆盖20个乡镇、街道。

■统计报表工作 2016年，完成GDP135.98万元，增长9.5%；完成规模工业增加值27.99亿元，同比增长8.6%；完成固定资产投资额167.53亿元，同比增长17.4%；完成社会消费品零售总额63.34亿元，同比增长11.9%；完成财政总收入13.75亿元，同比增长16.3%，城镇居民人均可支配收入22144元，同比增长9.9%，农村居民人均可支配收入11755元，同比增长10.6%。

■统计培训 县统计局结合年报、月报、农业普查开展统计业务培训40余次，累计培训统计员3200人次。其中以会代训、专题培训、上门专训等方式培训县级调查员、农村辅助调查员，农村调查户30余次，参训460人次。

■统计执法 2016年，抽查单位6家、企业12家，查出无原始记录和统计台账3起，查出无证从事统计工作2起。并依法对违法单位作出相应处理。

（张堃）

■统计信息化 县调查大队加强内部网站建设管理，由专人负责，每日更新。并组织力量对网站内容、页面设计和既定功能进行优化。成立统计网格与信息安全工作领导小组，制订《宁远调查队信息安全工作应急预案》，组织干部职工参与OA系统试运行，对重大信息、分析材料及政务信息等的采编，召开专题会议进行安排部署，提高信息质量。全年撰写重大信息、分析材料30篇，上级采用21篇，政务信息19篇，总队采用10篇。主动服务地方政府，积极撰写报送包括居民收支、农业生产、农民工监测、畜禽行产等数据分析和经济运行形势分析。

■统计服务 2016年，利用队内网站、县红网、县手机报大众媒体，宣传宁远调查队业务，发布相关统计调查数据，构建协同通信短信交流平台。

（黄明伟）

工商行政管理

■概况 1950年，设工商科。1955年12月撤销。1970年12月，设工商行政管理办公室。1979年宁远县工商行政管理局成立，内设工商企业登记管理股、市场管理股。1994年，工商局内设机构为8股2室1队，下设9个基层工商所。1999年，工商行政管理部门实行省以下垂直管理。2003年，宁远县工商行政管理局设3个直属分局、7个股室、2个社团组织、1个信息中心、9个工商所。2015年，与质监、食药监局合并挂牌，组建宁远县市场和质量监督管理局。2016年，新增市场主体3563户，其中新增各类企业553户，认缴注册资本28.46亿元，截至12月28日共有市场主体14092户，其中个体工商户12119户，各类企业1973户，认缴注册资本100.89亿元。企业注销登记70户；变更登记253户；换照303户；备案345户，企业核准848件。

■经济领域违法行为打击 2016年，县市场和质量监督管理局集中整治仿冒、商业贿赂、有奖销售、行业垄断、限制竞争行为的专项整治。规范直销，打击传销，全年查处违反《合同法》案件3起，有奖销售8起。开展抽验抽检工作451批次。其中生产加工环节风险监测35家90批次（其中合格84批次），流通环节39家240批次，其他30批次，合格28批次。查处各类违章违法案件306起，移交公安机关涉嫌犯罪案件线索6起，公安机关立案6件，其中非法添加食品添加剂3起，假劣药品3起，刑事拘留6人；取缔无证经营企业8家，查处违法广告案件7起。

■食品安全整治 2016年，发放离合器经营许可证782件，立案查处非法添加食品添加剂3起。没收假冒饮料400件，没收过期食品625千克、没收不符合食品法冷冻肉600千克、没收无标签食用油3000余千克、假冒牌大米6吨。检查食用油、米粉经营店和餐饮店670户次，立案查处食用油、米粉违法案12起。

（县市场和质量监督管理局）

质量技术监督

■概况 1978年，为宁远县计量管理所。1986年5月，更名为宁远县标准计量所。1981年1月，更名为宁远县技术监督局。2000年1月，更名为宁远县质量技术监督局，内设办公室、政工股、计量股、标准质量股、监督股、锅特股、稽查队，下辖计量测试所和产品监督检验所。2015年与工商、食品药品监督等局合并为宁远县市场和质量监督管理局。

■质量技术监督 2016年，共计检测样品75样（其中包含食品45次，合格44批次，其它30批次，合格28批次）。对危化品生产企业进行模排、监督检查，发现湘闽电解厂存在冒牌生产高氯酚钾的违法行为，宁远县福嘉有色金属有限公司硫酸成品输送管道裸露无防护设备，废气收集装置管道漏气存在安全隐患等问题，均下达责令改正通知书并限期改正。全年共出动执法人员2157人次，执行车辆487台次，下达责令改正通知书86份。对宁远县泠江路机动车安全技术检验有限公司、宁远县有众机动车检测有限公司和宁远县兴隆机动车检测有限责任公司等3家车检机构逐项进行监督检查，对3家车检站的不符合项目进行限期整改。全年出动执法人员371人次，检查企业101家次，查办案件19起。

■食品安全 2016年，以各类食品生产经营主体为重点，突出清理整治无证经营等违法行为，出动执法人员653人次。检查食品生产经营主体1629户次，责令改正并引导办证15户，立案调查14件，建立网格责任区8个。

■行政执法 2016年，宁远县市场和质量监督管理局立案查处各类违章违法案件306起，移送公安机关涉嫌犯罪案件线索6起，公安机关立案查处6件，其中非法添加食品添加剂3起，假劣药品3起，刑事拘留6人；取缔无证经营企业8家，查处违法广告案件8起，查处《合同法》案件3起，有奖销售案件8起，开展监督抽查451批次，其中生产加工环节风险监测35家90批次，餐饮服务环节18家46批次，流通环节39家240批次，包装食品45批次。执法打假出动执法人员371次，检查企业101家次，查办案件19起。全年出动执法人员4358人次检查各类生产、经销、使用单位584家次，立案34起。

■计量管理 2016年，宁远县市场和质量监督管理局协助省、市计量院、所，对县级医院的CT机、X光机、B超，生化分析仪等计量器具开展强制检定，共检定421台件。县质计所对30台件电子汽车衡、35台件地上衡、吊钩秤、105台件案秤、电子计价秤、17台件天平、195枪加油机、362块压力表、203台血压计、750个电表进行计量检查。

■特种设备安全监察 对到检验周期的特种设备进行定期检验。检验电梯462台、起重机20台，压力容器20台，出动执法人员300人次，共检查80家单位，下达特种设备安全指令书70份，监督检查电梯120台，起重机50台，压力容器110台，大型游乐设施一台（8台碰碰车），锅炉6台，压力管道4200米，查处违法案件8起。

（县市场和质量监督管理局）

市场管理

■概况 宁远县市场服务中心于2000年成立，属正科级事业单位，内设7个股室和13个基层市管所，有干部职工214人，管辖48个国有市场。

■市场开发建设 2016年，投入专项资金20万元，维修、改造柏家坪、双井圩、五龙山、礼仕湾、太平、湾井、梅岗、保和、高峰、重华等市场。投入38万元新建下坠市场标准摊位90个。投入54万元改造杨家岭、高峰、泠江农贸市场。投入15万元在慕投市场新建交易厂棚1200平方米，硬化地面1000平方米；新建水沟500米。

■**市场交易** 2016年，宁远县有农产品交易市场62个，其中有蔬菜、水果和鸡鸭3个临时批发市场。农贸市场59个(国有市场46个，私营市场13个)。市场面积12.2万方米，摊位（柜台）8600余个，年交易额26.84亿元，带动2.4万人就业。全年经济收入500万元，其中市场设施租赁费、交易服务费收入352万元，湖南省财政转移支付收入148万元。同比增长5.09%，上缴税费18.26万元。

■**市场管理** 2016年，建立市场准入、计量、价格制度。完善市场卫生秩序管理和市场保洁、市场公厕管理制度。层层签订责任状，明确职责任务。增设早班和中班组，市管人员无双休日和节假日，中午傍晚轮流值班。全年出动车辆46次，抽调工作人员150人次，开展专项整治8次。取缔占道经营和“马路市场”。规范车辆停放，拆除乱搭乱挂，清理乱堆乱放。

（黄春洪）

安全生产监督

■**概况** 2003年底，设立安全生产监督管理局。2016年，安全生产监督管理局辖安全生产执法监察大队和县安全生产应急救援指挥中心。

■**安全生产** 2016年，组织督查组851个，参加检查人员5180人次，监督检查企事业单位和场所2518家，责令改正、限期整改、停止违法行为969起，责令停产、停业、停止建设13家，关闭非法违法企业16家，处罚罚款13.53万元，排查整改重大隐患386处。全县排查企业3946家（次），消除隐患4200余处。2016年，出动执法人员5191人次，检查生产经营单位2858家，下达执法文书1176份，责令停产、停业43家，取缔关闭20家。其中安监部门立案处罚38起，已到账处罚金额54.1万元。

■**安全生产监督** 2016年，查处烟花爆竹非法生产经营行为500余起，没收烟花爆竹产品2600余件，取缔非法经营网点25家，查获运输车辆5台，行政拘留13人。危化领域查处非法经营行为6起，没收甲醇5000余升，储存罐2个，处罚罚款8.2万元。取缔农村燃气非法代充点。遏制农用车非法载客。督促清除整改安全隐患300余起，立案7起，举行听证会1次。关闭非法加油站1家，关闭石场3家。

■**安全生产宣传教育** 2016年，组织单位、企业有关人员参加省、市安全培训。还组织非煤矿山、烟花爆竹、危险化学品、工贸企业安全知识培训和乡镇安全监管人员培训340余人次。5月起刊发《安全生产快讯》，出刊8期。10月27日邀请市安监局长段灵利作专题安全生产讲座，乡镇设立安全警示教育牌，从办公经费中拿出8万元支持乡镇宣传工作。

■**安全生产许可证管理** 2016年，宁远县深化行政审批制度改革，加强行政审批层级一体化，改革事中、事后监管。集中提供岁末年初烟花爆竹经营许可证发放。延期工作提供收件、查验、初审、上报、许可证送达“一站式”服务管理。2016年，宁远县安全生产许可证取证情况：烟花爆竹批发企业3家，烟花爆竹零售网点240家，危险化学品生产企业3家，危险化学品经营企业25家，非煤矿山企业39家。公布举报热线，随时纠正并严肃处理行政审批过程中的违纪违法行为。

（李海）

食品药品管理

■**概况** 1979年8月，成立药品检验所。1980年，设实验室开展药品化验检查。2001年9月，成立永州市药品监督管理局宁远分局（简称县药监分局），属省以下垂直管理单位。内设办公室、业务股、稽查股。2015年12月，原工商局、质监局、食药监局正式合并挂牌，组建县市场和质量监督管理局（挂县食品药品监督管理局和县食品药品安全委员会办公室牌子），内设15个机构，4个事业单位、两个挂靠社团组织机构，原工商行政管理局9个基层工商所成立9个分局（加挂食品药品监督管理分局牌子）。

■**食品安全监管** 2016年，检查食用油、米粉经营店和餐饮店670户次，下发责令改正通知书90份，立案查处食用油、米粉违法案件12起，其中立案查处米粉店违法添加非食用物质罂粟案件3起，移交公安机关刑事拘留5人。查处非法添加食品添加剂3起，没收假冒饮料400件，没收过期食品625千克，没收不符合食品安全法冷冻肉600千克，没收无标签食用油3000千克，品牌假冒大米6000千克。抽验抽检包装食品45批次，合格44批次。

■**餐饮行业监管** 2016年，出动执法人员840人次，餐饮服务单位抽验抽检18家46批次，检查学校幼儿园546家次，取缔无证餐饮企业、食堂76家，发监督意见书21份，责令整改通知书58份，日常监督表80份。

■**药品监督管理** 2016年，查处假劣药品3起。验收新开办药品零售企业26家，受理验收换发《药品经营许可证》零售企业1家，受理变更40家企业的《药品经营许可证》行政许可事项，受理第二类医疗器械经营（零售）行政许可证件1家。要求全县有接种资格的医疗机构进行自查自纠，收到自查自纠报告28份，并对全县33个医疗机构进行检查。对管理不到位投诉举报和变更比较多的企业进行停业检查，联合卫计委开展终止妊娠药品专项检查。全年出动执法人员379人次，检查药品经营企业122家、医疗机构16家、疾病预防控制中心1家，查处一起无证销售米非司酮片案件。全年监督抽查451批次，合格84批次。

■**药品不良反应监测** 深入开展食品药品“四查”行动，完成5192家，超分配任务555家，完成率197%。注销未实施CSP的药品经营企业2家，下达责令整改通知书162份，上报药品不良反应报告781份、医疗器械不良事件报告157份；完成16次重大接待活动餐饮服务保障工作，保障用餐人数12000人次。

（县市场和质量监督管理局）

国有资产管理

■**概述** 1992年，开始对全县的国有资产产权进行登记和年检。1993年，对全县402家行政事业单位进行清产核资，共清查核实国有资产1.402亿元。并规定国有资产的购置、处理、转让、报损、调拨必须办理审批手续。2016年，维护全县经济工作总体布局，积极组织财政收入，认真履行国有资产监管职能，实现国有资产保值增值。

■**国有资产监管** 2016年宁远县国有资产总量11.88亿元，其中行政事业单位国有资产占97%。为有效维护国有资产的安全与完整，抑制国有资产流失，认真贯彻执行《关于进一步加强对国有资产处置监督管理的通知》（宁纪联发〔2005〕3号）、《行政事业单位国有资产管理办法》等相关的政策法规，严格按规定程序审批单位上报的处置资产方案，必须先申请，后审批，最后公开拍卖，实现全过程公开、公证、公平。对资产金额较大的国有资产处置，必须先报县政府领导审批，再下达资产处置批复，并要求进行资产评估，公开处置，同时依法依规加大对擅自处置资产单位的惩处力度，有效防止国有资产流失。全年，审批9宗国有资产处置，收入全部缴入国库。

■提高国有资产使用效益 2016年，宁远县国有资产管理部门认真贯彻落实宁财发〔2013〕21号文件精神，要求各行政事业单位将闲置资产出租，并报审批，统一公开招租，既提高国有资产使用效益，又实现国有资产保值增值。宁远县有40家行政事业单位资产对外出租，实现全年租金收入2158.91万元。

■资产清查 2016年，宁远县国有资产管理部门编写《全县行政事业单位国有资产培训资料》，召开全县资产清理工作动员暨业务培训会，对参会的236个单位284人进行业务培训，并布置资产清查任务。对全县236个行政事业单位（其中64个行政单位，172个事业单位）进行资产清查。行政事业单位资产账面数为186932.63万元，负债账面数为68048.22万元，净资产账面数118884.42万元。通过资产清查实际资产数195326.96万元，比账面数多8394.33万元，主要是房屋，构筑物及土地使用权的盘盈；负债清查数为68048.22万元，与账面数持平；净资产清查数120729.56万元，比账面数多1845.14万元。

（刘德纯）

住房公积金管理

2016年，全县住房公积金归集1.82亿元，为年度计划的101.11%；提取住房公积金8122.62万元；发放贷款21096万元，为年初计划的140.64%。累计归集住房公积金9.32亿元，归集余额5.99亿元，累计提取住房公积金3.04亿元，累计发放住房公积金贷款7.94亿元，贷款余额5.77亿元。对非公企业扩面建制，新增公积金缴存人数236人。

（周丽波）

农　　业

综　　述

2016年，宁远县完成农林牧副渔总产值51.91亿元，增长3.5%，实现增加值29.09亿元，增长3.5%，其中，农业实现增加值12.78亿元，增长0.2%；林业实现增加值2.05亿元，增长8%；牧业实现增加值11.15亿元，增长6%，渔业实现增加值2.95亿元，增长5.2%。全县粮食播种面积83.61万亩，总产量31.68万吨，增长1.89%。其中，水稻播种面积60余万亩，产量25万吨。完成早稻集中育秧秧田面积1512亩，农民节本增效1000万元以上。全县20个乡镇（街道）推广20万亩超级稻，完成5个超级稻示范片建设。宁远县财政安排资金3800万元，用于发展粮食生产。全县十一种经济作物（果、茶、烟、瓜、蔬、糖、棉、麻、蚕、花、药）总种植面积44.85万亩，总产量52.69万吨，增长2.45%。其中，水果面积11.96万亩，蔬菜播种面积19.8万亩。全县实现水果扩园10000亩，低改15000亩；茶叶扩园500亩，低改500亩。自2012年来，全县创建国家级果、蔬标准园10个。农业技术服务效果好，示范基地规范化，建立了3个农业试验示范基地和2个水稻品种引进100亩示范片，科学筛选了10个主导品种。400户水稻示范户种植面积3200亩，增产10.1%。8000户辐射带动户种植面积43200亩，增产7.5%。全县专业化防治服务面积14万亩次，绿色防控核心面积1.5万亩，辐射面积6万亩，重大病虫危害总损失率在5%以下。应用腐熟剂秸秆还田面积9.4万亩，创办两个万亩核心示范片和3个千亩示范片。推广高效节水农业面积3500余亩，发展绿肥12万亩。推广测土配方施肥85万亩。农机服务，完成中央财政农机购置补贴资金709.65万元。组织各类农机服务队1249个，7.15万名农机人员，8.5万台农业机械投入农机作业服务。农机专业合作社47家，合作社成员12000人，农机具2400余台，农业综合机械化率达到72.7%。2016年，全县完成水利建设投入7683.46亿元，完成大小水利工程44处，修复水毁工程285处，新增灌溉面积1.33万亩。

农村工作

■概况　1954年，设立中共宁远县委农村工作部。1961年9月，与县委中心办公室合并，改称县委农村办公室。1968年3月，成立宁远县革委生产指挥组，内设农、林、水各组。1973年恢复农村办公室。1983年12月，改为农业委员会归属县人民政府机构。2015年10月，机构改革，农村工作部，农业局并入农业委员会。下属单位有：扶贫移民局、农村经营服务站、农业综合执法大队、农村能源办公室、农技推广中心、植保植检站、乡镇企业技术服务站、原种场等单位。2016年，宁远县加大农业农村发展投入，推进农村产业结构，深化农村经济体制改革，优化农产品技术服务，提升农产品质量，推动美丽乡村建设，改善农村村容村貌。获湖南省粮食生产先进县、永州市粮食生产标兵县、湖南省美丽乡村建设先进县、永州市美丽乡村建设标兵县等荣誉称号。全省农村土地承包经营权证首证颁发议式、全市秋冬生产现场会、全市美丽乡村暨精神文明建设推进会、全市九嶷山片区一大一小精准扶贫现场会、全市“平安农机示范乡镇”创建现场会等在宁远成功召开。

■**农村产权改革** 2016年，宁远县农村土地流转体系日趋完善。湖南省第一本农村土地承包经营权证书，在宁远县湾井镇周家坝村颁发。经管站获湖南省农村经营管理先进单位和省农村土地承包经营权办证先进单位荣誉称号。集体产权股份制改革试点开展顺利，选择冷水镇毛家村作为农村集体产权股份制改革试点村。拟定《宁远县农村土地承包经营权抵押贷款管理办法》，将信用贷款和联保贷款机制，引入土地流转信贷业务范围。3月，成立宁远县农业建设投资有限公司，有效开展工作。县乡两级建立土地产权流转交易中心和矛盾纠纷仲裁机构，专门负责土地流转相关信息的发布和矛盾的处理。同时，完成县城农村土地整体利用规划和5个乡镇农村土地利用规划。

■**农村农业产业化建设** 农业产业化建设提升。2016年全县农产品加工企业发展到396家（2016年新增12家），产值45.8亿元。其中，规模以上农产品加工企业40家，产值达36.65亿元；产值过亿元的农业产业化龙头企业已有4家。规模休闲农庄达76家，省四星级休闲农庄7家，省级五星级休闲农庄2家。种粮大户4150户，2016年新增535户。农业合作社已有183个，2016年新增3个。

■**农业技术服务** 建立3个农业试验示范基地和2个水稻品种引进百亩示范片，科学筛选10个主导品种，400户水稻示范户种植3200亩，增户10.1%，辐射带动8000户种植水稻43200亩，增产7.5%。专业化防治服务面积14万亩次，绿色防控核心面积1.5万亩，辐射面积6万亩，重大病虫危害总损失率在5%以下。应用腐熟剂秸秆还田技术推广9.4万亩，创办2个万亩核心示范片和3个千亩示范片。推广高效节水农业面积3500亩。农机服务，组织各类农机服务队1249个，7.15万名农机人员，8.5万台农业机械，合作社成员12000余人。农业执法，全县开展春季农资市场专项整治等多个行动，共出动执法人员1400余人次，对全县160余家农资经营店进行排查。检测蔬菜水果样品5500批次。

■**美丽乡村建设** 完善县域美丽乡村建设规划和全部乡镇规划，建立整套规划体系。县财政投入美丽乡村建设资金2.1亿元，带动民间资金8.4亿元。启动2个省级、3个市级美丽乡村示范村建设。完成2015年度省级美丽乡村示范村下灌村建设任务。2016年，对二广、厦蓉、厦蓉连线等公路沿线的17个乡镇（街道）161个村，3914户民房实施“乡村风貌”改造工程。全县406个行政村实施硬化路面，通客班车。新修“五小”水利设施5556处。农村自来水普及率达86.2%。新建村级活动中心112个、文化活动场所57个，农民健身工程120个村，室外健身路径38条，电视、电话、网络、广播通村率100%。全县封山育林200多万亩，村庄绿化覆盖率53%，建设秀美村庄100个。创建全国生态文化村1个。10个乡镇新建环保型垃圾焚烧处理中心，在永州市率先实现乡镇垃圾焚烧处理和农村污水集中处理。全县农村卫生厕所普及率、垃圾集中收运率和生活污水处理率分别达到85%、100%、68.64%。

■**精准扶贫工作** 制定《关于打赢精准脱贫攻坚战的实施意见》《贫困地区发展特色产业促进精准脱贫指导意见》《精准扶贫“发展生产脱贫一批”实施方案》《经济作物产业扶

贫实施方案》《宁远县油茶产业扶贫工作方案》《关于积极发展休闲农业和乡村旅游业产业扶贫的工作方案》《宁远县烤烟产业扶贫工作方案》《宁远县电商扶贫工作方案》《宁远县农业产业精准脱贫实施方案》等具体意见和方案。编制宁远县产业精准扶贫规划（2016~2020年）》。宁远县财政整合涉农资金1000万元，作为产业扶贫贷款风险补偿资金，宁远县农业银行对新型农业经营主体授信贷款1亿元，带动贫困户3000余户脱贫。建立起政府组织推动，银行企业联动，社会力量主动参与的精准扶贫工作机制。2016年，全县申请贷款的新型农业经营主体142家，贷款6000万元，可对接1200多户贫困户。

种　植　业

■概况　1956年，宁远县成立农业局。1968年，与林业、水利合并称宁远县农林水服务站。1976年，复名农业局。属宁远县人民政府的直属工作机构。2015年，机构改革，宁远县农业局并入宁远县农业委员会。2016年，农业生产结构优化，粮食生产稳定，经济作物提质改造，“菜篮子”工程良好，农业技术服务效果突出，农业产业化程度提升。获得湖南省粮食生产先进县，永州市粮食生产标兵县等荣誉称号。

■农业综合生产　2016年，宁远县完成粮食播种面积5.5万公顷，总产30.31万吨，同比下降1.5%。其中水稻播种面积4.3万公顷，产量27万吨。完成早稻集中育秧秧田面积100公顷，为全县农民节本增效1000万元以上。创建湘米工程，在湾井、水市、仁和三个镇创建1000亩以上的高档优质稻创新型示范样板。在湾井、仁和、水市等16个乡镇完成10万亩绿色生态优质稻生产基地建设，包含14个千亩双季超级稻示范片、56个百亩示范点。20个乡镇（街道）合计推广20万亩超级稻示范片建设，并完成5个。县财政安排资金3800万元，用于发展粮食生产。其中粮食生产奖励及耕地抛荒治理资金500万元，湘米工程建设900万元，规模化生产奖励资金1500万元，水稻集中育秧配套资金400万元。全县十一种经济作物（果、茶、烟、瓜、蔬、糖、棉、麻、蚕、花、药）总种植面积44.85万亩，总产量52.69万吨，增幅2.45%。其中水果种植面积11.96万亩，蔬菜播种面积19.8万亩。实现水果扩园10000亩，低改15000亩。茶叶扩园500亩，低改500亩。建设3个县级果茶标准园。蔬菜累计播种面积达20万亩，建设外销蔬菜基地5万亩，提质改造专业蔬菜基地2000亩。

■农业经济结构调整　2016年3月，宁远县农业投资建设有限公司成立，并有效开展工作，开展集体产权股份制改革试点，制定实施方案，并选择冷水镇毛家村为农村集体产权股份制改革试点村。拟定《宁远县农村土地承包经营权抵押贷款管理办法（试行）》，将信用贷款和联保贷款机制引入土地流转信贷业务范围。县乡两级建立土地产权流转交易中心和矛盾纠纷仲裁机构，专门负责土地流转相关信息的发布和矛盾的处理。同时完成县城农村土地整体利用规划和5个乡镇农村利用规划。全县种粮大户4150户，2016年新增535户。家庭农场242家，2016年新增63家。农民合作社183家，2016年新增3家。休闲农业健康发展，规模休闲农庄达76家，省四星级休闲农庄7家，2016年新增4家；省级五星级农庄2家，2016年新增1家。

■农业产业化　农产品加工企业发展到396家，2016年新增12家，总产值约45.8亿元。规模以上农产品加工企业有40家，2016年新增7家。产值过亿元的农业产业化企业有4家，2016年新增1家。宁远县好放心米业有限责任公司，成立于2015年，占地面积42亩，总建筑面积12000平方米，是一家大型的集放心粮生产基地和粮食精品深加工的龙头企业。公司下辖宁远德惠农机、德丰水稻种植两个合作社，现有员工86人。公司总投资1.1亿元，引进成套全自动化烘干机。普米、精米两条米机生产线及仓储机械设备，日烘干稻谷300吨，加工大米150吨，年加工粮食45000吨，年产值达1.98亿元，创利润1980万元。宁远县鑫农蔬菜种植基地，是“菜篮子”工程示范基地，农业产业精准扶贫项目基地之一，建于2010年，以太平镇沙落塘村为核心，辐射带动神旺村，上下留村、留佳位等10个村，总面积6000亩。基地采用股份合作形式，以“合作社+基地+农户”的模式运行，辐射带动192户农户，实施标准化无公害栽培，其中带动贫困农户86户，带动贫困人口就业218人，是永州市规模最大的农业产业化示范基地之一，也是永州市农业产业化龙头企业之一。鑫农蔬菜种植基地主要种植淮山、葛根、百合等绿色无公害蔬菜，产品主销广东、广西等地。2016年，基地共种植淮山3000亩、葛根2000亩、百合500亩、名贵苗木400亩。2015年，实现产值2750万元。宁远舜昌农业发展有限公司成立于2016年，该公司承租九嶷山大桑塘村土地200余亩，转租九嶷山邓古塘村土地80亩，依托九嶷山永福寺和玉琯岩建造一个荷花生态大观园。

■农业名牌产品 农业名牌产品“九嶷素米”获中国中部（湖南）农业博览会金奖和湖南名优级商品称号。“两糯一号、湘宁糯2号、湘宁糯3号”等高粱品种，通过国家鉴定，其中“两糯一号”于2006年获湖南省科技创新金奖，2007年获永州市科技进步三等奖。2008年，农业部确定为全国酿酒专用糯高粱区域试验对照（CK）品种。“湘宁2号”2012年获永州市科技进步二等奖。九嶷山兔系列产品连续5年获中国中部国际农副产品博览会金奖。产品销往香港、澳门、江苏、浙江、上海、湖南、贵州十多个省市和地区，深受消费者青睐。

■农业科技重点推广项目 宁远县农业科技推广中心确定水稻、蔬菜、脐橙作为宁远县三大主导产业。在全县20个乡镇（街道）遴选660个科技示范户。同时，还建设3个农业科技试验示范基地，每个示范基地面积100亩，重点示范推广1~2种农业实用技术，每个基地有专门负责人和技术指导员。前期做好实施方案，中期做好田间调查记录，后期做好总结。并在不同的生产环节组织技术指导员，科技示范户及辐射户到基地参观学习，对75名基层农技指导员进行培训。

■设施农业 2016年，16个乡镇完成10万亩绿色生态优质稻生产基地建设。宁远县财政投资900万元建设湘米工程。建设3个县级果茶标准园。自2012年以来，累积创建国家级果、蔬标准园10个，创建面积5000亩，履行专业蔬菜基地2000亩。2015年，宁远县鑫农蔬菜种植基地成功创建国家级蔬菜标准园。2016年，永州台兴科技农业开发有限公司，建立九嶷山台湾风情百果园，基地种植面积300余亩、已投入500万元，园内26种台湾热带水果苗木完成种植。宁远县聚农蔬菜种植专业合作社，投入200万元，建起高标准连栋育苗温室大棚1280平方米。完成200亩蔬菜和100亩葡萄示范基地建设。

■农资市场治理整顿 2016年初，开展春季农资市场专项整治等多个专项行动，出动执法人员1400余人次，对160余家农资经营店进行地毯式排查，农产品质量安全可靠。检测蔬菜水果样品5500批次，合格率99.78%。

■农民科技培训 举办培训班19期，培训农民1130人次，发放资料2000余份，咨询服务1000余人。此外，新型职业农民培育完成专业技术型的专业服务型380人，生产经营型培育工作，完成200人。

■优良农作物品种推广 引进籼粳稻新品种：春优级84，稻烟——晚稻试验，示范面积100亩，生产示范点安排在柏家坪镇柏家村柏承志承包的稻田。还有再生稻高产栽培生产示范：选择作再生稻的品种Y两优9188，试验示范面积100亩，生产示范点安排在清水桥镇平田村种田大户欧阳小林承包的稻田。

■良种繁育 有高粱高产研究项目科研基地20亩，国家高粱品种区域试验项目科研基地70亩。两系杂交糯高粱系列大棚3座，面积2100平方米，年产亲本种子1000公斤。杂交糯高粱原料基地2万亩，年产高粱原料1万吨。

（黄昌勇　胡兴　蒋承忠）

■沼气建设 1979年11月，设立宁远县革命委员会沼气办公室，正科级单位，定编4人。1984年6月，更名为宁远县沼气推广站，属行政机构，归口县农委管理。同年9月，又更名为宁远县农村能源办公室，降为二级机构，归口宁远县农业委员会管理。2002年3月，宁远县能源办公室改为宁远县农村工作领导小组办公室管理。2003年4月，设立宁远县农村能源领导小组办公室，升为副科级单位，归口县农委。2016年，农村能源建设有新的突破，宁远县共安装太阳能路灯8000盏，美化、亮化村庄。李家寨“三沼”（沼气、沼液、沼渣）综合利用基地全面启动。能源协会租地50亩，鱼塘20亩。种植柑橘3亩，上半年用沼渣、沼液种植西瓜10亩、辣椒5亩、蔬菜5亩。下半年种植玉米20亩、红薯10亩，首次创收10万元。“三沼”综合利用，生态循环，以点带面，基地推广得到上级充分肯定。在湾井镇梅子窝村，新建一个100千瓦农光互补光伏扶贫电站建设项目，次年将在贫困村全面实施。成功申报宁远县龙峰畜牧科技有限公司大型沼气综合利用工程项目。厌氧发酵装置总容积700立方。争取中央资金105万元，已通过初步设计评审，12月，召开招投标会后即可开工。组织实施联户沼气项目，共完成联户工程20处，联户200户，2000立方米，同时修复旧池罩100口，全县沼气入户率提高0.5%以上。

（县能源办）

养殖业

■概况 1979年，成立宁远县革命委员会畜牧水产局，内设人秘、畜牧2股和畜禽育种、兽医防检、水产3站及鱼苗鱼种场，编制21人归口农村办公室管理。1983年，畜牧水产局合并到农业局。1987年3月，畜牧兽医站、水产工作站从农业局折出，成立宁远县畜牧水产总站。1989年11月畜牧水产总站改为畜牧水产局，为局级事业单位，归口县农委。2002年，畜牧水产局内设办公室、畜牧股、兽医药政股、水产渔政股。局直属单位有动物防疫监督站、饲料管理办公室、种猪场、鱼苗鱼种场。二级机构有15个乡镇畜牧水产站和17个乡镇动物防疫站。后内设机构和下属机构时有变动。2016年，宁远县畜牧水产局狠抓畜禽生产、动物疫情防控、渔业渔政管理、畜禽水产品质量安全监管等工作，实现全县养殖业持续、健康、稳定发展。获湖南省养殖业工作目标管理考核先进县、永州市重大动物疫病防控工作目标管理优胜单位、永州市重大动物疫病免疫评估先进单位、永州市第一届动物防疫职业技能竞赛一等奖、永州市养殖业信息宣传先进单位。宁远县养殖业发展工作作为典型在永州市畜牧水产系统推介。

■畜牧业生产 2016年，出栏生猪111.58万头、肉牛6.02万头、肉羊2.91万只、家禽902.38万羽，肉兔586.21万只，同比分别增长1.22%、7.69%、3.93%、1.25%和0.66%。全县存栏生猪73.88万头、肉牛16.89万头、肉羊2.71万只、家禽428.22万羽、肉兔261.46万只，同比分别增长1.81%、1.62%、2.65%、1.13%和0.91%。全县实现肉类总产量126514吨，禽蛋产量2385吨，同比分别增长1.53%和3.79%。水产养殖面积5.32万亩，水产品产量1.95万吨。同比增长3.17%。畜牧业总产值约34.22亿元，同比增长2.61%。

■动物疫情防控　2016年年初，动物疫病防控指挥部印发《2016年宁远县动物疫病强制免疫计划实施方案》，自3月1日和9月15日起，全县集中开展春、秋两季重大动物疫病强制免疫工作，全县猪瘟、口蹄疫、高致病性禽流感、高致病性猪蓝耳病等重大动物疫病免疫密度均达到100%的要求。建立养殖场（大户）自免制度、免疫告知制度和程序化免疫制度。督导规模养殖场户按免疫程序自行开展免疫。完善散养畜禽集中免疫、确保应免尽免，不留空当。4月和11月，在省、市的“春防”和“秋防”检查中，得到省、市检查组的一致好评和肯定。

■防疫检疫　全面落实检疫申报受理制度，全县20个乡镇（街道）均建立检疫申报点，检疫人员依法对出栏动物实施现场检疫和瘦肉精抽检。每季度开展定期检查，现场检疫人员现场把关，批批抽检，做好检疫记录。根据湖南省动物卫生监督信息化管理及检疫电子出证系统运行的基本要求，建成东溪街道办和县检疫申报中心两个标准化动物防疫站点，水市镇、中和镇的标准化站点正在建设中。县动物卫生监督所从财政申请22万元电子出证专用经费，用于购买动物检疫电子出证专用打印机、台式电脑、台式打印机发放到各乡镇站点。

■重大动物疫情应急处置　2016年1月，宁远县防治重大动物疫病指挥部，印发《宁远县动物疫情举报核查制度》，设立24小时值班制度，公布县城和各乡镇值班室电话和值班人员手机号码，各值班人员电话保持24小时通畅。同时还制定重大动物疫情应急处置方案。2月，专门开展H7N9防控监督工作。安排专人对市场销售环节进行有效监管。1月7日和10月19日，湾井镇富胜农业养殖场和桐山街道李全忠养禽场的家禽发生疑似禽流感疫情，迅速启动重大动物疫情应急处置预案，于当日采集发病动物样本，送永州市实验室检测，根据检测结果，组织力量进行果断处置，扑杀家禽3500羽，并对2800羽并进行无害化处理，有效控制疫病的传播扩散。

■兽医兽药管理　多次召开畜禽水产品质量安全专项整治会议。开展“瘦肉精”药物残留、养殖投入品、生猪屠宰扫雷行动等专项整治活动6次，先后出动执法人员256人次、共检查饲料经营店72家、兽药经营店24家、屠宰场点14个、集贸市场72个、规模养殖场264户，查获并收缴过期饲料2.6吨、过期兽药306包，依法对查获的病死猪进行无害化处理，完成监测样品9000多个，发放饲料、兽药等相关法律法规宣传资料10000份。

■畜禽屠宰管理　2016年6月7日，宁远县畜牧水产局，正式接管畜禽屠宰监管职能，成立畜禽屠宰管理股，配备3名工作人员。根据农业部、省、市关于《生猪屠宰场监督检查规范》的要求，对宁远县城屠宰场从生猪入场查验到合格肉品出场等全过程均进行细致检查，对操作不规范等有关问题，提出整改要求。严厉查处屠宰加工含“瘦肉精”生猪和注水生猪的违法行为，严厉打击私屠滥宰违法行为，严把进场、瘦肉精检验、屠宰加工、肉中质量检验四关，完善各项规章制度。全年，县城进点屠宰率达100%，定点屠宰企业出厂肉品合格率100%。

■科技推广与养殖污染防治　2016年，遴选县级科技指导员15名、乡镇指导员30名，对全县90个科技示范户进行全方位指导培训。对生猪、肉牛、九嶷山兔三大主导产业的现代化、标准化规模养殖技术进行推广，先派20多名技术骨干参加省、市两级举办的养殖业技术培训班。学成归来后，在宁远开办新型农民培训班6期，学员360名，向学员及周边农户发放养殖技术资料10000多份。对养殖业污染治理，投资435万元，重点对4家规模猪场进行综合治理，完成相关设施建设。推广应用废水净化技术，实行固液分离、雨污分流，推广农牧循环、沼气利用、有机肥加工等技术。全县90%的规模养殖场实现粪污资源化利用。认真贯彻落实《湖南省人民政府办公厅关于建立病死畜禽无害化处理机制的实施意见》，强化企业主体责任和政府属地责任。每季度按时报批病死猪无害化处理补贴，及时发放补贴资金，补贴资金实行专户管理，确保病死畜禽处理无害化、规范化、常态化。

■渔政管理与渔业资源保护 2016年，宁远县兴建4个稻田综合种养示范基地，有稻—鱼、稻—虾、荷—鱼、人工湿地—鱼等多种模式。8月对几个示范基地进行验收。全县推广面积近2000亩。12月7日，永州市养殖业项目建设现场会在鲤溪镇东山岭村稻田综合种养示范基地召开，并作为全市示范点，供全市畜牧系统参观学习。坚持实行春季禁鱼制度，开展人工增殖放流活动，投放青、草、鲢、鳙、鲤、鲫等多品种鱼苗约100万尾。同时抽调专干力量组成护渔执法队，实行24小时值班制，并联合公安、工商，开展专项整治。全年共查处非法捕鱼案件15起，收缴地笼网32条，电捕鱼工具5套，缴获并放生渔获物60多公斤。规范水域滩涂养殖，水产苗种管理制度，台出水域滩涂规划，养殖证发放率100%；与有渔船的养鱼户签订宁远县渔船安全水产责任书，为渔船配备救生、消防、通讯等安全设备。

■畜牧业重点项目建设 2016年，宁远县已建成农业部畜禽标准化示范场1个、省级畜禽标准化示范场1个、创建市级畜禽标准化示范场11个、发展温氏生猪合作养殖示范园2个、肉牛养殖示范园1个、稻田综合种养示范点4个。提质新增规模养殖场41个。大力推进温氏生猪一体化养殖项目建设，已有两个基地正在建设中，保安基地占地面积506亩，已完成三通一平。天堂基地占地860亩，已完成土地平整、水塔修建等工程。第三个基地已选址舜陵街道莲花塘村，占地1300亩，98%的村民已签字同意租地。公司总部及饲料厂土地，已签订购买合同等相关事宜。2016年，宁远舜天恒禾农业科技发展有限公司争取到现代草地畜牧业推进行动项目/300万元，已流转土地6601亩，建成高标准牛舍12000平方米、有机肥加工厂4000平方米。种植牧草3000多亩，现存栏牛1650头，为湖南省存栏肉牛最多的养殖场。2016年，宁远县成立九嶷山兔品种资源保护领导小组和九嶷山兔品种资源保护研究小组，投入资金15万元。

（刘智连）

林　业

■概况 1953年5月，宁远县始设林业科。1954年11月，与农、水机构合并为农林水利局。1956年6月，改为林业局。下属单位有白云山，九嶷山、雾云山、洋塘4个国营林场及水市苗圃，木材公司。1981年，增林业科学研究所，恢复9个区林业站。1982年，增设城镇绿化管理站。1984年，增设森林保护站，林科所并入县苗圃，设九嶷山自然保护管理所。2016年，宁远县林业局下属单位有：营林工作站、世行办、森保站、林业科技推广中心、神下木材检查站、九嶷山自然保护区管理所、国营苗圃、森林资产评估中心、林业产权交易中心、国营园艺场、洋塘国有林场、雾云山国有林场、白云山国有林场。2016年，完成林业产值188270万元。并获“全省绿化先进集体”称号。

■林业建设　2016年，种植苗木1075.5万株，完成新造林5.52万亩，占任务的122.6%。其中石漠化治理工程造林0.35万亩，占计划100%；退耕还林荒山造林0.2万亩，占计划任务的100%；油茶造林1.6万亩，占计划任务160%。新建1000亩以上的油茶基地5个（水市镇大欧家，小欧家一带新种植油茶4500亩。天堂镇万岗寨一带新种植油茶2000亩，柏家坪皇家洞一带新种植油茶1000亩，冷水镇山脚村一带1000亩，水市镇淌塘村一带1000亩）。面上造林3.37万亩，占计划任务的160%。补植补造1.55万亩。通道绿化完成县乡道路新造林760公里，割草抚育、施肥150公里，1800余亩。启动秀美村庄建设406个，完成秀美村庄示范村建设80个。完成油茶低改2.5万亩，中幼林抚育5.6万亩，封山育林2.5万亩。完成义务植树192万株，新建义务植树基地3个，面积1500亩。全县活立木总蓄积量达到483.06万立方米，森林蓄积量净增长21.9万立方米。

■重点项目工程建设　2016年，宁远县出台《宁远县林业科技示范园第一期用地土地租凭工作方案》，测量土地1470亩，与北京国投时代贸易公司及深圳四季青园林股份有限公司进行招商谈判。同时，宁远县林业局向国家林业局申报“宁远九嶷河国家湿地公园”建设项目，经专家组实地考察评估，国家湿地公园专家评审委员会评审和公示等程序，国家林业局“林湿发〔2015〕189号文件”正式批准“宁远九嶷河国家湿地公园”纳入国家级湿地公园建设试点，总面积768.4公顷。市、县编委办同意成立“宁远九嶷河国家湿地公园管理局”归口宁远县人民政府管理的正科级事业单位，业务上接受宁远县林业局的指导。2016年，全县已有3000亩以上的林下养殖示范基地1家（冷水镇毛家有生态种养基地），100亩以上林下种养大户29家，50亩以上林下种养户300家。

■森林资源保护　2016年，宁远县森林资源保护首先是森林防火工作，严格执行“预防为主，积极消灭”的方针，切实抓好森林防火各项措施的落实，防火形势总体平稳，全县发生森林火灾7起，受害面积43.65亩，受害率为0.0166‰，远低于1‰的受害率标准。资源林政管理，严格执行县委、政府“关于在全县开展全面封山育林、实行禁伐限伐工作的实施意见”，严格执行占用林地审核审批程序。2016年，宁远按程序申报审批永久性占用林地面积250.4626公顷；临时性占用林地面积2.1418公顷。严厉打击破坏森林资源的各类犯罪活动。全年共查处各类林政案件23起，办结23起，罚款7.948万元，处罚教育23人次，案件查处率100%，合格率100%。

■野生动植物保护　2016年，县林业局组织开展“世界湿地日”、“爱鸟周”、“世界环境日”等主题宣传活动。开展林业有害生物普查，进行古树名木普查，湖南省湘江中上游谷地地理单元宁远样区陆生野生动物调查工作，并对发生马尾松毛虫等林业有害生物的林木进行防治。严厉打击非法猎捕、收购、运输野生动植物等各种违法犯罪活动。

■国有林场改革　2015年5月，根据中共中央、国务院《关于印发〈国有林场改革方案〉和〈国有林区改革指导意见〉的通知》（中发〔2015〕6号）及中共湖南省委、湖南省人民政府《关于印发〈湖南省国有林场改革实施方案〉的通知》（湘发〔2015〕8号）的文件精神，经宁远县委、县政府研究决定，将宁远县四个国有林场（九嶷山国有林场、白云山国有林场、雾云山国有林场和洋塘国有林场）全部定性为公益一类事业单位，核定事业编制138名，所定编制人员经费全部纳入县政府财政预算。

■林改发证 2016年，宁远县林权发证扫尾工作于6月底全面完成。全县有248.24万亩集体林地，确权242.22万亩，确权比例97.5%，发证57388本，发放率100%。

（罗斌）

国家森林管理

■概况 1992年2月，国家林业部批准九嶷山为国家森林公园，1994年成立九嶷山国家森林公园管理局。1994年九嶷山林场划归九嶷山国家森林公园管理局管理。公园面积8454.63公顷，森林覆盖率90.8%，园内植物资源丰富，有维管束植物214科，905属，1910种。其中，有国家一级保护植物南方红豆杉、钟萼木、报春苣苔等3种。国家二级保护植物华南五针松、白豆杉、闽楠等19种。森林公园生态环境优良，野生动物资源丰富，园内脊椎动物共有5纲30目84科208种。其中列入国家二级保护野生动物物种20种，列入中国特有物种30种。2016年，湖南省编办批复，在九嶷山国家森林公园管理局加挂“九嶷山国家级自然保护区”牌子，加强自然保护区的管理。

■规划编制 根据县委、县政府安排部署，九嶷山国家森林公园管理局委托湖南省农林工业勘察设计研究总院对《九嶷山国家森林公园总体规划》进行修编。2016年通过湖南省林业厅在长沙组织的专家评审，经国家林业局批准实施。根据景区总体规划和工作需要，先后编制舜帝陵景区修建性详细规划和三分石景区修建性详细规划，编制生态文化示范基地规划、全域旅游规划、AAAAA级景区创建提升规划。

■森林公园资源保护 九嶷山国家森林公园管理局按要求将公园全部纳入生态保护红线范围，牵头抓好辖区内10万余亩租赁集体山林的管护工作，申请县政府按国家生态公益林政策给予补贴，做到面积精准、补贴到位、村民满意。对“两区一园”卫星遥感图斑变化情况，进行调查核实处理。依法治理“两区一园”，加强日常巡查力度，牵头组织有关部门开展综合治理采砂制砂；依法处理砍伐杂木1起；依法取缔养羊场1处；制止盗挖野生植物7起、盗猎野生动物6起；规范辖区内单位和居民的建设行为，拆除3处违章建筑，制止16处违章建房行为。严格落实防火措施，强化工作责任，“两区一园”成立以来没有发生重大森林火灾和文物损毁现象。风景名胜区保护管理工作，连续六年获湖南省住建厅表彰，2016年3月，经国务院审定公布为国家级风景名胜区，并正式授牌。森林公园工作连续3年获全省质量管理十佳单位。自然保护区环保督查得到省环保厅和省林业厅好评。同时抓好旅游开发监管，严格监管景区内的旅游企业开发行为，对不符合规划和破坏资源的建设行为进行有效制止和查处。切实加强景区安全生产监督管理，杜绝旅游安全事故发生。切实加强创AAAAA景区环境综合治理工作，完成商业街改造和安置工程的规划设计。修建两处临时停车场，规范社会车辆停放。清理景区道路两旁违规广告牌等，景区周边环境明显改善。

■森林旅游发展 策划和组织第二届九嶷山国际自行车比赛，主动到福建联络舜裔宗亲，应邀到泰国参加世界舜裔宗亲联谊会第24届国际大会，向海内外舜裔宗亲宣传推介九嶷山舜帝陵，参加2016年中国森林旅游节暨长白山国际生态论坛，广泛推介九嶷山。

（夏利勇　欧阳贤君）

水　　利

■概况 1954年为农林水利局。1956年3月，改设农田水利科，6月更名为水利局。1958~1982年，农、林机构多次合分。1983年12月更名为水利水电局。内设办公室、人事股、计财股、水利管理股、电力股。下辖小水电管理站、有仁和、半山、水市、永佳、凤仙桥、双龙5个水库管理所。1984年3月，增设纪检组。1985年增设保卫股。1987年9月，成立宁远县紫江派出所，撤销保卫股。1989年增设防汛抗旱办公室。至1995年有下属企事业单位21个。1999年所属企事业单位经调整为11个。2000年1月，水利电力局划出水电建设管理职能，更名为水利局，下属基层事业单位8个。2002年，划出生物措施防治水土流失管理职能，划入地下水行政管理职能，城市防洪职能，城市规划区地下水资源的管理保护职能，内设机构有办公室、水政水资源股、人事科教股、水利建设与水土保持股、计划财务股、防汛抗旱办公室。2016年，水利局内设机构未变，防汛抗旱办公室升为副科级下属单位。有水利工程管理站、水政监察大队、水利勘测设计站、河道地电站、水利工程质量监督站、水市水库管理所、半山水库管理所、仁和坝管理所、凤仙桥水库管理所、双龙水库管理所。水利工作稳健发展，全县防汛抗旱能力更强，农村水利基础设施得到改善，水利工程建设进一步完善，水利执法力度加强，水资源得到很好保护。

■防汛抗旱 2016年初，明确全县15座小（一）型和87座小（二）型水库，38座小水电站的行政责任人、技术员和管护员的职能责任。对全县各涉水工程、山洪易发点及监测设施进行隐患排查全覆盖，建立台账，发现隐患限期整改。宁远县武装部成立“以民兵应急分队和水利局水政监察大队人员为主体的防洪抢险应急队伍，进行冲锋舟驾驶培训和防汛抢险应急演练，以乡镇、危险区为单位组织演练3次，参演人员2100人次。安排10万元专项资金，共储备24.3万个纺织袋、10吨铁丝、编织布5.1万平方米，镢铣等工具5.7万件、发电机11台、彩条布6万平方米、铅丝1吨、砂石2500方、冲锋舟3艘、橡皮艇2艘、救生圈400只等防汛物资。同时，对全县水库，水电站及灾害易发点进行针对性、可操作性较强的防洪应急预案。防汛期间，实行24小时领导带班值班制度，严格实行24小时值班制。对重点防范区域，进行重点防守。没有出现较大汛情和旱情，没有造成较大的灾害损失，没有因恶劣天气引发一起伤亡事故，各类水利工程安全度汛，完成防汛抗旱目标任务，获2016年度永州市防汛抗旱先进单位称号。

■项目建设 2016年，宁远县水利项目建设完成总投资3.04亿元。涔天河灌区宁远段工程建设，成立宁远县涔天河灌区项目建设有限责任公司，并与相关单位签订责任状。累计完成征地2943亩。完成东、西干渠84公里边桩放线，东干渠41公里土地丈量。黄龙头9公里、油湘支渠10公里边桩放线、冷水支渠8公里边桩放线、东西干渠38个村红线变更。黄龙头支渠、水市水库左右干渠整修加固施工，完成土方2.06万方、石方0.56万方、回填土方2.6万方、砼0.96万元、浆砌石0.57万方。涔天河灌区宁远段工程建设总投资5580万元。金沟挂水库建设工程，工程总投资1.97亿元，其中中央投资1.17亿元。2016年，正进行大坝填筑及灌区渠道等工程建设，枢纽导流洞、灌溉洞砼衬砌浇筑全部完成，导流洞及灌溉洞闸门竖井完成，大坝填筑至三级平台，溢洪道工程进行土石方开挖，渠道隧洞完成2个，洞长870米，3个渡槽630米，明渠平台开挖6.95千米，抽槽6.3千米，衬砌6.3千米，工程总体进度96.58%，工程项目建设总投资11329万元，其中，中央投资5580万元。农村饮水安全巩固提升工程建设供水工程68处，工程总投资2981.20万元，其中中央及省级财政资金1370万元，地方自筹1611.2万元，解决农村安全饮水5.5万人。小农水项目县建设，涉及九嶷山乡的凉亭山、王奇生等20个村，耕地面积2.01万亩，预算总投资2254.17万元，其中中央及省财政资金1590万元，县级财政资金400万元，群众投资折资264.17万元，已完成主体工程建设。五是五小水利工程建设。宁远县“五小水利工程项目建设完成新建工程1388处。其中小塘坝1052处，小型泵站25处，小渠道190处，总长352公里，小水池121处。共投入资金6268万元。新增、恢复、改善灌溉面积2.97万亩，新增蓄（提）水能力302.28万元，完成计划投资的101%。同时有九嶷山水库建设已完成可研设计，正送审批复。东江山洪沟治理和九嶷河治理项目，已完成初步设计和省水利厅批复。

■水资源管理 突出抓取水许可和水资源费征收。核定申请办理取水许可的单位和企业共8家，编报水资源论证报告书6份。对拒不申请办理取水许可的4家混凝土公司（双宁混凝土公司2家、力源混凝土公司、永晟混凝土公司）及2家纯净水厂，下达处罚告知书。两处饮用水源地（水市水库饮用水源地，窝子地饮用水源地）安全达标方案编报完成。全县入河排污口调查全面完成。水功能区的确界立碑工作全面完成。

■河道管理 严格规范河道采砂作业秩序，全面禁止无证采砂及在禁采区采砂。落实“统一发证”、“统一收费”制度，建立健全河道采砂管理长效机制。依法审批涉河建设项目，监督涉河建设项目施工。2016年，查处无证采砂5处，强制关停3处，扣押违法采砂工具3例，整理河堤、河床3000多米，清理尾砂、尾堆20万立方米。办理《河道内生产作业许可证》4家。

■饮用水源地保护 建立起以6个大中型水库、15座小（一）型水库及泠江河冷水至九嶷大桥段为主体的饮用水源保护区，同时将各小（二）型水库及主要骨干山塘纳入无肥养殖区。

■水政执法 水政执法有力度，效果佳。收取各项行政性收费160万元。2016年，调处各类水事纠纷16处。下达执法文书23份，强制关停2处，行政处罚2万元。同时加强对执法队伍的培训，有3名执法人员，参加湖南省水利厅组织的执法骨干培训班学习。17名执法人员完成全省的执法资格考试。全年无重大水事纠纷案件，无人员伤亡事故及水利工程安全责任事故发生。

（县水利局）

农机管理

■概况 1958年9月，建立宁远县农业机械局。1976年8月重新建立宁远县农业机械管理局。1984年2月，宁远县农业机械管理局改为宁远县农业机械管理站（局级）。1988年9月，宁远县农机管理站改名为宁远县农业机械管理局，增设下属单位农机推广站和47个乡镇农机站。2002年4月，宁远县农业机械管理局改为宁远县农业机械化管理局。2016年，宁远县农业机械化管理局为县农业委员会所属正科级一类事业单位，内设机构3个：办公室、产业指导和培训股、农机安全监理股（对外称宁远县农机安全监理站）；直属事业单位3个：宁远县农业机械化学校，宁远县农机化技术推广服务站，宁远县拖拉机站。现有干部职工48人，其中参加公务员管理人员22人，事业专业技术人员11人，事业工勤人员16人。至2016年底，全县农机总动力达到109.2万千瓦，主要农作综合机械化水平达到57%。

■农业机械化 2016年，宁远县农业机械总动力109.20万千瓦，比2015年净增4.2万千瓦，增长4%。拥有拖拉机5900台，其中大中型拖拉机3740台，拖拉机配套农具3029台，耕整机16100台，机耕船2艘，其他耕作机械43050台，排灌机械49245台；联合收割机852台，机动喷雾（粉）机1239台，其中无人驾驶飞机4台。水稻工厂化育秧设备35套，谷物烘干机56台，保鲜储藏设备246台（套）。全县机耕面积63000公顷，机播面积14267公顷，机电排灌面积15000公顷，机械植保面积24533公顷，机收面积33000公顷。农机运输作业量18870万吨公里，初加工农产品481450吨，水稻生产全程机械化水平达到57%。农机户70800户，从业人员73100人。其中拥有农机原值20~50万元的130户，50万元以上的80户，新发展农机专业合作社6个，农机专业合作社已达47个，其中国家级农机专业合作社23个。2016年举办各类农机培训及现场演示会14场次，培训各类农机人员1700人次。

■农机购置补贴　2016年，中央财政下拨资金1540万元。其中2015年预用资金793.589万元，实际可用资金746.411万元，国家补贴资金使用比例100%，补贴机具1605台，受益农户1160户。其中，补贴耕整地机械738台，种植施肥机械3台，联合收割机126台，粮食烘干机4台，碾米机446台，畜牧水产养殖机械4台，拖拉机236台，固液分离机3台。其中农机专业合作社补贴机具119台，补贴资金179万元。农机购置补贴政策的实施，拉动农民投资2488.0万元，促进宁远经济社会发展和现代农业建设。

■农机安全监理　2016年，宁远县启动全国“平安农机”创建工作。采用多种宣传手段，反复运用电视宣传、手机短信、新闻报道、张贴标语、发放资料、发送安全知识手册等多媒体宣传形式，着力宣传农机安全监理的政策法规及安全事故的典型事例。8月，全市“平安农机”创建现场会在宁远召开。清水桥镇、仁和镇、中和镇成功创建为省级“平安农机”示范乡镇。同时着力抓“安全生产月”、“联合整治”“重点农时整治”的专项整治和日常监管相结合的安全生产监督管理。全年出动整治车辆200台次，排查事故隐患8起，纠正违章8次。入户拖拉机81台，联合收割机注册登记90台，拖拉机年检776台，考核合格拖拉机驾驶员60人，联合收割机驾驶员42人。农机安全生产平稳运行，全年发生小事故2起，无死亡等重大农机事故发生。

■农机科技推广　2016年，宁远县农机科技推广，主要以农机化新技术的引进，试验、示范和推广工作。全年完成机播面积14267公顷，机收面积33000公顷，机械深耕面积19500公顷，机械深施化肥面积19100公顷，节水灌溉面积8500公顷，机械化秸秆还田面积12000公顷。新增大中型拖拉机102台，联合收割机114台，育秧设备4套，粮食烘干机4台，节水灌溉设备18套，饲料加工机械228台（套），渔业机械29台，深松机450台，固液分离机3台，耕整地机械783台，农产品初加工机械560台，挖掘机，装载机等其他机械3890台。全县水稻生产全程机械化水平达57%。

■农机科技培训　2016年，深化服务“三农”创新培训模式，开展以农机驾驶操作人员、农机管理人员、农机专业户、种粮大户和农村富裕劳动力转移培训为主的各类农机技术培训。全年共举办各类培训16期，培训各类农机人员6826人，其中培训农机驾驶员126人，培训农机管理人员170人次，培训农机技术人员350人次，培训农机操作人员6178人次。通过农机培训，有3160人转移到其他产业。

（尹代俊）

农村经营管理

■概况 1984年，设宁远县农村经营管理站。后各乡镇陆续建立农村经营管理站。1991年全县46个乡镇，有40个乡镇建起经营管理服务站。1995年，宁远县撤区并乡建镇，全县17个乡镇除棉花坪、桐木漯两个瑶族乡外，均设立经营管理站。2002年，宁远县设农村经营管理局，17个乡镇均设经营管理站。2015年，机构改革，设宁远县农村经营服务站。副科级机构，归口县农委。2016年，宁远县农村经营服务站，对全县农村产权制度改革，农村土地确权、承包、流转、纠纷仲裁管理，农村“三资”（资产、资源、资金）。管理和审计，农民负担监管，农村集体经济发展，家庭农场，农民专业合作社管理，农经调查统计等一系列工作。

■农村土地承包管理 2016年8月8日，湖南省副省长戴道晋在宁远县湾井镇周家坝村颁发了全省首本“农村土地承包经营权证书”。全县20个乡镇（街道）的51.43万亩水田、12.37万亩旱土已全面完成第三次公示纠错，签字确认。原687个行政村的村级和到户档案的收集整理，完成70个村。湖南省确权办已明确2017年将在宁远县召开全省农村土地经营权确权登记成果验收现场培训会。

■农村土地流转 2016年，宁远县建立健全承包合同鉴证、档案管理、流转登记备案制度，逐步推选流转合同规范文本，使土地流转有章可循。全县已流转耕地面积35.7万亩，其中流转大户165户。构建县、乡、村三级联动的调解仲裁工作体系，利用中央下拨的50万元建设专项资金，建成320平方米标准化仲裁机构的“一庭三室”平台。全年共调解处理土地纠纷167件。

■农民专业合作组织 2016年，创新发展家庭农场、农民专业合作社等新型农业经营主体。申报家庭农场奖励项目38家，按每亩100元的标准重点奖励和扶持家庭农场，发展粮食规模化生产。帮助各农民专业合作社建立健全各项规章制度，完善财务管理。2016年，成功申报省级示范社2家。宁远县新增家庭农场46家，农民专业合作社137家。

■农村财务管理 2016年，宁远县农村经营服务站配合县财政部门，出台《村级三资管理实施细则》和《村级三资管理责任追究办法》等相关制度。对“三资”交易、合同管理、招投标以及财务公开等作出明确规定。指导各乡镇（街道）按照工作要求，将制度和流程汇编成册，使“三资”管理工作，一目了然。同时，对5个群众反应强烈的特级财务进行全面清理。

■农民负担监管 2016年，开展两次全县性的减负检查。进一步落实惠农补贴政策，确保惠农补贴及时、足额发放到位。规范涉农收费行为，确保不加重农民、村级组织和农民专业合作社等新型农业经营主体的负担。加强对“一事一议”筹资筹劳的监管，发现问题，及时整改。

■农村经济发展 2016年，宁远县成功申报6个村列入湖南省奖励项目，用于发展村级物业经济、服务经济、资源经济、合作经济等多种形式的集体经济，奖励资金为永州市最多的县。配合组织部门出台宁远县发展集体经济的实施意见，在宁远县选择20个试点村，推进试点工作。

（农村经营服务站）

农业综合开发

■概况 1988年，宁远县成立临时办事机构，从农、林、水、农机、畜牧等有关单位，抽调10余人，组成农村中心办公室。1990年，更名为宁远县开发湘南协调领导小组办公室。1993年7月，设立宁远县农业综合开发办公室，属正科级机构，定编7人，下设农业开发服务公司，属正股级事业单位，定编6人。后机构未发生变化。2015年10月，宁远县机构改革，农业综合开发办公室，降为副科级事业单位，归口县农委。2016年，宁远县农业综合开发工作，以建设高标准农田和培育新型产业化经营为主体，调整农业产业结构，促进宁远县由传统农业向现代化农业转变发挥积极作用。争取中央、省级资金1926万元，比上年增加278万元，增长116.8%。其中土地治理项目高标准农田建设资金1548万元，比上年增加110万元，增长107.6%，产业化项目资金378万元，比上年增长180%。

■高标准农田建设示范项目编制 精心编制清水桥镇晓睦塘片高标准农田建设示范项目并组织实施。2016年计划完成高标准农田建设0.74万亩，项目区总投资1106.0万元，建设内容主要是水源工程和沟渠配套以及机耕道建设。其中新建拦河坝2座，整修拦河坝3座，衬砌排灌渠46条，小型蓄排水工程扩建加固11座，新建机耕路22条，示范推广超杂交水稻200亩。7月省、市下达批复项目投资计划。11月完成第一批项目资金招投标及合同签订工作。12个标段的施工队及管理人员全部入驻。

■产业化项目申报实施 产业化项目有：1200吨肉兔储藏保鲜库新建项目（永州舜源农业发展有限公司）、2.5万只优良种兔新配套系选育新建项目（宁远县鑫发养兔专业合作社）、100头肉牛养殖基地新建项目（宁远县福泽肉牛养殖专业合作社）、年出栏150头肉牛养殖基地扩建项目（宁远县鸿鑫养牛专业合作社）等的项目申报，6月上报，11月项目投资计划批复，省、市两级均以下达。及时组织专业合作社按批复方案施工。实现产业化项目和土地治理项目齐头并进的目标。

（县农业开发办）

移民开发

■概况 1997年1月，设立宁远县移民开发办公室，负责管理全县移民开发工作。2002年9月，设立宁远县扶贫移民局。（对外保留宁远县移民开发局牌子）。宁远县移民开发工作始于20世纪60年代，主要是水库库区移民的粮食补贴和资金困难补助。着重在基础设施建设和经济开发两个方面下功夫。2016年，宁远县移民开发，认真贯彻执行《国务院关于完善大中型水库移民后期扶持政策的意见》和《湖南省人民政府关于大中型水库移民后期扶持政策实施方案》，做好宁远县十三五规划的编制工作，深入全县34个重点移民区调研，还聘请湖南省湘怡移民工程监理咨询有限公司编制《宁远县大中型水库移民后期扶持“十三五“规划》，永州市政府对此规划进行批复。

■移民资金管理 2016年，上报移民后扶项目122个，资金1884.7万元，这些项目绝大部分安排在大中型水库库区和移民安置区的移民村，极少数安排在与移民村有关的非移民村，用于协调解决库区矛盾，维护库区稳定等工作。全年已竣工验收并结算拨付后扶资金1478万元，占年度资金总额的78.42%。2016年，资金直接发放人数6780人，项目扶持人数7177人。移民扶持人口按照“只减不增“的原则进行登记管理，每个审核一次，2016年，核减移民31人。移民直补资金全部通过财政一卡通形式按季度发放。分四个季度发放直补资金413.31万元。

■库区基础设施建设 截至2016年10月，新修和改扩建移民村级公路24条，17公里，架设移民桥梁3座。全县库区和移民安置区公路覆盖率达90%以上，其中庙冲村13公里公路；卜家村2公里，解决群众生产生活安全和行路难的问题。库区和移民安置区固定电话和手机信号，实现“村村通”。90%的自然村接通有线电视。新建移民村文化活动室7个，农家书屋7个，改建危房校舍700余平方米，解决100余名库区和移民安置区适龄儿童读书难的问题。库区安置区村卫生室覆盖率达96%。修建人畜饮水工程22处，埋设管道13公里。

■库区产业发展 在六大库区、移民安置区种植烤烟、油茶、水果、金银花等数万亩，扶持养猪大户6家，年出栏3.2万余头。扶持养兔大户23户，年出笼九嶷山兔150万只。扶持农民经济合作组织10个。同时还强化移民培训，2016年，进行移民实用技术培训和转移就业培训336人次。全县库区和移民安置区实现户均5名劳动力转移就业。水库移民群众人均纯收入由2010年的1093元增加到3716元。

（县移民局）

气　　象

■概况 宁远县气象局始建于1959年，为正科级事业单位。实行永州市气象局和宁远县人民政府双重领导。内设综合管理办公室、气象防灾减灾科。2016年，在职人员7人。宁远县地处南岭中段萌渚岭北麓，阳明山之南，属中亚热带季风湿润性气候区，冬寒期短，夏热期长；春温多变，寒流频繁；雨季明显，局部洪涝，夏秋多旱；光照足，无霜期长，四季分明，生长期长。主要气象灾害有干旱、暴雨洪涝、冷害与连阴雨、大风、冰雹、冻害、雷电等。

■年度气候 2016年，宁远年平均气温为19.2℃，比历年平均值偏高0.6℃；年极端最高气温为39.6℃，出现在7月31日，年极端最低气温为-2.2℃，出现在1月25日。年降水量为1967.2mm，比历年平均值偏多516.9mm；一日最大降水量为136.8mm，出现在5月5日。年日照时数为1381.4小时，比历年平均值偏少204.8小时；年日照百分率为31%，比历年平均值偏少4%。无霜期日数为283天。

■气象观测 宁远气象局为国家一般气象站，宁远站定时观测次数为每日3次（08，14，20时）和24小时报文传输，全天24小时值班。观测项目包括：能见度、天气现象、气压、气温、湿度、风向、风速、降水、日照、地面温度（浅层地温、深层地温）草面温度、雪深、蒸发以及重要天气报。重要天气发报的内容有雷暴、大风、冰雹、龙卷、视程障碍现象（雾、霾、浮尘、沙尘暴）等重要天气发报项目。

■气象服务 气象服务严格执行24小时值班制度、请销假制度、领导值带班制度，坚持灾害性天气集体会商和重、转、灾天气向领导汇报制度，利用多种服务手段，快速发布气象信息。发生重大天气过程时，上午制作发布专题天气预报，下午将短期预报报送到县委、县政府、电视台、防汛办等有关单位。当发布中、长期预报、重要天气预报或出现重要天气时，立即通过电话、短信平台、邮箱、网络等方式向县委、县政府、防汛办、乡（镇）一把手、水库管理人员、防火指挥部成员单位领导，烟草公司领导及烟站负责人、宁远新闻网、宁远政府网等发送信息。

2016年汛期期间共制作各种专题预报58期，短信服务5.6万余条。今年气候异常，降水明显偏多，仅5~6月降水量就达744.7mm，比往年偏多8成，5月20日、6月2~3日、6月11~12日、6月15~16日四次强降水过程中单次过程雨量大于100mm有6站次，大于50mm有70站次。在四次降水过程来临前，都作了准确的预报，过程中及时将实况和后期的天气预报向县委、县政府、防汛办及相关单位和领导作汇报后，及时进行灾情调查上报。

2016年与8个烟叶专业合作社签订《烟叶生产气象公益服务协议书》，定期和不定期及时向广大烟农发送“烟草移栽天气预报”及旬、月天气预报。共发出降温警报、强降水警报等文字材料32期，发送电子邮件500余份，短信8万余条，电话服务200多人次。

2016年，共发布中长期预报72期，春运气象服务专报40期，春耕春播气象服务7期，重要天气及节日专题预报34期，高考专题预报服务材料、会考专题预报服务材料16期。

（曾彬倩）

工　　业

■**概述**　2016年，宁远县紧扣“调结构，稳增长”总基调，实施兴产业、强实体、调结构、增实效、新举措，新型工业取得长足进步。全年完成工业总产值155亿元，同比增长13.2%；规模工业总产值116亿元，同比增长15.2%；规模工业增加值28亿元，同比增长8.6%；工业实缴税金14269万元，同比增长40.1%；工业用电量6.5亿千瓦时，同比增长25.1%；工业固定资产投资59.5亿元，同比增长22.6%，工业技改投资14.3亿；新入统规模企业17家总数达82家。宁远工业逐步形成了建材、矿产品加工、农产品精深加工、日化轻纺制鞋、新能源新材料、电子信息、机械装备制造等七大主导产业，构建了十里铺加工贸易区、石板塘循环经济区、五里桥西部工业新城“一园三区”格局。

■**经济和信息化工作**　2016年，电子信息制造业完成产值3.7亿元，增幅15%；新增“数字企业”35家；信息产业增加值占GDP比重为3.5%。4G网络、宽带提速，基站建设城区全光网覆盖，固定宽带家庭普及率17%。新能源、新材料、电子信息等新兴产业由小变大，实现产值29.3亿元。

电力工业

■**概况**　1978年，各企事业单位自备火电补水电不足。1988年7月建成1500千瓦的火力发电站。后大电网并网，火电逐渐被水电取代。1995年，县火电站破产。20世纪70～80年代，先后建成水市、九嶷山、永佳、凤仙桥、双龙等7个水力发电站。1991年，罗盘井电站投产运行，装机2台，容量275千瓦。至2003年，县办水力发电站8处，装机25台，11395千瓦；乡村小型水力发电站143处，装机148台，469千瓦。1978年，县内供电主要由小水电管理站供给。1985年，县小电网与永州电力局10千伏电网运行，大电网担负县城工业园部分厂矿、单位的供电，其余由小水电管理站供给，是年全县供电量1489.4万千瓦时。2000年，农电厂网分家，成立宁远电力公司，负责经营小电网。全县以地方电网为主，大小电网交叉供电。全年供电量11270.9万千瓦时。2003年，全县供电量17675.6千瓦时。2016年售电量35384.51万千瓦时。同比增产12.39%，电销售收入21048万元，同比增加1147万元，增长5.76%，上缴税金1391.6万元。

■**电力工业发展**　2016年，省公司批复第一批投资规模为2692.83万元，3个批次，涉及县城2个台区、农村22个行政村的新建改造，主要工程量为新建、改造10KV线路32，79km、220～400V线路149.155km，新增、改造配变98台/10570KV，改造户表7574户，公专变总表改造2275台。

■**供电服务**　调整充实报装流程，严格要求时限办理报装、接电等。增加供电营业网点，建立抢修中心，配备抢修车，日夜值班，整合集中抢修力量，及时组织抢修。电力110

抢修平均到达现场时间突破25分钟以下。

建材工业

建材工业是宁远工业的支柱产业之一，主要位于石板塘循环经济产业区，涉及炼钢、水泥及水泥制品、陶瓷、石材行业。2016年，规模工业企业18家，完成工业产值35.41亿元，同比增长2.9%，占全部规模工业产值的30.39%；完成工业用电量2.77亿千瓦时，占全部规模工业用电量的65%。有榕达钢业、莲花水泥、新美雅陶瓷等骨干企业。

■宁远榕达钢业有限公司　宁远榕达钢业有限公司成立于2002年3月，2013年11月进行企业重组，为宁远县委、县政府招商引资引进的外商投资企业，宁远县及永州市重点企业。公司位于循环经济产业区，占地面积400余亩。2016年实现年产值16.9亿元，用电量3亿多度，税收2000多万元，是宁远工业经济的支柱企业。公司现有职工286人，其中高级管理人员22人，专业技术人员38人。2011年6月停产淘汰原一期年产30万吨生产线设备，扩建二期60万吨高速线材、优质棒材生产线。在宁远县委和宁远县人民政府的特别关心和大力支持下，公司以人为本，科学管理，实行经营管理跟着市场需求变化走，重视技术开发和产品质量，企业内部人事管理强调团队协作，重视企业文化。经过14年发展，先后于2008年、2009年、2010年、2012年获得宁远县委、县人民政府颁发的“先进企业”称号，2011年获得永州市质量协会颁发的“优秀单位”称号，2012年获得宁远县委颁发的“先进基层党组织”称号、2010年取得“全国工业产品生产许可证”2011年取得省级A级“质量信用等级证书”、2014年取得省级AAA级“质量信用等级证书”、2011年通过ISO国家质量管理体系认证。

■永州莲花水泥有限责任公司　永州莲花水泥有限责任公司是一家民营企业，成立于2004年11月11日，法定代表人欧吉太，注册资本7265.14万元，占地面积505亩，位于湖南省永州市宁远县逍遥岩冶金工业区，现有员工360人，其中高级管理人员60人，专业技术人员80人。公司总投资81475万元，拥有年产250万吨新型干法旋窑水泥生产线，第一期年产100万吨水泥生产线已于2007年12月2日点火投产，二期工程于2012年6月18日点火投产，生产运转正常。同时配有9MW纯低温余热发电项目，充分利用废气发电，做到了节能环保、循环经济。公司水泥生产线采用国际先进的新型干法水泥生产线窑外分解技术，使用先进可靠的DCS集成式计算机工艺控制操作系统，充分利用粉煤灰、硫酸渣、煤矸石等工矿废弃物，生产现场环保收尘设备配置齐全，粉尘排放浓度达到国家标准，生产用水实行内部循环使用系统，实现污水“零排放”，两条生产线的脱硝设施于2012年12月验收合格正式投运，各项生产技术指标均达到国际领先水平。公司主导产品为“莲花塘”牌P.C32.5、P.O42.5、PO.52.5硅酸盐水泥。产品主要销往永州市南六县和嘉禾、临武，广东连州、连南等区域，广泛运用于高层建筑、高速公司、铁路桥梁等大型工程。公司建立了完整的质量管理体系，并于2009年元月通过了ISO9001—2000质量体系认证、环境管理体系认证和职业健康安全体系认证，11月“莲花塘”牌水泥被评为湖南省名牌产品；2010年12月通过“C”标志认证；2011年4月“莲花塘”牌水泥获得永州知名商标、湖南省著名商标称号。2016年生产水泥143.73万吨，产值43987万元，上缴税收2588万元。

矿产品加工业

宁远规模以上矿产品加工、有色金属冶炼企业1

家——福嘉综环科技股份有限公司。该公司主要生产电解铅、硫酸、铋、白银、次氧化锌，是一家以综合回收为主题、重点处理多金属矿与二次氧化贵金属物料的高新技术企业。2016年实现销售收入19.1亿元，利润15248万元，上缴税金3334万元，是我县的支柱企业。

■福嘉综环科技股份有限公司 福嘉综环科技股份有限公司（原永州福嘉有色金属有限公司），是一家重点发展综合回收与循环经济的民营企业。公司位于永州市宁远县循环经济工业区内，注册资本5亿元，占地438亩，员工500余人，现有总资产16亿元，年产值20亿元以上。主要生产电解铅、硫酸、铋、白银、次氧化锌，2016年实现销售收入19.1亿元，利润15248万元，上缴税金3334万元。公司经过6年多的发展，现已成功升级转型为“以综合回收为主题、重点处理多金属矿与二次氧化贵金属物料”的高新技术企业。

福嘉公司秉承“综合回收、环保熔炼、科研创新、技术合作”发展理念，与中南大学长期产学研合作，成立院士专家工作站，以“建设资源节约型和环境友好型企业”为发展目标，采用先进节能工艺技术，加强自主技术研发创新，在富氧底吹、杂铅电解、银铋分离、贵金属“火法”“湿法”结合等方面掌握了关键核心技术，取得了“阳极泥回收”等多项专利。自2012年投产以来，每年都被评为宁远县创新型工业化“优秀企业”；2013年~2015年连续三年入围“湖南省有色行业50强”企业；2014年5月，现任湖南省委书记（时任湖南省委副书记、省长）杜家毫来公司视察，对公司发展寄予厚望；2014年评为湖南省“专、精、特、新”示范企业和高新技术企业；2015年评为湖南省重点节能环保企业；2016年被列为永州市政府重点培植的“八大骨干企业”和“上市挂牌后备企业”，湖南省经信委认定公司技术中心为“省级企业技术中心”，湖南省院士专家工作站认定公司院士专家工作站为“湖南省院士专家工作站”，“九疑”牌铅锭获得“湖南省名牌产品”称号，公司荣列“2016湖南民营企业100强”第88位，董事长叶立生获永州市委市政府“创业创新明星”荣誉称号。

农产品加工业

农产品加工业是宁远工业的支柱产业之一，主要涉及果蔬加工、畜禽加工、竹木加工、油脂加工、酿酒、饮料及矿泉水等行业。2016年，规模工业企业22家，完成工业产值16.33亿元，同比增长17.66%，占全部规模工业产值的14%。有好放心米业、舜源农业、九疑兔业、九嶷山酒业等骨干企业。

■永州舜源农业发展有限公司 永州舜源农业发展有限公司成立于2009年，是一家集产学研、种养殖、深加工、销售于一体化的农业综合开发公司。公司已投入8000多万元，建成标准化种兔养殖基地3个，商品兔养殖区10000平方米，年加工500吨兔肉生产线两条，原材料种植基地3500亩。现有员工120人，其中研发人员8人。主要开发我国五大优质兔种之一的“九嶷山兔”，开发出兔肉休闲系列、兔肉辣椒酱等产品，已销往港澳、江浙沪等10多个地区。连续5年（2010~2014）获中国中部国际农副产品博览会金奖，通过了ISO9001：2008国际管理体系认证，ISO22000：2005食品安全管理体系认证及农产品地理标志证书，荣获“永州市农业产业化龙头企业、湖南名牌产品、湖南省质量信誉AA级企业、湖南省诚信企业、湖南省社会扶贫先进集体”等多项荣誉，获9项发明专利，旗下“舜毅”商标评为“湖南省著名商标”。2014年获CCTV《影响力对话》栏目全国唯一兔肉食品行业合作伙伴。

■宁远县九疑兔业开发有限公司　宁远县九疑兔业开发有限公司成立于2010年11月11日，位于宁远县逍遥岩至民族中学路旁（宁远县畜牧水产局兔场内），占地面积约36亩，法定代表人张春荣，公司注册资本1200万，现有员工30多人，是一家集农业种植、生态养殖、科技研发、生产销售为一体的现代农业产业化龙头企业。公司主要经营范围为肉制品（酱卤肉制品）的生产，兔的饲养、加工、销售。公司主要以国家级优质兔种“九疑山兔”养殖为基础，研发引进现代兔肉加工技术，并结合祖传制作工艺深度开发出九疑山兔系列休闲食品。公司产品已畅销全国20多个省市，年销售量达2000万元，利润400多万元，上缴税金40万元。

公司坚持以“绿色崛起、和谐发展、科技领先、品质为上”的宗旨，从基地生态养殖、有机种植直至精深加工的整个过程，保证产品天然自成的绿色品质。凭借规模产业和卓越品质铸就绿色品牌，致力于成为九疑山兔产业领域的实施者、推动者和最具有创新能力的领军企业。公司先后获得了国家畜禽遗传资源委员会专家组“遗传资源”九疑山兔品种认定、ISO9001：2008食品质量管理体系认证、永州市农业产业化龙头企业、“全国科普惠农兴村先进单位”“湖南省科技进步三等奖”“永州市科技进步一等奖”、全国科普惠农兴村先进单位、国家高新技术企业、省著名商标、“永州名牌”等一系列荣誉。

■湖南九嶷山酒业有限公司
湖南九嶷山酒业有限公司始建于1958年，其前身为湖南男儿王酒业有限公司，注册地址宁远县桐山街道女英路109号，占地面积5.8万平方米，法定代表人林干，总资产5929万元。公司拥有一整套先进制曲、酿造、灌装、微机勾兑设备，有50多年的酒业酿造历史，主要产品有九嶷山酒、男儿王酒系列，包括了享誉海内外的男儿王酒、男儿酒，声名鹊起的九嶷山华夏典藏、华夏珍藏、舜帝酒、舜德酒等十多个品种，年生产大曲酒2000吨，2015年实现工业总产值3660万元，销售额7358万元，实现利润1680万元，上缴税金888万元，是湖南省浓香型大曲酒定点生产厂家。从1980年起，九嶷山大曲酒曾连续六届获省优质产品称号，几十年来，九嶷山酒以其独特的品质和深厚的文化内涵，多次获得国际、国内大奖，2012年被评为永州名牌，2014年荣获湖南省名牌产品证书。九嶷山舜帝酒被指定为2015年湖南省公祭舜帝大典唯一接待用酒。2015年九嶷山酒被永州市人民政府列入全市工业产品采购目录。

湖南九嶷山酒业有限公司继承历史的荣誉，信奉“酒质大于一切”，在原男儿王酿造技术的基础上，采用传统工艺结合现代酿造技术，进一步提升品质，利用九嶷山泉的优质地下水、优质的两系杂交糯高粱，酿造出浓香、优质的美酒，清香绵甜、回味悠长。

日化轻纺制鞋业

日化轻纺制鞋工业是宁远工业的支柱产业之一，主要位于十里铺加工贸易区，涉及制衣、制鞋、玩具、印刷、皮具、玻璃、日化等行业。2016年，有规模工业企业28家，完成工业产值30亿元，同比增长28.58%，占全部规模工业产值的25.74%。有华荣鞋业、蓝海化纤、奕坚鞋业、伟明服饰等骨干企业。

■宁远蓝海化纤有限公司　宁远蓝海化纤有限公司成立于2010年3月，位于宁远县十里铺工业区，是宁远县政府招商引入的重点企业，是由昆山巴城玄斌织带工业有限公司转移到湖南的一家具有先进技术及管理水平的工业制造公司，由英属维尔京群岛天成实业有限公司投资建成，属海外法人独资有限责任公司，法人代表王永贞，注册资本310.01万美元。2013年12月正式投产，运营共有员工150人，主要经营化纤织带、户外安全用品的生产和销售，产品主要销往美国、墨西哥、加拿大、厄瓜多尔、智利、西班牙、日本、印度尼西亚、土耳其、希腊等地。2015年创下税收30.5万元，2016年完成税收63.8万元。

新能源新材料

新能源新材料是宁远的新兴产业，主要涉及水电开发、无机非金属材料等行业。2016年，规模工业企业8家，完成工业产值6.64亿元，同比增长1.4%，占全部规模工业产值的5.7%。有隆翔科技、新兴锌品等骨干企业。

■宁远县隆翔新型材料科技有限公司 宁远县隆翔新型材料科技有限公司，成立于2013年5月，注册资金4188万元人民币，主要经营范围为硫酸钙晶须、晶须塑胶粒子、晶须橡胶粒子、FRP高分子复合材料等的研发、生产和销售，是国内第一家采用白云石制造硫酸钙晶须的公司。公司一期占地面积34.32亩，拥有10100平方米厂房。一期设计硫酸钙晶须产能60吨/日，现初步达到15~20吨/日。从业人员180人，其中各类专业技术人员73人。公司是永州市、宁远县政府重点支持的高新科技企业、湖南省新材料企业、湖南省新材料产业协会会员单位、中国摩擦密封材料协会会员单位，其产品是国家十二五、十三五计划重点支持的新型无机非金属材料和高性能复合材料。公司拥有完整、科学的质量管理体系，管理团队均具有丰富的外资企业和私营企业管理经验，已经通过ISO/TS16949：2009汽车生产件及相关维修件质量管理体系ISO9001：2008质量管理体系，ISO14001：2004环境管理体系，推行KPI绩效管理体系，7S现场管理体系。

电子信息业

电子信息是宁远的新兴产业。2016年，规模工业企业5家，完成工业产值4.7亿元，同比增长45.39%，占全部规模工业产值的4%。有硕宁电子、汇鑫电子等骨干企业。

■宁远县硕宁电子有限公司 宁远县硕宁电子有限公司为台资企业硕天科技集团旗下子公司之一，是一家集产品研发、制造、进出口贸易于一体的专业电子产品生产企业，主要生产智能排插、交直流转换器、不断电系统、工程塑胶、太阳能光电等，产品畅销北美、欧洲及亚洲，自有品牌“CyberPower”为北美市场排名前三强，全球电讯市场商用不断电系统销售排名第一，不断电系统品牌排名第二。

2013年2月，公司一期正式投产，位于宁远县十里铺工业园，建筑面积近16000平方米，总投资额为3000万元人民币。首期用工100多人，2015年用工达700人，吸纳困难就业人员及下岗工人共120人，其中残疾人10名。实现产值2.89亿元，创税350多万。2016年7月公司二期投产，位于十里铺工业园标准新厂区，占地总面积近20000平方米，建筑面积达3.5万平方米，其总投资额超过8000万元，吸纳就业人员1100人，实现产值3.5亿元。公司于2015年9月在西部工业新城完成购地100亩。2013、2014、2015年公司连续3年被中共宁远县委、县政府评为“全县加速推进新型工业化工作之优秀企业”，“湖南省宁远县总商会副会长单位”，“宁远县重点保护企业”，2015年度被评为“宁远县知识产权工作先进单位”。

机械装备制造业

机械装备制造是宁远的新兴产业。2016年，规模工业企业4家，完成工业产值3.94亿元，同比增长15.43%，占全部规模工业产值的3.38%。有亿达自动化机械等骨干企业。

■永州市亿达自动化机械有限公司　永州市亿达自动化机械有限公司，是一家专业从事工业机器人、工业机器人系统集成、智能自动化机械手、高精密机械零部件加工、模具等产品研发、制造、销售于一体的国家高新技术企业。公司成立于2011年11月，法人代表为陈茂生先生，为私营企业，位于湖南省永州市宁远县十里铺亿达科技园，占地面积60余亩，注册资金4900万元，总资产6000多万元，现有员工50多人。公司技术力量雄厚，拥有一支专家团队，进行工业机器人核心技术和工业机器人系统集成等研发。公司产品具有自主品牌和自主知识产权，成立至今已获得发明专利3项、实用新型7项、外观4项等共计14项国家专利，并与中南大学信息与科学工程学院进行产学研合作。2013年获得“湖南省创新型试点企业”“湖南省专精特新企业”2015年度获得“知识产权先进单位”，2016年被湖南省机器人产业协会邀请成为常务理事单位，同年被评定为“湖南省高新技术企业”等系列荣誉称号。

公司拥有精密加工检测设备20多台套，其中包括高精密的CNC加工中心、数控车床、铣床、磨床、线切割、电火花机、滚齿机等大中型加工设备及4条自动化装配线；研发和加工技术力量雄厚，拥有高水平的研发团队和数控编程专业人员多名；产品加工能力强，零件的加工尺寸公差可达到±0.01MM。产品主要应用于电子、汽车、药品、塑胶制品、玩具、电器制造等领域。

公司已通过ISO9001/ISO14001质量体系认证，近年来为蓝思科技、信义玻璃等国内外著名企业提供智能自动化解决方案和精密零部件配套服务，服务近300家制造企业，成就了十年单一设备零投诉服务，在相关工业机器人领域自主专利数量排名前列，技术研发实力在国内处于领先地位，综合实力位居行业前列。2015年公司实现生产额7000多万元，销售额6883万元，利润1000多万元，上缴税金390多万元。

（县科经委）

湖南宁远工业园区

■概况　1995年，创办宁远县逍遥岩乡镇工业园，管理机构为逍遥岩工业区管理委员会，直接由宁远县人民政府领导。2002年，创建县工业园，在县城东永连公路旁的十里铺村、柳塘村一带兴建十里铺工业园加工贸易区，后改为台湾产业园。逍遥岩工业园，几经发展，扩大为华石盘建材冶金区又为循环经济工业园。2010年，在县城西五里桥村、高岗头村一带创建食品医药生物工业区。至2016年，湖南宁远工业园区辖十里铺加工贸易区、华石盘建材冶金区、五里桥食品医药生物工业区。总面积为40平方公里。2016年宁远工业园区完成技工贸总收入157.5亿元，增幅15%；园区规模工业总产值104.3亿元，增幅10%；规模工业增加值22.6亿元，增幅14%；园区规模工业企业实缴税金1.557亿元，增幅11.2%；固定资产投资20.55亿元；新建标准厂房25.8平万方米；新增入统规模企业12家；新增投资5000万元以上，工业竣工投产项目12个；新入园规模工业企业16家，开工建设项目11个。园区工业集中度90%；园区主导产业聚集度77%，园区高新技术企业户数13家，占比20%，利用外资9054万美元；完成加工贸易进出口额1.14亿美元。园区内福嘉综环科技有限公司位列2016年湖南省民营企业100强中第88位，为永州市唯一入围民营企业。园区首次实现“百亿园区”创建目标。

■规划建设　工业园规划目标为40平方公里，其中台湾产业园区10平方公里、循环经济示范产业园区10平方公里、食品生物医药工业区20平方公里，高起点编制了18.83平方公里控制性详细规划，其中台湾产业园区3.99平方公里、循环经济示范产业园区4.22平方公里、食品生物医药工业区10.62平方公里，确定建材、有色金属、针织、制鞋、食品加工、生物医药、电子信息、机械制造等高新技术为主导产业。规划状况是土地利用规划面积773公顷，其中台湾产业园区172公顷、循环经济示范产业园区234公顷、食品生物医药工业区265公顷、老区101公顷；符合城市规划面积为893公顷，台湾产业园区228公顷、循环经济示范产业园区244公顷、食品生物医药工业区304公顷、老区117公顷。同时符合土地规划和城市规划面积为772公顷，其中台湾产业园区172公顷、循环经济示范产业园区234公顷、食品生物医药工业区265公顷、老区101公顷。符合土地规划和城市规划认定的实际发展总面积为804.71公顷，即加工贸易区为228.69公顷、建材冶金区为244.79公顷、食品生物医药工业区为351.23公顷。湖南省国土资源厅《湖南宁远工业园区发展方向区划定方案》的批复（湘国土资办函〔2016〕10号），湖南省国土部门确定宁远工业园区发展方向区划分为3个区，总面积392.53公顷，其中五里桥食品生物医药工业区144.42公顷，十里铺加工贸易工业区面积为91.38公顷，华石盘建材冶金工业区面积156.73公顷。

■项目建设 2016年，坚持以项目建设为抓手，将园区项目责任分解到部门，具体落实到人，实时督查通报。循环经济产业园区的公租房“祥和”、“昌荣”完成装修。路网工程即将完工。园区服务中心大楼配套设施正在施工。致远玻璃厂一期已投产。东升机械钢架厂房完成4栋，即将投产。城北自来水厂完成选址、施工图和总图的设计、取水泵房的征地、补偿、勘探设计等招标完成。水厂征地、水土保持方案、环评报告、林地许可等相关手续的审批，正在进行。新引进的鸿坤建材、家居博览城项目正强力推进。加工贸易区的第四厂区标准厂房装修已近尾声。卓品鞋业完成3栋厂房主体工程。幕铭建材厂房和办公楼主体完工。新引进的联兴制鞋、金永嘉电线电缆、上宜鞋材、南岳生物采血站等项目投产运营。舜德路改扩建工程水稳层完工。汇盛香港“江博士”、荣硕电子等新引进项目进行前期征地工作。食品生物医药区的建发公司4栋标准厂房完成装修。绿园公司、和美电器、坚固门窗分别完成标准厂房面积1.2万、0.5万、0.35万平方米。路网工程中续建的4条道路正在进行清表、土方石、铺设涵管等工作。保障性住房前进小区，3月开工，主体工程建设正在进行。自来水加压泵房招投标完成。高压电杆搬迁完成塔基35个。消防训练基地2栋训练房主体工程完成。宁远县第七小学完成选址。

■招商引资 2016年，宁远工业园区，围绕转型升级，运用以商招商、以乡招商的办法，成功引进联兴制鞋、上宜鞋材、海亿压铸、金永嘉电线电缆、莲花富仙砠石材、湖南康德佳建材科技、瑞果生物科技、发禹木业、福鑫家具制造、升辉竹叶加工、南岳生物宁远单采血浆站等企业并投产运行。中业家居博览城、捷安车辆监测站、汇盛香港制鞋、鸿坤陶瓷、华润燃气综合站等项目成功签约。此外，丽宏模具、东泉模具材料有限公司等项目签订意向协议。粤丰垃圾发电、祺创灯饰、欢乐谷游乐场等项目正在洽谈中。

■融资开发 宁远县工业园区拥有两个融资平台：建发实业有限公司和绿园投资开发有限公司。两家公司采取“请进来”和“送出去”的方式，加大融资力度。2016年，建发实业有限公司从宁远农商银行融资2.2亿元人民币，绿园投资开发有限公司通过农业发展银行成功融资5亿元人民币。从而解决了园区基础设施建设所需资金问题。

■园区管理 园区管理工作全

覆盖。园区内部管理不断规范，制定和完善岗位责任制度、工作例会制度、考勤与请销假制度、工作考核制度等15项制度并得到严格执行，提高了工作效率。通过国家六部委开展的开发区审核公告目录修订工作和省发改委开展的开发区审核清理整顿工作，保住了省级开发区地位。全面推进“一园三区”环评工作，全面启动“一园三区”调区扩区、土地集约节约利用工作，为园区快建发展夯实基础。年初，园区配合有关部门妥善解决了新美雅陶瓷“12·7”爆炸事故的善后问题；联合县安监局、消防大队组织检查组对园区企业和在建项目开展了多次专项执法检查，建立企业安全生产档案；深入开展了“监督执法年”活动，在重要的时间段开展安全生产大检查、大宣传，全年共排查150余次，消除隐患70余起。园区还启动企业安全生产标准化建设，开展创建安全生产示范区活动。强化网上办信及12345政府服务热线工作，党工委书记和管委会主任带头包案包化解难题，全年共排查隐患30多件，逐件化解。征地拆迁安置工作做深做细，邓家安置地核定了安置人口数，完善安置方案，安置地块划分到户并进行了打桩放线，依法制止非法占地行为20余起。同时，开展控违拆违2次，拆除违章建房4处，2000多平方米。未取款的插花地实现打卡发放，签协议9户。黄家湾村征地拆迁安置方案出台。草子塘村大部分群众领取了社会保障金，舜德路改扩建工程共征地140余亩，发放补偿款600万元。柳塘村召开了征地工作大会，完成国土测量272亩。

（宁远县工业园）

商业贸易

商 务

■**概况** 1950年4月设工商科。1955年7月设商业科。次年7月改称商业局。1961年11月设商业一局、二局。1962年7月，一局改商业科。次年复商业局名。1968年12月改为生活服务站。1973年8月与供销社合并为商业局。1976年2月与供销分开仍为商业局。1978年县商业局为政府主管全县国有商业的职业机构。20世纪80年代初，商业局辖百货公司、五交化公司、糖酒副食品公司、肉食水产公司、饮食服务公司、九嶷山食品厂6个企业。2006年6月，县商业局更名为宁远县商业事务管理办公室。2016年，商务局与粮食局合并为商务和粮食局。辖市场服务中心，10个市场管理所、投资促进事务局（行政审批代理中心）商业企业改制办公室（物质事务办〔参管〕）粮食职工学校、商业职工学校。2016年，宁远县荣获商务行政执法先进单位。

■**招商引资** 2016年，宁远县签约落地的项目共9个，分别是永凌物流园、天勤家具、太平洋城建、鸿坤陶瓷、荣硕电子、舜文化体验园、江博士鞋业、远威鞋业及季丰万亩业。正在洽谈的项目有电商产业园、四季青、圆通物流、农机产业园、海汇国际建材城、盛宏疗养院、五里桥工业区生物质热电厂、五里沟梦想谷等35个项目。

■**重点项目建设** 2016年，宁远县重点项目是湘南汽贸城，闽丰农产品交易市场和航空城，湘南汽贸城已完成一期42亩48000平方米主体建设，完成投资额8000万元，11月已试营业。闽丰农产品交易市场完成200亩的征地折迁，将其中72亩地进行招拍挂，其剩余土地在国土调整用地指标进行招拍挂。航空城列城规和土规。

■**电子商务** 2016年宁远县电商交易额14亿元，被省里列入电商扶贫和农村电子商务推进工程重点县，向上级争取资金201万元。宁远县的舜源农业被评为省级电子商务示范企业，引进阿里巴巴、易田购、农村淘宝项目，建设县级劳动中心，在宁远县布置电商网点160家。电商培训1200人次。聘请杭州甲骨文科技有限公司为宁远县的舜源农业、云泰农业、九嶷兔业办理农产品溯源，引导九嶷山兔、九嶷山茶、九嶷山酒、九嶷辣椒、九嶷素心、神女山泉等产品包装，在淘宝赞品城等网站上线。

（县商务和粮食局）

供销合作

■**概况** 1950年12月，设立合作科。1951年5月，成立县供销合作总社，组建14个消费供销合作社。1953年，建立11个区供销社，22个分社。1958年10月，农村供销商业扩大为93个门市部，144个分销部，19个厂矿供应点。1968年县供销社撤销，成立生产资料购销站。1988年4月，县供销联社理事会，监事会合并为宁远县供销社联社社务管理委员会。至年底改设、增设生资公司、土产公司、日杂公司、储运公司、煤炭公司、综合贸易公司、综合服务公司、废旧物资回收利用公司、经济作物示范园、园艺场、文化用品厂。1993年，供销企业推行“社有民营”经营方式。1995年11月，县供销联社建立社员股金服务中心，设14个股金服务部。2001年7月，县供销联社开始对下辖20家独立核算的企业，基层供销社进行产权改革，清理资产并对外拍卖。2002年10月，企业所属职工按规定标准领取一次性补偿金，置换集体职工身份，解除与供销社的劳动合同，自谋职业。当年，县供销联社定为县政府事业机构，内设人事保卫股、业务股、财基股、纪检监察室、办公室，负责全县供销系统的行政管理和经营管理。2016年县供销联社有基层分社8个。

■农资供应 2016年，为确保农业生产需要和农民收入稳定增长。主动开展农资市场需求调查，及时组织化肥、农药等主要农资商品的采购和储运，指导各挂牌加盟和连锁企业开展农技、农资配送服务，杜绝假冒伪劣农资产品进入流通环节，充分保障化肥等农资供应。2016年销售农资3.7万吨，实现农资销售额1.14亿元。

■农业产业化经营网点 2016年，把农业产业化经营网点作为综合改革试点，密切与农民联系，着手推进乡镇基层社、村级服务社建设，夯实为农服务基础。改造和恢复重建基层社4个，基层分社8个，发展惠农中心11个，领办引办农民专业合作社8个，村组综合服务社11个。

■收购经营 2016年，建成4个标准基层中心回收站，直建68个村级回收点，指导349个村建立回收点。同时举办各种形势培训班10多期，对农村垃圾回收员进行专业知识培训，培训670人次。以恒通再生资源回收公司为龙头的网络体系建设初具规模。完成禾亭中心站改建扩容。增设2条塑料加工生产线，年产值增加3倍，达2000多万元。

■扶贫帮困 2016年，为企业解决发展资金短缺问题，为公司争取200万元扶贫贷款资金，用于企业扩大再生产。

粮 油 流 通

■概况 1953年宁远县实行粮油统购统销，成立粮食购销公司，管理城乡粮食市场。1957年冬起，关闭粮食市场，粮食余缺由农业社和人民公社调剂解决。1961年，恢复粮食市场，继续实行完成国家粮征购任务后，开放粮食市场。1983年，成立粮油议购议销公司。农民完成统购任务后的余粮，允许多渠道经营。1985年，取销粮食统购，改为合同定购。2002年，机构改革后，粮食局主要职能为对粮食行业进行调控、指导、服务、监督。粮油购销不再下达指令任务。2003年6月，对703名职工给予一次性补偿安置，解除劳动合同。2016年，宁远县粮食种植面积55740公顷，粮食产量31.68万吨。粮食商品率30%以上。粮食购、销、存产业体系完备。

■粮食流通监管 2016年，宁远县商务和粮食行政执法大队做好粮油库存、粮食质量、早稻收购等检查监管，开展定向销售粮、转圈粮等监督检查。对申办粮食收购许可证的涉粮企业，进行全面摸底，建立企业信息台账。对6家粮食企业进行例行检查，规范粮食市场经营行为。开展全县库存检查。贯彻落实省粮食局《关于开展2016年全省库存检查工作的通知》，自查自纠，做到粮食库存账实相符、质量较好、储存安全、管理规范。

■粮食购销存储 2016年，全县收购粮食42888吨（其中，国有及国有控股粮食企业收购3533吨，民营企业收购39355吨），销售41250吨。库存粮食11000吨。

■粮食加工产业 宁远县粮食加工产业发展迅速，主要有好放心米业、利元米业、联谊米业等粮食加工龙头企业，年加工量25万吨，产销率100%。粮食加工企业坚持以科技为先导，以市场为导向，狠抓质量建设和品牌发展，培育出“九嶷素米”等品牌。

■国有粮食企业 2016年，粮食经营市场主体呈现多样化，国有粮食企业历经几次改革改制仍起着主渠道作用，受宁远县政府委托，承储各级粮食储备。宁远县商务和粮食局所属国有独资有：宁远县粮油购销管理站和国有控股宁远县九嶷粮油购销有限责任公司2家粮食企业。

■仓储设施建设 2016年，宁远县粮食国有企业仓容共3.28万吨，其中90%以上为上世纪70~80年代年所建，分布在全县12个乡镇18个点库。2009~2016年维修、改扩建仓容3000吨。购置并启用粮食入库设备（电子秤、输送带、鼓风机等）2套，降低入库成本。

（乐佳忠）

商业事务管理

■概况 2016年，原商业事务办公室和物资事务办公室合并成立商业企业改制办公室，信访维稳的重点区。商业企业改制办，想办法，抓落实，维护稳定。2016年，接待群众来访120批次，600余人次。其中：初访4批5人次；重访115批次595人次；集访16批次60人次。

■定点屠宰工作 2016年1月，商业企业改制办公室，召开两个专题会议，专题研究生猪定点屠宰市场的清理整顿，明确生猪屠宰管理工作的任务和重点问题；专题研究规范肉品流通秩序的有关事项。1~9月，会同卫生、质监、工商、畜牧、环保等有关部门，开展联合执法，对一些隐蔽操作，违规经营的私屠滥宰户和违规经营人员，进行严厉处罚。共出动执法车225辆次，出动执法人员3000人次，取缔私屠滥宰和非法经营户4户，没收加工工具20件，罚款1000元，保证肉类市场安全有序运营。是年10月，定点屠宰工作，由县商务和粮食局负责管理。

（县商业企业改制服务办）

石油销售

■概况 1977年7月10日，成立宁远县革命委员会商业局石油公司，业务由零陵地区石油采购供应站管理，石油购销纳入国家计划。1985年1月，宁远县商业局石油公司更名为湖南省石油公司宁远支公司，人、财、物由零陵地区石油公司管理。3月，划转宁远县经济委员会代管。1992年，县石油公司更名为湖南石油公司宁远公司。1998年，县石油公司并入中国石油化工集团公司。2000年后，县内成品油价格向国际市场接轨。2001年底，县石油公司体制改革，实行重组，有21名职工领取一次性补偿，解除与公司之间的劳动合同。2003年，县内有40余家加油站（点）进行石油经营。

■市场经营 2016年，宁远县销售成品油30286吨，完成计划31576吨的95.92%，同比增量138吨，增幅0.5%，其中汽油销量同比增加2266吨，增幅12.8%。柴油增幅-2128吨，增幅-17.1%。沉定资金完成958万元，完成率97.9%，持卡消费比36.1%。非油品营业额全口径完成645.3万元，完成计划772万元的83.6%。基础品类645.3万元，完成87.3%。非油品不含税毛利额完成69.2万元，完成79.5%。考核吨油费用185.7元，比计划171.4元增加5.3元。高标号汽油销售3469吨，同比增幅35%。

■经营管理 2016年，水市加油站投入150万元进行防隐患提质改造。全县10座在营加油站安装液位仪投入使用。10座在营站销售油品全部升级国五，达到国家制定的节能减排目标。泠江站被永州商务系统评为文明优质服务“十佳加油站”。

（欧阳忠明）

烟草专卖

■概况 1985年，成立烟草专卖局（公司），加强烟叶和卷烟专卖管理。1989年，烟草实行“一条鞭”经营，烤烟种植面积为历史最高水平。1997年起，改革烤烟收购方式，实行封闭式收购。1999年，实施科技兴烟战略，打造“九嶷金叶”品牌。烤烟种植向布局区域化、品种优良化、栽培规范化发展。2016年，烤烟种植面积8.03万亩，收购烟叶17.9002万担，收购价1327元/担（不含肥补），烟叶总产值2.37亿元，种植面积和收购数量居全省第二的位置。获省两烟协调领导小组授予“现代烟草农业先进单位”荣誉称号。

■现代烟草农业建设 2016年，开展大规模集中管护，涉及125个村271处，清理沟渠16.7千米，整修渠堤3475米，机耕道铺砂21600米，共投入管护资金300多万元，其中财政奖补200万元。2016年投入3000万元，进行连片土地管理。泠水（云潭）、湾井（下灌）1.35万亩基本烟田；柏家坪、鲤溪各5000亩土地整理和部分烟水、烟路配套项目25个标段计3239.13万元。泠水镇、水市镇和舜陵街道1.2万亩烟田土地整理项目建设，投入3600万元。2016年，国家烟草部门补贴金钩挂水库建设资金11708.2万元，支持水库建设。

■卷烟营销 2016年，宁远烟草部门，在卷烟营销上深挖潜力，增加销量。深挖客户需求潜力，精心分类，做好客户市场走访，指导客户制定订货计划，帮助客户解决卷烟经营中的困难和问题。深挖市场满足潜力，以农村市场销量扩容为重点，在300人以上的空白村，加快办证。在旅游景区、工业园区、居民小区、移民新村、项目建设工地等新兴市场，迅速建立卷烟零售网点，满足市场多样化、个性化需求。深挖消费环境潜力，紧跟消费者，开展品牌培育，组织站柜促销，开展事件营销。深挖市场净化潜力，在太平、鲤溪两地建立市场服务和专卖管理所，把服务客户和市场监管触角再延伸到城乡、街道、村组每个角落，提升客户满意度，打击卷烟非法经营行为。深挖绩效管理潜力，制定“三员联动”考核方案，把销量作为主要指标，同时精简优化线路，减少送货里程。

■专卖管理 2016年，宁远县烟草专卖管理突出“四个强化”。强化联合执法长效机制，县政府组织召开卷烟市场综合治理联席会议，进一步完善“政府主导、部门联合、多方参与、密切协作”的打假打私体系，完善“打击严厉、管理到位、疏导及时、服务周到”的市场监督体系。强化专项治理力度，2016年，先后开展“春雷6号”、“潇湘金剑4号”专项行动，出动执法车辆43台次，执法人员210人次，侦办非法经营案件1起，符合国家标准假烟网络案件1起，刑拘5人，逮捕7人，判刑2人。强化许可管理，以优化结构为手段，加强许可证后续动态管理。行政许可共办理新证337份、延续193份，依法注销零售许可证339份，移送工商部门取缔无证经营户46户，正常在网运行经营户2407户。强化内部专卖管理，完善“内管办案化”工作模式，突出重点环节，注重监管实效。

（县烟草局）

国土环保 城建城管

国土资源管理

■概况 1987年2月成立宁远县国土管理局（简称国土局）。1988年12月，增设县土地管理事务所。1992年10月，全县47个乡镇均建立土地事务管理所（简称国土所）。1993年5月，增设县城乡土地测绘队和县地产公司。1994年10月，增设县土地评估事务所。1995年10月，撤区并乡，原47个乡镇国土所调整为舜陵、天堂、水市、湾井、九嶷山、冷水、中和、仁和、柏家坪、清水桥、禾亭、太平、保安、鲤溪、荒塘15个乡镇国土所（桐木漯、棉花坪乡暂不设所）。10月，增设县土地监察大队和县地产交易所（2008年8月变更为国土资源交易中心）。2002年5月，县国土管理局与县地质矿产局合并成立县国土资源局，内设办公室、财务股、政策法规股，耕地保护股（加挂县农业区划委员会办公室牌子）、建设用地股、地籍地产股、资源规划测绘开发管理股（加挂矿产储备勘查股、地质环境股两块牌子），当年成立县土地收购储备中心，归口县国土资源局管理。2003年1月，增设县土地开发整理中心。4月，棉花坪、桐木漯两个瑶族乡成立国土资源所。2008年，县地产公司改制。2011年4月，县国土资源局内设办公室、人事股、财务股、耕地保护股（加挂县农业区划委员会办公室牌子）、规划建设用地股、地籍地产股、资源开发管理股、地质环境股、测绘管理股9个职能股室，下辖17个乡镇国土资源所和县土地管理事务所、县城乡土地测绘队、县土地评估事务所、县国土资源执法监察大队、县国土资源交易中心、县土地收购储备中心、县土地开发整理中心7个二级机构。2016年，撤销县土地管理事务所、县土地评估事务所、县国土资源交易中心，结合县房产局部分职能，成立县不动产登记中心，为县国土资源局所属副科级事业单位。至年底，县国土资源局内设办公室、政工股、财务股、耕地保护股、规划建设用地股、地籍地产股、矿产资源规划储量开发管理股、地质环境股、测绘与地理信息股、法规信访室、不动产登记股11个股室，辖县不动产登记中心、县国土资源执法监察大队、县土地收购储备中心、县土地开发整理中心、县城乡土地测绘队、县人民政府征地管理办公室、国土资源局工业园区分局7个二级机构和20个乡镇国土资源所。

2016年，获全国第三届国土资源节约集约模范县、湖南省优秀测绘地理信息工程二等奖。湖南省第一部县级地理国情专题地理集——《宁远县地理县情地图集》已编制完成。

■**土地市场建设** 国土资源交易实行网上招拍挂。宁远县2016年成功交易20宗土地，面积30.53公顷，土地成交价款8.72亿元。非税收入实际完成2021.3万元（含执法监察大队国土资源一般罚没收入）；零散土地出让价款征收任务200万元，实际完成434.1万元，完成税收代征526万元。

■**耕地保护**　2016年底，宁远县耕总面积为62.5万亩，基本农田保护面积为51.9万亩。严格落实耕地保护责任，签订四级耕地保护责任书，全县共签订耕地保护目标管理责任书1万份，发放基本农田保护责任卡30万份。建立完善基本农田保护十三项制度，把宁远县城周边永久基本农田进行优化布局，对全区域的永久基本农田划定工作进行多轮优化，全部图斑调整通过省国土资源厅审核，对所有的基本农田信息进行录入，并完成永久基本农田数据库建设。2016年宁远县上报28个项目，占用耕地46公顷，通过向其他县（市）调剂耕地指标使宁远县耕地达到占补平衡，连续16年保持耕地总量动态平衡有余。

■**地籍地产管理**　全年共办理土地登记发证965宗、抵押登记67宗、用地批准1513宗、供地许可24宗，发放不动产权证书41本，出具不动产权证明61份。2016年度宁远县国有建设用地供应总量控制在110.91公顷以内，其中存量建设用地52.24公顷，占供应总量的47.1%，新增建设用地58.67公顷，占供应总量的52.9%。根据《湘国土资办发〔2016〕18号》文件精神，2012~2015年4年的供地率须达到90%、80%、60%、40%，2011~2015年5年的平均供地率须达到75%。截止2016年底，宁远县2012~2015年的供地率分别为91.93%、81.87%、89.35%、42.76%；2011~2015年的平均供地率为81.76%。2016年，完成闲置土地清理处置工作。宁远县需后续处置的闲置土地有15宗，其中征缴土地闲置费的12宗，督促动工开发建设的3宗。通过明确包案领导和责任单位，加大闲置费征缴和矛盾纠纷处理力度，对每宗后续处置闲置土地实行“半月一督查、一月一通报”等措施，2016年已征收土地闲置费地块的12宗土地全部动工开发建设。

■**矿产管理**　2016年，宁远县共有采矿权105家，其中省级发证的5家，县级发证的100家。2016年，共办理延续和变更登记26个，新立挂牌出让3个，共收取采矿权价款176万元。完成105个采矿企业年检任务并通过年检。2016年，开展矿产资源打非治违专项行动、整治矿山超深越界开采专项行动、安全生产“大排查、大管控、大整治”“监管执法年”活动等多个行动，对宁远县所有矿山企业开展检查，关闭3家不符合开采条件的采石场，对2家非法开采的采石场进行查处，没收非法所得1.6万元，罚款0.32万元，净化了全县矿业权市场。

■**建设用地管理**　2016年，通过向上积极争取，获得149公顷新增建设用地指标。共组织上报28个用地项目，总用地面积达到149公顷，批回24个项目、面积130.55公顷。2016年，经省、市评审通过，省政府批复，同意宁远县土地利用总体规划追加建设用地规模500公顷。其中中心城区范围增加370公顷，重点保障南部城镇发展用地及西部工业新城用地。宁远县中心城区规划建设用地面积实际达到30平方公里。

■**国土资源执法监察工作**　2016年，宁远县土地矿产卫片监测及明查暗访，共下发疑似违法图斑25宗（其中土地23个，面积257.8亩），涉10个乡镇（街道办）。按照卫片执法检查工作的要求进行了逐一落实，对核实的17个违法占地项目均依法依程序立案查处并结案。查处到位17宗，整改到位16宗，查处到位率100%，履职到位率100%，整改到位率94.1%。2016年，联合县住建、公安、城管、乡镇人民政府（街道办事处）等部门开展16次大的联合执法行动，对12个乡镇（街道）51宗违法占地建设行为，予以强行制止，涉及面积3.528万平方米。

■**地质灾害防治**　2016年，建

立健全地灾防治群测群防体系，深入开展地质灾害隐患排查，落实防灾措施，发放避险明白卡2000张，建立和完善警示标志48个，落实监测责任人48个，实现地质灾害“零伤亡”目标。全年投入350万元，实施了九嶷山乡茶叶槽村、柏家坪镇井塘背村等5处滑坡地质灾害治理工程项目；完成湾井镇箭猪窝村等地质灾害隐患点治理工程施工前准备工作；基本完成冷水金钩挂108户和禾亭鲁塘164户地灾避险搬迁安置房建设工程。4月，因预警及时，撤离迅速、避险措施得当，我县地质灾害成功避险一起（2016年4月16日凌晨，棉花坪乡茶坪漯村高屋场自然村，发生山体整体下滑地质灾害），没有发生人员伤亡。

■信息化工作 2016年，制定信息化工作方案，每月及时汇总报送电子政务建设和应用情况，安排专人负责网络。完成“一张图”数据库管理与应用，数据实行集中管理，及时汇交入库，内网所有计算机安装三合一安全管理软件，内外网计算机做到物理隔离，无信息网络安全事故。2016年全局通过电子政务系统办理案卷2473宗，其中公文案卷1646件，办理业务案卷827件。数字宁远地理空间框架建设顺利通过省国土资源厅验收。并以此为契机，投入160万元，对国土资源纸质档案进行数据录入，建立电子数据库，实行电子化管理。

（李疑松）

环境保护

■概况 1979年7月，设环境保护办公室。1983年，与建委合并。1986年，分设环境保护局。1989年（简称环保局）下辖监测站。1991年，增设环境排污收费站。1997年，环境排污收费站更名为环境监理站。2002年，机构改革，环保局为政府组成部门，下辖监理站，监测站，内设办公室，法制管理股。2016年环境保护局辖：环境监测站、环境监察大队。

■环境保护宣传 2016年，主办六五世界环境日主题宣传活动，配合县人大开展宁远环保世纪行活动，召开《宁远环境保护工作责任规定》制订听证会。

■污染总量控制和限期治理 2016年，宁远县环境保护着力推进污染减排，腾出环境容量。制定2016年总量减排计划，落实重点减排项目。开展燃煤小锅炉和饮食服务企业油烟污染专项整治，建筑领域扬尘污染治理，强化机动车管理，淘汰“黄标车”和老旧车辆1503辆。全年减少化学需氧量排放102.11吨，氨氮排放11.51吨；同比分别下降0.86%，下降0.65%。二氧化硫与上年持平，氮氧化物减少1212.8吨。

■建设项目环保管理 2016年，宁远县完成建设项目环保“三同时”验收75个，其中市环保局验收3个，宁远县环保局验收72个；审批项目97个，其中市环保局审批26个，县环保局审批71个，环评执行率为100%。没有发生未批先建或违规越权审批情况。

■环境执法 2016年，环保局清理整治环保违法违规建设项目，共查出393个建设项目，存在违法违规问题，需取缔关闭的11家，需整顿规范的382家。其中对104个问题突出的建设项目在县政府网站进行公开，基本澄清违规建设项目的底数，建立管理台帐。是年，对水市玻璃纤维厂等11家需要关闭的企业，下达责任关停通知书，其中8家企业关停到位；对需要整顿规范的382个建设项目，下达《环保违法违规建设项目清理整治通知书》《责令改正环境违法行为决定书》，12个项目申请补办环评手续，27家企业提出验收申请，8家企业通过环保设施竣工验收。

■农村环保工作 2016年强化农村环境污染治理。坚持生态优先，认真组织实施湘江保护第一个“三年行动计划”，大气污染防治行动计划，深入开展环境保护大检查，维护群众合法权益着力营造宜环境、水气、声环境，稳定达到相应功能区标准。泠江河马草坪、水市水库2个饮用水断面，全年均达到国家二类水标准。仁山庙地表水断面全年达到国家三类水标准，达村率100%。空气质量指数达到优良天数100%。

（县环保局）

住房和城市建设规划

■概况 1949年11月，县设建设科。1980年4月，成立县基本建设领导小组办公室。12月，改为县基本建设委员会。1984年1月，与环境保护局合并成立城乡建设环境保护局。1985年3月，更名县建设委员会。1986年3月，原属城关镇管理的县城环境卫生管理所划归县建委。是年，县建委下属有县建筑公司、自来水公司、综合开发公司、户地产公司、填筑设计室、施工定额管理站、征地拆迁办公室、工程质量监督站等9个企业单位。1991年，房地产公司改为房地产管理处属县建委。1996年，成立规划建设局，1999年，撤销房地产管理处，成立房地产管理局，2002年，更名房产局。2002年3月，成立城市管理局。当年县建设委员会撤销，三局分设。2015年，规划局、城市管理局、房产局、合并成立住房和城乡规划建设局，下属单位有城市园林局、规划监察执法大队、城乡规划信息服务中心（撤销城乡规划办）、建设工程质量安全监督站、建设设计院。2016年，宁远县住建工作取得新进步、新发展。柏家坪镇被评为国家级重点镇，同时入选全省28个新型城镇示范镇，湾井镇被评为湖南省美丽乡镇示范镇（第二批），湾井镇下灌村、禾亭镇小桃源村被评为国家级传统古村落，创建全省旅游名乡1个，旅游名村3个，三星级以上乡村旅游区12个。宁远县城面积达20.5平方公里，中心城区人口20.6万人。

■城乡规划 2016年，县住建局着重做好县城总体规划，专项规划，城市设计及控规和村镇规划等规划编制工作，实现一张蓝图干到底。加快县城总体规划修改工作，《县城总体规划（2003—2020年）修改》已交湖南省人民政府审批。完成南部文化生态新城等4个新城的设计与控规编制及审批工作。启动印山路～泠江河片等3个城市片区控规编制招标工作。完成城市燃气等5个专项规划编制工作。完成16个乡镇的镇域村镇体系规划与镇区总体规划编制及审批工作。完成204个行政村村庄规划编制工作

■市政管理 2016年县住建局组织开展县城排水防涝设施普查工作和城市排水防涝规划编制工作，以基本建设为重点，着力完善配套功能，疏通下水道、排污管，清理疏通护水沟6500米，污水井，雨水井620口。2016年强力实施27个道路建设项目，其中城区道路工程项目18个，生物医药工业园区道路工程项目8个，冶金工业园区续建道路路网工程项目1个。强力打通“断头路”“瓶颈路”，有效缓解城区交通拥堵。完成园艺路接湘妃大道等项目改造工程6个。加大人行道与背街小巷提质改造路17条。硬化改造12条支街小巷，重新施划路标识标线、斑马线8200平方米。完成泠江路、九嶷路、舜帝路等主要道路临街高层建筑的景观灯安装、加装、补装，支街小巷路灯1000盏。实现县城建成区亮化覆盖。全面推行“两供两治”设施建设，完成供水网40公里。城市管道燃气工程建好临时供气撬装站一座，完成1300户燃气管道安装，安装中低燃气管道15公里。完成改建扩建污水管网16公里。

■建筑业管理 2016年，县住

建局规范农村村民建房，加强农村村民建房管理，有效治理农村无序建房行为，制定《农村村民建房手册》，进一步规范农民建房。全年联合国土、公路等部门多次开展农村违法建筑集中整治行动，加大农村建房行为的管理。

■规划管理 2016年，县住建局在大管理格局的基础上，对城区的规划管理推行精细化管理，切实做到“三严”。严格审批规划，减少规划工作的随意性和盲目性。2016年，完成建设用地规划审批192户，用地面积39.04万平方米，建筑工程审批152户，建筑面积51.2万平方米。

■规划建设稽查 2016年，突出加强规划执法，在巡查过程中依法下达《停工通知》《整改通知》《拆除通知》共117份；发放《建房告知书》500份；对严重违反《宁远县城区建设用地容积率调整管理试行办法》的建房户，共计向国土局出具告知函20份。拆除违法违章建筑55处，建筑面积1.1万平方米，非法占地和违法违章建设行为得到有效遏制。

■建筑市场管理 2016年，加大对规划审批、规划实施、建筑业质量、安全生产等监管力度。规范建筑市场秩序，逐月开展违法违规行为查处，发出隐患整改通知书100份，停工整改通知书79份，及时发现并消除安全隐患145处，有效控制事故发生。宁远县房屋建筑和市政基础设施工程质量得到明显提升。

■勘察测绘 2016年，完成九嶷路、泠江路、滨江路等路段延伸放线、发行测量。莲花山公园二期工程的推进测量。印山公园、狮子公园建设地形测绘。潇湘山水城、人民医院综合住院大楼、县绿园投资开发公司标准厂房和仓库建设工程、上海中科市政项目竣工验收地形测绘。

■建设工程质量安全监督 2016年，深入到仁和、中和、水市、冷水、十里铺、洪家、窝子地、舜峰路等保障房项目工程开展安全生产调研、监督、检查18次。县分管领导检查监督5次，市政府领导督查1次，市房产局、市审计局检查7次，投入资金10万元，对洪家老年公寓安全隐患进行整改。对全县保障性安居工程15个项目实施常规安全生产巡查累计70次。宁远县小区整治由住建局、房产局牵头组织国土、市监、消防、城管、公安、城建、街道等12个部门，成立2个专门工作组，对全县有资质开展的54个小区（项目）开展排查整治工作，共排查整改安全隐患82项，下达整改通知书42份。

■城乡一体化 2016年，完善优化路网布局，强力实施27个道路建设项目，其中：城区道路工程项目18个，生物医药工业园道路工程项目8个，冶金工业园区续建道路路网工项目1个。加大人行道与背街小巷提质改造。启动印山公园、狮子山公园建设。投资2.2亿元对泠江路、九嶷路、滨江路两侧进行立面提质改造。2016年投资4.6亿元完成小城镇基础设施建设“乡村风貌”改造工程。涉及17个乡镇（街道），157个村，6097户。全县406个村建有村级垃圾池2068个，村级垃圾收集车758辆，乡镇垃圾清运车辆52台，2座高标准垃圾中转站。湾井镇投资730万元新建一座日处理生活污水1500吨处理设施。九嶷山乡3个村投资150万元，建成60户集中式污水处理系统各一套。柏家坪镇投资150万元，完成污水管网铺设3800米，管道1900米，新建沉沙井84个，进水口167个。全县55个行政村进行村道扩宽或环村道、巷道新建109公里；新建停车场和候车亭8个。63个行政村实施电网改造。宁远县危房改造竣工户完成1374户，累计投资1397万元。

■**信访维稳**　2016年，住房建设方面的来信来访事件较多，对群众来访，诉求100%登记、告知，对受理的信访事项及书面回复100%。针对信访人诉求，严格依照有关法律政策就地解决信访问题，有效防范越级上访、缠访、闹访、集体访。2016年接待来信来仿100件，上级批转信访件50件，处理及时率100%，确定分管领导和直接责任人，对来访案件实行“五包”。

（县住建局）

房产管理

■**概况**　1982年10月，成立房地产公司、隶属县基本建设委员会。1991年9月，改为房地产管理处。1999年12月，撤销房地产管理处，成立宁远县房地产管理局。2002年7月，更名为宁远县房产局，加挂县住房制度改革领导小组办公室牌子，为县政府直属事业单位。至2003年，局内设办公室、产权产籍管理股、开发经营管理股、住房制度改革办公室。下设县房屋拆迁管理办公室、房地产执法监察大地、房地产交易所、房地产评估管理所、房屋租赁管理所、柏家坪房产所、中和房产所、禾亭房产所、水市房产所9个所（室）。

■**产权产籍管理**　2016年，累计许可预售项目7个，发放预售许可证14本，许可预售30.29万平方米，纳入预售资金监管项目25个，累计监管审核批准89笔3.34亿元，政务中心窗口办理产权业务、5443宗，网上办理1004宗。

■**行业法规宣传**　2016年，重点打击无资质开发违规行为20起，处罚金额380万元。查处违规预售违法行为6起，没收非法所得及罚款75万元。对伟明花园、山水城和湘南汽贸城等3家开发商，未经批准变相认购和违规发布预售广告的违规违法行为，予以严肃查处，震慑无资质开发商和违规预售开发商。巡查保障性安居工程15个项累计70次。

■**物业管理**　2016年，新增物业管理和保安队员35名；新建值班岗亭4个；安装单元防盗门400个、防盗窗4万平方米；新建视频监控平台400个、新装监控探头40个；新增二次供水楼盘17个，电力专变转公变小区项目4个。

■**住房保障**　2016年，建成投入使用的公共租赁住房（包括原廉租住房）4976套，配租4976套，入住率100%。住房租金补贴核准申请711户，其中新增发放65户。2016年，发放租赁补贴59.7888万元，保障性安居工程累计保障户数5687户，惠及17061人。2016年6月21日、8月3日、9月26日在电视台、政府网公示，审出不符合保障条件承租户、租赁补贴领取户40户，其中终止保障房租赁合同20户，停发租赁补贴19户，按市场住房租金收取房租1户。棚改项目2个，安居1100户，其中麻池塘和西正街500户。48户实行货币安置签订协议。樊陈氏棚改区600户、货币安置408户，实物安置192户。

■**房改房**　自2014年以来，宁远县房改房上市交易已经步入正轨。2016年，共办理12宗房改房上市交易缴费及土地出让申报取得较好效果。

（郑会兴）

城市管理

■**概况**　1991年7月，成立县城市建设管理监察队，隶属县建设委员会。1996年4月，城市建设管理监察队设一室两分队，即：队部办公室、城镇规划建设管理监察队、市政公用设施和市容环卫管理监察分队。1997年12月，城市建设管理监察队改为城市建设管理监察大队。内设城市规划管理监察中队、市政管理监察中队、人秘股、计财股。1999年3月，城市规划管理监察中队划归规划局，2001年，重新划归城市建设管理监察大队。

2002年3月，成立县城市管理局，为县政府直属单位、加挂城市管理委员会办公室和城市管理综合执法大队牌子，内设办公室（加挂政工室牌子）、法规股、业务股（直管综合执法大队，大队下设城南、城北、规划和市容市貌、机动车辆管理执法4个中队）。下辖自来水公司、环境卫生管理所、市政公用设施维护管理站、园林绿化管理站。后隶属城市管理行政执法局。

■**城市综合整治** 2016年，强化黄泥渣土运输管理。城区项目建设工地和居民建设工地限时段、限路段覆盖式运输黄泥渣土，先审批备案后运输。重点加大南部生态新城建设工地监管，依法查处违规运输车辆80余台。整治学校周边环境，确保高考、中考正常秩序，学校春季和秋季开学工作。整治摩托车辆乱停乱放、建筑材料堆放、流动摊放和占道经营、农贸市场及周边环境。劝导纠章8600人次，拖移乱停乱放摩托车，机动车2200台次。整顿7个市场及周边秩序，依法扣缴违规摊担680副，其中三轮车、板车等运输工具180台。

■**环境卫生** 2016年，在提高机械清扫保洁率的基础上，加大支街小巷及城乡卫生死角面清理，垃圾日产日清，主街道一天6次洒水、次街小巷3次洒水。定时冲洗城区主次街道。卫生保洁路灯标、果皮箱、候车室等公共设施和城市河道。

■**市政设施** 2016年，安装泠江路、九嶷路、舜帝路等临街高层建设景观灯，保持亮化效果。加装、补装支街小巷路灯1200盏；县城出入口道路设置"中国结"彩灯300套；泠江路、九嶷路、交通绿岛安装照树灯5000盏、彩灯1100条，悬挂灯笼1200个。在九嶷桥、重华桥、城区绿岛、公园、小游园装扮造型点缀花卉46万株，矮灌26万株，苗木（樟树、桂花树、柳树）1200株。拆除破损广告牌460块、违规设置广告900块、大型墙体喷绘、条幅广告等面积9000平方米。疏通清理下水道、排污管、维护水沟6500米，清理污水井、雨水井620口。硬化改造鹏程街后段、鹏程街七巷、雁南街、凤鸣街八巷、凤鸣街十巷、城西停车场周边等12条支街小巷。重新施划道路标识标线、斑马线8200平方米。建成供水网43千米。建好城市管道燃气工程临时供气撬装站一座。安装2734户燃气用户管道，安装中压、燃气管道6.8千米，低压燃气管道26千米。改建扩建污水管网29千米。建成污水处理厂二期工程、污泥处理工程、下灌工湿地污水处理厂等并投入试运行。

（周科）

城市建设投资开发

■**概况** 2003年5月，成立县城市建设投资管理中心，2003年7月，成立县城市建设投资开发有限责任公司，实行"二块牌子一套人马"合署办公。2016年，根据县委、县政府总体部署，围绕"筹资融资、项目建设、资产储备"，拓宽融资渠道，全年包装10个项目达成意向贷款10.457亿元，成功融资10.387亿元，全力推进项目建设为宁远县经济社会发展提供强有力扶持。

■**融资保障** 2016年，多渠道筹措资金，从政策性银行争取长期贷款10.8亿元。其中，九嶷大道项目（2.5亿元）与国开行签订贷款合同；医养中心项目（2.9亿元）进入国开行省贷委会审批程序；国开行、农发行的易地扶贫搬迁项目政策性贷款0.8亿元到位；南部新城水利综合治理项目（4.6亿元）进入水利部PLS项目库，通过农发行永州市分析初评。从商业银行争取中期贷款3.367亿元。其中，二中新校区项目（2.2亿元）与农业银行签订贷款合同，农商银行的小额扶贫贷款（1.167亿元）到位。从非金融部门争取短期融资2亿元。用自来水供水管网设施与百基融资租赁公司开展2亿元的融资租赁合作资金到位。争取专项基金2.29亿元。其中，农发行的城北供水和城区管网改造项目0.7亿元到位；省扶贫开发公司易地扶贫搬迁项目基金1.02亿元到位；养老中心项目（0.57亿元）向国开行完成申报。南部文化生态新城基础设施建设项目采取竞争性磋商的政府采购方式，与“中”字头央企“中科建设开发总公司”签订20亿元PPP项目合作合同，项目被省财政厅PPP合作办公室推介为县区开展PPP模式合作典范，解决资金筹集、建设质量与效率问题。提取贷款和专项基金4亿余元。委托县国土局挂牌处置舜帝南路与湘妃大道交汇处60亩和九嶷大道西侧与世纪春城之间65亩土地取得出让收入1.374亿元。

■推进项目建设　2016年，宁远县城市建设开发有限责任公司根据县委、县政府重点项目安排计划，牵头14个重点项目，服务20多个项目，固定资产投资任务7.87亿元。完成固定资产投资10.152亿元，为县下达任务的1.29倍。南部文化生态新城建设，按照“一年起步、三年成形、五年成城”的时间表，2016年重点是“拉框架”和“促配套”，月月有新开工建设项目。城区改造项目，城市管道燃气主管道铺设10公里长，到户管道安装2066户，12月18日正式向用户供气；城北棚户区改造老人武部正在按规划要求进行建设；老司法局和老法院47户搬迁完成41户搬迁工作任务；中央商务区项目对九嶷路与泠江路交汇处4个区域的资产进行调查摸底，并积极开展招商引资工作；城区主干道立面改造全面启动九疑路、泠江路立面改造；城区九疑路、泠江路路面改造完成设计、工程预算和主材采购，已启动项目施工。

■实现公司实体化　2016年，南部文化生态新城做到城市总体规划和土地利用总体规划两图合一。按照“整村推进”“五个统一”和“业态安置”征地工作机制，测量土地1200公顷。2016年，完成征地、迁移等项目320公顷，付款1.6亿。西部工业新城区域测量134公顷，完成34公顷，付款1600多万元。入股宁远县农村商业银行10%股份，宁远华润燃气有限公司22%股份。实施易地扶贫搬迁前进安置小区和舜华安置小区建设，充实公司资产。

（欧小仕）

公用事业管理

■园林绿化　1982年，成立城镇管理所。配有专人管理城区及街道绿化。各单位、商店、居民实行门前绿化“三包”（包种、包活、包管）。2003年6月，成立宁远县园林绿化管理站。2015年12月，成立宁远县城市园林局。创建卫生县城工作着重抓莲花公园的后续建设，各路段及绿岛绿化、美化、养护、管护。2016年，经市园林局组织专家团，对宁远县园林式单位现场验收、评审、评定17家单位基本符合市园林式单位的标准并授牌。

2016年，对莲花山公园盘道及空置土地进行绿化、美化，栽植石竹、太阳花等各类鲜花40万株。舜帝南路、九嶷南路隔离带、九亿风光带绿篱栽植各类灌木20万株。各街道、河岸人行道栽种樟树、八月桂、柳树等500株。全城人行道补种大骨架樟树、八月桂等树木939株。绕城线绿化提质改造，栽植各类乔灌木，造型球等20万株。二次草花更换，栽植石竹、羽衣甘蓝、三色堇、太阳花、角堇等50万株。华容鞋厂门前小游园绿化种植20万株红花酢浆草。对重华路、信合街、九疑路、泠江路、水市路等路段的行道树修剪6000余株。隔离带草皮修剪面积4万平方米。

（周雪花）

■环境卫生　2016年，抓住创建国家文明县城这条主线，加强日常管理工作，提高环境卫生质量。把城区面积约330万平方米的道路，根据路段繁华程度、人流、车流量的大小及环卫设施配置情况，进行“定等级、定路段、定标准、定人员、定处罚”的细化管理，设立环卫监督岗，建起环卫人员人事管理档案。清理背街小巷垃圾死角，规范清运时间，垃圾清运日产日清，卫生填埋，无积压无死角，日清垃圾130余吨。密闭清运率100%。城市生活垃圾无害化处理90%以上。城市主要道路每天洒水车降温除尘，主街道8次，支街4次。环卫所组织职工参加义务劳动15次，出动人力450人次，集中清理垃圾100余吨。

2016年，投入资金100余万元，新购置环卫洒水车1辆，密闭式压缩车1台，冲洗车1辆，果皮箱200个，垃圾桶100多个。九亿街、文庙广场、东门街和南门刘家河边5座公厕提质改造。

（欧艳辉）

■市政工程 2016年，宁远县市政工程加大规划实施管理、建筑业质量、安全生产等监管力度。出现以潇湘山水城、人民医院综合住院大楼、县绿园投资开发有限公司标准厂房和仓库建设工程、上海中科市政项目（宁嘉公路）为代表的一批建设工程质量过硬的优良工程。

（县住建局）

■城市供水 1983年以前，机关、企事业单位自行打井、饮用地下水，居民肩挑手提井水或河水。1984年，宁远县自来水厂竣工，采用重力式自流供水。1989年，新增一个清水池和滤池，暂缓县城供水不足。1990年，新增一台套75马力抽水机组。供水普及率98%。1996年，兴建二水厂。2000年，二水厂竣工投产使用。2003年5月起，新增用户一律安装IC卡智能水表。供水覆盖率95%。2016年，公司总体收入3000万元，其中，水费收入2297万元，安装收入434万元。纯净水厂收入19万元，其他收入250万元。完成制水1660万吨，售水1100万吨，创卫环卫和绿化用水92万吨。水量回收率71.8%。完成重点项目投资5037万元，改扩建供水管网41.47千米（其中发行DN100以上主管5.57千米，新扩建DN100以上主管39.5千米），发展新用户7155户。上交财政及有关部门税费291万元。2016年，争取到7000万元的中国农发行重大项目基金。

供水设施改造 2016年投资60万元，建立完善供水指挥调度中心；投资120万元购置各种先进分析仪器和设备，新扩检测场地200平方米，并装和安装专业实验台。投资1492万元完成方案比选，进行管线路线、水厂、泵房选址定位测绘、安装配水管网主管（DN500）6.5千米。投资3545万元，改扩建自来水管网41.47千米。对中和、湾井2个水厂的沉淀、过滤、消毒设施改造，改建DN25—DN100的供水管道10千米，DN100以上管道5.2千米。解决周家坝300户居民和中和镇3个村1千多户居民4000人安全用水。并为3个镇7个行政村，4000多户近2万人，作出给水规划预算。投资20万元新增160Kva送水泵一台，更换30Kva送水泵4台。投资30万元，新增取水泵5台。投资42万元进行降噪设备改造。

水质检测 2016年，每天定期检测水样，完成乡镇样品检测52次（含源水），城区客户怀疑样品检测86次，防偷盗水提样分析21次，查漏水样分析28次，送株州水质检测站出厂水全分析1次，纯净水临时水样分析16次，为垃圾填埋场做水质全分析3次。

供水管道维护 2016年，查漏补漏DN100以上供水管177处，测出暗漏198处，维修保养DN50以上闸阀114处，发行闸阀109个。改造城区消水栓56个，改造无水、缺水区域管道9处，管网8204米。熬夜连续抢修7次，修复爆裂DN500玻璃钢管36处，DN300主水管10处。其他不同管径的爆管维修3322次，上门服务用户3586次。

（樊志军）

重点工程建设

■概况　2016年，宁远县重大项目建设，全年共包装项目207个，争取到位资金20.8亿元。完成全社会固定资产投资161.88亿元，同比增幅16.7%。全年组织实施重点项目68个，计划总投资188.82亿元，年度计划投资45亿元，完成46.5亿元。列入省市绩效考核项目28个，年度计划投资28.49亿元，完成35.17亿元。同比增长55.6%、46.33%、33.75%、26.2%。

■工业能源项目　2016年，宁远县"一园三区"（工业园、循环经济区、加工贸易区、食品生物医药区）格局基本形成。西部工业新城，完成标准厂房15万平方米，园区道路6公里，配套自来水管网2000米，铺设通讯电缆10000米。园内硕宁电子、汇鑫电子、讯捷电子、运豪电器等企业建成投产。循环经济示范园内工业园服务中心投入使用。致远玻璃、东升机械投入生产。十里铺台湾产业园内四厂区建成，新入园的联兴制鞋、金永嘉电线电缆、上宜鞋材等企业正式投产。卓品鞋业、慕铭建材完成装修。

■农林水利项目　2016年，涔天河灌区宁远段工程正式开工建设。完成舜天恒禾养殖加工项目。九嶷农业科技示范园建设竣工投产。

■城建保障性住房项目　2016年，完成南部生态新城征地。城区园丁路、文化路、黄金路开工，城区内水、电、通讯等配套基础设施同步跟进。完成湘妃大道、舜阳大道等城市主路网建设。

■社会事业项目　2016年，明德湘南学校、宁远二中新校舍开工建设。完成宁远县社会福利中心附属工程设备安装、装修等任务。

■商贸旅游项目　2016年，完成湘南汽贸城一期工程。上海大众、东风本田等直营店开始营业。下灌景区建设基本完工，"五一"、"十一"开园迎客。完成九嶷山原尾砂矿治理，尾砂固定完工，正进行绿化和其他配套工程。启动九嶷河湿地公园污水处理工程，建成1处，在建1处。

（县重点办）

交通·通信

交通运输管理

■概况 1954年11月，设交通科，1960年改称交通局，1962年又复称交通科。1969～1976年，先后与工业局合并为宁远县革命委会工交组、工交局。1976年8月，工业与交通分家，再设交通局。1982年，改称交通运输科。1983年，恢复交通局。2002年，交通局机构改革后，内设办公室、财务股（加挂内审股牌子）、运输综合股（加挂科技股牌子）、计划基建股（加挂县交通战备办公室牌子）、安全法制股等，下属单位有：公路建设管理站、交通运输管理所、交通运输总公司（含劳动服务公司、汽车队、汽车修配厂、运输公司四家企业）。2016年，交通运输局有下属单位：道路运输管理所、地方海事局、交通建设质量安全监督管理站、交通劳动服务公司、城市客运管理办公室等。2016年，实施干线公路项目9个，总里程203千米，总投资20亿元。

■县乡公路建设 2016年农村公路完成投资3822万元。其中：农村公路提质改造完成建设66千米，完成投资1826万元，惠及13个乡镇43个村19万人；危桥改造12座，完成投资1360万元。分布在五龙山等5个乡镇，直接受益行政村10个，解决2万余人出行问题；普通公路安保工程，完成27.6千米，完成投资580万元。完成宁远绕城公路8.515千米的亮化、绿化工程。投资5100万元完成七里岗至高岗头长1.4千米路基和部分路面水稳层工程。S236中和至宁远县城公路长15.63千米，路基、路面安全防护等工程全面完工，完成投资7050万元。

■乡镇客运站建设 2016年，建设客运招呼站10座，分布在九嶷山连接线等干线公路沿线，完成投资56万元。2016年，补贴农村客运车辆燃油金额810万元。

■客运管理 2016年，加大客运市场整治力度，严厉查处不按规定进站、停车、发车，站外随意上下旅客以及兜圈串线、沿街揽客、倒客、卖客、宰客等扰乱道路运输市场秩序行为及其车辆。

■城市公交 2006年元月，永州市第二公共交通公司受宁远县城管局邀请，投资190万元收购当时由个体经营的宁远公司，成立永州市第二公共交通宁远分公司，为全民所有制事业单位，实行企业化管理。2016年在岗职工75人，其中驾驶员50人，管理人员25人。2016年营运线路5条（1路车县政府至欧家加油站〈乐家路段因道路改造中断〉；2路车桃满屋至永安气站〈永安气站至十里铺路段因道路改造中断〉；3路车县政府至汽车总站；4路车汽车总站至七里岗，为方便冶金工业园职工上下班临时增开；5路车县政府至冶金工业园），营运车辆40台全年共运输乘客529.25万人次。

■出租车管理 2016年，依法打击非法营运的“黑车”21辆，纠正违规经营出租车32辆。查扣非法营运车辆、摩托车282辆，纠正违章车辆421辆次。补贴出租车燃油金额131万元。

交通建设质量安全监督

2016年，以道路运输水上交通和交通工程建设等重点领域，实施安全生产“大排查、大整改、大管控”活动。安全隐患排查治理为重点，深入运输企业、施工工地，安全检查60多次，发出隐患整改通知50余份，排查各类隐患69处，全部按期督促整改到位。

水路交通运输

2016年，探索建立渡口码头建设、养护、管理长效机制，继续采取安防措施。加大对水市水库码头等源头监管力度，切实提升水上交通安全监管能力。2016年，补贴水运燃油金额5万元。

道 路 运 输

■道路运输安全监督 2016年，在保证安全专项经费5万元的基础上，再次追加5万元用于安全生产“大排查、大管控、大整治”专项活动。落实安全监管“党政同责”“一岗双责”责任制，落实相应安全生产工作责任。督促指导企业组织开展安全培训班，对企业安全管理人员和生产人员进行系统培训。督促客运企业严格依据《道路运输车辆动态监督管理办法》，提高安全动态监管能力，严防驾驶员超速、超载行驶；加强客运线路监管，落实客运线路监管责任制领导包片、运管人员包线、包车，上路查车及时掌握各条客运线路动态，发现问题立即上报解决。2016年，共检查道路运输企业，维修厂170家次、驾校78家次、客运车辆1230台次。排查安全隐患9处，下达安全隐患整改通知书1份，全部整改到位，整改率100%。

■运输市场整治 2016年，着重规范驾驶员培训市场秩序，打造健康有序，公平竞争的驾校市场环境，对挂靠经营、异地培训、超范围经营以及擅自从事加强培训业务等违法违规经营行为，依法进行清理整顿。是年，共纠正违法违规经营行为63起，查扣非法教学车辆42台次。“6·26”特大交通事故后，开展为期两个月的长途客运市场专项整治行为，与宁远县公安交管部门、蓝山、双牌运管部门开展四次联合执法，共查处站外上客车辆5台次，查扣非法营运车辆17台次。全年完成非税收入60.5万元。

■道路运输驾驶员诚信考核 2016年突出道路运输驾驶员的动态监管，严把道路运输驾驶员“准入关”，对宁远籍已取得经营性道路客货运输和危险货物运输从业资格的驾驶员开展诚信考核。2016年，共考核货运驾驶员1200名，客运驾驶员、危险货物运输驾驶员1000名，并逐一归档；配合市处对2000名道路运输员进行再教育培训。

■道路营运车辆审验 2016年，组织召开营运车辆审验工作专题会，坚持“谁签字、谁盖章、谁负责”的工作责任制，严格按照市处规定的审验流程和要求进行审验。全面落实承运人责任险，凡来投保或足额投保到期未续保和未按规定要求投保的，一律认定为审验不合格。所有客运车辆及重型货车和牵引车，按规定全部安装卫星定位车载终端，且必须接入《湖南省重点营运车辆公共服务平台》，否则，一律不予年审。2016年，共审验客运车辆468台，审验率100%，货运车辆1093台，审验率68.6%。

■春运 2016年，为切实抓好春运工作，制订周密的春运工作方案和应急运输方案，抽调三分之二人员到春运第一线工作。所有班子成员全部深入到春运第一线指挥、组织、协调春运工作，检查各项措施的落实情况，及时解决春运工作中存在的困难和问题。同时，加强站场的客运秩序管理和安全管理，确保春运安全、及时、有条不紊、达到省局、市处确定的“安全第一、保障有力、方便快捷、服务至上”的总体要求。春运期间，宁远县共投入客运车辆460台，开行班次3.1万个，完成旅客运量80.6万人次。没有发生人员伤亡和重大责任事故，完成春运工作。

（县交通局）

公路建设管理

■概况 1978年，宁远县设公路段，隶属零陵地区公路总段，负责公路养护。1987年1月，组建公路派出所负责路政管理和安全工作。至此，公路段内设机构有生产股、政工股、机料股、财务股、养路费征收站、公路派出所和办公室。1995年1月，县公路养护段更名为县公路局，养路工班改称公路管理站。2002年，公路局机构改革后设办公室，财务股、政工股、机务股、路政股、生产股、收费站。2003年，县公路局下辖22个公路管理站。2016年，宁远县公路局内设机构：办公室、政工股、工程建设股、公路养护股、公路路政股、计划财务股，法制安全股。所属事业单位：宁远县公路局公路养护站，下设清水桥、十里铺、禾亭许家、永安、岭头源、梅岗、官桥八个道班。

■公路养护 2016年，公路养护突出养护精细化模式，加大对路面破损、路基缺损、水沟畅通、路面清洁、绿化及设施完好的监管和处置力度，把公路当作街道打扫。投入公路保洁劳力2600人次，机扫270余次，有力确保公路“畅、安、舒、美”。投入日常养护资金300万元，安装、修补波形钢护栏810米，刷新减速标线230平方米，标志牌75块，减速带180米，修铺路面17000平方米，增加安全警示标志牌63块。投入养护资金121.2万元。

■路政管理 2016年，加强公路治超和路政管理，突出路政管理“提前介入”。严格执行行政许可审批、治超检测、处罚载量权基准、卸载放行等关键程序。严格禁止以罚代纠，代卸等工作行为，强化治超督查力度。从岗位劳动纪律入手，狠抓路政管理作风建设、杜绝路政执法人员索、拿、卡、要和公路“三乱”（即乱设站卡、乱罚款、乱收费。）行为的发生。2016年，组织专项公路联合整治行动7次，出动执法人员595人次，清理拆除违法非公路标志235块，乱搭乱建厂棚109间，违法堆放物179处，规范洗车场31处。重点整治超限车辆，治理公路运输抛洒行动，检测运输车辆17125台次，处罚超限违法车辆53台次，强制对102台超限车辆进行卸载，卸载货物223吨。治理公路污染，货装运输车辆不盖篷布、抛洒物污染公路屡禁不止现象，开展专项治理对车主和司机做口头宣传和耐心说服教育。发放创国卫和公路法规宣传单5200份，教育处罚公路抛洒行为490台次，并与源头企业签订规范运输协议70多份。

■安全生产 2016年，把安全生产纳入公路建设发展总体规划，对施工现场和各关键环节安全工作，进行检查和督促。每周开展一次安全巡查，发现问题及时指出，限期整改，并跟踪督查整改结果。全年排查隐患35处，整改率100%。

（刘零）

邮　　政

■概况 1949年12月2日，宁远县人民政府接管邮政局。1951年5月，邮政、电信合并，成立邮电局。1969年12月，电信局分出。1973年8月，邮、电再次合并。1988年底，邮电局下设支局8个，邮政所3个。1998年9月30日，邮政、电信分开，分设为邮政局和电信局，下辖机构随同分开。1998年10月1日，宁远县邮政局挂牌成立，定为国有企业，归永州市邮政局管理。2003年，县邮政局设综合办公室、经营服务部2个职能部门，以及邮政营业中心、储汇业务中心，发行配送中心、大客户营销中心、集邮业务中心、广告业务中心、中心所，九嶷路储蓄所和桐山路储蓄所9个生产部门，下辖水市、湾井、冷水、太平、禾亭、仁和、中和、柏家坪、清水桥、鲤溪10个支局。2016年宁远县邮政局内设综合服务部、市场经营部、代理金融中心、渠道平台中心、邮件处理中心、快包业务中心、发投班、集邮函件班。公司在职员工160名，退休退养员工64名，非全用工14名。2016年，宁远县邮政实现业务收入4046.95万元，完成101.37%，增幅18.2%。2016年，宁远县邮政局获全市邮政"先进企业""平安邮政先进单位""邮政投递工作先进单位""网运先进单位""工会先进单位"、"代理金融跨年度竞赛金融转型管控奖""党建工作先进企业"等称号。北正街储蓄所获全市邮政"芙蓉标兵岗"称号，蒋辉军获得全省邮政"党员先锋示范岗"称号，钟江江获得全市邮政"芙蓉百岗明星"称号。

■服务能力建设 网点建设 2016年，宁远邮政局下辖邮政储蓄网点12个，邮政网点2个，空白乡镇邮政网点6个。2016年2月，冷水支局重建开业，建筑面积830余平方米。禾亭支局网点进行改造升级装修，营业厅面积120余平方米；投入资金30余万元对重华路营业所、水市路营业所、北正街营业所、九嶷路邮政所、清水桥支局、柏家坪支局、湾井支局等网点的房屋进行维修改造。网点ATM机累计布放26点，点均达到2.17台，自动登折机12台。

网运管理 邮件处理中心增加生产面积200余平方米，实行传输带装卸邮件，确保邮件安全。同时加大邮路改革，"市到县"、"县到支局"邮路均实行"二进二出"频次，实现省内快包"次日递"服务承诺。配备网运PDA4台，投递PDA15台，布放智能包裹柜2个，县城均实行电动车投递。

投递能力 全县农村邮政投递段道72个，投递里程5700多公里，投弟员36人；城市投递员（含速递）20人，设立投递监控点227个。农村支局乡镇政府所在地邮路实现周五班以上，其它邮路实现周三班以上，所有行政村均实现通邮。在"双11""双12"、春节等邮件投递旺季期间，制定投递应急预案，倡导机关党员干部及员工进行帮扶支撑。

■邮政业务 金融业务 2016年，突出服务三农，推进金融网点转型，不断优化产品结构。储蓄金额规模17.81亿元，活期比重为41.14%，市场占有率达14.64%。代理保险累计完成4000余万元；理财保有量7468万元；手机银行累计完成6872户，电子银行交易替代率73.13%。

快包业务 2016年，充分发挥邮政网络和投递队伍优势，全年完成寄递量7万余件，收入90万元，同比增幅22.92%。

平台建设和农村电商 2016年，推广"商超+便民服务+快包揽投+电商服务+邮政金融"的建点模式，推进电商扶贫站点建设，建成综合便民服务平台站（点）353个；邮乐购实体店100个，为老百性解决工业品下行，农产品上行的问题。

文化传媒发展 2016年，坚持传统网络渠道和"互联网+"思维，增强文化创意，集邮业务完成收入64万元。利用微信平台积极推进网络预售模式，收入达5余万元。函件专业实现业务收入90万元。与县史志办合作加快名村志开发工作，成功出版村志1部。报刊专业实现收入342.6万元，做好《湖南日报》《永州日报》等党报党刊投递管理工作，发挥网络优势，报刊大收订进机流转额达到688.15万元。

■**企业管理** 2016年，财务成本科学管控，推进财务ERP系统应用，完善和规范报帐制，对收支两条线管理和资金集中控制欠费的额度和帐龄。网运全流程管控，实行转运、分拣和投递“三合一”，规范营、分、运、投环节处理流程，降低邮件差错率，重点时限指标得到管控。服务质量管理，规范邮件实名收寄及验视制度，确保G20等国家重点会议、活动期间邮件传递安全，加大投递服务指标管控，包裹快递城市当日妥投率97%以上，农村及时妥投率95%以上，妥投信息实时反馈率，城市达100%，农村达95%以上。机要邮件全年安全传递无误，连续保持质量全红。提升安防管理水平，通过加强对安全制度、安全防范意识、安全检查制度的严格落实，全年实现安全生产无重大事件发生，实现综治案件零发生。

（县邮政局）

中国电信宁远分公司

■**概况** 1998年10月1日，宁远县电信局挂牌成立，为国有企业，正科级单位，归口永州市电信局管理。内设综合办公室、维护工程部、市场经营部。辖生活服务公司、车队、工程公司、水泥电杆厂、器材公司、报话中心、收费中心、监控中心、设备维护中心、障碍查询受理中心、电缆维护中心、障碍查收中心和各基层支局，有职工106人。1999年7月，移动通信业务分离，成立湖南移动通信有限责任公司永州公司宁远营业部。2003年，电信局所属机构改为营维、业务处理、公话声讯、营业收费、大客户服务、商业客户服务、设备维护、线路维护、记费老欠费追缴等10个中心，有柏家坪、清水桥、冷水、鲤溪、九嶷、中和、水市、禾亭、太平、仁和、天堂11个支局，39个交换网点，职工72人。2016年中国电信股份有限公司宁远分公司下属综合办公室、网络部、市场部。

■**互联网业务** 按照中国电信“宽带中国——光网城市”的战略和建设目标，2016年宁远县城城区投入778.34万元，实现全光网覆盖。农村406个村，开通373个村。农村乡镇所在地实现全覆盖。92%以上农村行政村开通光网，形成一定的网格优势。县至市网络出口已达800G，满足用户100M需求。2016年4G基站（800M），农村开通62个基站，城区开通22个基站，基本保障全县用户需求，基本消除信号盲区。2016年，为民办实事，勘察设计，开通平安城监控点800个，对乡镇人口集中的区域、村落要道，进行平安城乡监控点的设计布点，有效地支撑“平安宁远”的创建。

■**网络提速降费** 2016年，中国电信宁远分公司，推进移动宽带和固定宽带提速降费，移动宽带继续投入建设4G网络，基本实现全县覆盖，并在县城开通4G+服务，最高下行速率可达300Mbps。移动宽带资费下降，手机上网流量平均单价由2016年的0.12元/MB下降到2016年的0.05元/MB。固定宽带快速推进光网建设，光纤覆盖全县，平均接入速度达50MBps，提率3.7信。单位宽带每月平均价格由2014年的4.9元/MBps，下降到2016年的/0.91元/MBps。同时，降低中小企业互联网专线接入资费。2016年，还推出流量不清零，流量转赠，实施老用户宽带免费提速，使城市平均宽带接入速率提升40%以上。

■**用户信息安全、网络安全和信息建设** 2016年，中国电信宁远分公司，加强用户信息安全、网络安全和信息化建设，主要落实二项举措：一是4G和宽带两个重点产品持续贯标。重点区域的4G网络质量，将电子渠道作为服务4G用户的服务主渠道，对终端售后服务延伸；提升宽带投诉重点区域网络质量，对宽带装维全流程时间管控，优化现场流程，完善支撑体系，提升工作效率。二是五大体系推进服务质量管控。即通过投诉预防体系、集中服务工单管控体系、投放处理定责评估体系、客户服务分析管控体系、客户体验及感知管控体系，做好服务事前防范、事中监督和事后管控。

■**电信扶贫** 2016年，宁远县清水桥镇洛家洞村为宁远电信公司挂点扶贫村。开展电信扶贫，突出加强贫困山区的通信建设，让网络覆盖到山区村，没有信号盲区。2015～2016年，宁远电信公司投入资金200余万元，进行光网建设，为洛家洞村布放光缆20公里，开通光网端口180个，建设无线基站2座，为村民免费开通光网电视80余户，向贫困家庭赠送IPIV光网电视。

（姜定文）

中国移动宁远分公司

■**概况** 1999年，宁远移动通信业务从邮电局分离出来，组建湖南移动通信有限公司（移动公司）永州分公司宁远营业部，开展县内移动通信业务。2001年1月，开通GSM数字移动电话。2002年，移动通信业务增设1258移动秘书服务、大客户STK卡、集团短信、移动IP充值卡、移动IP记账卡、17951移动直通车、交费卡、移动梦网，移动短信超市、移动电邮、GPRS手机上网、随E行、采信采铃等业务。至2003年底移动公司宁远营业部建成营业厅8个，移动代办点26个，移动基站39个，其中县城基站10个，农村基站29个，直放站4个。全县有移动用户4万户。2016年，宁远县移动分公司4G网络建设和家庭宽带能力建设被纳入县委、县政府的重点项目。

■**基站建设** 2016年，投资552万元开通46个2G基站，全县GSM基站总数达280余个。2014年1月起，宁远县开通第一个LTE基站，宁远县进入4G时代。2014年全年共计新增基站达到220个。2015年，年底LTE基站数达到310个，全民信息时代开启。至2016年12月底，4G开通数量达455个，总投资2500万元。

■**传输网** 2016年，传输弱电管道80公里，新建22公里；光缆线路2300皮长公里，新增150皮长公里；2016年共计投资600万元。

■**宽带网络** 2016年，投资3680万元，家庭宽带建设端口29480个，较2015年新建端口22736个，同比增长189%，覆盖用户13万余户。全县乡镇通光缆率、乡镇通宽带率均达到100%，行政村通宽带率达70%。

■**通信服务** 2016年，完成运营收入1亿元，较上年增幅10.41%；宁远移动手机客户22.74万户，占总手机客户的63.99%；其中4G客户9.84万户，较2015年底超过4.5万户；宽带客户达到8579户，全年新增8466户，增长幅度达到670%。全县共有移动网点145家，覆盖所有乡镇，以及超千人的行政村。2016年全年共服务客户超过8百万次，帮助客户办理缴费、开户、业务变更、手机销售、宽带入户等业务。

（中国移动宁远分公司）

中国联通宁远分公司

■**概况** 2001年10月23日，中国联通宁远分公司成立（又称宁远联通分公司）。2008年11月，宁远联通分公司从宁远县九嶷中路95号，搬迁到宁远县泠江路295号自有办公楼办公。2016年，分公司有员工40人，其中合同制员工9人，省派遣制员工1人，紧密型员工7人，经营型人员23人。组织机构有综合部、运维部、集团部、宽固部、存量部、城区网格、水市网格、自营厅。分公司管辖范围有宁远城区、水市镇、天堂镇、太平镇、冷水镇、九嶷山瑶族乡、湾井镇等，共有50家渠道。2016年，宁远联通分公司累计主营收入3786万元，同比增长6.5%，全市排名第三。移网收入3282万元，固网收入504万元。

■沃4G+策略 2016年初，宁远联通分公司提出沃4G+策略。这是公司为加快4G发展进行的一次全面战备升级，此次升级聚焦联通4G网络覆盖，为用户提供更加完善的网络覆盖，网建加倍提升，通话体验更加出色的新体验、新感受。

■放心消费服务 2016年，宁远联通分公司，注重行政效能，优化发展环境，提高服务质量，提升服务形象，切实维护消费者利益，营造让用户放心消费环境。确保用户知情权，严格按客户服务协议执行；投诉处理，首问负责，限时结办；SP业务定制必须由用户确认，杜绝强行定制；方便用户话费及时查询；开通全国服力质量监督举报电话，成立中国联通维权委员会；话费误差双倍返还，短信差错先行赔付。

■宽带经营 2016年，宁远联通分公司，将宽带覆盖布局与合作运营商作为重点推手，强化宣传规范化，布置标准化，促销常态化，提升合作商销售能力。2016年上半年新建4G基站57个，4G基站总数达到112个，3G基站169个，基本实现网络全覆盖。下半年继续投入资金，宽带新建端口一万个，实现宁远县85%的区域光纤覆盖，城区和绝大部分农村区域实现光纤到户。同时，公司还大幅度降低资费，提升网速，城区新增室分3G基站9个，累计26个，农村新建光缆里程318公里，累计光缆里程2074公里；城区新建光缆里程92公里，累计光缆里程686公里；城区新建宽带小区覆盖点16个累计22平方公里，实现城区光纤到户覆盖率90%以上，农村新增宽带乡镇区域26个累计98个，农村宽带点实现主要乡镇90%以上覆盖率。城区自建营业厅6家，乡镇自建营业厅3家。

（欧阳娟）

财税·金融

财　政

■**概况**　1949年11月，设财粮科。1958~1973年间多次与税务部门合分。1979年1月，撤销宁远县革命委员会财税局，分设财政局和税务局。1981年1月，改为宁远县人民政府财政局，内设人秘股、预算股、企财股、农财股、监察股。1986年3月，设立9个区财政室。1995年，内设机构增至15个，当年全县撤区并乡建镇、组建17个乡镇财政所。2016年，内设机构有办公室、预算股、综合规划股、税政法规股、行政政法及教科文股、经济建设股、农业股、社会保障股、工交商贸外经股、金融与债务股、会计股、国有资产管理办公室、政府采购监督管理办公室、财政监督检查股、政工股、绩效管理股、国库股、农村综合改革办公室。下属单位有农业综合开发办、乡镇财政管理局、非税收入征收管理局、国库集中支付中心、工资统发中心、会计函授站、财政投资评审中心、财政局工业园区分局等。辖4个街道财政所、16个乡镇财政所。

■**财政收入**　2016年，宁远县财政收入完成13.7491亿元，完成人大调整任务13.6亿元的101.1%，同比上年增加1.9289亿元，增长16.32%。宁远县本级公共财政预算收入达10.0772亿元，同比增加1.2783亿元，增长14.53%；税收收入完成10.8726亿元，税收占比79.08%，比上年提高3.87个百分点。

■**财政支出**　2016年，财政总支出完成41.8778亿元，同比去年增加9676万元，增长2.37%，其中一般预算支出累计完成40.0356亿元，同比增加3.2836亿元，增长8.93%，用于民生领域和改善民生的支出达30.4292亿元，占公共财政预算支出的76%。基金预算支出完成1.8422亿元，同比减少55.7%。

■**财政预算管理**　2016年，宁远县财政严格预算编制。按照全口径预算编制的要求，规范一般公共财政预算、政府性基金预算和社会保险基金预算的编制程序，年初预算将政府的全部收入和支出纳入预算，建立一般公共预算、政府性基金预算、社会保险基金预算统筹协调的全口径政府预算体系。按照“二上二下”的编制方法，完成县本级107个单位的部门预算编审汇总工作，及时将总预算和部门预算编印成册，提交县人大财经委初审，经人大常委会审议通过。严格预算执行。及时批复下达审议通过的预算方案，督促财政局股室和相关部门按总预算方案和部门预算方案执行，下半年，根据财政收支实际情况做好总预算和部门预算调整工作，年度结束，及时做好财政收支结算工作。2016年，县“三公”经费部门预算实行零增长，县直预算单位全年“三公”经费开支3270万元，同比上年减少189万元，降幅5.46%。严格预决算公开。2016年，在政府网向社会公开政府预算信息和全县汇总“三公”经费预算，除涉密信息外，全县104个县直预算单位向社会公开部门预算和部门“三公经费”预算情况。一般公共预算，公开细化到支出功能分类的项级科目和支出经济分类的类级科目。

■**财政存量资金管理** 2016年，加强财政存量资金清理和检查，累计消化存量资金4.7亿元，收回长期闲置的资金9634万元。对“三公”经费、办公性行政经费、无需支出的项目支出结转结余资金和连续结转两年以上的资金一律收回。在不改变资金类别科目用途的基础上，报县政府审批后合理调整使用方向，有序投入亟需项目。同时，建立财政存量资金定期报告制度。

■**财源培植** 2016年，运用财税政策，围绕园区、景区、城区建设支持产业发展，增强财政增收支撑力。投入园区建设资金1.0768亿元，完善园区基础设施，承接产业转移。投入烤烟发展资产1088万元，用于烟基道等基础设施建设及烤房设施购置，提升“九嶷金叶”在全国的影响力和美誉度。投入九嶷山旅游区建设资金8963万元，支持创5A景区建设，通过城投公司、农业发展公司和旅游发展公司等融资平台，争取信贷资金，整合融资平台，吸引社会资金。2016年总资产达110亿元。缓解“三区”建设资金瓶颈问题。

■**非税收入管理** 2016年完善“单位开票、银行代收、财政统管、政府统筹”的非税收入征缴管理模式，实行收支脱勾，建立和完善执收考核和成本补偿机制。全年完成非税收入2.8765亿元。

■**财政监督检查** 2016年，开展国家公职人员在重点工程项目指挥部兼职取酬问题的清理，清退任（兼）职取酬100.9万元全部上交县财政。2016年8月，开展全县机关运行经费使用管理专项检查，派出3个检查小组，对民政局、住建局等18个部门预算单位机关运行经费使用管理，进行专项检查，对太平、清水桥两个乡镇例行监督检查，共发现违规违纪问题9个，全部整改到位。

■**政府采购监管** 2016年，执行“先预算后采购”，推进政府采购公开。制定《宁远县本级政府购买服务指导目录》。是年，实施招投标，竞争性谈判、网上竞价、单一来源等政府采购金额12135.23万元（同期采购预算14360万元）节约资金2224.77万元，资金节约率15.49%。

■**财政投资评审** 2016年，县财政投资评审中心始终以节约财政资金、提高政府投资效益为目标，全面推进科学化、精细化管理，财政投资评审工作取得显著成效，为全县政府性投资项目建设发挥重要的保驾护航作用。全年累计完成项目预结算评审1771个，评审金额37.51亿元，审定金额31.26万元，审减资金6.29万元，审减率为16.77%。

（魏毅）

国家税务

■**概况** 1994年9月28日，宁远县税务局分设为国家税务局、地方税务局。县国税局内设办公室、税收管理股、征收管理股、人事教育股、监察审计室、稽查局。下辖城关一所、城关二所、柏家坪、鲤溪、禾亭、太平、冷水、湾井、水市、中和等10个税务所。宁远县人民检察院在县国税局设立税务检查室。2001年9月，机构进行调整。内设科室9个，即：办公室、政工科、综合科、税政法规科、计征科、管理科、监察审计室、稽查局、信息管理中心。税侦中队并入稽查局，撤销征收分局。下设5个税务所，即：柏家坪税务所、禾亭税务所，九嶷山税务所、水市税务所、舜陵税务所。2016年，宁远县国家税务局共分设15个独立科室，其中，12个内设科室，包括办公室、人事教育科、监察室、财务科、政策法规科、税收征管科、收入核算科、纳税服务科、税源管理一科、税源管理二科。机关党委办公室、机关工会；一个派出机构：舜陵税务分局；一个事业单位：信息中心；一个下属机构：稽查局。

■税收计划执行 2016 年 1～11 月，组织入库各项税收收入 33813 万元（不含车购税）为年初计划的 129.55%，同比增收 11776 万元，增幅 53.44%。

■税收改革 2016 年，加快推进“三证合一”登记制度改革向个体工商户延伸，是年，为 588 户纳税人办理三证合一手续。12 月 1 日，二证合一首份营业执照成功办理，8 户纳税人办理二证合一手续。同时还深化行政审批改革，严格执行行政审批限时办结制，加大行政审批公开力度，通过门户网站、显示屏、公告栏等，公开审批标准、条件、程序和时限，明确审批责任人和公开审批结果。2016 年，办理行政许可审批事项 40 项。

■税收征管 2016 年，全面推行“营改增”试点，开展营改增“开好票”、“报好税”、“分析好”、“改进好”四大项目。确立 41 个合作项目，建立联合办税服务厅，成功推行“一人一窗双系统”，进一家门、办两家事。开展联合下户巡查，了解税源变化情况。从 20 个部门联合采集第三方涉税信息近百条。协同管理非正常户，实时交换非正常户认定，解除或注销信息，共同认定 16 户非正常户，并实行联合公告、联合跟踪管理，通过联合纳税评估入库税款 118.14 万元，加收滞纳金 10.9 万元。

■税务稽查 2016 年，确定风险对象 238 户。成立 5 个核查组，对 28 户高风险户进行税务稽查，查补税款 832 万元，加收滞纳金 6.8 万元，处以罚款 36 万元；对 18 户。风险纳税人，开展纳税评估，已结案 16 户，查补入库税款 601 万元，自查补报入库税款 340 万元；对 192 户低风险纳税人进行纳税提醒和有针对性地纳税辅导，并督促纳税人开展自查自纠。对 13 户纳税人进行纳税评估，评估入库税款 641 万元，对 30 户纳税人进行稽查，查结 26 户，稽查入库税款 877.5 万元。

■税务执法 2016 年，县国税局对房地产、废旧物质回收经营企业、用废企业、出口退税企业、卫生医疗与医疗器械、农机销售等企业进行重点检查，共查补入库金额 877 万元。与地税、公安、银行等部门开展联合打击发票违法犯罪活动，2016 年共检查企业（个体）30 户，查处发票违法单位 29 户，查处非法发票 544 份，追缴税款 405.9 万元，处以罚款 37.87 万元，加收滞纳金 6.84 万元。

■纳税服务 2016 年，开展联合办税。与地税局联合共建办税服务厅，开展联合纳税咨询辅导、联合领导值班、联合设置自助办税区、联合公示税收政策、联合搭建办税网络平台。推行“一人一窗双系统”，由一位税务人员，通过一台电脑操作国地税双方的系统，为纳税人办理国地税当前所有涉税业务。2016 年，走访纳税人 1071 户，收集各种意见和建议 72 条，回答纳税人涉税提问 373 人次，解决涉税问题 19 个。

（吴统顺）

地方税务

■概况 1994 年 9 月 28 日，成立宁远县地方税务局，内设办公室、人事教育股、监察审计股、计划会计股、征收管理股、税收政策股、下辖城关、桐山、水市、湾井、冷水、太平、禾亭、中和、柏家坪、鲤溪 10 个地方税务所。10 个税务所整合为 5 个征收分局。1998 年 5 月，宁远县地税办公楼落成。1999 年 6 月，设立宁远县公安局涉税犯罪侦查大队二中队。2003 年，机构未变。2016 年，内设办公室、税政法规科、征管和科技发展科、收入规划核算科、财务管理科、人事教育科、监察审计室。直属行政机构：宁远县地方税务局稽查局、宁远县地方税务局办税服务中心。直属事业机构：宁远县地方税务局信息中心；派出机构：第一、二税务分局设在舜陵镇；第三税务分局设在柏家坪镇；第四税务分局设在九嶷山瑶族乡。2016年，宁远县地方税务局荣获永州市系统绩效管理先进单位。宁远县绩效评估优秀单位，宁远县党风廉政建和反腐败工作先进单位，宁远县社会管理综合治理工作先时单位等多项荣誉。

■地方税收入 2016年，完成各项收入7.02亿元，剔除营业税基数，同比增收1.7亿元，增幅32%。清理营业税欠税共入库欠税6200多万元。

■依法治税 2016年，加强与公安经侦联络，打击税收违法行为。建立和完善与公安经侦大队联络机制。当年，加大对房地产行业的税收整治行动，强化委托代征代扣工作。共代征代扣税款2000万元。在办税厅显示屏和永州地税网站，进行欠税和非正常户公告，将其信息推送到人大、政协、工商等部门。同时，对全县范围内违规占地的单位和个人进行清理，入库耕地占用税5848.4万元。对不符合政策规定，而入库的土地增值税3799.9万元和耕地占用税3000万元进行全额退税，对7户欠缴税款的纳税人按规定采取税收强制执行，从银行扣缴税款4户7次，共扣缴税款787.49万元，加收滞纳金11.68万元。

■税收征管 2016年，设立风险管理部门，设置专职管理人员，由征管科和科技发展科、办税服务中心、税政法规科、收入规划核算科、信息中心、稽查局及税务分局共抽调16名人员，组成专职研究和运行风险管理工作。2016年完成省、市局推送的风险任务151户，查补税款63万元。

■票证管理 2016年，宁远县地方税务局，加强票证的领用、填用、缴销等环节的监管，提高票款缴销和票款结算工作质量，税收票证的安全管理得到加强，有安全隐患单位，加固或添加防盗门窗、保险柜和防盗报警装置，确保票证和税款安全。保证基层单位的用票量，做好日常的票证领发工作。2016年，宁远县地方税务局从市局领取各类税收票证18000份，系统共填用各类票证22423份。每月对1个用票单位，县局库存票证、1个代征单位的税收票证管理使用情况进行检查，重点对作废票证进行账实核对，对待解账户的转账税款与税票一一对应，对存在的问题及时整改。

■税务稽查 2016年，宁远县税务稽查工作，从征收管理的薄弱环节和纳税人反映的热点、难点、焦点入手，合理安排，精密布置，有计划，有步骤地组织实施日常稽查、专项稽查。坚持以查促管，以查促收，以查促廉。有效打击各种税收违法行为。查阅纳税资料寻找问题的隐蔽点，密切关注征管中的难点、盲点纳入检查。针对不同行业特点和同一行业的相似性，深化行业稽查等多种稽查方式。1~12月共检查15户，结案15户，入库税款1351.2万元。其中滞纳金46.2万元，罚款3万元。

■税收优惠政策落实 2016年，开展帮扶企业行动，为4241户纳税人减免税费4898万元，对不符合政策规定入库的土地增值税3799.9万元和耕地占用税3000万元分别进行全额退税。

■纳税服务 2016年，实施“便民办税春风行动”，与国税务实合作51个事项，共建办税服务厅，实现联合办税。实施纳税服务便利化，推行预约服务、延时服务，全市通办和免填单服务。

（谭宇）

银 行 监 管

2016年首次对农商行开展综合评价，初评分为1000.5分，最终得分为993.75分，被评为二类法人金融机构。同时还对农商行开展宏观审慎评估（MPA），2016年开展三次评估，从更高层面促使地方法人金融机构，合理安排信贷投放，防范信贷风险。对扶贫再贷款，开展现场检查，确保扶贫再贷款在利率加点、用途、台账等方面，符合政策规定。组织开展农商行个人信用报告异常查询现场核查3次，对超期未处理异议事项，开展现场核查2次，对相关问题提出整改意见，采取现场检查方式，对人民币收付和残损人民币兑换业务，进行专项整治。开展代理国库集中支收付和国库经收业务检查，切实维护辖区内支付结算秩序。对建行、邮政储蓄银行，进行人民币结算账户管理检查，先后4次通过互联网对从事资产管理及跨界金融业务的经营主体，进行风险专项整治摸底排查。

金 融 监 管

■**概况** 1978年，宁远县金融机构仅有中国人民银行湖南省宁远县支行、中国人民建设银行宁远县办事处两家。中共十一届三中全会后，以经济建设为中心，金融事业蓬勃发展。相继成立建设、农业、工商银行宁远县支行。中国人民银行宁远支行行使中央银行监督、调节、服务三大职能。对企业、个人不再直接办理金融业务。2003年，金融机构有工商、农业、建设、邮政储蓄、信用社、农业发展银行等6家，营业网点70个。2015年完成农商银行组建。2016年宁远县金融机构各项存款余额178.09亿元，各项贷款余额98.59亿元。

■**金融指标** 2016年，宁远县GDP132.9亿元，同比增长9%，规模工业总产值115亿元，同比增长12.4%；固定资产投资161.1亿元，同比增长15%；社会消费品零售总额63.4亿元，同比增长12%；财政总收入13.6亿元，同比增长15.1%。2016年，宁远县金融机构各项存款余额178.09亿元，较年初新增28.37亿元，同比多增24.25亿元，增长18.95%。各项贷款余额98.59亿元，比年初增加18.79亿元，增长23.55%。存贷比55.36%，同比增加2个百分点。

■**金融改革** 2015年，宁远县完成农商行组建。2016年，农商行得到进一步完善，并筹建村镇银行，与农商行的合作协议，已通过县政府常务会议审议，经与湘潭农商行商议，并签定协议正式筹建；优化县城金融市场结构，对接长沙银行在宁远县设立分支机构。2016年，长沙银行宁远分支机构挂版营业。

■**完善金融机制** 2016年，遴选一名有经济管理专长且懂会计的工作人员，从事金融办工作。2016年由财政局牵头，会同发改委、科经委、工业园区、城建投、旅建投、农建投等部门成立项目融资班子，召开融资专题会议，专门负责包装项目，向上争取资金。2016年宁远县融资平台，多渠道争取资金支持，意向融资金额达28.2亿元。

人民银行宁远支行

■**概况** 1949年11月，宁远县人民政府接管湖南省银行宁远办事处，成立中国人民银行宁远办事处。1950年8月，更名为中国人民银行宁县支行。1984年，根据中共中央关于金融体制改革的指示，撤销中国人民银行宁远支行，其业务移交中国工商银行宁远支行。1985年1月，成立中国人民银行宁远支行（以下简称宁远人行）管辖宁远、新田、蓝山3个县的银行业务。设人秘、会计、发行股。1987年设人秘、业务、会计、发行4股。2003年，宁远人行机构调整为人秘股、会计国库股、信贷统计股、货币金融股和保卫股。2016年，中国人民银行宁远支行内设：保卫股、货币金银股、人秘监察室、会计国库股、货币信贷统计股。

2016年，宁远人民银行获地方政府授予集体荣誉1项，个人奖项3人次，2项重点亮点工作分别被《湖南国库信息》，总行国库局《国库情况反映》，长沙中支《专报信息》和《金融时报》推介。

■金融运行 2016年，投放发行基金23.84亿元，回笼发行基金39.24亿元，净回笼15.4亿元，调入发行基金2.56亿元，调出发行基金8.56亿元，保障本辖区内的货币供应。

■货币政策工具管理 2016年，贯彻稳健的货币政策，全县各项存款余额178.1亿元，比年初净增28.4亿元，增长18.9%；各项贷款余额98.6亿元，比年初净增18.8亿元，增长23.5%；制定《宁远县2016年货币信贷工作指导意见》，开展涉农信贷投放效果评估，加大信贷投入考核奖励力度，督导辖内银行业金融，重点围绕去产能、去库存、去杠杆、降成本、补短板等供给侧结构性改革，引导金融机构支持“三农”，支持实体经济，支持小微企业，支持创新，以信贷结构优化，促辖内经济结构调整和发展方式转变。找准货币政策切入点。2016年，开展农村信用社改革试点进展情况监测审查，农村土地确权与“两权”抵押贷款调查，新型农村经营主体发展及金融支持调查，民间融资中介机构调查及宁远县完成全省农村土地承包经营权颁证工作调查等活动。

■支付体系建设 2016年，组织开展代理国库集中支收付和国库经收业务检查，切实维护辖区支付结算秩序。按照上级要求，全面加大对支付市场违规行为的清理整顿力度，对建行、邮政储蓄银行进行人民币结算账户管理检查，先后4次对通过互联网对从事资产管理及跨界金融业务的经营主体，进行行风专项整治摸底排查。

■基础业务 2016年，对4家代理行资格进行年检，规范辖内非税收入收缴入库工作。同时，对2家商业银行国库经收业务和代理国库集中收付业务，进行检查规范，防止国库资金被挤占、挪用，确保国库资金安全。2016年，共办理国库业务147364笔，其中：预算收入业务124812笔，金额13.2亿元；各类支出11915笔，金额39.8亿元；收入退库业务306笔，金额2633.48万元；更正调库业务38笔，金额2060万元；其他业务110293笔，金额197.36万元。

■金融服务 2016年，做好ACS新凭证打印程序安装及ACS新凭证使用等工作。在ACS新凭证使用前，对各开户单位进行集中培训，完成农商行ACS前置系统升级换版和归集账户设置、运行工作。简化会计核算操作，提高工作效率。开展ACS应急演练，加强日常运维管理，确保安全稳定运行。2016年，将宁远县贫困村助农取款布点任务分配到各行，组织收单机构有序开展空白行政村服务点布放工作。农行、建行已完成并村后，贫困村布点装机任务。

■金融宣传 2016年，宁远县突出开展防范非法集资宣传工作，专题召开防范非法集资宣传工作调度会。宁远县16个乡镇、4个街道办将5月份定为宣传活动月，开展宣传工作。县电视台、官方微信公众号、手机报等媒体广泛宣传非法集资的特点、危害和识别方法；会同各银行网点和保险公司，利用LED显示屏，不间断滚动播报防范和打击非法集资的宣传教育内容；出动宣传车在县城大街小巷、乡镇集镇所在地、重点村等大张旗鼓开展宣传；县教育局统一印制《致广大家长朋友的一封信》，先后两次在文庙广场集中现场宣传，发放宣传资料2万份。纸质各乡镇（街道）、非成员单位召开协调会，对涉嫌非法集资广告，进行全面清理，检查投融广告89条次，拆除户外广告6幅。

■金融机构改革 2016年，积极参与推动地方金融机构改革，构建和谐银行。是年，农合机构已改制为农商行，宁远县人民政府与湘潭市农村商业银行，举行“组建宁远县村镇银行”签约仪式，长沙银行正式入驻，金融市场体系日益完善。启动金融安全区创建工程，制定下发创安工作实施方案，成立金融创安领导小组和金融创安办公室，确定成员单位29个，拨付专门工作经费，全面开展数据测评和资料收集、现场布置等工作。

（县人民银行）

工商银行

■概况 1985年1月，中国工商银行宁远支行（以下简称县工行）。由中国人民银行宁远县支行析出，承袭原县人民银行经营的工商信贷和城镇储蓄业务，始设办公室、人事、会计、信贷、计划、出纳、储蓄、工会7股1室，辖2个储蓄所。1988年，增设保卫、稽核股和监察室。储蓄所5个。1993年，增设水市路储蓄所、文化街储蓄所。2000年，股室合并为4部1室（即人秘部、会计结算部、内控合规部、业务部和纪检监察室）。2003年，内设股室调整为人秘保卫部、业务营销部、营业管理部和纪检监察工会。至2016年12月31日，全辖营业机构网点3个，支行机关设置四部，在职员工总数38人。

■业务经营 2016年，中国工商银行宁远支行，各项业务持续稳健快速发展，存、贷款业务和中间业务收入均处历史最高水平。截至2016年12月31日，宁远支行各项存款余额14.25亿元，较年初净增1.65亿元。其中储蓄存款余额10.59亿元，较年初净增1.44亿元，对公存款余额3.45亿元，较年初净增0.5亿元。各项贷款余额8.52亿，其中公司贷款余额4.24亿元，较年初减少0.63亿元，个人贷款余额2.47亿元，较年初减少0.32亿元，表外融资余额1.8亿元，信用卡透支余额4.21亿元（含汽车分期贷款3.1亿元）。全年实现拨备前利润2974.08万元，拨备后净利润2226.64万元。

■提高存款同业市场占比 2016年，宁远工行在储蓄存款工作抢抓旺季业务高峰机遇，落实增存渠道和营销激励方案，为全年储蓄存款工作打下扎实的基础，同时强化公私联动和整体联动机制，做好企业高管、行政事业单位工作人员等代发工资、代收、代缴业务，培养稳定的高端客户群。还充分发挥营业网点的业务辐射作用，全面推动银行卡等产品的扩展，开展客户挖潜和激活睡眠户专项活动，加大网点建设，加快网点转型升级，提升网点综合竞争力，扩大网点辐射面，2016年12月，宁远支行营业部进行智能化网点改造，进一步优化劳动组合，提升网点服务营销功能，吸引一批优质客户。抓住财政性、社保、公积金等系统大户和重点客户。开展存款专户的营销。在合规的条件下，积极发展银行承兑汇票、国内贸易融资、进口信用证等业务，争取保证金存款。

■信贷结构优化 2016年，优化信贷结构，扩大信贷规模，以稳存量、托增量为基本目标；以重实体、促消费为基本思路；以保质量、控不良为基本底线，大力发展信贷资产业务，提高经营管理水平，全力支持地方经济建设，对项目贷款加快审批进度。是年，新发放各项贷款27098万元，其中新发公司贷款19750万元，新发个人贷款1400万元，新发车贷和家装贷款4848万元，新发个人自助质押贷款和个人信用贷款1100万元。以信贷产品创新为突破，加快信贷结构调整步伐，积极为企业融资推出适应企业生产经营需要、符合企业资金营运特点的国内贸易融资等信贷产品，推进信贷业务多元化经营，满足优质客户多元化的金融产品需求。

■国际结算业务市场 2016年，宁远县工行切实做好华荣鞋业有限公司等存量优质国际结算客户的深度挖潜工作，扩大营销成果，大力推广国际贸易融资、保函和避险理财类等国际结算产品，争取新批的外商、外贸企业到工商银行开户，至年末新增国际结算账户41户，户户均有结算量。同时激活一批国际结算账户睡眠户，增加结算业务量。

■中间业务 2016年，宁远县工行，扩大对公业务规模，大力开展国内贸易融资业务，促使全行手续费收入迅猛增长。同时拓宽个人类中间业务收入渠道，积极营销理财产品、基金和代理保险业务，加大对银行卡和贵金属产品的推广力度，增加结算收入。

■内控管理 2016年，宁远县工行，强化内控管理确保安全经营。始终坚持依法合规经营，从严治行。健全防案分析会制度和内控工作规则，开展"学规定，学纪律，防风险，保安全，促发展"教育活动，加强综合业务基础管理工作和员工的内控教育，加强高风险点管理和员工行为动态管理，全面落实案件防范责任制和各项管理措施，积极排除问题隐患。强化安全保卫工作，巩固和完善各类安全硬件设施和装备，加强节假日安全保卫巡查工作，严格落实防爆、防抢预案，增强处理突发事件的能力，切实遏制各类案件事故发生，确保安全经营。

（县工商银行）

农业银行

■概况 1956年1月，设立中国农业银行宁远支行。1957年12月撤销，业务并入县人民银行。1964年2月再次分设，1966年1月并入县人民银行。1980年1月，中国农业银行宁远县支行（以下简称县农行）从中国人民银行宁远县支行析出，内设办公室、会计、人保、社队信贷、企业信贷、信用合作、拨款股，有营业网点17个。1987年增设为13股2室。1996年11月，农村信用社与县农行脱离行政隶属关系。12月，宁远县农业发展银行从县农行分设。2003年，内设综合管理部、业务管理部、市场客户部、监察保卫部、资产风险经营管理部、会计核算中心、个人业务中心、机关服务中心、支行营业部、大发分理处、杨家岭分理处及桐山、水市、冷水、禾亭、柏家坪营业所8个网点。

■经营业绩 2016年，县农行实现帐面利润5320万元，实现中间业务收入1297万元，同比增加66万元。各项存款余额29.97亿元、净增3.44亿元，其中储蓄存款25.69亿元，净增1.89亿元，对公存款4.28亿元、净增1.55亿元，对公存款实现历史突破和逆转。各项贷款余额11.74亿元，比年初净增2.25亿元。不良贷款余额543万元，较年初下降7万元，不良贷款率0.17%较年初下降0.24%，实现贷款不良余额、不良率双下降。对宁远三中不良贷款收回本息445万元（本金314.5万元）。完成委托资产购买530万元。代理保险业务手续费收入147万元。新农合帐户年底存款余额2.01亿元。营销宁远县职业年金帐户，年底存款余额5128万元。全县五险一金医疗保险帐户实现有效对接。

■信贷工作 2016年，中国农业银行宁远县支行对"农民安家贷"净投放1.3亿元，"新型农业经营主体贷款"投放2076万元。各项贷款余额11.74亿元，比年初增2.25亿元。对公项目贷款实现历史性突破，与宁远县城建投合作成功营销"宁远二中"整体搬迁政府购买服务项目2.2亿元，第一批已投放5000万元。

■**机制创新** 2016年，中国农业银行宁远支行以仁和镇为试点的涉农直补“一卡通”发放粮食直补资金到位。首先在水市镇设立金融扶贫站10个，惠农服务点46个，后逐步在全县推广。城居医保全面代理业务总发卡量10.08万张，全部落地使用。实现对宁远烟草公司、新百佳商贸有限公司、温氏集团、世纪联华、蓝海化纤，好放心米业等企业营销对接落地计划。以“三化三铁”、“三化三达标”、“三化三无”、网点转型及6S管理，内控合规创建为全行内控工作主线。制订出台《宁远支行运行管理“三化三铁”创建工作实施方案》《宁远支行安全保卫“三化三达标”创建工作方案》《宁远支行信贷“三化三无”创建工作实施方案》《宁远支行网点转型及6S管理创建工作实施方案》及《宁远支行营网点内控，风险管理工作考评实施方案》等，切实从制度流程上加强业务经营标准化、精细化、规范化管理。

（县农业银行）

建设银行

■**概况** 1977年11月，成立中国人民建设银行宁远办事处，1979年5月撤销办事处，成立中国人民建设银行宁远县支行。至1988年有干部职工11人，主要业务负责基本建设拨款、发放基本建设贷款和技术更新、改造等贷款业务。1988年内部股室有办公室、信贷股、会计股、储蓄股，网点有储蓄专柜，南正街储蓄所。1992年至1994年，先后成立泠南路储蓄所、振兴储蓄所、车站储蓄所、大众储蓄所。1996年，中国人民建设银行宁远县支行更名为中国建设银行宁远县支行（简称县建行）。2003年，撤销县建行车站储蓄所、振兴储蓄所，泠南路储蓄所升格为分理处。是年底，县建行有储蓄专柜、泠江分理处、泠南路分理处、大众储蓄所共4个网点。后银行业务不断发展扩大，机制不断更新。2016年，中国建设银行宁远支行现有员工45人，下设3个部门4个网点，离行式自助银行6个，自助设备37台。2016年，实现一般性存款达41.59亿元，当年一般性存款新增4.46亿元，其中个人存款新增4.19亿；对公存款余额16.06亿元；各项贷款余额15.43亿元。从成立以来，未发一案，未误一人，达到长治久安。2016年在省行双基巡查工作再次获得好评，被作为省行系统双基先进典型推介。2016年在全市系统县级支行KPI考核中继续名列前茅。2015、2016年连续两年在全省县城金融劳动竞赛中获得一等奖。

■**抓住个金源头主线发展** 2016年，中国建设银行宁远支行，把做好、做活宁远高中端个体经济、金融这盘棋，作为发展个人存款主线。特别在搞好工资代发和以财政为目标，搞好各类补贴和专项资金代发。以细水长流式优质服务，加强对高中端客户的维护和服务力度，拓展建行个金发展空间。

■**品牌营销** 2016年，中国建设银行宁远支行自制电视宣传片，到车站、超市、商业服务区播放视频，发放宣传手册，为客户代写春联等各种宣传活动，大力营销建行品牌，打造建行品牌老店，使建行品牌横向拓宽到全县各企事业单位，个体工商业主，经济强人，商业能人；纵向深入到重点乡镇，外出务工者。宁远支行抓宣传、抓源头、抓需求、抓信息等多管齐下，抢占先机，使建行品牌营销深入人心，建行产品走进千家万户。

■**电子银行业务发展** 2016年，中国建设银行宁远支行，突出抓电子银行、个贷、分期等战略性业务营销。通过分片区分网点的方式共营销POS商376户，居全市系统第一；结算通卡10800余张；电话POS100余户。宁远支行的商户POS全面铺开，抢占结算市场，从源头上抓住客户。2016年，宁远建行发行个贷3.29

亿元，居全市建行系统第一；信用卡分期营销 7707 万元，居全市建行系统第一；个人网银客户 28045 户，居全市系统第一；手机银行活跃客户 21440 户，居全市系统第一；短信客户新增 6164 户，居全市建行系统第二；微信银行客户新增 4925 户，居全市建行系统第一；全行电子银行业务交易占比达到 184.08%，居全市建行系统第一。

■**风险防控** 2016 年，中国建设银行宁远支行双基内控工作，精心部署，常抓不懈，做好预防。加强考核，严格管理，做好督查。按双基、内控工作总部署做好年度计划，月月安排，周周落实。打造双基文化，内控文化，释放正能量。支行通过双基教育、领导谈心、应知应会知识检测等活动，营造一种浓厚的双基文化。同时支行始终把“安全出效益，防患于未然”的理念作为一切工作重中之重。从宁远支行成立来，未发一案，未误一人，多次被评为省、市系统行业安全保卫先进单位。

（唐可行）

农业发展银行

■**概况** 1996 年 12 月，中国农业发展银行宁远县支行（以下简称县农发行）成立，属政策性银行，内设办公室、会计部、信贷部，人员全部从县农行调入。县农行、县工行的农业政策性贷款由县农发行接管。1998 年 5 月，将农业综合开发、扶贫贷款复归县农行经营管理。2016 年内设机构：办公室、信贷业务部、财务结算部。2016 年，12 月末各项存款余额 214231 万元，比年初增加 108255 万元，增长 102%；各项贷款余额 196210.3 万元，比年初增加 82826.4 万元，增长 72.8%。总收入实现 7454 万元，总支出 1672 万元。帐面利润实现 5782 万元。中间业务收入完成 90 万元，完成国际结算业务 63 万欧元，折合人民币 463 万元，超额完成任务数 315%，不良贷款额和不良贷款保持“双零”。

■**政策扶持** 2016 年，国家提出精准扶贫，棚户区改造、农村人居环境建设等，政策措施。县农发行根据政策方向，确定具体实施项目。2016 年，重点支持蓝山 8 个亿的棚户区改造建设项目，宁远西部生态新城 5 个亿的县域公共基础建设项目，同时还着眼于当地政府的重点建设项目采取措施全力支持。

■**存贷款业务** 宁远县农发行成为辖区内金融机构和系统内业务发展最快的支行。从 2014 年年末各项存贷款规模分别为 3120 万元和 23148 万元，到 2015 年末各项存贷款规模进入“双十”时代，即分别为 105976 万元和 113384 万元，至 2016 年 12 月，各项存贷款规模分别达到 181768 万元和 195911 万元。

（县农业发展银行）

中国银行

■**概况** 中国银行宁远支行于 2012 年 6 月 26 日设立。营业地址：宁远县泠江中路 32 号，整体经营面积 440 平方米。设有行长室、理财室、理想之家个人贷款中心、综合管理部等，下辖一个支行营业部。中国银行宁远支行，以服务当地经济社会为职责，以创一流银行为目标，依托雄厚的实力、成熟的产品以及热情、标准的服务，竭诚为宁远人民提供全方位、高品质的金融服务。2016 年，增加信贷投入，全力支持宁远县域经济发展，大力发展新业务、新产品，走进农村，服务“三农”。2016 年，各项存款余额 28072 万元，各项贷款余额 37503 万元。开办美元、欧元、日元、港币、英镑、新台币、泰国铢等 10 多种外币的收付业务。全年结售总额 650 万美元，实现各项收入共 1486 万元。

■**经营管理** 2016 年，中国银行宁远支行依托业务代办点、现有客户，采用发放宣传手册，现场讲解方式，提升百姓金融认知水平；利用金融服务产品，在各乡镇设立惠富通，手机取款办理点延伸服务触角；依托福农卡大办推广手机银行、网上银行等便民电子业务，让百姓足不出户便可轻松完成转帐结算。是年来坚持“发展、效益、服务”及“做最好银行”理念，以服务为基础通过产品结构调整实现机构等级达标。

■**中小企业贷款** 2016年，中国银行宁远支行，强化“中小企业”信贷投入，向永州市馨园园艺有限责任公司发放500万元流动资金贷款；通过信用卡渠道投放消费透支，2016年透支余额3750万元。2016年，发放楼盘按揭贷款400笔。

■**存款业务** 2016年，中国银行宁远支行各项存款余额28072万元，其中储蓄存款余额17537万元，对公存款余额10342万元。

■**贷款业务** 2016年，中国银行宁远支行走进农村，服务三农，大力拓展农村金融市场，关注民生，支持民营，支持县域经济发展，支持地方经济建设，实现各项贷款余额37503万元。

■**银行卡业务** 2016年，中国银行宁远支行增加信贷投入，发展新业务，新产品，累计发放各类借记银行卡6580张，其中惠农卡2650张，“IC”芯片卡4860张，发放各类信用卡2285张，信用卡消费余额3750万元。在农村设立26家金融支付点，其中清水桥、柏家坪、仁和、禾亭、冷水、九嶷山等十个乡镇开通业务代办点。

■**中间业务** 2016年，以中国银行宁远支行服务为基础，继续做好中间业务，实现中间业务收入223万元。

（邹杰 谭明江）

中国邮政储蓄银行宁远县支行

■**概况** 2008年4月，中国邮政储蓄银行宁远县支行正式挂牌成立。宁远县支行内设综合管理部、三农金融部、公司业务部、小企业金融服务中心、营业部等5个部门。下辖22个网点（其中县城5个，乡镇17个）。2016年，邮政储蓄银行宁远县支行坚持服务“三农”，服务中小企业，服务社区的定位，自觉承担起“普之城乡，惠之于民”的社会责任。个人人民币存款余额达55746万元，净增9888万元，人民币对公存款30068万元，增加1533万元。各项贷款余额87567万元，全年净增达26200万元，其中消费贷款和小企业贷款净增，完成进度均排全市第三位，个人商务贷款，完成进度排全市第五位。

■**存款业务** 2016年，个人人民币存款余额55746万元，净增9888万元，增长17.7%；人民币对公存款30068万元，增加1533万元；全年日均55590万元，比去年日均增9019万元。

■**其他业务** 2016年，邮政储蓄银行信贷业务，各项贷款余额87567万元，比年初增加26236万元。消费贷款、低风险贷款等信贷资产总体上保持较高质量，不良贷款占比低于2%。中间业务，人民币理财产品（含机构理财）销售7609.4万元；国债销售284.15万元；基金销售12万元；商易通结存用户24户，沉淀资金13万元；POS机用户3户；信用卡发卡1151张；代理保险4207万元；ETC签约593户；电子银行替代率78%；手机银行用户注册3109户，激活率37%。

（县邮政储蓄银行）

中国人民银行宁远支行

■**概况** 1952年12月，中国人民银行宁远支行在太平区谢家创办信用合作社，至1955

年全县信用社发展到190个。1985年3月，建立宁远县信用合作社联合社（以下简称县联社），隶属县农行，内设理事会，监察员，下设营业部对外营业。下辖信用社49个，信用站647个。1995年12月，试行独立运行，仍隶属县农行。1996年基层机构调整为信用社44个，信用分社5个，信用站270个。12月，县联社与县农行脱离行政隶属关系。1999年，营业机构调整为12个信用社，一个营业部，24个分社，569个信用站。2002年信用站减为262个，机构未变。2015年信用社改农商银行。2016年，下辖34个支行。

2016年年底，资产总额51.74亿元，其中存款余额43.85亿元，较年初净增7.06亿元，增幅19.19%。各项贷款余额31.5亿元，较年初净增6.44亿元，增幅25.63%，全行累计发放各项贷款20.74亿元，同比增加4.68亿元，增幅29.14%。12月末实现各项收入3.2亿元，同比增加0.69亿元，增幅27.47%，实现经营利润1.63亿元，缴纳各项税款5267万元，手机银行完成安装24734户。

■信贷工作 2016年，把县域重点工程和优质客户作为信贷的主攻方向。信贷工作紧扣县委、县政府的总体要求和工作重点，坚持"资金跟着项目走、跟着产业走、跟着农户走"。立足"早、快、实"，"贷"动春耕，备耕。去年冬季，各烤烟主产乡镇，支行提早深入村组对烟农调查摸底，及时掌握烤烟种植面积及资金需求情况，提前一个月上报烤烟贷款计划，总行积极规划安排充足的信贷资金，满足烟农需求。累计发放春耕备耕贷款3500万元，推动扩大春耕面积5334公顷。同时采取帮"小"服"微"，引导贷款投向小微企业、特色县域经济、新型农业经营主体等领域，综合便民贷、小额担保贷、商户联保贷，创新抵押担保等方式，重点支持鑫农淮山好放心米业、亿达机械等57家小微企业，累计投放贷款7.79亿元。向宁远九嶷山茶油科技有限公司发放抵押担保贷款。主动助力"三区"（城区、园区、景区）建设。11月末累计信贷支持城区基础设施建设资金2.3亿元，支持园区企业项目资金2.2亿元，支持九嶷山、下灌等景区建设资金2600万元。帮助农户脱贫。全县评级授信贫困户27897户，授信总达53980万元。11月末共发放扶贫贷款10159笔，金额4.05亿元。

■改制工作 2016年，宁远农商银行突出改制工作，在队伍建设方面以"考"创优，公开选拔，优胜劣汰。通过考试、考核选拔客户经理，由客户经理直接发放贷款，等级不同的客户经理行使不同的权限，享受不同的待遇。2016年出台业务竞赛管理办法，对低成本存款营销，给予特别奖励。把客户经理个人管贷利息收入，提高考核收入的55%，网点其他岗位员工以"个人管理贷款收息计酬"作为考核收入分值的增加项，应收未收利息造成贷款形成不良的全部作为客户经理收入的扣减项。通过逐项考核、按月兑现、确保贷款利息"颗粒归仓"。10月末贷款利息收入突破2.2亿元，同比增加0.51亿元，增幅29.28%。

■信用工程建设 2016年，更换所有营业网点的营业牌匾，装潢总行四楼会议室。对下灌、城关、五里桥、仁和等网点改造电子银行和安全防卫设施。对云潭、城关支行网点进行装修。协调相关部门对柏家、鲤溪、太平等几家网点重新规划设计。到住建局、质监局、国土局、图审中心等部门办相关手续。中心铺支行新营业大楼建设收尾。

■其他业务 2016年，拓展对公存款，成功揽下县财政、中、小学公存款基本账户。7至9月，新增对公账户79户，新增存款8000万元。9月开学季，开展代收学费服务，增加存款5000余万元。选拔四人组成固定团队，从各业务部门和基层网点抽调20人组成“机动团队”，组织营运团队多次，赴外参加培训。4月，先后在中国外汇交易中心、上清所、中债登开户。实现利息收入3000万元，资金收益率3.2%。加大自助银行布放力度，至11月末，共设立金融扶贫服务站99个，布放自助机具217台、营销手机银行25749户。2016年，便利服务终端，每月办理业务笔数超过1.8万笔，业务笔数近20万笔。

（刘丽辉）

证券

2016年，宁远县推荐福嘉有色、路下农业为上市后备企业，帮扶二企业在新板挂牌交易。6月18日，福嘉完成股改，更名为福嘉综环科技有限公司，已在新三板挂牌全国股转系统审查中，并进行两次资料补充反馈。2017年4月前，可获得挂牌批复。路下农业已和方正证券签订协议。

（县人民银行）

中国人民财产保险股份有限公司

■概况 1996年6月，中保财产保险有限公司宁远支公司成立。内设办公室、财产保险科（含机动车辆保险科），理赔科。2000年，公司复用中国人民保险公司宁远支行公司名称，更名为中国人民保险公司宁远支公司名称，内设科室未变。2003年，公司实行股份制改造，更名为中国人民财产保险股份有限公司宁远支公司，科室调整为综合管理科（办公室）、机动车辆保险科、非车险科（含人身意外伤害保险科）、代理人管理科、勘查理赔科。2016年，宁远支公司围绕“品质卓越，跑赢市场，进一跨百”战略目标，全面落实“突破新领域、新渠道、新产品，提高续保力、转保力、新增力和渗透力，强化差异化经营、精细化管理、专业化服务、团队化建设”工作思路，积极进取，稳步发展。2016年，宁远支公司总保费收入为7838万元，同比增长15.83%。

■险种 2016年，宁远支公司车险完成4438万元，农险保费实收2093万元，财产险完成165万元，货运险完成21万元，责信险完成448万元，意健险完成472万元，总保费收入为7838万元，同比增长15.83%，实收保费7588万元，同比增长15.04%。

■承保 2016年，与食药局联合下发食品安全责任险推行文件，在食品药品加工、流通、服务以及学生食品责任险方面取得推进成效，实收保费30万元。与县旅建投签订合作协议，开展九嶷游客责任险业务。县级医院医疗责任险得到全面展开，实收保费180万元。落实学生交通意外保险，增加保费50万元。

■理赔 2016年，宁远支公司车险未决案件存量为309件，低于考核指标25件，案件处理率达到155.12%，同比提高21.66个百分点。全险种万元以下理赔周期为12.13天，同比下降8.13%，非车险万元以下理赔周期为2.56天。

■业务经营 2016年，宁远支公司部保费收入为7838万元，同比增长15.83%，实收保费7588万元，同比增长15.04%；其中车险完成4438万元，同比增长20.18%；农险保费实收2093万元，同比增长18.24%；财产险完成165万元，同比负增长20.20%，货运险完成21万元，同比增长8.15%；责信险完成448万元，同比增长2.55%；意健险完成472万元，同比增长1.12%。经营效益，全年实现利润计划的174%。2016年，宁远支公司实现报表利润1635万元，完成年计划的174%，其中车险利润1005万元，农险利润463万元，财产险利润99万元，货运险利润11万元。责任信用险利润91万元，意健险利润为负55万元。未决赔款准备金2020万元，实现稳健经营。

■**保费管控** 2016年，宁远支公司保费费用率为20.80%，同比下降0.15个百分点，比全市县支公司平均低0.33个百分点。费用主要用于业务市场竞争和改善员工福利待遇等方面。2016年车商团队完成保费1200万元，续转保团队新增转入业务260万元。

（欧丽平）

中国人寿保险（集团）股份有限公司

■**概况** 1996年6月，中保人寿保险有限公司宁远支公司成立。内设综合科、计财科、业管科，下设农村保险站10个。1997年，增设营销科、网点科。1998年，增设2个保险站。是年11月，中保人寿保险有限公司宁远支公司更名为中国人寿保险公司宁远支公司。2003年，公司实行股份制改革，更名为中国人寿保险股份有限公司宁远支公司。保险站12个撤并为9个，其中湾井站、九嶷站合并为九嶷站，清水桥站、柏家坪站合并为柏家坪站，仁和站、禾亭站合并为禾亭站。中国人寿是国内唯一一家服务网点遍布全国各地的寿险公司，有74.3万名保险营销员、1.9万名团险销售人员、6.1万个银行保险渠道代理网点及7.1万名银行保险渠道销售人员，是客户身边的寿险服务商。

■**险种** 2016年，公司拥有1.97亿份有效个人和团体人寿保险单、年金合同及长期健康保险单，同时亦提供个人、团体意外和短期健康保单和服务。2016年6月，宁远团体业务部完成短险保费999.11万元，其中学生平安险保费660万元，员工福利保险完成168.76万元。

■**承保** 2016年，开拓老年人意外保险及村干部重疾意外保险，承办教师保险、宁远县学生乘车保险、妇女防癌病险、计生家庭险等一系列政府保险。

■**理赔** 2016年1月至12月31日止，长寿险和短期险共理赔案件2550件，理赔金额3524.98万，其中给付死亡理赔金808.6万，给付疾病理赔金1910.96万，给付意外险理赔金805.42万。承办的新农合意外伤代查勘业务，共办结意外伤害补偿案件5295件，支付意外伤害补偿费用总额为1515万元，年均补偿率为50.5%。其中：县外补偿案件1403人次，共支付补偿费620万元；县内补偿案件3993人次，共支付医疗补偿费用总额854万元。调查拒付不在补偿范围内案件571件，总金额502万元，控制虚假赔款。大病保险，宁远县参保人数634806人，应补偿人数2411人，补偿859.23万元，已补偿740万元，补偿金额为452.96万元，单笔最高补偿为4.42万元。

■**业务经营** 2016年，宁远支公司团体业务部，完成短险保费999.71万元，同比增长29.12%，其中，学生平安险保费600万元，完成任务目标的162.12%，市场份额占比85%；员福完成168.76万元，完成年度目标的157.86%。短期险赔付率控制良好，赔付率为55%。2016年个险完成总保费1628.6万元，同比增长17.69%，其中新单标准保费目标671万元，完成612.89万元，10年期以上期交保费目标888万元，完成858.79万元；短意险保费100万元，完成122.13万元。

（中国人寿保险公司宁远支公司）

科技　教育

科学技术

■**概况**　1959年5月，宁远县科学技术委员会和科学技术协会（简称科委和科协）成立文化大革命期间，机构瘫痪，科技人员调走，科技工作停滞。1978年7月，宁远县恢复县科学技术委员会，12月，恢复科学技术协会，与县科委合署办公，即两块牌子，一套人马。1985年3月，县科委与县科协分设。县科委有下属机构科技情报所，农村能源办（原沼气办）。1991年11月，县农村能源办析出，归口县农委管理。2002年7月，县科学技术委员会改为县科学技术局。内设综合办公室（加挂县技术管理办公室牌子）下设科技情报所。2015年，县科学技术局与县经济和信息化委员会合并为宁远县科技和经济信息化委员会。所属机构有：中小企业创业服务中心、工业企业改制服务办公室、经济科技信息研究所、地震办、新型墙体材料和散装水泥管理办公室。2016年，宁远县围绕“科技兴县”目标，实施创新驱动发展战略，建设创新型宁远，科技服务经济，卓有成效。2016年，全县投入科研经费1.3亿元，占GDP比重1%；新增创业主体3569户，其中新增培育小微企业383家。全年专利申请量550件，授权156件，有效发明专利26件。新增高新技术企业1家。2016年，宁远县有高新技术企业3家、省级企业技术中心1家、战略性新兴产业企业20家。福嘉综环院士专家工作站被认定为湖南省院士专家工作站。

■**科技政策落实**　2016年，宁远县出台《宁远县科学技术奖励办法》《宁远县专利资助管理办法》，拟订《关于实施创新驱动发展战略加快建设创新型宁远的实施意见》和《宁远县专利奖励办法》等政策措施。同时支持企业加大研发投入，明确企业是研发投入主体，财政投入为引导。县设立研发投入专项基金，实行以奖代补，对研发经费投入多的企业，予以奖励，并在科技创新经费安排上重点倾斜。提高奖励和资助标准，对高新技术企业的一次性奖励标准从2万元提高到10万元。

■**创新载体建设**　2016年，宁远县加强以企业科技孵化器、特色产业基地、工程技术研究中心、公共技术服务平台等为主的科技创新创业载体建设。全县有农业特色产业科技示范基地13个，“星火科技示范户”10户。创建市级农业特色产业科技示范基地3个，省级国家农村农业信息化示范省基层服务站1家，科技孵化器1家，公共技术服务平台1家，省院士工作站1家。建起高新技术企业后备库。扶持企业建立各类专业研究机构2个，科技创新服务机构1个。2016年，全县拥有亿达自动化机械、福嘉综环科技、九嶷免业开发3家国家高新技术企业。福嘉综环科技入选湖南百强民营企业，排第88位。创业孵化基地（众创空间）投入运营，入驻企业15家。同时还建成农业科技示范园和林业科技示范园。

■**知识产权宣传和保护** 2016年4月26日，举办“知识产权日”活动，就专利申请、资助、维权等内容进行宣传。是年，多次开展知识产权专利执法行动，检查全县范围内的超市、药店、玩具店等重点部位的专利产品，查获假冒专利产品20件，调处纠纷2起。同时严格执行《宁远县专利资助办法》，对取得授权的每件发明专利资助1000元，实用新型和外观设计专利每件资助500元，授权后的年费6年内全额资助。树立品牌创建示范作用，九嶷山酒业的九嶷山酒、舜源农业的舜毅牌九嶷山兔、福嘉综环的九嶷铅锭等成功创建为省名牌产品。莲花水泥“莲花塘”牌、舜源农业“舜毅”牌、九嶷兔业的“九嶷”牌、云泰农业“舜泽”牌、路下农业“神女涧”牌等创建为省著名商标。至2016年12月底，全县累计申报专利1100余件，专利授权320件。2016年，宁远县知识产权工作获全市一等奖。

■**科技成果转化** 2016年，宁远县通过实施产学研合作“121”工程，推动高校院所科研成果转化。先后促成宁远县人民政府与湖南农业大学、湖南省农业科学院、中南大学、湖南省有色金属研究所等高校院所签订合作协议。2015～2016年，申报省市县各类科技项目7项，获得市科技一等奖3个。引导和帮助隆翔新材料科技、硕宁电子等申报“湖南省百项专利转化推进计划项目”。

■**科技服务和培训** 2016年，继续深入开展“全国科普日”“科技活动周”“防震减灾”活动，组织科普宣传一条街、科技特派员到创业基地观摩、科普进校园、科普大赛、科普进瑶乡、科技与扶贫培训、支农小分队送科技下乡、送科普入户等一系列活动，发放宣传资料10万余份，提供咨询5000余人次，义诊800余人次，发放科技书籍、药物、种子、化肥等物资，价值3万余元。组织20多家规模企业召开2016年度知识产权座谈会，对2015年度知识产权工作进行总结和表彰。

（科经委）

教　育

■**概况** 1949年11月，宁远县人民政府设教育科，各区设文教助理1人。1951年，教育科改为文化教育科。1956年，文化教育科改教育科。“文化大革命”期间，县革命委员会下设文化教育组。1973年，设文化教育局。1979年1月，教育局与文化局分设。1981年，教育局下设三股一室（普教股、人事股、计财股、办公室）下属机构有教研室、业教办和教育工会。1981年5月，设立宁远文教办公室。1985年12月，撤销县文教办公室。当年，教育局增设纪检组。1989年9月，教育局改为教育委员会。内设办公室、计财股、人事股、普教股、纪检组、教研组、电教馆、招生办、工农教育办、勤工俭学管理站、教育工会。1991年，增设教育督导室。2002年，教育委员会改为教育局。2003年8月，撤销乡镇教育管理站。2016年，教育局机关进行股室调整和中层干部竞聘，拆分人事股，合并法制股和信访室，教育局内设股室调整后有办公室、基础教育股、政工股（加挂计生办）、监察室、计财股、基建办、审计股、职成民教股、教师工作股、法制信访室（加挂宁远县教育阳光服务中心）、资助中心、勤管站、教育工会、重点办。教育局直属事业单位有电教馆、教研室、（加挂高中教育管理办公室、政策研究室）。局机关设置7个工作组开展日常工作。即：教育教学工作组，由教育督导室、基础教育股、教研室（高管办）组成。党建和政工人事工作组，由办公室、政策研究室、政工股、教师工作股、工会组成。党风廉政建设工作组，由监察室、审计股组成。财务工作组，由计财股、资助中心组成。基建和项目建设工作组，由基建办、勤管站、重点办组成。安全生产和信访维稳工作组，由法制信访室组成。招生考试、教育信息化和职成民教工作组，由招生考试中心、职成民教股、电教馆组成。2016年，教育局机关共123人，其中局领导8人。2016年，省教育厅授予宁远县为平安校园先进县。

■学前教育 宁远县学前教育分公办幼儿园和民办幼儿园。公办幼儿园由教育局基础教育股管理，民办幼儿园由教育局职成民教股管理。2016年，公办幼儿园共19所，除冷水镇、天堂镇、保安镇3个乡镇外，其余乡镇均有公办幼儿园。共有公办幼儿园教师205人，幼儿3268人。民办幼儿园（审批合格）178所，幼儿园教师1250人，幼儿23600人。2016年，宁远县下发了《宁远县民办学校申办审批实施程序》，规范民办幼儿园审批管理。对申办民办教育机构，实行先筹设、后审批，规范程序，严格审批。下发了《宁远县公办幼儿园管理标准》《幼儿园日活动安排》及《公办幼儿园教师评价方案》。还下发《宁远县2016年普惠性民办幼儿园认定的通知》，联合财政局等单位对全县的幼儿园进行普惠性资质认定，公开公平地对申报的113所幼儿园进行普惠性资质认定，共认定103所民办幼儿园为2016年普惠性民办幼儿园。2016年开展全县优秀民办幼儿教育机构、优秀民办幼儿教育工作者的评选活动，评选出优秀民办幼儿教育机构17所，优秀民办幼儿教育工作者40人。制订《关于开展2016年民办教育机构年检评估的通知》，12月中下旬，对全县民办幼儿教育机构开展评估工作，共评估178所幼儿园。评选出禾亭等6所公办幼儿园为优秀单位。2016年举办宁远县公民办幼儿园论文竞赛、庆“六一”公办幼儿园才艺表演大赛、首届公办幼儿园教师专业能力大赛、第二届公办幼儿园教师基本功大赛、第四届公办幼儿园广播体操比赛、全县民办学校第七届学生艺术节、全县第五届民办学校幼儿广播体操比赛等活动。宁远县中心幼儿园、智慧树幼儿园参加省骨干民办示范园验收评估，两所幼儿园被评为湖南省骨干民办园。宁远县童乐幼儿园、小新星幼儿园、奇卡幼儿园被评为永州市骨干民办幼儿园。机关幼儿园获省安全文明校园、省幼儿园培训基地。

■基础教育 2016年，宁远县共有公办中小学321所，其中初中22所、一贯制学校4所、完小51所、村小教学点244所，公办初中在校生23823人，公办小学在校生68741人。民办中小学8所，在校学生7836人。宁远县对基础教育工作坚持育人为本，德育为先，学校开足开齐德育课程，把德育课的开设情况列入对学校教育教学工作评价的主要内容。先后开展“践行社会主义核心价值观，争做美德少年、美德‘教师’征文和演讲比赛活动、以创建国家森林城市为主题的征文和宣传画册照片评选活动、围绕“传承舜帝精神、弘扬德孝文化”开展“小小百姓讲坛”“墨香书法展示”“寻访舜帝足迹”“学习身边百孝典型”等活动，以活动为载体，增强德育工作的时效性和针对性。各个中小学校把舜帝“只为苍生不为身”的事迹列入校本课程，培养学生尊敬师长、孝敬长辈的优良品德。2016年继续健全中小学生学籍信息化管理系统。编印培训手册1000多份，举办全县中小学教导主任学籍管理培训。是年，宁远县小学生辍学率为0，初中学生辍学率为1.89%，高中学生的辍学率为2.97%。2016年，继续全面推行素质教育。出台《宁远县小学毕业学业水平测试、初中毕业学业考试、高二学业水平考试质量奖惩办法》《中小学教育教学常规管理实施方案》《创建生态文明示范学校实施方案》等文件，全县中小学校的教学管理实现制度化、规范化和精细化。组织部分中小学骨干教师到冷水滩马坪学校观摩高效课堂教学，提高教师新课改的实践能力。组织全县中小学校学科教学竞赛。有语文、数学、英语、物理、化学等5个学科，142名教师参赛，共评选一等奖10人，二等奖25人，三等奖40人。开展“一师一优课，一课一名师”活动，宁远县参赛教师2788人，共晒课1420节，获得省优课17节。教育局将学校研究性学习的开展情况，列入教学常规检查的重要内容，要求研究性学习有计划、有成果、进课堂。在湖南省中小学研究性学习成果申报评选活动中，宁远共报送参赛作品36件。组织全县中小学生科技创新大赛，有354件作品参赛，获市级奖励的有37件，县级奖励的有186件。其中获市级教师、学生一等奖的各有7人；学生二等奖的有12人，三等奖的有18人。组织参加首届成建制班级合唱比赛，初中组获省一等奖，高中组获市二等奖，并获得优秀组织奖。组织参加永州市首届中学生足球竞赛，高中女子组和初中男子组均获第一名，初中女子组获第二名，高中男子组获得第五名，宁远县荣获道德风尚奖。2016年县教育局制定《关于县一中、二中、三中托管桂冠学校等四所初中学校的通知》。把桂冠中学、中和中心校列为县一中的托管学校和生源基地。实行高中学校与托管学校在理念、资源、教研等方面的共享，为一中提供稳定的、优质生源。

■职业教育 2016年，宁远县有公办职业学校1所，即宁远县职业中专，该校占地面积156亩，建筑面积3.8万平方米，教学楼3栋，实训楼两栋，建有计算机、数控模具、电子技术、汽修、酒店餐饮等实训室24个，教职员工155名，其中高级教师21人，省级专业带头人4人，市级学科带头人5人，国家职业技能鉴定考评员18人。在校学生2080人。

开设信息技术类和加工制造类两大专业群，信息技术类专业群包括：计算机网络技术、平面设计、电子商务、电子技术应用（电子产品制造方向）等专业；加工制造类专业群包括：模具制造技术、数控技术运用、汽车运用与维修、汽车制造与检修等专业；另设对口高考部，开设对口高考专业包括：师范类、医卫类、计算机类、机电类、电子电工类、旅游类等6个大类。职业中专第一、二学年全体学生免学费，第三学年50%的学生可免学费；一、二年级15%的特困生、品学兼优生可享受1500元/年的国家助学金，大部分特困生、品学兼优生另可享受1500元/年的“一家一”温暖工程助学金、劳动预备制助学金和学校的“爱心助学、点燃希望”助学金；富士康、东菱等公司的校企合作班学生还可享受企业颁发的奖学金。宁远县民办职业教育有九嶷理工学校、工业学校、方正职业技术学校等3所，共有教师66人，在校学生1167人。

5月9日，县教育局在职业中专召开全县2016年中职学校招生工作会议，下发《宁远县2016年中职招生工作教育局工作人员联系学校一览表》《宁远县2016年中职招生集中宣传工作方案》《关于做好2016年秋季中等职业学校招生工作的通知》等文件，职业学校签署《诚信办学诚信招生承诺书》，教育局与初中学校签订《中职招生工作责任书》，助推宁远县中等职业教育发展。5月10日至16日，在文庙广场开展职业教育宣传周活动，以“弘扬工匠精神打造技能强国”为主题，着重宣传宁远县职业教育成果，30家企业与职业学校签订供需合同，永州市教育局网站和宁远新闻网、宁远教育网、宁远电视台等多家新闻媒体报道宁远县职业教育宣传周活动。

■特殊教育 宁远县特殊教育起步于2015年。投入330万元，在县城舜帝南路新建一所高标准的特殊教育学校，学校占地3000平方米，面向全县6~14岁适龄残疾儿童少年招生，同时负责全县特殊教育随班就读和送教上门工作。建校之初，有教职工8人，学生75人，其中随班就读41人，送教到家8人，在校26人。2016年，教育局制定了《宁远县特殊教育随班就读试点方案》，开展对随班就读学校班主任和教学管理人员的培训，并组织特殊学校教师对有随班就读特殊学生学校进行巡回指导。是年，全县特殊学校有教职工16人，学生149人。6~14周岁“三残”儿童入学率达到85.9%。

■教研教改　2016年，宁远县教研教改以提高教学质量为中心任务，充分发挥“评价、管理、指导、服务”的工作职能，结合本县的教学实际开展一系列教研教改活动。

课改　教育局创建中学、小学教研QQ群、特岗教师QQ群网络学习交流平台，上传各种优秀资源，交流教学中的心得体会，实现资源共享和共同进步。以推进“四环节”课堂教学模式为突破口，充分发挥教师的主导作用，突出学生主体地位。在全县共评选出十所学校作为全县新课改示范校，县教育局拿出20万元对课改示范校，予以表彰和奖励。莲花小学被认定为永州市课堂改革样板校，三中被认定为永州市课堂改革样板预备学校。教研室深入教学一线，开展对教学常规落实的检查与指导，以改变教师授课方式和学生学习方式为突破口，提倡有效教学法的探究，开展“一师一优课，一课一名师”活动。

备考　2016年上期多次组织高三学科联组活动，组织全县高三体育专业考生的专业模拟测试，改进专业考生的训练方法，提高专业考生的应试能力。

竞赛　组织开展数学、英语阅读知识竞赛，组织全县初二学生参加国学大赛选拔赛等活动，推荐优秀学生参加高中生物、物理、化学、数学等学科竞赛，其中获国家级二等奖5人次，省一等奖8人次，二等奖15人次，市一等奖28人次，二等奖43人次。2016年第33届全国物理奥赛，全市赴省复赛学生12人，宁远占3人。10月下旬主办高中语文课堂教学大赛，先后推荐优秀教师参加省市各学科教学竞赛，共有5位教师获省一等奖，3人获省二等奖，获市级奖励的教师达28人。组织中小学各学科教师的教学论文参加省市评比，其中获省一等奖18篇、二等奖25篇，获市一等奖36篇、二等奖76篇。

■教育督导　2016年，宁远教育督导以《湖南省学校督导评价指南》为基本依据，紧紧围绕提高教育教学质量这一中心，对学校管理、招生收费、课程开设、教育教学、师德师风、学生学习、课业负担及学校安全卫生、校纪校风等情况进行督导。宁远县人民政府设教育督导室于教育局，共设4个督学责任区，组织督学责任区的督学开展教学常规管理、防溺水、毕业复习迎考、安全管理、教学常规、期中期末考试巡考等督导工作，收到令人满意的效果。根据《宁远县普通中小学校2015~2016学年度办学水平综合评估办法》，对全县普通中小学校进行全面评估考核

■教师招聘　2016年宁远县招聘教师，充实教师队伍。1月，补充高中紧缺学科教师7名。自主招聘和引进县外教师补充中小学、幼儿园特岗教师92人。自主招聘中小学教师148人，特殊教育学校和职业中专教师22人，引进县外教师15人。分配2011届免费师范生29人。8月，通过考试，从农村学校选调小学教师54名，中学教师30名到城区学校任教。

2016年，公平公正做好免费师范生招生工作，完成200名师范生的选送任务。同时对退休高级教师、大学毕业生、顶岗实习生支教实习期间正常履行了支教实习义务的教师，分别给予每人每月1000元以上、1500以上、800元以上的补贴支持。2016年争取湖南科技学院顶岗实习生184名、大

学生试教 27 名、退休高级教师返聘 31 名。

宁远县教育局根据县委、县政府提出的教育优先发展和全面推进“三名工程”要求，制定《关于开展宁远县首届名校（园）长推荐评选工作的通知》（宁教通〔2016〕105 号）和《关于开展宁远县第一批县级名校（园）评选工作的通知》（宁教通〔2016〕120 号）文件，是年，组织评审，评选出 3 名宁远首届名校（园）长。

■师资培训 2016 年，宁远师资培训由教育局教师工作股和县教师进修学校负责，安排师资培训。国培、省培、市培参培人员无缺席。县级培训如期如数如质完成。实现信息技术应用能力提升的培训达到 2800 多人，中小学班主任培训、新教师岗前适应培训、心理健康教育、送教下乡、各学科专业技术培训等项目人数 6000 余人次，平均每个教师参加培训学习 1 次以上。分别请国家级和省级测试员对 1000 多名教师分期分批进行 5 次普通话集中培训。53 位普通话种子教师，分散在各中小学负责本校每周不少于 2 次，每次不少于 1 个小时的普通话培训。对 45 岁以下的在职教师，由省级普通话测试员进行模拟测试，对测试不合格的教师，安排普通话“种子教师”进行“一对一”帮扶提高。

■招生考试 2016 年，推行考试招生评价制度的改革。对全县小学、初中肄业班期末考试，实行全县统一命题、统一考试、统一评价。命题做到“三个结合”：即与新课标相结合、与学生生活实际相结合、与社会现实相结合。对全县中小学生实行全面发展性评价。制订《宁远县中小学生全面发展性评价办法》，从思想道德、学业成绩、身心健康、审美情趣等几个方面对学生进行多元评价，促进学生全面发展。小学升初中实行就近入学，划片招生。高中招生实行“学业成绩+综合素质等级”制度。对城区小学，制定城区学校招生工作若干规定，严格规范招生行为，充分保障城区适龄儿童和进城经商务工人员子女入学。

普通高校招生考试。全县设 3 个考点，报考人数 3223 人，较上年增加 69 人，增幅 2.19%。其中文科文化考生 704 人，理科文化考生 2021 人，职高类考生 166 人，音体美等其他专业考生 332 人。全县二本以上上线人数 852 人，比上年增加 139 人，增幅 19.5%。全县参加小学毕业水平测试 11657 人，设有 61 个考点 403 个考室。参加初中毕业学业水平考试 7669 人，设有 32 个考点 259 个考室。参加高中学业水平考试 2879 人，设有 3 个考点。小学、初中及高中学业水平考试均制定详细工作方案。高中学业水平考试全科合格率 98.01%，全市排名第二。初中学业水平考试合格率和优秀率名列全市第三，优秀学生人数占全市的 14.7%。

高等教育自学考试宁远未设考点，宁远共有 36 人参加 4 月、10 月的高等教育自学考试全国统考。

成人高校招生考试宁远设考点 1 个（宁远二中）。共有 649 人参加成人高校招生考试。

英语等级考试。在宁远设考点 1 个（宁远一中）。全县 580 人参加英语等级考试，合格率 88%。

■勤工俭学 2016 年，宁远县教育系统的勤工俭学主要体现在绿色校园建设、校方责任险及附加险、校服等文具监管及勤工俭学论文评选等方面。

2 月起，开展“绿色校园”建设工作，全县中小学校抢季节、因地制宜、合理规划、见缝插绿，让绿色进校园、进办公室。3 月 25 日至 30 日，在全县进行督查评比活动，职业中专、实验小学、冷水中心校、东城完小等学校被评为市“美丽绿色校园”。2016 年公办学校校方责任险参保学生 110238 人、保费 1102380 元，投保率达到百分之百。校方责任险伤亡事故为零。5月，为全县所有的教职工投保教职工意外伤害保险。10月，开始为全县公办学校投保食品安全责任险。教育局联合市场和质量监督管理局对青华龙服装有限公司的校服进行质量检测，确保宁远县不出现毒校服、毒文具事件。

2016年开展俭工勤学优秀论文评选活动。参评论文围绕学校勤工俭学课程化建设、校外基地建设及校外教育管理、校园风险预防与转移工作、综合实践基地、劳动场所建设和学生实践活动开展、学生食堂、商店管理、节能减排等方面展示宁远县勤工俭学成果，参评论文30余篇，其中获省特等奖1篇、一等奖1篇、二等奖2篇。

■基础设施建设　2016年，宁远县投入1000余万元对列入合格学校建设的鲤溪吕家小学等16所学校进行维修改造，顺利通过市合格学校督导组验收。县城城区公、民办学校采取调整扩容和新建等方式，新增学位3700个。冷水中心幼儿园、官桥中心幼儿园正在施工建设中。天堂中心幼儿园，保安中心幼儿园正开工建设。投入100余万元用于学校绿化、美化、硬化建设。4所学校（冷水中心学校、东城完小、实验小学、职业中专）申报市级绿色美丽校园并获通过。教学点全部实现数字教学资源全覆盖，实验仪器、艺体卫器材全部按省定标准配套。农村学校学生课桌、黑板全部换新。完小以上学校全部接通宽带网络。新二中、明德学校湘南分校已开工建设。七小、八小、新职中专、一中新校区完成前期准备工作。投入资金3304万元，建合格学校16所及公办幼儿园4所，新建、扩建校舍19栋，建筑面积68592平方米；塑胶跑道3个；新建运动场5000平方米；学校维修改造52所学校，共9816平方米。

■捐资助学　宁远县教育系统的捐资助学由教育局学生资助中心负责，全县中小学校设立资助中心，每个学校都配备1名专职资助专干，负责学生资助工作。2016年，下发《宁远县普通高中家庭经济困难学生认定工作暂行办法》、《宁远县生源地信用助学贷款申报及办理程序》等20个规范性操作办法及管理制度。教育局组织人员到4所高中学校所有班级，宣讲贷款政策。出动宣传车20台次，到各个乡镇进行集中宣传20天，发放助学贷款政策及诚信教育、励志教育宣传资料10000余份、张贴宣传标语1000多张、公告1000余份。在县电视台先后播出广告20天。中小学校建立家庭经济困难学生贫困生数据库，作为贷款资格审查的重要依据。

2016年，按每学期500元/人标准发放贫困幼儿入园补助385.5万元。按小学500元/人、初中625元/人的标准发放贫困住宿生补助1509.125万元。按每学期1000元/人标准发放中职助学金96.8万元，按每学期1200元/人标准免中职学费687.12万元。按每学期1000元/人标准发放高中助学金584.4万元。按省重点中学每人1000元/学期、市重点中学每人800元/学期的标准共免高中学杂费116.12万元。

2016年，中国社会福利基金会在宁远县11所学校开展免费午餐活动，资助金额130余万元，资助贫困学生1528人；中国人口福利基金会在宁远县开展父母一方死亡的单亲失依学生“拾穗行动”活动，资助355人，资助金额每年每生2600元，一直资助到高中毕业，资助金额达92.3万余元；广州深圳宁远同乡会资助宁远县高考、中考贫困优秀学子57人，资助金额14.4万元。深圳狮子会神州服务队为宁远县贫困地区学校捐赠电脑、课桌椅等教学设备近20万元。

2016年，宁远县学生资助管理中心被评为“湖南省学生资助研究工作先进集体”。

■校车管理　宁远县校车管理始于2011年。2016年，宁远县成立高规格的校车管理工作领导小组，由县委书记任顾问，县长任组长，县委副书记任常务副组长，分管教育、道路交通安全、安全生产的三位副县长及县公安局政委任副组长，20多个职能部门和20个乡镇政府（街道）一把手为成员的领导小组，领导小组下设办公室，由分管教育的副县长任校车办主任。县委、县政府制定了《关于加强全县中小学幼儿园学生用车管理工作实施意见》，对学生用车管理工作任务进行责任分解，建立“横向到边、纵向到底”的工作责任体系和管理机制，全力推进学生用车管理工作。建立“城市公交+农村客运+专营校车”的学生用车模式，落实“政府主导、乡镇负责、部门监管、公司运营、学校管理、车主自觉、多管齐下”的校车管理长效机制。

宁远县鼓励校车公司、客运公司、民办学校、幼儿园购置标准校车，由县财政按购车价格的20%给予补贴；对接送义务教育阶段和幼儿园学生上下学的标准校车，根据校车实际运行成本，按车型大小给予燃油补贴（19座及以下：600元/座/年，19座以上：500元/座/年）。2016年，宁远县发放校车补贴319.1万元，其中省补185万元，县财政配套134.1万元。为切实保障学生乘车安全，县委、县政府按10元/生/年的标准由县财政出资为全县中小学幼儿园学生购买乘车保险，投保资金121.37万元，并实现全县覆盖。

2016年宁远县义务教育阶段和幼儿园就近步行上下学学生5.7万人，乘坐公交车上下学学生2.6万人、乘坐校车学生2.1万人。全县共有189台标准专用校车接送中小学生及幼儿园儿童上下学，覆盖90%的乡镇。宁远县被评为全省校车安全管理工作优秀单位。

■综治信访 2016年，教育系统多措并举，夯实综治安全、信访维稳工作，被宁远县委、县政府评为综治工作先进单位、安全生产先进单位、信访工作先进单位，获奖金3万元。湖南省教育厅授予宁远为平安校园建设先进县称号。

2016年，学校安全教育，通过会议、讲座等形式，开展对完小以上校长、幼儿园园长的消防知识、食品安全、交通安全、防溺水及应急处置等知识培训。组织“开学安全第一课”、“消防安全第一课”等活动。开设《生命与健康常识》和安全教育课等课程，各学校根据不同年龄段学生的实际情况，利用班会、集会，开学安全第一课、安全生产月、安全教育日、“151”安全教育（即每天放学前一分钟、周末放学前五分钟、节假日放假前10分钟），墙报、板报、致家长一封信、家长会等方式广泛开展安全知识教育。教育局印发《中小学安全教育与管理工作规程》7000余册，作为安全教育和安全工作的“导航指南”。宁远县人大科教文卫室与教育局编印《安全知识校园行》读本90600册，对三年级以上学生进行食品安全、交通安全、防溺水、防传染病等安全知识教育。编印《学校幼儿园安全管理手册》《校园安全督查工作手册》《食品留样登记本》《消毒记录本》《出入登记本》《食品及原料采购索证记录本》《校车安全管理登记簿》等安全管理系列资料，规范学校日常安全管理。

2016年，组织了两次校园周边治安综合治理，配合公安、交警、消防、交通、文化、卫生、市监等部门，对影响学生人身安全和身心健康的领域，联合进行集中整治，共摸排出各类涉校矛盾隐患7起，成功化解纠纷7起；查处涉校治安案件2起，行政拘留3人；查封取缔黑网吧13家，停业整顿21家；检查校园周边餐饮服务单位290家，下达整改通知书90份；查验校车800余台次，查处违规现象30起，发放限期整改通知书15份。

2016年将学生防溺水，作为学生安全的重中之重。教育部门和学校严格按照湖南省教育厅学生防溺水“四个一”要求落实到位。全面开展防溺水宣传教育活动，制作防溺水宣传光碟一套（暑期在县电视台连播10日），共发送短信10000余条，制作宣传横幅30条，树立防溺水警示牌300块，发放宣传单10000余份。租用宣传车巡回宣传11场次，发放《至学生家长的一封信》10余万份。暑期，县政府下发《关于进一步加强暑期学生安全工作的紧急通知》，建立相关部门联防联控机制，有人巡、有人管、有人防重点水域。是年在校期间，无一人发生学生溺水事故。

2016年，突出抓好“四防”攻坚工作。人防建设。各学校建立健全内部安全保卫组织和制度，落实安全保卫责任，聘请专业保安人员、组建学校护校队。宁远一中、二中、三中还建立保卫处（科、室），配备处（科、室）领导及专职保卫人员，负责学校的安全教育管理、培训、内部治安保卫等工作。物防建设。投入867万元，各学校在重点部位、重要区域、重点场所安装防护栏、防盗门和照明设施，加固、加高校园围墙，新建改建门卫室、配置保安服装、更换学校食堂设备，在校园内设置消防、交通安全、食品卫生等安全设施，为保安人员装备执勤、防护、抓捕等器械。联合交警部门在仁和中心校、双井圩完小等公路沿线学校，设置提示牌、减速带、斑马线、限速标识、人行横道线等交通标识。技防建设。宁远县所有中小学校都安装电子闭路监控系统，总共设有监控探头1268个。已审批的177所民办幼儿园中已有小红帽、金芒果、重华等62所幼儿园共安装监控探头474个。投入164.5万元为25所学校安装监控探头761个，教育局机关建立视频监控中心平台，实现远程安全管理。投入12.23万元为公办幼儿园及完小以上学校安装一键式报警器。消防建设。投入9.3万元为学校购置消防器材，提升消防工作“四个能力”（消除火灾隐患能力、扑救初起火灾能力、组织人员疏散逃生能力、消防宣传教育能力）。向广大师生发放消防安全知识宣传资料近10000份，悬挂宣传横幅10余条。宁远县莲花小学被评为全国消防安全宣传教育示范学校。

2016年，还组织城乡各中小学开展禁毒义务宣传、知识竞赛和“珍爱生命、远离毒品”签名活动；利用学校的电教网络播放禁毒教育影视片，召开以禁毒教育为主题的班会和讨论会，共张贴宣传标语5000余张，组织学生撰写“珍爱生命、远离毒品”作文。是年，教育系统没有滋生吸毒人员。2016年，莲花小学被评湖南省禁毒工作示范校。宁远教育局党委组织召开8次信访工作会，对信访工作做出详细的安排部署。2016年，共接访200余人次。妥善办理初信初访事项40余件，初信初访的办结率达到100%。网上办信20件，事事有回音，件件有落实。从源头上减少信访存量。稳控一批信访对象。为确保特护期将信访对象稳控在当地，不发生到市赴省进京上访现象，采取实地稳控、调度稳控等措施，实现赴省进京“零登记”目标。

学校简介

■宁远一中　宁远一中是湖南省示范性普通高级中学，永州高中四强之一。宁远一中，其前身为宁远县立中学。建于民国31年（1942），校址在县城西郊（兵房），创办人欧冠。1949年由县人民政府接管。1952年10月更名宁远一中。2002年被湖南省教育厅评定为湖南省重点中学，2004年被评定为湖南省示范性普通高中。2016年有在职在岗教师356人，班级82个，学生4256人。

学校确立“人本立校，追求卓越”的办学理念，继承“严、爱、勤、实”的校训，形成“合作、进取、创造、奉献”的校风和“厚德崇文，诲人不倦”的教风及“尚思笃行，学而不厌”的学风。自恢复高考以来，学校有36名学生先后考入清华、北大，考入清华、北大的人数占整个永州市的一半。涌现出湖南省人民政府原副省长郑茂清、原大连理工大学校长、中国工程院院士欧进萍教授、著名核科学家李真富将军、原财政部财政科学研究所所长、国务院学位委员会经济学科评议组专家何盛明教授，国家“千人计划”特聘专家、国家纳米科学中心海外主任、美国陶瓷学会院士奉向东等一大批杰出校友。学校先后获评“全国中小学公民道德教育先进实验学校”“教育部大学生校外教育实践基地”“湖南现代教育技术先进单位”“湖南省文明单位”“湖南省绿色学校”“湖南省体育传统项目学校”“湖南省安全文明校园”“永州市绿色学校”等多项国家级和省市级殊荣。先后被清华大学、北京大学、中国人民大学、中南大学、大连理工大学、湖南大学、湖南师范大学等高等院校授予“优秀生源基地”称号。

学校师资力量雄厚，教师队伍精良。在职在岗教师356人，其中特级教师2人，高级教师132人，全国优秀教师2人，市级学科带头人18人，省级骨干教师18人，永州市名师3人，市级骨干教师27人，研究生学历教师12人。近三年来有39位教师分别获评省市县以上优秀教师、先进教育工作者、优秀班主任。近3年来，教师在省级以上刊物发表的或获奖的教育教学科研论文共有300余篇。

学校教学设施齐全，教学设备先进．现有教学楼5栋，学生宿舍5栋，科技楼2栋，理化生实验室18间，图书馆一座，有图书23万册，有电子阅览室5间。学校拥有先进的校园网络设施。学校远程教育设备完善，实现了与长沙一中、长郡中学等名校教学资源共享。

学校校园文化浓厚，社团活动活跃。完成了林荫大道状元石刻、君子湖君子语录、蝴蝶标本展览馆、文化石、永久性标牌、永久性对联等几十项校园文化设施。现有泠江文学社、英语学社、青年志愿者协会、校园之声广播站、升旗仪仗队，乒乓球协会，羽毛球协会等学生社团，丰富的社团文化为学生综合素质的培养提供了广阔的舞台。

学校教学质量逐年攀升，学考高考进入全市先进行列。2016年高考取得优异成绩，实现历史性的突破，本一上线人数达160人，比2015年增加89人，增幅为125%。二本以上上线人数达494人，比2015年多157人，增幅为46.6%。一、二本上线人数稳居永州四强。2016年永州市全市二本上线人数比2015年增加277人，其中宁远一中增加157人，占56.7%，宁远一中增长人数和增长幅度居于全市第一。李婵艳、欧徐利、李凌镐等60多名同学考入了中国人民大学、上海交通大学、同济大学、武汉大学、国防科技大学、北京理工大学、吉林大学、中山大学、中南大学等“985”、“211”名牌大学。2016年高二年级学业水平考试正考合格率达99.3%，位列永州市前列。2016年在各级各类学科竞赛中，16人次获全国一等奖，35人次获全国二等奖，51人次获省一等奖，126人次获省二等奖，278人次获省三等奖。

■宁远二中 宁远二中前身为宁远私立北屏中学，校址在柏家坪潮水岩。1952年，县人民政府接管后，改为宁远县第二初级中学。1954年秋，迁至县城原县立乡村师范旧址（原广播局、九嶷剧院），1964年迁新校舍（县城西原宝塔脚今宁远三中）。1969年撤销，改为桐山中学。1978年恢复宁远二中，校址设原宁远三中（城南九疑路）至今。二中恢复后，学校规模、设施、教学成果，均为县重点中学。校园占地面积53亩，建筑面积4万余平方米，先后培育出中国工程院院士何继善、欧阳晓平，中国工程院候补院士、吉林石化碳纤维厂厂长蔡小平，中共中央办公厅秘书局正局级秘书胡若隐，世界举重冠军李运利和2008年北京奥运会举重73公斤级银牌得主李宏利等众多杰出人才。学校先后被认定为省园林单位、省现代教育技术实验学校、省传统体育项目学校、省文明卫生单位、市文明单位、市示范性高级中学、长沙一中远程教育合作学校。

学校教育教学设施完备，拥有电子教室、舞蹈室、音乐室、美术画室、举重馆等功能室。生活设施完善，学生食堂为永州市卫生食堂A级单位。

宁远二中以德治校，科研兴校，体艺强校，严守“立志、勤学、求实、达理”的校训，在生源基础明显低于同类学校的基础上创新教学方法，积极推进课改，打造有效课堂，实施分层教学，关注每一个学生，办学水平显著提升。2016年荣获永州市市示范性高中办学水平评估考核三等奖，为全县唯一获此殊荣的单位。2016年学校高考本科上线225人，其中本一本二上线114人（不含外省艺术类上线考生），本一本二上线率稳居市示范性高中前三名，以二流甚至三流生源创造了一流的质量，开创了湘南农村同类高中学校的奇迹。

2016年，宁远二中有教学班60个，在校学生3400余名，在职在岗教职工258人，其中省市县级骨干教师23人，中学高级职称67人，中学一级职称123人，研究生学历5人。

2016年，有30多篇教师业务论文获市级以上奖励，其中国家级10篇。学校承担的国家、省级教研课题共有2项，校本研发课题4项。其中两个省级“十二五”重点课题：《信息技术环境下高中物理探究式教学模式研究》和《信息技术环境下高中数学有效课堂教学策略研究》于2016年结题，并分别获一等奖。校本课题《书法与素质》、《学考英语全过关》、《高效学习课堂课题实验》等取得阶段性成果。

扶贫助学　2016年，由校友捐资成立的“南风奖学金”、“岭南同学基金”、“金苹果”奖等基金，对近100名寒门学子进行资助，发放助学金12万余元。学校通过向上级部门争取经费和自筹资金，向1000名贫困学子发放助学金100万元。

■宁远三中　宁远三中前身是湖南私立泠南初级中学，创办于民国31年（1948）。校址位于县城南泠江之滨。1953年秋，县人民政府接管，改名为湖南省宁远县第三初级中学。1959年始招高中班，更名湖南省宁远县第三中学。1969年，“文化大革命”期间，学校被撤销，校舍改办为县“五·七”干校。1978年恢复宁远三中，校址设城西宝塔脚原宁远二中，始招收两年制高中班。1981年秋停招高中、改办初中，为县重点初级中学。1984年又增设高中班，恢复完全中学体制。1988年有初中12个班，高中9个班，在校学生1339人，教职员工93人，其中高级教师10人，中教一级23人。学校占地面积183亩，规划合理，环境优美，小河流水穿校而过，石栏小桥随河蜿蜒，体艺馆、教学楼、科技楼、学生公寓遥相呼应，红花绿草、假山水池、亭台轩榭点缀期间，是求学怡性的理想之所。宁远三中是国家级重点课题实验学校、湖南省现代教育技术实验学校、湖南省园林式单位、省文明卫生单位、永州市示范性中学、永州市文明单位、中国教育学会十五重点课题“心理健康教育与心理辅导研究”合作研究单位。

宁远三中按照“深化改革，狠抓管理，提高质量，办出特色”的整体思路，科学管理，狠抓教学质量，在全面推行素质教育的基础上，经过多年的实践、探索、积淀，学校已逐步形成艺体教育见长的办学特色。学校拥有全市一流的艺体教育设施及过硬的艺体教师队伍，学校艺体特色教育省市闻名。学校被市体育局定为省运动会市代表队训练基地。学校锣鼓队、舞蹈队参加祭舜大典，精彩的表演，受到国内外嘉宾赞誉。显著的办学业绩得到省市教育主管部门的充分肯定和推介。2006年11月，学校成功举办永州市重点中学田径、乒乓球运动会。2016年宁远三中有学生4400余人，教师269人，其中高级教师71人。有永州市学科带头1人，永州市骨干教师1人，有12名教师参评县级名师及学科带头人。

宁远三中推动“特色立校”，艺术课堂教学更优，艺体活动更亮，高考成绩更骄。2016年省“三独”（独唱、独舞、独奏）比赛中，1名学生获独舞类一等奖，2名学生获独唱类三等奖。在省市县教育系统举行的首届建制班合唱比赛中初149班获县第一名、市一等奖、省二等奖，高331班获县第一名、市二等奖。5月，成功申报国家级足球特色学校。10月份，高中女子、初中男子、初中女子三支足球队代表宁远县参加永州市第一届中学生足球赛获两项冠军、一项亚军。12月“全国青少年足球特色学校”正式挂牌。2016年县师生艺术节上获4项大奖，其中舞蹈《桔树的倾诉》获高中组一等奖，舞蹈《打溜子》获初中组一等奖。2016年高考艺体特长本二以上双上线28人。

2016年，学校采用“请进来，开设名师讲坛”。邀请深圳道弘集团金牌讲师来给全体教工讲学，邀请湘潭大学教授、湖南科大教授来校讲学。学校采用“走出去”，开阔视野的办法，加强师资培训。学校派出十几批领导和老师。先后到上海市育才学校、浙江海宁高中、昌乐二中、澧县六中、永州一中、永州四中、江华一中、武汉四中等校学习。

宁远三中在第21届永州青少年科技创新大赛中获二等奖3项，三等奖3项；宁远县17届青少年科技创新大赛中，获一等奖6项，二等奖7项。开发校本教材《高中学考导学案》。2016年高二学业水平考试中教学、历史两科合格率100%。学校申报的省级课题《边远山区进城务工人员教育跟进研究》，已经结题，取得一系列研究成果。参与的国家级课题《开展足球运动，丰富校园文化》研究正在进行中。现在正在进行中的还有市级课题研究《初中历史小组合作学习的策略研究》、《初中英语小组合作学习能力的培养研究》。2016年高考本科上线123人，本二以上超县教育指标29人，是全县超高指标最多的学校。高一年级入学时排全县1000名仅有65人，2016年上期期末统考排全市前8000名的127人，排全县前1000名的107人。2016年中考，名列同类学校综合评价第二名。

■宁远八中 宁远八中创建于1999年，位于县城印山路99号。校园占地面积126亩，总建筑面积31813平方米。是宁远县一所花园式县属初级中学，学校布局科学，生活、学习、运动“三区”分明，校园内绿树成荫、鸟语花香。别致的亭榭、逼真的假山、高大的塑像交相辉映。现代化教学楼、壮观的科技楼、洁净的食堂、舒适的学生公寓、明亮的阅览室，高配置电脑室、还有健身场、田径运动场、足球场、篮球场等设施应有尽有。学校基础设施完备，功能分区合理，师资力量雄厚，管理严谨规范，教学理念先进，教学质量一流，2016年中考，统招生和非统招生综合分继续获县中学组和乡镇中心校第一名。2016年被评为宁远县初中唯一的一所县名校。学校被评为永州市园林式单位、永州市廉政文化示范校、湖南省现代教育技术实验学校、湖南省文明卫生单位、湖南省合格学校、湖南省中小学教师培训基地、湖南省安全文明校园、湖南省食品安全示范学校、国家级“全民健身”先进单位。

学校将紧紧围绕创“平安、优质、和谐”的目标开展工作，努力办好人民满意教育，力求让每一个学生乐学、会学、健康成长。学校40%以上住宿生可享受每学期625元的生活补助，对优秀学生和贫困生有多项奖励和扶助措施，每学期奖学金最高可达1000元。

2016年学校教学班53个，学生总数4069人，有教职工232人，其中省特级教师1人，高级教师26人，中级教师122人，研究生学历3人，本科学历152人，永州市学科带头人7人，永州市骨干教师9人，宁远县骨干教师4人，省市优秀教师20人。

■宁远实验中学　前身为宁远师范，位于逍遥岩黄马砠下面。1991年改办为宁远县实验中学。1994年8月，更名为民族中学。2000年，被湖南省定为现代教育技术实验学校和心理健康教育教学研究实验学校。后，学校承担国家级研究课题1个，省级研究课题3个，市级研究课题2个。至2003年，学校占地面积16.77万平方米，建设面积61800平方米。

2016年，宁远实验中学有教学班60个，在校学生4200人，教职工200人，是永州市规模较大的初级中学之一。中考成绩连续7年在全市初中学校排名前十名，学校先后荣获全国信息技术与素质教育实施研究实验学校，省教育教学研究实验学校，永州名校等国家、省、市级荣誉称号50项，实现“市内知名，省里有名”品牌学校新跨越。

宁远实验中学实施“名师工程”和“青蓝工程”，以市县“三名工程”评选管理办法为导向，以学校名师工作室，省优质空间课堂为平台，组织学科教师业务学习和能力研修，组织中青年教师文化知识考试，组织教师参加各类继续教育培训促进专业成长。2016年，涌现出80名业绩突出，深受学生尊敬、同事认可的各类先进工作者。

2016年，宁远实验中学中考合格率98.32%，优秀率72.02%，稳居永州市300所初中学校前十行列，在参考人数1000人以上学校排名第一。2016年，有教师170人次，学生1000人次获县级以上各类奖励。宁远县实验中学被永州市委、市政府授予“永州名校”荣誉称号，被市、县教育局评为“绿色美丽校园”，荣获永州市教育科研“先进单位”，永州市提高教育质量，培养优质生源“先进单位”，永州市“先进基层党组织”，荣获县“先进基层党组织”，县思想宣传工作“先进单位”，县德育工作“先进单位”，县禁毒预防教育“示范学校”，县人口和计划生育工作“先进单位”。

■宁远职业中专　1998年5月，宁远县农科教中心（综合职业学校）改名宁远县职业中专，是宁远县唯一一所公办县属中职学校。2016年，校园占地面积156亩，建筑面积3.8万平方米；在校学生2289人，45个班，教职员工155人，其中高级职称21人，省级专业带头人4人，市级学科带头人5人，国家职能鉴定考评员18人。学校开设专业有：富士康专业班、新宝模具班、电子技术应用专业“迅捷班”、旅游服务管理专业的“唐宫班”。2016年毕业学生688人，其中升入高一级学校131人，直接就业人数557人，就业率100%，对口就业率82.4%，本地就业率31.24%。参加顶岗实习人数260人，其中本地企业实习人数90人，2016年电子商务技能培训180人；劳动预备制培训541人，国家职业资格证书考证合格541人；雨露计划培训223人；职业技能培训209人；育婴师培训50人；精准扶贫就业培训250人；“两后生”培训189人。引进和招考新教师17名，聘请外聘教师23名。

2016年，学校开展“师德师风建设年”活动，实施教师读书月，建立健全师德师风建设制度。鼓励教师积极参加国家级、省级、市级教师培训。2016年，先后选送9名专业教师到企业顶岗实践。参加省培10人、市培29人。2016年湖南省教育教学改革项目重点课题《中职模具制造技术专业项目优化课程资源的开发与实施》顺利结题。湖南省教育教学改革项目青年教师课题《农村中职学校心理辅导队伍建设机制研究》顺利结题。《农村中职学校创新能力培养现状及对策研究》完成湖南省教育教学改革项目申报。参评论文 6 篇获奖 3 篇，其中一等奖 1 篇，三等奖 2 篇。市级年会参评论文 11 篇。2016 年，完成市级重点建设项目——计算机网络技术示范性特色专业群，完成湖南省职业教育省级重点项目：“汽车运用与维修专业”。

（县教育局）

文化 体育 卫生

文化事业

■**概况** 1951年，宁远县始设文教科。1956年5月，为文化科，1962～1973年，与教育合并设立文教科（组室）。1979年1月，改称文化局，归宣传部管理。1983年，全县机构改革、文化局内设办公室，下属单位有文化馆、图书馆、电影公司、新华书店、祁剧团、公社文化站。1985年，宁远祁剧团撤销，增设九嶷剧院、文物管理所。1988年，增设文化市场管理站。1997年，宁远县新闻出版局、版权局成立，与文化局合署办公，一套人马、三块牌子，负责管理全县新闻出版事业。2003年，内设办公室、业务股、财务股、人事股、纪检，编制7人。2007年，实施旧城改造，县文化局搬至县政务中心办公。2012年，在宁远县文化局（县新闻出版局、县版权局）、宁远县广播电影电视局的基础上，组建宁远县文化广电新闻出版局（简称县文广新局），加挂宁远县版权局牌子。内设办公室、文化市场管理股、文化艺术股、政工股4个股室，编制11人。2015年，宁远县文广新局改为宁远县文体广新局，加挂宁远县版权局牌子。辖全民健身服务中心（加挂业余体校牌子）、文化市场综合执法大队（参管）、文物管理局（含文庙管理所、舜帝庙考古遗址公园管理处）（参管）、图书馆、文化馆、电影公司。内设办公室、政工股、文化艺术股（加挂非物质文化遗产保护管理股牌子）、体育发展股、政策法规和市场管理股（加挂县“扫黄打非”领导小组办公室牌子）、广播电影电视股、产业股等七个股室，编制17人。主要职责是贯彻执行党和国家有关文化、体育、广电、新闻出版（版权）的法律法规和方针政策，负责管理全县的文化、体育、广电、新闻出版（版权）事业。

■**群众文化** 2016年，宁远县文化馆举办3次广场舞培训、培训舞蹈骨干150余人次；开展3期少儿舞蹈、美术培训；举办汇报展览和汇报演出多场。春节期间，文化馆与县书法家协会、老年书法协会联合举办迎新春楹联书法赛作品暨非物质文化遗产展。十一期间在下灌景区举办书法美术摄影图片展。2016年，先后在文庙广场、文化馆活动广场进行春节慰问演出和文化遗产日宣传活动、少儿音乐舞蹈大赛活动、并协助上级举行“七一”大合唱比赛活动。每场活动参与人数均在1000人以上。2016年，送戏下乡演出74场，观众10万人次。在乡镇，惠民演出54场。2016年，开展“宁远县社会艺术团体百团大战”活动，有47个社会艺术团体参加同台竞技36场，其中海选33场、复赛2场、决赛1场，参与人数达4万人次。2016年，还指导乡镇文化站开展农民艺术节，演出32场，参与人数10万人次。2016年，参与湖南省欢乐潇湘活动，文化馆创作排练的舞蹈《枯树的倾诉》获二等奖，舞蹈《打油茶》和祁剧《草桥关》获三等奖。聂勇导演的微电影《深渊》在“清风永州·廉政微电影征集评选中获二等奖。编纂出版《舜帝与娥皇女英的传说》、《江南第一村——下灌的传说》等书籍。

■**文化艺术团体** 2016年，宁远县有47个社会艺术团体，其中有花灯戏剧团、京剧协会、祁剧团、九嶷山艺术团、夕阳红艺术团等等。

■**非物质文化遗产保护** 2016年宁远县文化馆将《宁远米粉制作技艺》、《瑶族打油茶》成功申报为市级非遗项目，高源土陶传人陈各辉通过评审成为市级非遗代表性传承人。5月12日至6月30日，文化馆在馆内举办非遗展示展览，并组织花灯戏剧团、京剧协会、祁剧团5场专场演出。6月11日，宁远文物局、宁远文化馆，在县文庙联合开展第十一个文化遗产日宣传活动。文化馆开展全县地方戏种普查，挖掘地方戏种。

（姚建军）

文物保护

■**概况** 1985年前，宁远县无专门文物管理机构，由县文化局设文物专干1人，负责全县的文物管理工作。1985年4月，成立宁远县文物管理所，隶属县文化局。1997年，升格为副科级单位，改名宁远县文物管理局。2016年，宁远县文物局按照《国务院关于进一步加强文物工作的指导意见》。获得“全国孔庙保护先进单位”“全省文物利用”五好园区、“全省可移动文物普查先进单位”“全市目标管理考核先进单位”“全县无偿献血先进单位”等称号。宁远文庙管理所和舜帝庙考古遗址公园管理处分别被评为市、县园林式单位；宁远文庙和舜帝庙考古遗址公园分别被评为市文明风景旅游区。

■**保护工作** 2016年5月，舜帝庙遗址本体展示工程开工建设。本体展示工程包括文物保护、考古发掘、文物展示等内容。工程面积10000平方米，总投资6000余万元，由湖南省弘古有限公司负责施工建设。是年，宁远县文物管理局争取专项资金对宁远文庙、云龙牌坊与王氏虚堂、久安背翰林祠等全国重点文物保护单位，进行全面修缮，并安装防雷设施，总投资3000余万元。结合下灌历史名村的开发建设，争取专项资金200万元，对省级文物保护单位灌溪学校、市级文物保护单位广文桥、状元楼进行修缮。同时，宁远县文物局进行文物保护单位维修项目的申报工作，申报舜庙、东安头翰林祠、神下李氏宗祠、黄家大屋、平田欧阳宗祠、下灌李氏宗祠等6处省级文物保护单位的维修项目。

■**开发利用** 2016年6月11日，是中华人民共和国第11个文化遗产日。文化遗产日的主题是“让文化遗产融入现代生活”。围绕这一主题，宁远县文物局在此次活动中共展出展板8块，物质文化遗产保护相关图片160余张，吸引了近万名观众。同时，依托文物资源，文物部门大力推介国家级AAAA旅游景区舜帝陵、国家级AAA景区宁远文庙、舜帝庙考古遗址公园，通过各种宣传方式，引导游客开展古文化遗址游，古城古村游，红色革命圣地游，古代、近现代名人遗址（或故居）游。全年，全县文物景点接待游客400多万人次。组织5000多名学生参观宁远文庙，举行祭孔活动；9月25日在宁远文庙举行全县优秀老师表彰大会；同时与教育部门合作，创办国学馆；协助湖南中医药大学在宁远文庙拍摄中国传统医药宣传片；配合荣光影视公司完成《舜志古今》宣传片在宁远文庙的拍摄工作等。

（毛涛飞）

体育

■**概况** 1956年5月设体育运动委员会。1958～1970年，曾与文化、教育、卫生合并。1973年8月恢复体育运动委员会。1978年改为宁远县革命委员会体育运动委员会。1983年

12 月设立宁远县体育运动委员会，为县人民政府工作部门。1995 年改为事业单位。2002 年 3 月，县体委更名为宁远县体育局属正科级事业单位。增加中国体育彩票发行工作。内设办公室，群众体育股。辖业余体校、体育产业办公室、体育中心，2015 年合并为文体广电新闻出版局。

■群众体育　2016 年，开展全民健身活动项目 10 多个，举办全民健身活动 60 余场。第二届九嶷山国际公路自行车邀请赛、“五一”全民健身运动会，李郜杯麻将赛、男子夏季篮球赛、第四届羽毛球联赛、第四届“诚信杯”业余排球赛、全市党政机关事业单位门球赛、“体彩杯”2016 太极拳、健身气功赛等。全县城乡大街小巷社区广场、公园到处可见广场舞、太极拳、健身操。2016 年选派人员参加湖南省广场舞、乒乓球、太极拳、工间操、社会体育指导员培训。2016 年免费举办群众体育赛事 9 项，开展公益性活动 6 次，免费培训 4 次，接待群众体育锻炼 2 万人次。

■竞技体育　2016 年 5 月，在永州青少年举重锦标赛上获 6 个冠军、5 个亚军，以总分 67 分获全市团体总分第一名。宁远县体校学生赵智勇，在湖南省吉首市举行的 2016 “体彩杯”全国高水平后备人才举重锦标赛上获男子 69KG 级抓举、挺举，总成绩第一名。朱巧玲获女子 58KG 抓举第二名、挺举第一名、总成绩第二名。2016 年 10 月，县体校学生朱巧玲在渭南市举行的 2016 年“昊康”杯全国女子举重冠军赛上获女子 53KG 级抓举第三名、挺举第五名，总成绩第五名。宁远组队参加永州市 2016 年太极拳、健身气功比赛获三等奖。2016 年“迎元旦”永州市羽毛球比赛获县区组三等奖。

■体育彩票发行　2016 年，体育彩票销售，通过合理布局网点，强化体育彩票市场营销，挖掘体育彩票潜力，杜绝大起大落现象，是年体育彩票销售 1400 万元。

■体育基础设施建设　2016 年，为 81 个行政村更换太阳能篮球架，45 个社区配置室外健身器材，实施 1 个农民体育健身工程，在东溪社区和泠江沿岸风光带配置 20 套室外健身器。完成 70 个贫困村体育场地建设，26 个百岁健康村配置篮球架和乒乓球桌；在文庙街道新车社区建起农村室内人工草皮门球场；兴建 6 个灯光羽毛球场、2 片灯光排球场地、3 片灯光篮球场地，更换 6 套室外健身器材；新安装 16 片羽毛球场专业排灯，启动了体育公园健身步道、器材设施安装、绿化二期工程。全县有体育设施面积 111.23 万平方米。

（张坚飞）

文化市场管理

■概况　1988 年，宁远县文化市场管理站成立。1992 年，建立宁远文化市场督查队与文化市场管理站实行两块牌子，一套人马为自收自支事业单位。2001 年 3 月划定为文化局直属事业单位，财政全额预算。10 月，更名为宁远县文化稽查大队。2012 年更名为文化综合执法大队，内设办公室（加挂信访维稳室牌子）、政工法规室、执法一室、执法二室，2016 年有执法人员 20 名。

■文化执法　2016 年，宁远县文化综合执法大队开展“利剑”整治行动，共出动执法人员 500 余人次，车辆 60 余台次，查处违规经营行为 13 起，依法取缔“黑网吧”56 家。7 月、8 月联合消防部门，对歌舞娱乐场所开展拉网式消防安全专项检查。共出动执法人员 600 余人次，车辆 58 台次，检查歌舞娱乐场所、酒吧 125 家次。对存在有安全隐患的 29 家娱乐场所下发整改通知书。对 19 家未取得《娱乐经营许可证》，擅自从事娱乐经营的酒吧、歌舞娱乐场，下达《停业整顿通知书》，对 5 家歌舞娱乐场所点播系统有侵权行为的给予行政处罚。同时清除校园安全隐患，建立起横向到边、纵向到底的联动机制，建立校内校外相结合打、防、控网络机制，对学校200米范围内娱乐场所依法取缔。查处违规经营场所100余家，其中印刷5家、书店6家、取缔无证电游5家、流动摊点50户，收缴非法图书等出版物900余本（册）。

图书工作

■概况 1965年5月成立宁远县图书馆，与文化馆合署办公。有藏书2万册。1968年撤销图书馆，大量图书散失。1971年，恢复图书馆借阅工作，开放图书5000余册。1974年，恢复图书馆。1978年，宁远图书馆借用宁远文庙厢房作馆舍。设有外借、阅览、辅导和采编等业务。1987年，图书馆搬迁至九嶷中路新馆舍。为全额财政拨款事业单位，归口文化局。

■基础设施建设 2016年，新购进纸质图书9000余册，并进行登记造册、分类、编目、登记、及时上架流通。新添置书架，报刊密集架、古籍书柜等。新订阅各种报刊杂志202份。投入19万元，对总馆的软硬件设施进行升级，建成15个分馆，每个分馆拥有图书1600余册、电子阅览室电脑4台。新建流通服务点2个。建成2个“24小时自助图书馆”投入运行。还投入12万元，购置4台电子书刊借阅机，分别安装在县政府大楼、莲花酒店、毛家饭店和财政局大厅，供读者免费下载借阅。

■图书服务工作 2016年，宁远县图书馆接待读者约5.1万人次，书刊流通6.6万册次。同时还开展多种形式的图书服务活动。开展“4.23”世界读书日，“图书馆服务宣传周”及科普日读书活动及送书下乡活动。协同县科技局、科协等部门联合下乡开展图书馆服务宣传周暨科技宣传周活动。精心采购1500余册有关农业种养方面的图书及各种科技资料3500余份，免费送给农民兄弟。在“六一”前夕，分别向鲤溪完小、禾亭琵琶岗村小以及在舜帝广场向15所中小学校留守儿童免费送书1200余册，手提电脑一台。集中开展“红色经典数字电影展播”、“教育视频讲座”等活动，营造积极健康的绿色上网环境。组织参加全省少年儿童“光荣与梦想——纪念建党95周年暨红军长征胜利80周年”系列读书活动。宁远县选送的代表队参加永州市比赛，荣获一等奖，并代表永州市参加全省决赛，获省金奖。

（黄光群）

广播电视台

■概况 1975年3月，为宁远广播事业管理局。1983年12月，改为广播电视局。下设股、室、站、队。1989年，内设办公室、事业股、下设广播站，电视收转台、外线队、广播电视服务部，音像管理发行站等6个单位。1993年8月，增设广播电视广告部、音像稽查队、有线电视台、人民广播台。1995电视差转台与广播电台合并为广播电视台。2003年，广播电视局内设机构4个，即人秘办、总编室、社会管理股，技术股。下属机构5个：广播电视台、有线电视台、电视差转台、卫视维修队、卫视稽查队。另有17个乡镇广播电视站。2012年，由宁远电视台、宁远县人民广播电台组建宁远县广播电视台，为县政府正科级事业单位。2016年，认真贯彻落实党的新闻舆论工作方针，围绕县政府各项战略部署，加强组织领导、细化责任分解，突出责任落实，积极主动作为，相继荣获全市创优组织奖、全县实施妇女儿童发展规划先进集体。

■有线网络 2016年，湖南有线宁远网络有限公司开展优质服务月，设立“巾帼文明岗”，评选“服务之星”、“岗位能手”等评选活动，调动干部职工积极性，主动性和创造性，服务质量和水平不断提高，顺利通过宁远县人大常委员的工作审议，被评为满意单位。同时狠抓城乡有线网络建设和改造，发展高清电视，实行双向网改，启动参与政府智慧城市项目建设，全年投入资金236.6万元。在城区建立全省第一个县级本地节目回看，点播平台，通过高清机顶盒点播回看宁远本地电视节目。

■**农网建设**　2016年，宁远县农网建设，投入资金26.5万元。同时支持东溪街道东塘村和太平镇清水岭村两个边远山村架通有线电视干线，投入10万元改造水塔岭转播台。

■**新闻宣传**　2016年，宁远县广播电视台，突出"三区"(园区、景区、城区）建设，精准扶贫，县乡两级换届、美丽乡村建设、旅游文化、文明创建、小康建设等重点工作宣传报道。配合县作风办、文明办、创卫办、控规拆违办等单位，加大对不文明行业，违规建设等行为的曝光力度。在《宁远新闻》中开设特色栏目《新闻述评》，全年播出13期。围绕培育和践行社会主义核心价值观，凝聚正能量，配合宁远县人大、政协、政法委、妇联、人社局等单位集中宣传一批人大代表、政协委员风采、五佳基层政法单位、十佳政法干警、巾帼风采、创业之星等一系列身边的先进典型。积极拓展外宣渠道，主动配合中央、省市电视台摄制播出推介宁远的相关新闻，外宣工作在省、市排位保持第一方阵。《冷暖空气交锋，宁远出现异常天气》等2条新闻被央视直播采用，连续4年上央视新闻。2016年上永州新闻联播432条，总时长8小时，排全市第一名，上湖南新闻联播36条，排全省前列。坚持天天新闻，全年共播出《宁远新闻》2800条。

■**节目制作**　2016年开设《走进九嶷》《宁远警情》《直通119》《政策解读》等动态性主题报道栏目。配合县委、县政府的重点工作和中心工作，制作美丽乡村建设纪实、《加快旅游兴县，实现旅游富民》、《风雨同舟——县八届政协工作回顾》、创建文明城市工作纪实、创建国家全域旅游示范区、精准扶贫安全工作、党建工作、土地确权颁证等专题汇报片26个，有效地推介和展示宁远形象。2016年"永州广播电视台奖"评选活动中，宁远县选送的电视专题《建文帝隐跸九嶷》获一等奖，电视栏目《走进九嶷》和电视消息《植物黄金，架起群众致富桥》获三等奖。县广播电视台获创优组织奖。

■**基础设施建设**　2016年，宁远县投入资金购置航拍无人机2台，摄像摇臂设备。分期对农村老化的有线电视主干线进行维修改造，全年用于网络建设和改造资金236.6万元，其中城网210.1万元，农网26.5万元。

电影发行放映

■**概况**　1956年8月，宁远县电影放映由宁远县文化科管理。1962年，成立宁远县电影事业管理站。1980年，改站为电影公司。1984年，全县9个区均建立电影管理站。是年，县电影队撤销。全县46个乡镇建起乡办电影队。至1988年，全县有乡办影院13个，厂矿学校电影队12个，个体电影院队106个。后，电视、录像普及电影院队减少，至2003年，全县有县电影院1家，农村电影院2家（直属县公司），管理站2个，个体电影队41个。后随着电视、网络进一步发展，县城电影院由个体电影院取代，农村电影院队逐渐退出。2007年，宁远县电影公司、电影院房地产转让，电影公司搬至县文化馆内办公，现有职工63人。有电影放映队23个（含农村个体队），县城影院2家。

■**电影放映**　2016年，宁远县电影放映，公益电影放映8288

场，占全年任务的100.68%。禁毒短片放映2461场，企业招生广告放映2000余场次。配合宁远县纪委开展“送廉政电影、廉政书法”下乡活动，放映廉政电影1100余场次。精准扶贫公益电影放映150个行政村，放映电影1800余场次。新建禾亭镇王朝印村、九嶷山乡太平村两个农村固定放映点，打造全新放映模式。实施“五进工程”，即电影走进社区、农村、学校、企业、敬老院。拓宽电影放映渠道，尝试“电影搭台、企业唱戏”的发展新思路，努力开拓数字电影广告市场，实现资源共享，影企双赢。2016年，为十里铺工业园华荣鞋厂等厂家放映招生广告2000余场次。

■电影宣传 2016年，县电影公司围绕农村公益电影这一主体，加大对外宣传力度。在报纸和网站上发表《“电影五进工程”获点赞》《电影放到敬老院》《影企联姻为企业用工难架鹊桥》《廉政电影进瑶寨》《“文化大餐”醉瑶寨》《年前安检迎新春》《爬行在山窝窝里的欢乐使者》《公益电影给山区96岁老人祝寿》《放映安全责任重于山》《农村公益电影走进学校》等信息，调研文章21篇稿件，在永州新闻网、永州文化网、宁远新闻网、宁远廉政网、永州日报等多个网站及报刊上登载。积极参加永州市举办的“安全在我心中”征文活动，宁远县电影公司职工陈维新参赛作品《放映安全责任重于山》获三等奖。

（陈维新）

卫　　生

■概况 1951年6月，设卫生科。1968年3月，改称卫生组。嗣后与文化教育合并为文教卫生组，文教卫生办公室、教卫组。1970年9月，恢复卫生组。1973年8月，复卫生科名。1978年，由卫生科负责全县卫生工作，4月，恢复爱国卫生运动委员会（简称爱卫会）。1979年，设立卫生局。1981年4月，卫生局内设人事股、医疗预防股、财会股、办公室。1987年6月，增设中医股、药政股、纪检监察室。1989年7月，宁远县红十字会成立，下设办公室。2003年，卫生局所辖人民医院、县中医院、县防疫站、县妇幼保健院、县中等卫生职业技术学校、县爱卫办、县红十字会办公室、17个乡镇预防保健所和43所乡镇卫生院及分院。2015年12月底，卫生局和计划生育委员会合并为卫生和计划生育委员会，辖县人民医院、县中医医院、县妇幼保健计划生育服务中心、卫生计生综合监督执法局、乡镇卫生院、农合办、疾控中心、县爱卫办、县红十字会、县基本公共卫生服务管理办公室、计划生育药具站、计划生育奖励扶助办公室、卫生和计划生育委员会统计信息中心。

■妇幼保健 2016年，婚前健康检查3570对，婚检率95%；孕前优生健康检查6237对，覆盖率100%；免费产前筛查9348人，为90%；开展地中海贫血筛查，血常规初筛10785人；完成新生儿听力筛查。出生缺陷共40例，为3.84‰。孕产妇死亡2例，为19.19/10万。婴儿死亡33人为3.17‰；新生儿死亡23人为2.21‰。

■疾病预防控制 2016年，完成160个重性精神病患者入户摸底，完成110名重性精神病患者入户诊断及送治。完成消化道癌筛查及早诊早治检查计809例。发现上消化道癌8例，食道类症性病变35例，胃炎症病变780例，胃十二指肠溃疡、憩室、肠化生29例。完成5个乡镇20种蔬菜镉、砷、SO2监测；20家早餐店食用米粉微生物监测；10家茶油、菜籽油酸价、砷、铝监测；52个水质监测点（22所中小学、12个乡镇、县城6个）监测工作。确保传染病、结核病、艾滋病网络专报疫情监测，坚持每2小时一次巡查网络疫情报告，实现网络直报单位每月督导。开展疫情分析月报告11次，周报告51次。报告甲乙类传染病 15 种，共 1409 例。传染病自动预警信息系统产生预警 169 起。疑似预警 35 起、麻疹 16 起、流行性腮腺炎 2 起、疟疾（未分型）1 起。非疑似事件 134 起，流行感冒 26 起、流行性腮腺炎 26 起、感染性腹泻 32 起、手足口病 40 起、伤寒十副伤寒 1 起、痢疾 3 起、恶性疟 1 起。加大艾滋病防治工作，对监管场所开展四次，758 人进行抽血筛查，发现阳性病人 3 例。VCT 门诊提供免费自愿咨询检测服务 538 人，发现阳性 2 例。开展外展服务 23 次，干预高危人群 968 人次，检测 79 人；吸毒人员干预 1687 人次，检测 138 人。艾滋病抗病毒治疗药物新增 90 人。CD4 和病毒载量送市疾控中心检测 554 人和 192 人次。发放安全套 6360 只、注射器 3 万副。结核病防治，登记初诊患者 1510 例，初诊查痰 1400 余例，登记活动性肺结核患者 550 例，其中就涂阳患者 200 例，复治涂阳 22 例，新发涂阳 328 例。提供 6 ~8 个月免费抗痨药物、免费痰检、免费胸片 1 次。参与新农合医疗保险患者可享受一疗程内 800 元门诊医疗补偿费用及 200 元辅助药品费用。督导乡镇医疗单位 6 轮 108 次，督导定点医院 11 次，访视病人 160 余例。对 222 例初复治涂阳病人接触者做了筛查，共 408 例。入学、入托儿童预防接种证查验 166 所托幼机构、69 所小学。

■医疗服务 2016 年，宁远县医疗部门始终坚持医疗质量至上的原则，加强质量管理，加强基础质量，环节质量，终末质量和医疗核心制度的落实，严格履行技术准入制和责任追究制，深化优质服务内涵。加强医疗过程标准化管理，突出重点科室和部门，加强门诊管理，完善医院突发事件紧急救援体系。开展临床路径及单病种管理。强化药事管理，做到快捷、安全、方便、明白就医。建立医院管理信息系统，完善门诊“一卡通”自助挂号，缴费系统。实行全面预约诊疗服务。医院强化三级查房，岗位培训，健全院前急救和院内急救功能。

■医疗机构管理 2016 年，宁远县医疗机构有：县人民医院、县中医医院、妇幼保健计划生育服务中心、卫生计生综合监督执法局、乡镇卫生院、农合办、疾控中心、基本公共卫生服务管理办公室、卫生统计信息中心等医疗机构。这些机构负责全县卫生规划和实施，负责制定疾病预控规划、免疫规划；组织拟订并实施基层卫生服务、妇幼卫生发展规划和政策措施；负责组织推进公立医院改革；贯彻落实国家药物政策、国家基本药物制度；监督计划生育发展动态；贯彻落实国家药物政策、国家基本药物制度；监督计划生育发展动态；贯彻落实计划生育利益导向；组织拟订卫生人才发展规划及宣传，执行保健政策。组织实施避孕药具管理、发放及服务；承担卫生信息化建设和统计工作及人员培训，保障信息安全。

■卫生监督执法 2016 年，卫生部门负责实施卫生专项整治和日常监督检查。对公共场所卫生、生活饮用水卫生、学校卫生及消毒产品和涉及饮用水安全产品监督检查；对医疗机构、采供血机构及其从业人员的执业活动监督检查，查处违法行为，打击非法行医和非法采供血，整顿和规范医疗服务秩序。负责社会抚养费征收管理工作。同时还对卫生监督协管员进行培训、业务指导。负责监督信息收集、核实上报。受理违法行为的投诉举报，并调查处理和回复。开展卫生法律法规宣传教育和执法检查。

■爱国卫生 2016 年，宁远县爱国卫生工作。首先继续抓好国家卫生县城工作的巩固提升，以经常督查检查、交办整改为抓手，促进各项长效管理机制的有效运行。其次继续开展卫生乡镇、卫生村和文明卫生单位的创建。2016 年，天堂镇、冷水镇成功创建市级卫生镇。是年，创建省市级卫生村13个，省市级文明单位7个。截至2016年底，宁远县共创建省卫生镇4个、市卫生镇8个、省卫生村48个、市卫生村74个、省文明卫生单位33个、市文明卫生单位26个。同时还开展省级文明卫生单位的复查工作，宁远县爱卫办对全县31个复查对象于4月进行全面复查。除一个单位因搬迁无独立院落拟取消命名外，其余单位均符合省文明卫生单位标准。做好病媒生物防制工作，2016年宁远县除“四害”仍聘请专业公司进行，科学规范开展病媒生物预防控制工作。巩固灭鼠、灭蟑成果，降低“四害”密度。特别是加强对公共场所、公共设施、“五小”门店、重点单位等进行全方位防控。据统计，县城全年发（投）放鼠药11余吨，蟑螂药5万包，粘鼠板56件。外环境消杀16000多平方米，补放灭鼠毒饵站3700个，发放除四害宣传资料近万份。开展城乡整洁行动。2016年结合“美丽宁远，清洁乡村”和农村环境污染治理，全力推进第二轮城乡环境卫生整治行动，以农村生活垃圾的分类减量和终端处理为重点，指导相关乡镇垃圾处理场建设。是年，已有冷水镇、水市镇、中和镇、柏家坪镇等四镇完成垃圾处理场建设。同时，县爱卫办还加大对示范村和省市级卫生村的现场指导力度，确保创建工作既能巩固又添创建活力。抓实农村改厕。2016年，宁远县财政安排农村改厕专项资金300万元。至年底，3500口无害化卫生户厕改造计划全部完成。同时，还引导群众自行改厕。据统计群众自行改厕达6000口以上。

■公共卫生 2016年，宁远县卫生部门组织实施国家基本公共卫生服务项目的业务管理，制定基本公共卫生服务项目工作计划、实施方案及相关工作规范；管理基本公共卫生服务项目，加强技术指导、督导检查、绩效考核、信息管理、服务培训、宣传报道等。督促专业卫生机构、中医院做好公共卫生服务。加强对基层医疗卫生机构业务指导、质量控制、信息监测、监督检查。2016年，办理场所卫生认可34宗，对中小学生、托幼机构下达卫生监督意见书330余份，限期整改。

■农村合作医疗 2016年，实行门诊家庭账户模式，农村五保户在县、乡两级医疗机构住院实行基本医药费用全免；农村孕产妇在县内住院分娩费用全免。将农村36种重大疾病报帐比例提高到80%。地中海贫血、系统性红斑狼疮、血友病纳入特殊病门诊管理，特殊病种由原来15种新增到18种。增加省市规定的医疗机构和郴州2家医院为“即付即补”定点医疗机构。

■城镇医疗保险 2016年，宁远县城镇职工医疗保险，参保人数3.41万人，缴费人数3.41万人。当期基金收入8830.92万元，享受待遇人数（人次）7461.00万人次。当期基金支出5390.45万元，当期基金结余3440.47万元。城镇居民医疗保险，参保人数3.65万人，缴费人数3.65万人，享受待遇人数（人次）7060.00万人次，年初基金结余6566.52万元，当期基金收入1921.96万元，当期基金发出254.74万元，当期基金结余负583.05万元，基金累计结余5983.47万元。

■红十字会 2016年1月25日至2月5日，筹集棉被200床、衣服200件等计3万余元物质走访慰问18个乡、镇（街道）400多户1000余人。争取到深圳狮子会对五龙山小学、永安完小、舜陵镇养老院捐赠冰箱、电脑等价值20万元。湖南省红十字会为9名困难家庭、9名器官捐献家庭发放16万救助金。永州市红十字会为桐木漯小学捐赠图书550册。欧阳杰董事长捐赠校服550套、棉被、枕头180套。宁远县红十字会捐赠蚊帐180顶，价值9万元。省红十字会捐赠10万元，建设柏家坪镇王家冲村逃生路。2016年5月，县红十字会在县城各小学组织开展防灾减灾知识竞赛活动，参赛人数8000余人。县红十字会先后在湘威鞋厂、职业中专、消防中队、华荣鞋厂等举办应急救护培训七期，培训救护员321名。在华荣鞋厂组织1500人应急救护演练。在二中等7所学校举行2万余人次知识讲座。推进无偿献血，全年献血62万毫升。对王春辉等157名无偿献血者授予金、银、铜奖。全县有59人自愿加入捐献造血干细胞队伍。

（夏双青）

重点医院介绍

■宁远县人民医院　宁远县人民医院的前身是民国35年（1946年）由县人欧冠筹建的公立医院。1949年11月，县人民政府接管。更名宁远人民医院。1996年1月，获卫生部颁发的“二级甲等医院”称号。是年被国家卫生部评为“全国卫生统计先进单位”。1996年10月医院由副科级升为正科级全民事业单位。2016年县人民医院为正科级公益二类事业单位。核定差额拨款事业编制875人，其中院长1名，副院长3名，纪委书记1名。2016年宁远县人民医院完成门诊急诊346000人次，住院病人43100余人次，药占比控制30%以下，病床使用率104.3%，手术人次7900余人次，转院控制在10%以下，完成经济收入24634.26万元，其中业务收入24497.26万元，同比增6.6%，固定资产投入290万元。收支结余857万元。

人民医院争取到中央、省级投资2250万元，兴建新综合住院大楼。2016年添置新生儿监护仪2台，心电图监护仪2台，婴儿培养箱3台，医学图像软件1套，神经肌肉刺激治疗仪1台，多普勒1台，胰岛素泵1台，输尿管肾镜1台。

2016年，重新修订13项核心医疗制度，加强基础知识，基本技能培训，规范诊疗技术，加强医务人员医疗安全教育及相关法律、法规学习、依法规范行医，加强标准化管理，突出重点科室和部门，加强门诊急诊管理。努力做到快捷就医、完全就医、方便就医、明白就医。完善门诊“一卡通”，自助挂号缴费系统，实行预约治疗服务。2016年选送6名医疗护理业务骨干进修学习，60人次参加业务培训。引进优秀本科生9名。开设便民门诊服务，急诊绿色通道24小时畅通。与湘雅三医院签订对口支援协议。与舜陵卫生院、天堂卫生院、柏家坪卫生院、冷水卫生院、湾井卫生院签订对口支援协议。

■县中医院　宁远县中医院，1955年3月1日，接收城关中医联合诊所后成立。1979年复建县中医院。为集体所有制事业单位。1986年转为全民所有制事业单位。1996年7月经省中医院评审委员会评为二级甲等中医院。2016年为正科级公益二类事业单位，核定差额拨款事业编制750名，其中院长1名，副院长3名，纪委书记1名。2016年获省级中医药工作荣誉奖牌，省妇联授予湖南省三八红旗集体荣誉称号。

2016年完成门诊急诊117160人次，同比增加4089人次，增长3.6%；住院病人30272人次，同比增加69人次，增长0.2%；病床周转次数37.3次，病床使用率73.9%；手术数3054人数。完成收入13789.73万元（含医疗收入9157.56万元，药品收入4170.60万元），比上年增长7.03%。医疗收入占业务总收入比例67.12%。业务总支出13122.44万元，比上年同期增长6.76%。

2016年完成固定资产投资900万元，新增和改造40立方中心制氧系统、彩色多普勒B超、救护车等设备及康复医院装修工程。

宁远县中医院始终坚持医疗质量是医院生命线原则，不断加强医疗质量管理，着重加强基础、环节、终末质量管理和医疗核心制度的落实，严格履行技术准入制、责任追究制、强化三级查房、岗位培训和质量讲评。健全院前急救和院内急救功能。120急救中心出诊迅速。院内急救“绿色通道”畅通。2016年收治危急重病人12726人次，抢救成功率99.3%。医院不断深化“以人为本、以病人为中心”的服务理念，实行首问负责制。开展、微笑、温馨、诚信服务；开展“优质护理服务示范工程”试点。每名护士负责6~8位病人，承担不能自理患者的生活护理。2016年实施便民让利，救治“三无”人员及贫困患者免费提供餐饮300余人次，金额3千余元。新农合住院病人21583人次补偿4915.08万元；城镇居民医保住院病人1755人次，补偿418.63万元；城镇职工医保住院病人2492人次，补偿692.04万元。突出中医优势、立足中医、突出专科、加强中医特色治未病科室建议。

2016年重点引进研究生3人；大专以上专业技术人才45人。投入资金数十余万元。选派专业技术骨干到上级医院进修、学习培训30余人次，带教实习进修20余人。从省市医院聘请专家来医院会诊、讲座20余人次。

2016年托管水市卫生院，水市镇卫生院职工待遇月人平绩效由去年500元左右，增加到1200元。全年完成业务收入481.93万元，同比增长251.93万元，增长109.5%。2016年门诊44320人次，同比增长10%。住院2617人次，同比增长148.7%。病床由36张、增加到80张。住院病人中药饮片使用率90%。免费接受水市镇中心卫生院40岁以下护士轮流在中医院跟班学习。水市镇卫生院获2016年“全国群众满意乡镇卫生院”称号。

社会管理与服务

人力资源和社会保障

■**概况** 宁远县人力资源和社会保障局前身为宁远县劳动局、人事局。1979年4月，成立宁远县革命委员会劳动局。1983年12月，更名为劳动局，为政府工作部门，归口县计委战线。内设人秘调配股、工资福利股、劳动安全股。下属机构有宁远县劳动服务公司。1986年9月，成立宁远县劳动保险事业管理站，10月增设劳动争议仲裁股。1990年，人秘调配股分设为办公室和计划调配股。1994年7月，设立宁远县劳动监察大队。1995年，工资福利股分设为工资股和福利股。1997年，劳动局内设机构调整为办公室、综合计划工资股、社会保险福利股、就业与职业技能开发股、劳动争议仲裁股、档案室、安全监察股（加挂宁远县安全生产委员会牌子）2002年3月，劳动局更名为劳动和社会保障局。内设机构有办公室、就业培训与失业保险股、劳动工资股、法制股、劳动争议仲裁股（加挂宁远县劳动争议仲裁委员会办公室牌子）。宁远县公费医疗办改为宁远医疗保险管理中心，划归县劳动和社会保障局。2002年4月，县劳动服务公司改为就业服务中心。2003年5月，原属人事局管的机关事业单位养老保险管理站划归县劳动和社会保障局管。是年，宁远县劳动和社会保障局有下属单位：宁远县就业服务中心、宁远县社会劳动保险事业管理站、宁远县机关事业单位社会保险管理站、宁远县劳动监察大队、宁远县医疗保险管理中心。2015年11月，撤销县人事局、县劳动和社会保障局，成立宁远县人力资源和社会保障局。内设机构有：办公室、法规信访室、规划财务股、就业促进与失业保险股、公务员管理股、事业单位人事管理股、专业技术人员管理股、职业能力建设股、劳动关系股、工资福利股、社会保险管理股、社会保险基金监督股、绩效评估和重点民生实事考核办公室、政工股等14个股室。下属单位有劳动保障监察大队、医疗保险基金管理中心、工伤保险管理中心、就业服务管理局、社会劳动保险管理中心、机关社保管理中心、城乡居民养老保险中心、劳动人事争议仲裁院、人力资源服务中心、人事考试培训中心、人力资源和社会保障统计信息中心。

■**职业技能培训** 2016年，宁远县强化职业技能培训，扎实开展各种相关培训活动。全年共培训6430人，为全年任务的107%，其中创业培训1063人，为全年任务的106%；贫困家庭“两后生”技能培训322人，为年任务的107%；精准扶贫培训1580人，为年任务的105%；电商培训640人，为年任务的107%。2016年，采取政府购买培训服务，引进先进培训机构，开展电商培训，育婴师培训等新的方式。

■**就业和再就业工作** 2016年，宁远县坚持就业优先战略，多措并举促进就业再就业。全年城镇新增就业6514人，为年任务的106.8%。失业人员再就业2925人，为年任务的112.5%，其中就业困难人员再就业645人，为年任务的107.5%。2016年，宁远县大力推进创新创业，新增创业主体2899户，为年任务的107%；带动城乡就业人数9200人，为年任务的219%。

■农村劳动力转移 2016年，宁远县人力资源和社会保障部门，重视农村劳动力转移工作，编印《宁远县2016年企业用工信息手册》5万份，免费发放到全县各乡镇、村，特别是扶贫村。通过宁远电视台、公共就业宣传栏、户外显示屏等及时发布企业用工信息，散发宣传传单6万份，发布信息46次。同时，与有关部门合作，举办各类招聘活动，如“春风行动”“民营企业招聘周”“高校毕业生服务月”“回乡创业，在乡就业”等大型招聘会，同时，还下乡镇为华荣鞋厂等重点企业，举办招聘会。全年共举办42场招聘会。新增农村劳动力转移就业5738人，为年任务的114.76%

■小额担保贷款 2016年，宁远县大力推进创新创业，加强创业基地建设。十里铺工业园创业孵化基地服务功能不断完善、舜源农业农民工返乡创业园、众创空间和兴隆创业街均投入使用运营，举办宁远县首届创新创业大赛、创业大讲堂活动，新增创业担保贷款，发放贷款资金2410万元。

■劳动保险监察 2016年，宁远县人力资源和社会保障部门，加强劳动监察执法，主动巡查用人单位67家，补签劳动合同897份，受理各类投诉举报案件82起，其中立案查处43起，涉及697人次，发放询问通知书19份，开出限期改正指令书14份，追讨被拖欠工资309.55万元，在规定限期内结案率100%。

■劳动仲裁 2016年，宁远县共受理劳动人事争议案件31起，结案29起，结案率为93.5%。其中通过调解结案23起，进行仲裁裁决的6起，调解率达80.6%，为劳动者挽回经济损失267.1万元。

■社会保险制度改革 2016年，宁远县积极推进社会保险改革，首先完成国有企业改制，宁远县共有国有企业13家，在职职工1221人。根据湘政办发〔2013〕60号文件精神，宁远县国有企业改制工作全面完成。同时推进机关事业单位养老保险制度改革，举办全县机关事业单位养老保险基础数据采集软件培训班，全面完成对全县参保单位的基础信息采集、基金结算和调整待遇等工作，全面实施机关事业单位养老保险新制度。

■社会保险基金收入 2016年，宁远县五大保险（养老保险、失业保险、基本医疗保险、工伤保险、生育保险）参保人数63.73万人。其中企业职工养老保险参保1.23万人，征缴基金7487.61万元，为年任务的100%；城乡居民养老保险参保46.52万人，为年任务的100%，征缴基金3742.68万元，为年任务的104%。机关事业养老保险1.51万人，为年任务的100%，征缴基金25747万元，为年任务的100%。失业保险参保人数2.46万人，为年任务的100%，征缴基金417.82万元，为年任务的133%。上解省级调剂金48.2万元，为年任务100%。城镇职工基本医疗保险参保3.41万人，基金征缴8280.10元，为年任务的161%。城镇职工生育保险参保2.50万人，基金征缴117.05万元，为年任务的104.5%。城镇居民医疗保险，实际参保缴费3.65万人，基金征缴9.07万元，各项财政配套资金到位率100%。工伤保险征缴收入1299.45万元，完成全年征缴任务的112%。2016年发放社会保障卡60万张，为年任务100%。

■社会基金监管 2016年，宁远县进一步健全内控体系，安排专人负责基金监管软件的应用，及时处理基金监督管理系统中产生的预警信息。是年，宁远县工伤保险产生预警信息24条，医疗保险产生预警信息12条，基本养老保险产生预警信息5条，共计41条。所有预警信息都及时核查、处理，并反馈到省、市，确保各项基金安全运行。

■社会保险基金支出 2016年，宁远县社会保险基金支出含社会保险待遇支出和其他支出两项。其中：企业职工基本养老保险当期基金支出15014.09万元，当期基金结余为-1145.29万元；机关事业单位养老保险当期基金支出24862.00万元，当期基金结余1880.00万元；城乡居民养老保险当期基金支出11481.44万元，当期基金结余4461.63万元；城镇职工医疗保险，当期基金支出5390.45万元，当期基金结余3440.47万元；城镇居民医疗保险，当期基金支出2504.74万元，当期基金结余-583.05万元；工伤保险当期基金支出2085.93万元，当期基金结余14.13万元；生育保险当期基金支出109.74万元，当期基金结余7.31万元；失业保险当期基金支出181.17万元，当期基金结余577.29万元。2016年宁远县社会保险基金当期基金收入70284.05万元，当期基金支出61631.56万元，当期基金结余8652.49万元。

（县人社局）

民　　政

■概况 1949年11月，宁远县设民政科。1968年3月，“文化大革命”期间，改为民政组。1973年8月，复称民政科。1979年1月，更名为宁远县民政局。1981年1月，改称宁远县人民政府民政局。1984年9月，民政局内设“一室两股”，即办公室、优抚安置股、社会救济股，定编20人。1985年5月，增设政权建设股。1986年设立宁远县扶贫扶优福利服务公司。1991年5月，宁远县残疾人联合会成立，隶属于民政局。1997年7月，县残联从民政局分出。2002年3月，全县机构改革，宁远县老龄工作委员会办公室并入民政局。2003年，民政局内设机构有“二室四股”即综合办公室、社会福利有奖募捐委员会办公室、基层政权建设股、优抚股、救灾救济股、社团管理股（加挂社会福利和社会事务牌子）。下属单位8个：老龄办、低保中心、殡葬执法大队、扶贫扶优管理站、社会福利院、农村社会养老保险办、军队离退休干部休养所、救助管理站。2016年，宁远县民政局内设机构有：办公及人事政工室、法规信访室、规划财务股、优抚安置股、慈善救灾救济股、基层政权和社会建设股、社会福利和社会组织管理股、社会救助股、老龄办和特困人员供养股、监察督查室等。下属机构有：低收入家庭认定中心（由社会救助局改名）、殡葬管理执法大队、县革命老区办公室、城市无着流浪乞讨人员救助管理站、地名办、军队离休退休干部休养所、慈善总会办公室（由慈善会办公室更名）、公墓管理所、社会福利有奖募捐委员会办公室、社会福利院、婚姻登记中心、烈士公园管理所等12个单位。2016年，宁远县救助管理站被评为湖南省“寒冬送温暖”专项救助工作优秀单位。民政局婚姻登记处被湖南省妇女联合会表彰为湖南省巾帼文明岗。宁远县光荣院被湖南省民政厅评为全省文明优抚事业单位。退役士兵技能培训工作在全省优抚安置工作会上作经验交流发言。民政局党建工作被宁远县委评为先进基层党组织。

■救灾救济 2016年，宁远县救灾救济工作，平时注重开展救助演练和防灾减灾宣传，提升防灾减灾能力。是年，在宁远县实验中学组织开展应急疏散演练；在县减灾委组织下，于莲花小学开展消防疏散演练，宣传应急知识，提高应急能力。2016，在舜峰社区创建“省级综合减灾示范社区”；在桐山街道仁山庙村、九嶷山乡麦地村，完成村级灾害应急避难场所建设。“5.12”防灾减灾日，与县消防大队一起，在文庙广场发放宣传资料，宣传和普及防灾减灾知识。2016年，投入88万元，完善乡镇、街道网格报灾平台建设，实现县域全覆盖。宁远县人民政府投入75万元，对全县范围农村房屋进行财产保险。遇到灾情，及时认真开展查实核灾，及时上报灾情，切实做好灾民救助和灾后恢复重建工作。2016年，对全县156户，因灾倒房户进行理赔。同时，投入40余万元，对26户倒房重建户进行补偿，12月全部打卡到位。

■社会福利 2016年，宁远县共办理《湖南省老年优待证》4732本。全面核实65岁以上失能半失能贫困老人3393人，发放基本养老服务补贴94.5万元。为全县符合条件的1357人发放高龄津贴79万余元。投入50.16万元为五类特殊困难老人33440人购买意外伤害保险，保险覆盖率100%。为186名老人进行理赔。2016年，宁远县出台《关于全面建立困难残疾人生活补贴和重度残疾人护理补贴制度的实施意见》（宁政发〔2016〕7号），为符合条件的4908名重度残疾人、4827名困难残疾人，发放护理费和生活补贴金共499.28万元。2016年，新增高标准配置公办养老床位355床，为年任务的103%。

■五保户供养 2016年，宁远县有五保老人6513人，采取分散供养和集中供养的方式进行。对于身体条件较好，生活自理能力较强又有居住条件的且本人自愿要求个人生活，政府就采取发放生活资料或生活金，保证其生活资料来源充足并由专人定期探望和负责管理。分散供养方式有5932人。2016年前，宁远县各乡镇都已建起敬老院，对年龄大、身体条件不太好，本人愿意的五保老人，集中到各乡镇敬老院或县城敬老院。集中供养有581人。

■城乡居民最低生活保障 2016年，撤销社会救助局，设立低收入家庭认定中心，人员编制由21人增加到32人。下发《关于开展社会保障兜底脱贫对象联合认定工作方案》。成立以县长为组长的高规格认定工作领导小组，召开高规格动员大会。各乡镇（街道）县直扶贫单位分别向县政府递交责任状，并将此项工作纳入绩效考核。初步筛查兜底保障对象为3885户，7983人。认定宁远县兜底保障对象，核定为2615户5527人，均已建档立卡。同时还出台《关于提高城乡居民最低生活保障和农村五保供养标准的通知》（宁政办发〔2016〕19号）文件，城市居民最低生活保障标准调整为每人每月420元，农村居民最低生活保障标准调整为每人每月220元。率先实现最低生活保障线和省贫困标准线“两线合一”的工作目标。

■福利机构建设 2016年，宁远县20个乡镇（街道）、12个社区、396个村，成立老年协会。每个乡镇都建起敬老院，设备齐全，运转正常。县城文星、春陵、东溪、舜德4个社区建起日间照料中心。2016年新增床位49张。舜陵街道良坪村等4个村建起养老服务示范点，2016年新增床位14张。宁远县民政局建有社会福利中心光荣院、军队离休退休干部休养所等养老机构。

■城乡医疗救助 2016年，宁远县资助全县重点优抚对象参加合作医疗及城镇居民医疗保险续保人数3271人，资助金额39.25万元。2016年救助重点优抚对象住院治疗882人，资助金额50万元。10月县民政部门与县中医院联合开展为重点优抚对象送医药下乡免费诊疗活动，对行动不便的重点优抚对象38户进行诊疗，发放医药费2.28万元。同时，开展“双带双扶”活动，扶持示范户6户，12万元，创业户66户，33万元，为27户重点优抚对象住户补助27万元，解决其住房困难问题。

■基层政权建设 2016年，宁远县民政局协同永州市民政局对宁远县2017年村委会换届选举工作进行6次调研活动，并写出调研报告。按照“产业发展、设施完善、服务均等、管理民主”的要求，在水市镇水市社区、舜陵街道和谐社区、湾井镇路亭村和周家坝村、九嶷山瑶族乡双龙村和紫江村作为农村社区试点建设。2016年，配合城镇化建设，合理调整行政区划，做大做强中心城区，将冷水镇杨柳塘等4个村、水市镇百草坪村等5个村调整至舜陵街道，将冷水镇下岭等6个村调整至东溪街道。按照社区建设标准，投入资金2640万元，把舜陵街道莲花社区等7个社区服务站建好并投入使用。是年，全县城镇社区均已达到标准化建设。

■优抚工作 2016年，宁远县民政部门，按照政策规定，对重点优抚对象享受的定期定补进行及时调标，并按时足额发放优抚补助、抚恤金。维护好优抚对象的合法权益，切实解决好优抚对象的合理诉求，全力做好析疑解惑维稳工作。是年，未出现一次因政策未落实而引发投诉举报事件。对信访疑难问题清理排查到位，未出现非正常赴省赴京信访现象。对重点优抚对象，进行医疗救助和困难补助以及住房困难帮助。全面推行优抚政务公开，公开面达100%。2016年，印发《2016年双拥工作要点》，多次开展军地联欢活动，成功举办第三届“八一”双拥杯男子篮球邀请赛。在“元旦”“春节”、“八一”“国庆”等节日期间，对驻宁部队官兵、军休干部和全县重点优抚对象进行慰问送温暖活动。

■退伍军人安置 2016年，宁远县共接收退役士兵、士官36人，其中退役义务兵17人。安置三期以上转业安置工作的士官19人。12月，对17名本年度符合政策安排工作条件的退役士兵，全部安置到位，发放自主就业一次性地方补助161万元。同时还组织210名退役士兵，参加技能培训，教育培训政策知晓率100%，培训率达92%，合格率100%，就业率100%。宁远县退役士兵教育培训工作，在湖南省举办的优抚、安置工作业务培训中，代表永州市作经验交流典型发言。

■殡葬管理 宁远县殡葬改革，自2015年6月启动以来，相继出台《关于党员干部带头推动殡葬改革的实施意见》（宁办发〔2015〕15号）、《宁远县2015—2020年殡葬事业发展规划》（宁办发〔2016〕9号）、《关于建立宁远县殡葬管理和改革工作联席会议制度的通知》（宁政办函〔2016〕32号），加强殡葬设施建设。2016年，争取到中央预算内资金投入200万元，在殡仪馆建成公益性骨灰寄存楼，完成仁和镇集中治丧场所建设，已通过省里验收。同时，加强殡葬管理工作，民政部门每天组织人员，上街宣传惠民殡葬政策，倡导移风易俗，劝导文明治丧，根除乱搭灵棚、乱撒纸钱、乱放炮竹的陋习，营造良好的殡葬改革新风尚。2016年，推动生态安葬，并把工作重点延伸到乡镇。舜陵街道罗坝头、长春两个村，主动拿出800亩地作生态安葬场所。县城西部工业园区成立工作领导小组，安排4万元工作经费，组织有关人员到浙江、江西、湖南的浏阳、望城等地学习考察殡葬改革的经验，推动宁远殡葬改革工作。

■婚姻登记管理 2016年，婚姻登记管理，重点在规范提升登记服务水平，端正服务态度，善于了解实情，依法依规进行登记。特别是对离婚双方，耐心做深入细致的思想教育，多做调和工作，决不轻率行事，要晓之以理，动之以情，能调和的调和好，不能调和的也要好和好散。夫妻不成朋友在，决不能矛盾激化，酿成悲剧。2016年办理结婚登记8879对，离婚登记1420对，合格率100%。宁远县民政局婚姻登记处被湖南妇女联合会表彰为湖南省巾帼文明岗。

■地名管理 2016年，宁远县开展第二次全国地名普查。宁远县人民政府下发《关于开展第二次全国地名普查工作的通知》，并成立宁远县第二次全国地名普查工作领导小组。8月10日，召开宁远县第二次全国地名普查工作动员大会暨培训会。民政、财政、国土、住建、交通、统计、工商、水利、文广、农业等17个领导小组成员单位，密切配合，指派联络员，负责相关行业地名信息资料的提供，同时陆续到乡镇、街道组织培训。普查前期，做到组织、人员、经费、办公场所、设备、资料等六个方面落实到位。2016年，共采集地名条目16738条，入库1608条，20个乡镇（街道）外业工作全部完成。还完成宁远县与江华县边界年检工作，签订平安边界协议。全面完成城区门、栋、路、街、巷牌的设置和安装。

■慈善事业 2016年，宁远县扎实开展新《慈善法》的宣传活动，发放宣传资料5万多份，向广大群众普及慈善法律知识，让慈善活动，深入人心。宁远县慈善总会开展帮困助学活动，发放慈善助学资金20万元，帮助30名贫困学生圆了大学梦。还筹措资金6万元，临时救助60人，摆脱困境。慈善总会与华迈公司合作，为宁远乡镇敬老院和部分贫困家庭，捐赠100台净水器，解决老人的饮水问题。县慈善总会联合康婷集团，为贫困山区棉花坪小学捐赠300件新校服和饮水设备。牵手TCL集团，为宁远县太平镇新建敬老院免费安装电视，发放优惠购物卡，价值300万元。

■社会组织建设 2016年，宁远县已登记注册的社会组织192家，其中社会团体53家，民办非企事业单位139家。是年，新增社会团体1家，民办非企业12家。按照社会组织孵化培育基地“六规范”的建设标准，宁远县投入60万元，在东溪街道舜源社区建成标准化社会组织孵化培育中心，于2016年10月启动运行，与长沙仁与发展中心达成协议，试运营情况良好。2016年，宁远县委办、政府办行文《关于推进行业协会商会与行政机关脱钩的实施方案》（宁办发〔2016〕32号），在全县17家行业商业协会中，确定9家行业商会协会为第一批脱钩试点单位，2016年11月底前完成脱钩到位。

（县民政局）

人口和计划生育

■概况 1964年3月，宁远县节制生育委员会成立。1971年8月，成立县计划生育领导小组办公室，负责计划生育工作。1981年，县计划生育领导小组办公室更名为县计划生育办公室。1983年，宁远县计划生育委员会成立（简称县计生委），负责贯彻计划生育政策和法律法规，管理和指导全县计划生育工作。1992年，县计生委内设办公室、人事股、政策法规股、统计股、宣传股、财会室。1997年7月，设县计划生育稽查队和流动人口管理站（两块牌子一套人马），为县计生委直属单位。1989年，成立宁远县计划生育协会，原为宁远计生委一个股室。1999年8月，设立县城镇流动人口下岗职工计划生育管理站，为县计生委直属单位。2002年5月，县计生委内设办公室、宣传政策法规股、计划统计股、科技股。下属设稽查队、城镇流动人口下岗职工计划生育管理站、药具站。2003年5月8日，县法院内专门设立县计划生育审判庭。2015年12月县卫生局和计划生育委会合并为宁远县卫生和计划生育委员会。

■计划生育协会 宁远县计划生育协会成立于1989年，至

2016年已是第七届。2007年，宁远县计划生育协会实行“参公、入序、三定”。2015年12月，确定为“县委领导下的协助政府开展计划生育工作的群众团体机关，科级规格”，编制5人，实有工作人员5人，内设办公室和业务指导股。至2016年宁远县有乡镇（街道）计生协会组织20个，422个行政村（社区）均建立计生协会组织，共有协会骨干会员21650人。2016年县计生协会工作被评为全省模范单位，专职副会长姜德宴被评为“全国计生协先进个人”“全省计划生育宣传工作先进个人”

■常驻人口 2016年宁远县常居人口88.9万人，建立居民电子档案53.6013万人，建档率75%，全县0～6岁儿童71200人。

■外来暂住人口 2016年，宁远县外来暂住人口，有所增加，通过人口信息化采集和对流动人口的清查，宁远县有外来暂住人口10476人，并对其进行建卡登记，录入数据库进行有效管理。

■人口计划 2016年宁远县人口计划，符合政策生育率，市定指标89%，宁远县实际完成88.62%。出生人口性别比为126.2∶100；人口自然增长率：市定指标<7.4%，实际完成值为<5.45%；统计准确率：100%，两非案件查处：市定6件，宁远县完成6件；年末总人口，实为88.9万。

■计划生育服务 2016年，宁远县安排计生事业费2156.028万元，比2015年增加15.7%，所有款项按进度要求拨款到位。全县422个行政村（社区）配齐村计生专干、计生协会常务副会长和信息员，由县财政每月打卡发放工作报酬，分别为1250元和200～260元。村组指导员和会员小组长，由乡镇（街道）每年发放不少于240元工作报酬。

■卫生计生救助 2016年，落实计划生育奖励扶助和特别扶助、手术并发症家庭救助及城镇独生子女父母奖励等政策共计5995人，748.48万元；对特困计生家庭、遭受天灾人祸、意外事故的独生子女户和二女户家庭及计生奖励扶助对象和特别扶助对象给予计生救助，共救助贫困计生家庭8937人，金额111.32万元；对200名品学兼优计生家庭的贫困学生、留守儿童现场资助共8万元；对54名考上二本以上的独生子女户和两女户家庭的子女，每人资助2000元。对220户448人特别扶助家庭每人买150元医疗保险；对建档立卡贫困户住院起付线降低50%，住院报销比例提高10%；对贫困人口大病实行分类救治，采取“先诊疗、后付费”原则；对政策内怀孕夫妇进行免费孕前优生医学检查及免费发放叶酸；对农村孕产女提供300元的住院分娩补助；对孕产妇及所生儿童免费提供艾梅乙母婴传播综合干预措施。

■计划生育宣传教育 2016年，宁远县卫生和计生部门，利用“爱国卫生月”、“5·25”会员活动日、“7·11”世界人口日等卫生和计生活动日，组织开展生殖健康、人口和计划生育群众性宣传工作，开展社区家庭计划生育指导，开展普及生殖健康、计划生育、避孕节育、爱心助孕、生育关怀和预防艾滋病等科学知识。

■计划生育行政执法 2016年，宁远县加大社会抚养费征收力度。全县共征收和上解社会抚养费1544.58万元；对社会抚养费立案征收决定标准、到位金额及时录入《社会抚养费征缴信息管理系统》。加大打击计划生育“两非”（即非医学需要的胎儿性别鉴定、非医学需要的人工终止妊娠行为）力度。

■流动人口计划生育管理 2016年，全面实施流动人口“一盘棋”管理，推进流动人口卫生计生基本公共服务均等化管理。是建立健全流动人口健康档案，为辖区居住6个月以上的流动人口建立统一、规范的健康档案，及时掌握流动人口的健康状况；开展流动人口健康教育，提高流动人口健康素养，引导流动人口更好地接受服务；加强流动儿童预防接种工作，为辖区内居住满3个月的0~6岁流动儿童建立预防接种档案，对入托入学流动儿童严格查验预防接种证；落实流动人口传染病防控措施，对建筑工地、商贸市场、生产加工企业等流动人口密集地区，加强传染病监测工作，及时处置传染病疫情，切实落实流动人口艾滋病、结核病等传染病的免费救治政策；加强流动孕产妇和儿童保健管理，为流动孕产妇和儿童建立保健管理档案；落实流动人口计划生育基本公共服务，使流动人口在现居住地获得与户籍人口同等的宣传倡导、计划生育、优生优育、生殖健康、奖励优待等方面的基本公共服务。信息反馈率、实时协查及时处理率、通报及时率，均达到100%。2016年，办理流入人口生育证53本，办理居住证285本，发放避孕药具617人，进行孕产服务、儿童预防针服务596人，落实长效节育措施42人。同时，开展免费服药服务。

（夏双青）

旅游事业

■概况 宁远县旅游事业，1984年9月前，由当地区、社（乡）管理。1984年9月，成立鲁观、九嶷山两个瑶族乡，由瑶族乡政府负责管理。1986年8月，成立宁远县中国旅行社，具体负责舜源峰、紫霞岩景点的管理。舜陵庙由县文化局管理。1988年11月，成立宁远县旅游局，加强对九嶷山风景名胜区的管理。1992年，国家林业部批准九嶷山为国家森林公园。1994年，九月后，成立九嶷山国家森林公园管理局和九嶷山风景名胜管理处，两块牌子，一套人马。2016年，成立宁远县旅游建设投资有限公司。

2016年，九嶷山生态文化旅游区列入全省“十三五”旅游规划12个重点旅游功能之一，狠抓景区改造升级突出品牌创建，拓展旅游市场。旅游总收入48亿元，同比增长20%。

■旅游文化宣传 2016年，宁远县加大旅游文化宣传，在中央电视台《发现之旅》频道、湖南卫视、南方卫视、《人民日报》、《湖南日报》，以及广东、长沙等地新闻媒体投放广告。邀请云南润视荣光影业制作公司拍摄旅游宣传片，在南方卫视黄金时段先后3期对宁远县旅游进行专题推介。继续在湖南卫视天气预报栏目、二广和沪昆高速路段调整租赁广告，推介九嶷山。6月15日在中国国旅湖南国际旅行社新闻发布会上举办中国九嶷山旅游推介会，邀请50多家有影响力的宣传媒体和旅行社参加，并与中国国旅湖南国际旅行社，签订战略合作框架协议，与128家旅行社签订合作协议。推出第二届“中国·九嶷山”杯国际公路自行车邀请赛、九九归嶷孝文化、六月十九观音菩萨成道日浴佛节祈福法会、关注和转发官方微信赠送门票、双休日免费体验祭祀舜帝活动等。主动到福建联络舜裔宗亲，应邀到泰国参加世界舜裔宗亲联谊会第24届国际大会，向海内外舜裔宗亲，广泛宣传推介九嶷山舜帝陵。参加2016中国森林旅游节暨长白山国际生态论坛，推介九嶷山。

■旅游规划 2016年7月，对湖南省林业厅组织专家评审过，报国家林业局审批的《九嶷山国家公园总体规划》进行修编。根据景区总体规划和工作需要，先后编制舜帝陵景区修建性详细规划和三分石景区修建性详细规划，编制生态文化示范基地规划、全域旅游规划、5A景区创建提升规划。组织实施舜帝陵碑林文化内涵提升项目。建设鲁观风情小镇。

■旅游接待 2016年，宁远县共接待游客800万人次，同比增长17.6%；旅游总收入48亿元，同比增长20%，其中，接待入境游客1.29万人次，同比增长22.8%，实现入境旅游收入960万元。同比增长30.6%，旅游总收入占全县CDP比重达34.1%。

■旅游产业 2016年，宁远县旅游投资公司加大与旅行社合作，与128家旅行社签订合作协议，开通香港、深圳、广州、长沙、衡阳到九嶷山的旅专线，每条专线每周至少有3个团队来九嶷山。在同程网、美团网等45家平台，开通门票网络销售渠道，注册“宁远县旅建投”微信、微博公众号，粉丝关注量达15万人次。与广西贺州姑婆山、广东、连州地下河联盟，共同打造“三日游三省”的生态旅游产品，融入湘粤桂省际文化生态旅游圈，共享客源市场。新增下灌、汤泉、寻龙谷3个旅游景点；新增以休闲、渡假、观光、体验等为主的特色农家乐40家。17个村被列入全国“乡村旅游扶贫重点村”。宁远县被选入全国第二批“全域旅游示范区”创建名单。共有景点景区187个，其中4A级旅游景区1个（舜帝陵）、3A级旅游景区3个（宁远文庙、舜帝庙遗址考古公园、三分石）、省旅游名乡九嶷山，名村：牛头江村、路亭村；五星级乡村旅游区1个，四星级乡村旅游区8个，三星级村旅游区9个。

■景区管理 2016年，宁远县旅游部门牵头对旅游辖区内10万余亩集体山林进行租凭保护，实行封山育林，全面禁伐。组建一支半专业化森林防火队伍，建立森林防火信息员制度，落实森林防火各项措施，严格控制公园内的建设活动，担当起保护管理执法工作责任。2016年依法治理非法采砂6次。宁远县旅游部门牵头组织有关部门综合治理采沙场一次；依法处理砍伐树木1起；制止乱占坟墓地2自处；制止盗挖野生植物1起，盗猎野生动物1起。规范辖区内单位和居民的建设行为，拆除3处违章建筑，制止16处违章建房行为。切实加强森林公园内的古建筑、古碑刻、古树名木等文物古迹的监管力度。

乡镇·街道

舜陵街道

■**区域概况** 舜陵街道地处宁远县城东南面，为宁远县委、县政府驻地。舜陵以舜帝南巡驾崩，葬于县内九嶷山而得名。新中国成立初，设城关镇、第一区；1958年，公社化时，辖城关、桐山、逍遥岩、官桥、双板桥5个公社；1960年，恢复区制为城关镇和桐山区；1995年6月，全县撤区并乡建镇，官桥乡与城关镇、桐山乡、逍遥岩乡、双板桥乡合并，建立舜陵镇，2014年8月，撤舜陵镇设舜陵、桐山、文庙3个街道。

舜陵街道辖区内共有4个社区和15个行政村，分别为泠江、莲花、印山、舜峰4个社区和德源村（龙板桥、马草坪、罗坝头）、和谐村（王茂塘、蔡家、冯家、丙塘、黄金桥）、长春村、宝山村、堂屋村、茶里洞村（上茶、杨柳塘）、兴旺山村、颜家村、东瓜井村、麻池塘村、湾头村、和兴村（花板塘、邱家）、淌下村、小康村（小康家、大潘家）、百草坪15个行政村。街道办事处驻泠南路115号（原舜陵镇人民政府驻地）。

舜陵街道位于县城水市路东面，泠江河南畔。四至界限：东依冷水镇淌头等村，西邻桐山街道水市路，南依水市镇彭祖、湾井镇梅子窝等村，北邻文庙街道泠江河。区域面积4081公顷，2014年末耕地面积10956亩，其中水田9610亩，旱土1346亩。

舜陵街道属湘南山区，地形复杂，地貌周高，有山地、丘陵和平原。位于中亚热带季风湿润气候区，气候特征为：夏冬长、春秋短，四季分明；光照充足，年温高，积温多；冬无严寒，夏季炎热；雨季分明，夏秋多旱。泠江河自东往西流过，境内九嶷路、水市路、舜帝南路、莲花路、九嶷大道贯穿南北，又有宁嘉公路、汽贸路、商均路、园艺路、泠南路、泠江路横穿东西，交通便利。舜陵街道的莲花山公园和印山公园，是全县人民休闲娱乐的好去处。

全街道辖4个社区15个行政村，100个自然村，233个村民小组，2016年末常住户数10501户，户籍总户数12433户，总人口49731人，户籍人口42131人，常住人口32614人，农业户籍人口17900人。民族以汉族为主

■**经济发展** 2016年完成生产总值12.9621亿元，增长4%。工业总产值39859万元，同比增长6%，农业总产值11162万元，同比增长3.5%，第三产业产值78600万元，同比增长6.7%。完成税收270万元。烟农收入1100余万元。协助地税完成收代征70万元，国税完成代征12万元。2016年街道农村居民人均可支配收入16774元，城镇居民人均可支配收入31550元。

2016年舜陵街道有5家家庭农场，早稻种粮大户5户，晚稻种植大户13户。全年共完成粮食种植面积15300亩，粮食总产量6885吨。烤烟种植面积3247亩，完成烟叶收购5980担，实现烟农收入1100万元，完成税收180万元。在上茶、杨柳塘、宝山、兴旺山、麻池塘、颜家等村造

林3400亩。其中上茶、兴旺山优质果园700亩。申报秀美村庄5个，种植桤木3000棵，樟树1500棵。

2016年有工业企业单位19个，其中规模以上工业7个。全街道工业总产值53630万元，其中规模以上工业产值47790万元。工业企业从业人员2800人，有资质建筑业企业6家，建筑工业从业人数1880人。建筑业总产值30280万元。

舜陵街道有泠江、高峰、官桥农贸市场3个，50平方米以上的各类超市63个。全年街道社会消费零售总额114200万元，其中限额以上社会消费零售总额103000万元。

街道辖区内有宁远县新城房地产开发有限公司等6家房地产企业。有印山花园、宁郡华府、山水城、鸿星帝景湾、霖轩碧景园、金印豪庭、永新时代、铂富广场、富康花园、创宏国际、兴龙步行街、金叶馨苑等20家楼盘。

■基础设施 2016年，实施兴旺山村水泥路加铺工程。麻池塘、湾头、上茶、大潘家、小康家自然村公路畅通。实施柏家、中心洞、长春、小里源四座小（二）型水库的除险加固工程。4个村近3000亩烟田整理，投入资金1800余万元的项目已开工。开启了涔天河水库水渠11个村的征地建设工作。争取县财政40万资金完善麻池塘、邱家、丙塘、淌下水利工程建设。九嶷大道沿线村57户乡村风貌改造全部完成。街道24个村有19个村申报创建城乡整洁示范村。改进3个村级活动中心，建设2个社区办公场所。

■社会事业 2016年，官桥中心幼儿园建成。县委党校、宁远二中、湘南明德中学校征地工作全部完成，并开工兴建。

2016年街道有医疗卫生机构3个，床位数756张，执业（助理）医师190人。官桥卫生院已立项建设。中心敬老院开工建设。

2016年街道办在县文化局的帮助下建起二级文化站。莲花社区、印山社区建成高标准文化中心和电子阅览室。街道范围内有小学4所，中学和职中各1所，图书馆1个，影剧院1个。辖区内有沿江风光带小乐园3个，公园及休闲健身广场2个。街道投入12480元为10个村接通网络，新增县级远程教育示范点一个。

2016年舜陵街道城乡居民社会养老保险参保率、合作医疗参合率均100%。共发放农村低保1614人次，资金17万余元。发放城市低保3315人次，资金81万余元。发放救济款15万元。农村妇女“两癌筛查”送检700人。为327户，1238人发放扶贫贷款926.5万元。易地搬迁5户22人，实施危旧房改造20户。

（周佳琪）

文庙街道

■区域概况 文庙街道辖区原属城枢镇（后为第一区）；1958年公社化时，置逍遥岩、双板桥公社；1961年、1963年恢复区制为桐山区、城关镇；1995年撤乡并镇时，由城关镇和桐山区所辖的桐山乡、逍遥岩乡、官桥乡、双板桥乡合并为舜陵镇。2014年8月17日，撤销舜陵镇，设立文庙、桐山、舜陵3个街道办事处，文庙街道辖3个社区、39个行政村；2015年1月1日，增设舜德、逍遥岩2个社区，从冷水镇划入十里铺村，从禾亭镇划入野鹿岗、鸡公岭2村，从仁和镇划入草子塘、伞里洞、周王家、华石盘4个村，管辖社区居委会达5个，行政村46个；2015年7月21日，文庙街道又分设为文庙、东溪2个街道。辖区内有全国重点文物保护单位文庙。

文庙街道辖文星、舂陵2个社区，肖家、欧家、乐家、隔洞、鱼桐、八竹、新车、福源、三合园、福禄山、蛟龙塘、李家寨、春江、株木山、华石盘15个行政村。

文庙街道位于宁远县境中部、县城北部，东邻禾亭镇，南接东溪街道，西靠中和镇、桐山街道，北与仁和镇接壤，办事处驻内环路58号。总面积55平方公里，耕地面积13320亩，其中水田11644亩，旱土1676亩。

2016年12月底文庙街道有1.15万户，户籍人口4.6万人，常住人口约6.5万人。以汉族为主，散居少量瑶族。

境内地形以山岗平地为主，地势东低西高、南低北高。呈阶梯状分布。属中亚热带季风湿润区，四季分明，阳光充沛，酷暑期短，无霜期长。雨量丰沛，水系发达，泠江河、春陵水流经西北部。全年无霜期297天，年均日照1650小时，年均气温18.4℃。年均相对湿度79%。夏季多偏南风，他季多偏北风，年均风速2.1米/秒。年均降雨量1422毫米。

■经济发展 2016年文庙街道国民生产总值30亿元，公共财政收入3410万元，企业实交税金1189万元。城镇居民人均可支配收入1.9万元，农村居民人均可支配收入11700元。

2016年，华石盘、周王家、草子塘等村种植烤烟100公顷。福源村流转土地67公顷，种植沙糖柑、沃柑、黄帝柑优质水果26.7公顷；新车、华石盘建成花卉苗木基地2个；李家寨、背后山、三合园、蛟龙塘新增生猪存栏3900头。

文庙街道是冶金建材工业所在地。园内福嘉综环科技股份有限公司，新美雅陶瓷、榕达钢业、莲花水泥有限公司等年产值均过亿元以上。

街道以文庙广场为中心，先后打造出农贸、工业品批发、水果蔬菜批发、大型超市、活禽交易、汽车销售、农机销售13个专业市场。返乡农民创业企业（合作社）5家。经济收入同比增长12%。城内有门面1000家，建筑面积100万平方米。有大型超市5家，宾馆酒店20家。

■基础设施 2016年6月，绕城线舜华路竣工通车，春陵路欧家至石板塘路段修缮完工；永连公路辖区扩宽崇德路、宁凤路正在开工建设。辖区内开通2条公交线路9条农村客运车线路。投入500万元硬化欧家村所有道路、硬化拓宽村组公路25千米、连户路150千米。自来水入户安装147户。新装路灯137盏。2016年旱厕改水厕100座，砌筑加盖水沟8千米。投入资金120万元建成垃圾池127个，垃圾焚烧站1个，设置垃圾桶1000个。投资80万元在春陵社区、文星社区、蛟龙塘、李家寨、新车等村建起服务中心。

■社会事业 2016年，一小实行改扩建，新建教学楼2栋，增加学位1000个，规划征地33.33公顷，用于新建一中校区。启动新建2所完小，1所幼儿园。

2016年，投入5400万元升级改造原老工业基地旧厂房，建起文化创意产业园。改造西正街文化古城，保护欧家、株木山、华石盘等村的古民居、古建筑。建“九亿文化一条街”。宁远一中、一小修建塑胶运动场。15个村接通有线电视“户户通”互联网，建成农民文化活动室“农家书屋”、篮球场、网格党建活动室8个、健身广场7个、村级文体小广场4个。

2016年，街道卫生院建起住院大楼。17个村（社区）卫生室全覆盖。新建5个村级卫生所，改扩建3个村级卫生室，并配齐村卫生员及办事处卫生院人员，执业助理医师21名。

2016年发放农村低保21960人次、资金240余万元，发放城市低保39792人次，资金987万元。发放各项救济款15万余元。农村“五保户”、孤残儿童100%保障。参加社会基本养老保险16544人，正在领取社会基本养老保险4797人，全年共兑现保险金35.98万元。升级改造养老院，新增床位50个。

（陈鑫）

桐山街道

■**区域概况** 1911年，划出城关及周围乡村成立城枢镇，至1949年，先后依次更名为第一区、直属乡、城枢镇。建国初，境内设城关镇和第一区；1958年，公社化后，设置城关、桐山、逍遥岩、官桥、双板桥5个公社；1960年，恢复区制为城关镇和桐山区；1995年7月，撤区并乡建镇时，由城关镇和原桐山区所辖的桐山乡、逍遥岩乡、官桥乡、双板桥乡合并为舜陵镇。2014年8月，舜陵镇撤镇设立桐山街道、文庙街道、舜陵街道3个街道办事处。

桐山街道辖桐山、葫芦淌、老村屋、乌立塘、仁山庙、大种地、五里桥、宝塔脚、福家坪、祥文福10个行政村和重华、舜源2个社区；2016年2月实行合村政策，桐山街道17个行政村合并为桐山、宝塔脚、崇德、五里桥、星火、排楼屋、高福、下河洞、幸福9个建制村和舜源、重华、宝塔3个社区居委会。

桐山街道位于宁远县境西部。东与舜陵街道为邻，西与天堂镇、中和镇为邻，北与文庙街道为邻。办事处驻宁远县水市路26号。全街道总面积71.29平方千米，其中陆地66.9平方千米，占93.84%；水域4.4平方千米，占6.17%。人口密度为每平方千米767人。

2016年末，辖区户籍总人口5.46万人，其中城镇常住人口0.91万户，3.18万人，占58.2%；农村人口0.57万户，2.28万人，占41.2%;。另有流入人口1.11万人。总人口中，男性28135人，占51.5%；女性26543人，占48.5%，以汉族为主，也有少数瑶族、土家族、苗族等。2016年末人口出生率11.2‰，死亡率3‰，人口自然增长率8.2‰。

境内地形以丘岗平地为主。气候属中亚热带季风气候。气候特征：严冬期短，夏热期长，春季多雨，夏季多旱，雨量充沛。年均降雨量1422毫米。泠江河自东向西贯穿全街道。境内矿产资源以石灰岩为主，地下水资源较丰富。

■**经济发展** 2016年，财政总收入1782.3万元。地税完成102.9万元，国税完成20万元，耕地占用税完成657.98万元。清收不良贷款100万元。第三产业服务业比重增强，完成2.518亿元投资，占街道固定资产总额的55%。

2016年，新增仁山庙、大种地无公害水稻生产基地、山村家禽养殖基地，水库综合养殖基地等建设项目。同时，发展一批种粮大户，全面完成粮食生产任务。2016年种植烤烟850亩，完成烟叶收购1740担，获得烟叶税收返还22万元。以五里桥郭家自然村新农村建设为示范点，建设400亩蔬菜种植大棚，配合农家乐开发，突出休闲观光农业。

2016年，街道辖区内有工业园，有服装、制鞋、玩具、皮具、水泥、钢材、陶瓷、化工和非金属新型建材，食品加工、生物医药、电子信息、机械制造为主导产业等。工业企业10家。

2016年，服务业比重增强，全年完成了2.518亿投资，占街道固定资产投资总额的55%。街道投资规模在5000万元以上大型项目6个；2000万元以上的大型项目19个，较好地带动了全街道投资的增长。

■**基础设施** 2016年，街道投入56万元铺设排污管道4000米，拆除空心房124座，新安装路灯141盏，改厕157户，乡村面貌改造173户，新增自来水用户368户，全面建成“秀美村庄”6个。对病险水库巴巴冲水库加固。投资300万元修葺排楼屋，五里桥，祥文福水渠。投资15万元兴建排楼屋电力排灌两座。投入105万元修建冷水洞村级道路3000米。实施危房改造20座，解决80人住房难问题。

■**社会事业** 2016年推进“三名工程”，教师节用6万元经费表彰先进班主任，名师、名校长；引导社会力量为仁山庙小学生提供免费午餐，每人两套校服，开支2.4万元支助50名贫困学生。

有街道直属医院1所，村卫生室15个，社区医疗卫生服务室3个，专业医护人员60人。

街道内有村级体育场20处，标准球场9个。由街道党工委、办事处、人大工委牵头组织一年一度的夏季篮球邀请赛。

2016年，街道办春节走访慰问300户困难家庭，发放慰问物资7万余元；355困难残疾人办理了两项补贴；社会救助370人，救助金额75000元；完成街道1112户1522人的农村低保动态管理。按标准为13户五保户兴建好房屋。2016年，社会养老保险完成缴费9592人金额141.6万元。比例达76.5%。医疗保缴费任务人29360人，金额440.4万元，完成率100%。为园区企业输送劳动177人。新增农村劳动力转移195人，派遣5个贫困户参加省劳动技能培训，5位贫困户主参加县级劳动技能培训，其中残疾人3人，新增创业主体27户，116个公益性岗位工作人员安排妥当，共发放小额贷款993万元，贫困人员分获红利1000元。

（刘浩军）

东溪街道

■**区域概况** 东溪街道以泠江河畔东溪寺为名。新中国建立初，境内属城关镇、第一区；1958年公社化时，为逍遥岩公社；1960年恢复区建制为城关镇和桐山区；1995年撤区并乡建镇时，由城关镇和桐山区所辖的桐山乡、逍遥岩乡、官桥乡、双板桥乡合并为舜陵镇，2014年8月，撤镇设3个办事处，2015年7月，设东溪街道。

东溪街道辖丰熟、跳礅石、黄龙头、野鹿岗、五里庵、鸡公岭、红岩、舜阳、东山、柳塘、朝斗坝、唐家、卜家岭、下岭、大屋地、凤阳16个村和逍遥岩、舜德、东溪3个社区。

东溪街道地处宁远县城东部，东起十里铺，西至石板塘，南以泠江河为界，北临禾亭镇。总面积74.8平方公里。

东溪街道地处东经110°42′~112°27′，北纬25°11′~26°08′之间。辖区四面环山，城区基础设施健全，街巷干净整洁。

2016年末，总人口6.16万人，其中非农人口3.48万人，农业人口2.68万人，有耕地1.71万亩（其中水田1.38万亩，旱田0.33万亩），辖区民族以汉族为主。

■**经济发展** 东溪街道辖区内十里铺工业园，始建于1997年，是国家级湘南承接产业转移示范区的承接对接基地。以加工贸易为主。2016年工业产值40.2亿元，比上年增长17.03%，其中华荣鞋业、湘威鞋业等数家企业年产值均过亿元。

东溪街道耕地面积1.16万亩，人均0.23亩，其中水田0.99万亩，旱土0.26万亩。2016年组建祥华蔬菜合作社等6家，新增流转土地1710亩，规模种植果蔬2630亩，水稻4677亩，烤烟510亩。规模造林2108亩，路边造林9公里。生猪养殖场9个，生猪存栏2万余头，新增生猪存栏6000余头。新增羊、免养殖户3户，羊存栏650余只，免存栏2万余只。

2016年，引进湖南省升辉竹业，湖南省金永嘉电线，宁远县青山绿水现代农业开发有限公司3家。辖区工业园有服装制鞋、玩具、电子信息、机械制造业等。

■**基础设施** 2016年，完成11个村美丽乡村建设，风貌改造完工282户；野鹿岗和丰熟社区安装路灯436盏。水渠清淤3.6千米；修复水毁工程21处；水渠维修6.5千米，山塘清淤34亩，3座小（二）型水库进行大坝除险加固工程。涔天河灌区涉及辖区内10村，流经12公里，完成征地测量；黄龙头支渠正式开工。完成“江博士”鞋业，“县八小”征地协议签订、资金补偿等工作。舜阳大道改扩建路基工程完工；湘妃大道改扩建完成工程量70%；舜德路改扩建进入铺设稳定砂；金钩桂水库引水干渠十里铺段工程完成征地开工建设；库区移民安置区和易地搬迁惠民小区建设初具规模；舜德、逍遥岩便民服务中心完工进驻。柳塘村9~14组和朝斗坝、鲤鱼塘村村民安置工作进展顺利。永连公路及老1806线提质改造项目全面推进。刘家洲休闲农庄完成519亩土地流转，养殖园、百果园已建成；新建周家野店、新龙门客栈等11家农家乐餐饮店。

■**社会事业** 辖区有中学1所、小学2所、幼儿园1所。逍遥中学，有教职工62人，教学班级16个，学生1100人，占地面积50亩，校舍面积6882平方米。投资3000万元新建幼儿园1所，占地面积13亩。

辖区有永州湘南医院。有医护人员186人，其中副高以上医师11人，中级职称医护人员37人。医院建筑面积1.27万平方米，病床300张，大中型医疗设备40台。村村有卫生室。

2016年正式启动大路脚移民点建设、前期四栋楼户已交房。完成凤阳村易地扶贫搬迁72户286人，接纳其他乡镇150余户的易地移民搬迁户；扶贫贷款1194人、1144万元；凤阳、卜家岭贫困村的水、电路得到改善；“春蕾计划”助学11人；2016年完成脱贫人口1147人。低保户1637户共2291人的低保标准提高到126元/人。投资20万元为分散供养的3户五保户新建住房。212名五保老人得到生活保障。年满60周岁的基本养老服务补贴和90岁以上高龄补贴发放到位。新农合、城镇医保参投比例99%。

（周常华）

天　堂　镇

天堂镇位于县境西南部，地理位置优越，交通便利，距宁远县城7.5公里，省道S322和厦蓉高速贯通全境，天堂牛市为省内湘南第一大牛市场。

■**区域概况** 天堂镇沿用驻地天堂自然地名得名。天堂原属干旱之地，据说前人为灌溉农田，开挖许多大小山塘用以蓄水，由于无活水，许多山塘只能靠装天水，俗称天水塘，后简化为天塘，先人十分向往天堂的美好生活，便把天塘改为天堂。

1949年以前属二区潇水乡。后，境内设天堂乡、石海山乡、寄岗乡3个乡，归属水市区管辖；1958年人民公社化时，合并为天堂人民公社，划归桐山区管辖；1984年改为天堂乡，仍归桐山区管辖；1995年撤区并乡建镇，将天堂乡和水市区的大阳洞乡合并为天堂镇。

镇政府驻天堂村，原辖天堂、大阳洞2个办事处，2012年，撤销大阳洞办事处。全镇有17个行政村：天堂、晓石、庄里洞、石海山、曹家滩、高源、大阳洞、新屋地、香花桥、大坪岭、龙须、岭脚、光辉、百步岭、狮子头、和谐、蒋家。共112个自然村，312个村民小组。

天堂镇位于宁远县西南部，东与桐山街道相连，南接水市镇，西与道县柑子园乡毗邻，距宁远县县城7.5公里，北与中和镇接壤。辖区总面积84.13平方公里，耕地面积24739.7亩，其中水田20264.8亩，旱土4474.9亩，山林面积8.8万亩。

至2016年末，天堂镇有11001户，41965人。第一产业就业人口9050人，第二产业就业人口3619人，第三产业就业人口10893人。以汉族为主，约占99.91%，人口自然增长率5.01‰。

境内横岭把该镇分为南北两半，西部屋脊岗山脉横亘于该镇与道县柑子园乡交界处，成为宁远县与道县的分水岭，故有“过了屋脊岗，个个是好汉”的俗语。境内北有泠江河水由东向西直奔道县，南有潇水河由东向西进入道县。两河流经之处，山青水秀，土地肥沃。境内大部分丘陵为主，地势为西南东低、南高北低。属中亚热带季风湿润区气候，年平均降水量668毫米。天堂镇境内有两条河流，潇水河和泠水河。潇水河自新屋地村南入境，由南而北，流经蒋家、牛头山、大阳洞、江村、马家、狮子头、岭脚、岭江等村入道县，境内河道长7公里。境内有小一型水库1座，小二型水库7座。

境内矿产资源主要为石灰岩，地质储量1亿立方米，可采储量为0.1亿立方米，地下资源可利用量为1384.4万立方米。

■经济发展 2016年，国民生产总产值3.56亿元，其中农业总产值2.4亿元，工业总产值600万元，其他总产值约1.1亿元，地方财政总收入1617.39万元。

2016年，早稻种植1.8万亩，其中机插3000亩，完成石海山村双季稻省定种植计划。发展岭脚村、牛头山村、许家村100亩以上双季稻种植大户7户。天堂镇有20个村种油茶。大阳洞3000亩油茶基地已具规模。发放早稻良种补贴22.1万元；发放种植直接补贴3.8万元，发放农资综合补贴227.1万元，发放油茶良种补贴3.9万元。2016年天堂镇立足现代烟草农业发展实际。从镇财政出资新建12座烤烟房，为老屋场5个烤烟种植村修建3000余米烟基道。实施水沟三面光工程2700米，顺利收购烟叶7500担。连续5年完成收购任务。有畜牧业5家，创办温氏猪场年生产猪苗16万头。

2016年位于天堂村的宁远县海亿压铸有限公司年产值600万元，有民营经济产值100万元以上企业7家，其中工业2家，畜牧业5家。

2016年，有商业网点4个，城乡集贸市场3个（天堂、大阳洞、岭脚集贸市场）。天堂牛市场建有4栋1064平方米钢筋水泥厂棚，牛栏6间配有上车台，牛洗澡塘等设施。每逢赶圩日至少交易100头牛。

■基础设施 2016年，天堂镇组织所有力量对街道市场开展整治，规范市场分类交易。镇政府投入30多万元在公路主干道铺设排污管道1500余米。投资30多万元在现有主干道路两边扩宽路面，投资10多万元修建天堂镇老政府至天堂完小100余米水泥路。规划重建标准化、现代化的牛市交易市场。

投资120多万元完成3座水库的维护建设，对辖区22口大型山塘清淤，镇财政拿出8万元对烟区渠道清淤1.5万米。多方筹资30多万元修复牛头山村120米水毁河坝，确保大阳洞村、江村、牛头山村农田灌溉用水，做好防汛坑旱工作。

2016年，对5个示范村进行规划建设，对宁道路沿线的天堂村，百步岭村，高源村进行风貌改造，完成房屋改造85栋。对行政村矗立村标志指示牌，镇政府所在村集中更换门牌编号，安装太阳能路灯54盏。2016年，全镇落实网格管理村、社区，配备专门设备。对17个村（社区）配套硬件设施，实现网格化建设全覆盖。实施17个村（社区）村庄绿化工程。曹家滩、寄干、岭脚3个苗木花卉基地发展良好，扩园300余亩。林权发放工作如期完成。共发放17个行政村，发放村权证书1671本，发放小班1398个。

■社会事业 2016年，全镇有幼儿园2所，在职老师18人，学生440人。有完全小学2所，在职教师150人，在校学生1830人。有中学1所，教师60人，学生690人。片小8个，学生164人，教职工8人。入学率100%，毕业率99%，升学率90%。

2016年，共有文化站、广播电视站各1个，各类文化专业户45户，农家书屋覆盖17

个行政村（社区）。18个非合并村建有篮球场，健身设备。农村有线电视“户户通”850台。

2016年，镇政府投入6万元更新环境设施，新增10名保洁员，对镇区卫生进行常态化清理，沿街居民门前实行三包（包卫生、包绿化、包秩序）。全镇有医疗机构1个，门诊部（所）2个，村级卫生室22个，有床位42张。2016年完成个人诊疗1.2万人次。

2016年上半年，救助困难户216户，发放救济金13万元。五项保险参保率继续保持2015年水平。新农合参合率稳定在98%以上；对低保户实行动态管理，对低保对象进行重新评估，取消不符合条件的低保对象，实行公平公正。优待抚恤，五保供养和孤儿救助等工作做深做细。

■民俗风情 天堂镇土陶制作，纯手艺活，永州以宁远为最，而宁远土陶又以天堂镇高源村土陶为盛。相传，高源土陶源于舜帝制陶，村里至今还有数口早已废弃的烧制陶器土窑。土陶为永州地区及广西北部普通家庭的必备之物，或盛酒、或腌菜、或放置干货。高源土陶已经走出传统结构，远销港澳地区，具有商业竞争力的商品。

（黄宁华　欧阳逢华　刘扬）

水　市　镇

■区域概况 水市镇沿用驻地水市名，原名水打铺。历史上曾因上游猛降暴雨，造成山洪暴发，冲走沿街房屋及人畜，故有“青天白日水打铺”之称。市场立水边，故称水市。明清属丹桂乡。民国属南靖镇。1950年，为水打铺区。1958年，分属水市（红旗）、大界（高峰）人民公社。1961年9月，属水市区。1984年，公社改乡。1986年，水市乡改为建制镇。1995年6月，撤区并乡建镇时，由原水市镇、香花铺乡、大界乡合并建镇。同年8月将天堂镇的梅岗责任区划归水市镇。水市历史悠久，主要景点马家村存留有大型的汉晋古墓群、潇水涵清、包家村红军长征宿营地及红军标语墙。镇区有爱国主义教育基地——水市烈士陵园。

水市镇辖水市、大界、梅岗、香花铺四个责任区，共33个行政村、1个社区。水市责任区所辖村：游鱼井、周家、欧家、田家、先锋、上游、淌塘、红旗和水市社区；大界责任区所辖村：大界、凤凰山、水晶窝、下立洞、杨家山、石坝头、彭祖、塘下洞、腊树脚；梅岗责任区所辖村：小欧家、黄家、大欧家、邹家、柜林、村尾、潭村、周家山、桂里园、天堂山；香花铺责任区所辖村：樟木脚、黎壁源、九嶷湖、紫源洞、冬瓜冲、联海洞。

水市镇位于宁远县城南，距县城18公里，总面积239.59平方公里，东邻冷水镇、湾井镇，南接九疑山瑶族乡，西界道县四马桥镇，北连舜陵街道、天堂镇。

总人口7.2万人，共21952户，568个村民小组，辖区内有汉族、瑶族、苗族等民族。

水市镇有耕地面积4.3万亩，其中水田3.6万亩、旱土0.7万亩，林地面积24万亩。境内东、南、西三面环山，九嶷河横穿全境，河流沿岸平坦开阔，土地肥沃，是宁远的“鱼米之乡”。水市水库拔地而起，连绵数十里；左右干渠蜿蜒伸长，灌溉县内水市、天堂、原舜陵镇3个乡镇10多万亩良田，成为宁远的“母亲河”。2016年，被评为省级安全生产示范乡镇。

■经济发展 2016年，水市镇生产总产值85585.3万元，其中农业总产值20709万元，工业总产值34015.3万元，其他总产值30861万元。

2016年，专业合作社、家庭农场、种植大户，有较快发展。土地流转全面推进。共种优质水稻5.8万亩，粮食生产创历年最好水平。烤烟超额完成。发展种烟村43个，种植

1.1万亩，收烟叶25110担。平均价26.89/公斤（不含肥补），实现税收675万元。2016年利用荒山荒地，发展油茶、水果、养猪、养牛等。重点扶持舜天恒禾养牛、茂源葡萄、东升养猪，源上源生态养殖，中联天地工商等企业。新发展潭村村尾片2000亩水果，淌塘杨梅山1000亩油茶、桂里园800亩综合种养基地。

■**基础设施** 2016年，完成涔天河灌区配套工程前期工作，15户房屋拆迁，1147亩征用土地测量并公示。列入县重点项目的教师周转房建设。烈士公园建设、基本烟电整理、梅岗风电场等项目完成。梅岗片区乡村风貌改造完成528户。

■**社会事业** 水市镇有中学1所，完全小学4所，在校学生4530人，教师242人。开通校车专线2条。入学率100%，巩固率94%，有农技推广服务机构1个。

2016年，水市镇发挥水市独特民俗文化和深厚文化底蕴的特点，开展形式多样的文化活动，是年，举办农民文化艺术节，全镇组建起10个民间歌舞队，腰鼓队，有62个农家书屋，群众精神文化生活丰富。

2016年，水市镇有中心卫生院1所，分院2所，村级卫生室62家。村村建起垃圾池，聘请保洁员，实行垃圾集中清运，集中填埋。

2016年，落实强农惠农政策，耕地地力补贴4.1万亩510.1万元；国家农机补贴186套。城乡居民养老保险费完成2.77万人，318万元；新增劳动力转移920人；新增创业主体42家，带动城乡就业1039人。完成城镇低保动态管理，对2694户3993名对象进行审查整理。完成2850万元小额贷款。贫困户搬迁、易地扶贫搬迁入驻安置点朝阳新村。全年有2365人脱贫。

■**名优产品** 境内森林资源丰富，竹器工艺极为精湛，水市竹器厂编织的竹垫、竹花篮、刻花竹椅，曾远销美国、德国、日本等13个国家和地区；镇内水市、大界、梅岗三大集市贸易繁荣，二、三产业发达，是全县重要的粮食、烤烟、茶油、红瓜子等生产基地。

（周晓声）

湾　井　镇

地域名片：状元故里——湾井镇

■**区域概况** 湾井，因在九嶷山下，古名“望疑市”。明弘治年间（1488~1505年）苍梧一带（九嶷山）发生匪乱，冯都派兵镇守“协诚永奠同安无事”立营三十六所，湾井为中心营，故又名永安营，即永远平安之意（据“续造上厅碑记”）。后来先辈人见湾井水路弯弯曲曲“有井可凿”，于是又命名为湾井。明清分属仙政、太平2乡。民国初属南靖镇，民国15年改为湾井乡公所实行“保甲制”，民国27年1938年属湾井、灌溪2乡，民国35年1946年并舜陵乡。1949年12月，宁远和平解放，今镇域属宁远县第二区，1950年，属湾井乡。1958年，设湾井（前进）、下灌（东风）人民公社。1995年6月，撤区并乡建镇，原湾井区下辖之湾井镇与下灌乡合并为湾井镇。2005年，镇政府从湾井圩搬至下灌圩，原政府所在地设在湾井圩达90年之久。湾井镇文物古迹众多，国家级文物保护单位2处，省级文物保护单位3处，市级文物保护单位5处，县级文物保护单位3处。湾井镇交通便捷，旅游资源丰富。冷九大道、厦蓉高速穿境而过；县城九嶷南路直达湾井；通村公路交错纵横。镇内群峰叠翠。十里画廊，灌溪仙境，读书岩、赛景岩、石楼峰、朱明峰等风景如画。

1986年2月，经湖南省人民政府批准湾井镇为镇建制，同时成立湾井居委会。2016年，湾井镇下辖湾井社区（原丰收、湾井村、湾井居委会）、东安头、田心、桥头、朵山

（原朵山、大岭尾村）、周家坝、和城（原和城、石坡脚部分）、久安背、黄花源（原黄花源、石坡脚部分）、路亭、下灌社区（原泠江、状元楼、新屋里、下灌、四公塘、梅子窝、水上洞）、白水源、东江村（青山尾、羊蹄岭村）、大屋地、建新（原彭家洞、姚家）、下寨岗、韶水、马脚洞18个行政村（社区）。

湾井镇位于宁远县东南部，东临蓝山县，南接九疑山瑶族乡，西达水市镇，北连冷水镇，驻地下灌村距县城15公里，总面积96.86平方公里，耕地面积1925公顷，生态公益林面积38335亩。

湾井镇自然面貌南高北低，南为山区、北为丘陵、中为喀斯特地形，地下溶洞甚多，美如仙境。东江河、西江河自南向北婉然而去，注入泠水。半山水库，雄踞南边。湾井镇属中亚热带季风湿润区，气候湿暖，雨量丰沛，水源发达，镇内林木繁茂，环境优美。

湾井镇辖区18个行政村（社区），108个自然村，318个村民小组，12110户，总人口43443人，民族以汉族为主，瑶族杂住在大屋地、黄花源两村。

2016年，成功创建省级“创新创业示范镇”

■经济发展 2016年，全镇生产总值7.5亿元，增长13.03%；社会固定资产投资3.5亿元，增长18.4%；农村居民人均可支配收入10278元，增长10.39%；财政总收入1780万元，增长21%，烟叶特产税收436万元，旅游收入1900余万元。

2016年，全镇种烤烟7383亩，收购烟叶16149担；年产九嶷山兔120万只；有规模生猪养殖场21个，年出栏生猪3.65万头；2016年水稻播种面积18267亩，粮食产量2740吨，实现连年增收。

2016年，湾井镇工业企业有竹木加工、针织厂各4个、彩灯厂1个、红砖厂3个。

湾井镇有湾井市场、下灌市场，建筑面积7992平方米，均为钢筋混凝土或钢架结构。上市商品有竹木制品、铁器、粮食、生猪、南杂、蔬菜、山货、成衣、电器，场内屠案86副，摊铺108副，年成交额4300万元。有工商个体户236家。

2016年，新建下灌旅游景区。“五一”、“十一”共接待游客17万人次实现旅游收入1900余万元，是去年同期的6.5倍。

■基础设施 2016年，投资120万元建成生活垃圾处理场。投资1000余万元建成下灌湿地公园；投资9000万元建成下灌，周家坝省级美丽乡村；易地扶贫搬迁项目荷花新村开工建设。下灌、马脚洞、周家坝、田心村，3000余亩烟田整理项目全面完工。新建村级标准化卫生室3个，改建5个。重点建成马脚洞，东山岭等自然村通畅工程9千米。下灌村旅游步道、水坝、沿河风光带、宝塔公园、游客集散中心项目开工建设；灌溪大道300亩花海建成开放；建成星级民俗酒家2家，民俗“农家乐”50家，星级休闲农庄3家。完成路亭云龙牌坊、久安背翰林祠修缮，申报东安头翰林祠为国家级文物保护单位。新建湾井村农贸市场。

■社会事业 2016年，新建湾井片区公办中心幼儿园，改善湾井片区学前儿童就学环境。湾井镇有幼儿园6所，中心完小1所，下灌完小1所，彭家洞完小1所，片小12所，湾井镇中学1所，在校学生3100人，入学率99.8%。

1976年，成立湾井农科站。1980年各乡（社）配备1名科技专干，1988年，配备1名科技副镇长。1995年，设立湾井镇科委，科委主任由科技副镇长兼任，委员3名。1978年，科技宣传以各村办科技墙报为主，每年办墙报2期。1984年，开办农民文化技术学校1所，学员58人，结合各村情况举办农技讲座10期，听众达1326人次，2012~2016年镇里每年举办科技讲座二期，全部采用电子化培训。

2016年，湾井镇建起综合文化大楼，建筑面积701平方米，室外场地面积800平方米。从2010年至2016年，成功举办5届农民书法展，共收集作品420幅，展出作品300幅。开发利用文星塔、状元楼、读书岩、赛景岩、云龙坊、朵山书法、十里画廊、灌溪仙境等景点，铸成宁远文化旅游品牌。全镇29个行政村建起农家书屋，配备各种图书1500册，音响制片126张，电脑29台，广场音响12套，农家书屋管理人员29人。湾井镇有民间剧团18个，站办业余剧团10个，文化站专职人员4人，全镇文化从业人员246人。2016年建有10个村篮球场，共配备14个村体育设施28套。

2016年，有中心卫生室院1家，建设面积6000平方米，内设门诊，住院部。有医务人员45人。村级卫生室31个，乡村医生31人。2016年新建村级标准化卫生室3个，改建5个。有垃圾处理焚烧中心一个，垃圾处理池60个，垃圾中转站1个，环卫车60部，村级环卫工人72人，全面负责各村村道公共场所卫生打扫。

2016年，新型农村合作医疗参合率99%，新型农村养老保险参保率78%。全镇共发放小额扶贫贷款2800余万元，扶持建档立卡贫困户765户2981人；签订易地扶贫搬迁合同92户363人，集中安置点荷花新村搬迁92户入住。2016年脱贫2063人，贫困率降至1.6%。

■名优特产 下灌奈李、杨梅，路亭柑橘，湾井生姜，朝天椒，九嶷山兔，田心黄瓜等农副产品，已成品牌，驰名永州，走向全国。

■民俗风情 端午时节，湾井特产——兰海草，长势茂盛鲜新，人们将它和五花肉参合做成肉团，酿进辣椒里，成为一道鲜美可口的佳肴“兰海酿辣椒”，是湾井人端午节的必备菜。其他特色美食有下灌水丸子、冬粉粑粑、姜糖酒、天然茶油煮狗肉、路亭农家菜、周家坝的禾花鱼等。

（李超廷）

九疑山瑶族乡

九疑山瑶族乡是宁远四个少数民族乡之一，位于县城南部，是永州市人口最多，面积最大的民族乡，是湖南省十大风景名胜区之一。九嶷山国家森林公园所在地。

■区域概况 九疑山瑶族乡。春秋属楚地，明清时期属太平乡，民国时期先后属南靖镇、南联镇、第三区、第二区，1949年，属舜陵乡，1950年，属湾井区，1952年，属第四区，1956年，撤区并乡时，在今域内析置紫荆瑶族乡，为湖南省当时瑶族散杂居区建立的15个瑶族乡之一，1958年，分别属湾井前进人民公社和鲁观人民公社，1961年3月，重属湾井区。1984年6月，公社改乡，同年10月，设九疑山瑶族乡、鲁观瑶族乡和麦地乡。1995年，撤区并乡建镇时由原来的九疑山瑶族乡、鲁观瑶族乡、麦地乡合并建立九疑山瑶族乡，次年11月，路亭村划归湾井镇。九疑山瑶族乡名称沿用至今，乡名称仍用“疑”字，山、村名称用“嶷”字。

九疑山瑶族乡位于县城南部，距县城约30公里，东经111°55′15″~112°05′00″，北纬25°12′89″~25°25′12″。东与蓝山县境相接，南与江华县境交界、西与道县境界相依，北紧连县境湾井镇。南北长45公里，东西宽25公里，总面积328.3平方公里。

乡政府驻地九疑山村，下辖向疑村（疑山头、向阳头）、盘洞口村、九疑山村、大桑塘村、九疑洞村、紫江村（紫荆、牛头江）、石灰窑村、太平村、山河村（麦地、童子坪）、和平村（王奇生、凉亭山）、西湾村、新塘村、茶罗村、龙坪村（羽毛坪、桐木坪）、上洞村、山头源村、九龙村（别江口、大地坪）、文武冲村（文武冲、黄河）、凤凰村（下洞、盘江湾、花盘洞）、牛亚岭村（庙冲、光冲）、三亩田村等21个行政村，259个自然村，266个村民小组。

九疑山瑶族乡属中亚热带气候与南亚热带气候过渡地带，兼有大陆和海洋气候特征。山区总的气候特征：日照时间短，气温年差较小。境内的住龙门（海拔982米）全年平均日照810.8小时，平均气温在13~17℃，一月最低温度3.8℃，年较差温度18.9℃。垂直分带性明显。山区气温随着海拔每升高100米，气温降低0.48℃；≥10℃的活动积温减少190~200℃，初终日间隔日数缩短5~8天；无霜期缩短12天；雨量增加50毫米左右，影响植物生长的垂直分带性。霜雪早，冰冻严重。“寒露风”一般出现在8月末，10月下旬可见初霜，11月开始降雪和冰冻。危害严重的冰冻常出现在1月下旬至2月上旬，竹木出现断尾现象。雨量充沛。山区年降雨量在1700~2000毫米之间，最高达2840.2毫米。且雨量集中，4至6月达960毫米，占全年降雨量的47%。降雨强度大，常为暴雨或大暴雨。

九疑山瑶族乡主要地表径流有母江河、荆江河，分别是潇水、泠水发源地，水资源十分丰富，境内建有九疑山电站、牛头江电站、三亩田电站等12座水电站，年发电量1.2亿千瓦小时，九疑山电站是全县规模最大的水利发电站。地下水多以自流井或承压井的形成流出地面。境内溪流纵横，森林繁茂，植被覆盖率高，含水性好，水源由大气降水补给，无污染源。

水田有黄泥土、沙质土、灰黄泥田。旱土有红土壤、黄土壤、黄壤、黄棕土壤。

九疑山瑶族乡地处南岭山脉萌渚岭山系九疑山山麓，地势东南高，西北低，海拔大部分300~800米，地貌山地丘陵兼之，耕地大部分在海拔300~500米的坡地、平地、谷地。山体较高、谷深、坡陡，多由变质岩、砂页岩、石灰岩及花岗岩组成。境内主要山脉有九嶷山、三分石、婆婆石、癞子山等，其中主峰畚箕窝海拔1959.2米，三分石海拔1822米。

九疑山瑶族乡有8631户，34605人，其中瑶族8200人，苗族5人，壮族13人，布依族9人，侗族4人。瑶族占总人口的23.7%。

■经济发展 2016年，财政收入完成1300万元，同比增长15.5%，农民人均年收入3203元。脐橙创收200万元，旅游业收入1000万余元，农民人均年收入3203元。

种植油菜4000多亩，蔬菜4000亩，绿肥2000亩，其它作物及水果种植1600亩，厚朴种植规划1.5万亩，冬种覆盖率达100%。

■基础设施 2016年，光村、庙冲等17个村纳入多村风貌改造范围，完成改造576户。西湾村成功创建市“美丽乡村”示范村；2016年完成3360亩造林任务；全年全乡安装路灯303盏。农村集中建房一户一宅，共完成18个村的村庄规划和地形测量，拆除违法用地和违规建房6起。

2016年，投入资金1000万元，修建各村通畅公路；完成九山公路征地90亩。11个扶贫村启动道路修筑，村级活动场所项目建设26个，总投资1800万元。

■旅游服务业 九疑山瑶族乡旅游资源十分丰富。素以其独特的自然风光，丰富的文物古迹、奇异的溶洞著称于世，是湖南省十大风景名胜区之一，九疑山国家森林公园、湖南省九嶷山地质公园所在地。主要风景和古迹有舜帝陵、紫霞岩、凤凰岩、三分石、古舜庙遗址、永福寺、黄家大屋、牛亚岭瑶寨及众多的名人题词石刻。每年来观光旅游、寻根祭祖游客达百万人次，带动全乡以瑶族农家乐为模式的服务第三产业发展。

2016年，引进资金5000余万元，流转土地200亩建成汤泉庄园和盘洞口瑶寨生态农庄。景区接待中心主体建筑已完工。引进资金5000余万元，建成寻龙谷新景区。

■社会事业 教育科技 2016年入学率达99.7%。投入15万元，对九嶷山中心校、鲁观完小的教师宿舍进行维修。有中学1所，完全小学3所，中心幼儿园1所。开通两条校车专线。

2016年，举办农民文化艺术节活动一次，全乡共有8个民间歌舞队参加，全乡有21个农家书屋。

2016年，有乡中心卫生院1所，分院2所，村组卫生室32家。村村配有垃圾池，有保洁员，实现了垃圾集中清运，集中填埋。

2016年，及时发放各类强农惠民资金，低保评议和危房改造公平公开2012户，4200人享受低保，174人享受五保。完成危房改造92户。2016年新型农村合作医疗、农村养老险参保率90%。成立紫荆财宝石蛙、盘洞口舜兴养牛、长新水果种植等21个专业合作社，每个专业合作社对口帮扶30户贫困户、贫困人口120人。全年共发放小额扶贫信贷2300万元，实现贫困人口年均增收1000元。2016年脱贫813户3219人。易地扶贫搬迁278户1058人。盘江湾集中安置点工程基本完工。

■名优特产 九疑山瑶族乡盛产香杉和斑竹，斑竹有紫黑、雪白、血红、绿色、黄色的，种类繁多，全国独有，堪称一绝。瑶家腊肉、清水河鱼、竹筒饭等声名远播。

■民俗风情 牛亚岭瑶寨民俗风情别具一格。有依山而建的吊脚楼、古朴淳厚的瑶家民风，奇异艳丽的民族服饰，能歌善舞的瑶家男女，上刀梯、坐歌堂等民族文化活动，“背新娘”的“女婚男嫁”和醇美溢香的“瓜箪酒”。九疑瑶族的服饰头巾无衬板，称“平顶瑶”，住高山峻岭中，故又称“高山瑶”。

（欧荣华）

冷　水　镇

■区域概况 春秋属楚地，秦建泠道城，泠道城遗址位于冷水镇下胡家村西侧。明清属永乐乡。民国属东宁镇。民国27年废区设泠水乡，民国35年把泠水、东山两乡合并为泠东乡。1949年新中国成立后，划区，泠东乡为二区辖地。1950年，划四区为八区，泠东乡划为五区，驻地设在泠水铺。1958年，分别属下灌（东区）、石佳坪、（五一）人民公社。1961年，属冷水区和太平区的云潭公社。1984年6月，改公社为乡。1988年，设为冷水区辖冷水乡、东城乡、上宜乡。1995年，撤区并乡建镇，由原冷水区所辖的冷水乡、上宜乡、东城乡和原太平区所辖的云潭乡合并而成。境内有全国重点文物保护单位泠道古城遗址和市级文物保护单位骆家村古戏台。

全镇辖卜家岭、下岭、大屋地、东山、云峰、唐家、匡家、毛家、五马、金钩挂、冷水铺、神西、李铭远、沙洞、长冲、神东、锡海、海江、欧家、桐子山、百美、宝山、高壁、三角砠、淌头、夏璧、堂屋、杨柳塘、绵羊砠、上茶、油村口、下胡家、鸡公寨、培泽、东城铺、于家、庄屋、翟家、隔江、上胡家、寨村、上宜、中元、上冷水、琴棋、下宜、骆家、上毛家、竹岭脚、甘石坝、四方井、旺溪、上山脚、奉佳山、油麻岭、下山脚、云潭、毛坪头、盘市、老张家、石佳坪、新张家、梅翠、贺家、大陂岭、六十畴等66个行政村，657个自然村。

地处宁远县境东部，东与蓝山县楠市镇相邻，南与湾井镇接壤，西与东溪街道、水市镇为界，北与禾亭镇、太平镇毗连。境内交通便捷，省道1806线、永连公路、九嶷大道、二广高速、厦蓉高速及宁嘉公路穿境而过。位于东经

111°58′12″~112°11′28″，北纬25°28′56″~25°38′07″。冷水镇距县城11公里，因驻地冷水铺自然村得名。东西最大距离20千米，南北最大距离10千米，辖区总面积195平方公里，耕地面积38436亩，其中水田29467亩，旱地8969亩。

辖区总人口74526人，是宁远县人口大镇。人口出生率11.7‰，人口自然增长率6‰，死亡率5.7‰。其中男性39957人，约占总人口53.6%，女性34569人，占总人口的46.4%。15~64岁约52466人，占总人口70.4%；14岁以下15378人，占总人口21.5%；65岁以上6037人，占总人口8.1%。

冷水镇属南岭山脉，镇内以丘岗山地为主，地形复杂，地形东西长南北窄，山势连绵起伏，高峰迭起。地面高程一般在海拔218~652米，境内最高峰雾云山海拔652米，最低点下岭村海拔218米。

境内属中亚热带季风气候，四季分明，阳光充足，年温高，积温多，冬季严寒，夏季炎热，夏秋多旱，雨季分明。太阳有效辐射光量年平均112.14千卡/m^2，年平均气温15℃，极端最高气温达到42℃，最低温度-1℃以下，年平均霜日14天，90%以上的年份降雪在冬季，年平均降雨量为1448.6毫米，降雨主要集中在4月至5月，最少的是12月。

境内冷江河从湾井镇流入，境内河道长19.2千米。境内有大小水库11座，地下水资源丰富。

境内有石灰石、花岗岩石，锡海村有焦煤矿资源，零星铁矿石。山林资源丰富，境内有雾云山林场，林区面积14000公顷。地下水资源丰富。

■经济发展 2016年，早稻种植面积8012亩，比去年增长5%，二季稻种植面积10068亩，比去年增长16.8%。水果低改3000亩，蔬菜种植15000亩。烤烟种植面积5640亩，收购烟叶1.161万担。出栏生猪4万头，牛、羊养殖比去年增加。

2016年，冷水镇有机砖厂、副食品加工厂、五金电子厂、绣花制衣厂、竹木加工厂、针织厂等小型企业10多来家。

2016年，冷水镇个体工商户307户，其中服务行业17户。全镇2016年实现财政收入1768.5万元。有集贸市场8个，年成交额1.6亿元，湖南农商银行网点3个，中国农业银行网点1个。

2016年，冷水镇劳动力转移有所减少，回乡创业人员逐渐增多，是年转移劳力1358人创收2100万元。

■基础设施 2016年，投资900万元的冷水集镇至神下社区的公路硬化项目主体工程完工；投资60万元的上毛家村至二广高速宁远东出口道路硬化项目投入使用；投资160万元的垃圾焚烧站正式运营；投资2000万元的冷水鸿泰天然液化气站和混凝土搅拌站主体工程动工。投资500万元的集中供水工程投入使用，大罗伏饮水工程、甘石坝自来水工程均已完工，投入使用。

■社会事业 冷水镇共有中学2所，完小4所，小学50所，中小学生在校学生7845人，在职教师378人。幼儿园26所，在园幼儿1340人，专职教师28人。适龄儿童入学率99.8%。残疾儿童入学率85.7%，小学毕业率99.6%，初中毕业率98%。2016年，投资200万元建设镇中心幼儿园。冷水镇有文化站1个和38个村活动场所，安装健身器12套。摄影学习业余队伍150人，铜管乐队6个，民乐队11个，舞狮队3个，业余文艺剧团1个。

冷水镇有医疗卫生机构54个，其中乡卫生院3所，村卫生室51个。床位20张。专业卫生人员60名，其中执业医师9人，执业助理医师20人。全年医疗机构完成诊疗4.5万人次。

2016年，兜底扶贫259户，527人，全年发放小额扶贫贷款2434万元，落实农村低保2248户3178人，兑现低保金2200万元；完成66个村养老保险参保工作。落实“五保户”640人，兑现“五保”资金68万元。建有敬老院1家，床位100张，协调92名五保人员入驻敬老院集中供养。全镇有12000人领取养老金；为4.3万名群众办理新型社保卡。

（田胜辉）

太平镇

■**区域概况** 明时始有记载，称中和乡，辖五区。民国初期，改乡为旗，后改旗为区、乡镇，下设保甲，中华人民共和国成立后，废除保甲制，改为区、乡镇、村。1950年8月由县划为太平区，辖保安、太平、洪洞、石门、下坠、李巳、盐田、大陂、琵琶、城盘、白土、盘石、大砠13乡。1958年10月1日，人民公社化运动中，成立太平人民公社，下设生产大队、生产队，实行政社合一，取消原有乡建制。11月太平人民公社改名为“星火”公社。12月底，又恢复为太平人民公社。1961年3月，农村人民公社体制调整，设立太平区。1984年6月，全县实行乡、村建置，以公社建乡，以大队建村，以生产队建立村民小组。太平区辖岭头源、太平、白土、下坠、云潭、保安6个乡。1995年撤区并乡建镇，太平区撤并为太平镇，由原太平乡、岭头源乡、下坠乡、白土乡合并而成。

2016年1月，乡镇区划调整后，太平镇合并调整为31个建制村。分别是：白土村、太平村、张公井村、竹峰村、新佳洞村、九十四村、野鸭塘村、宁佳洞村、骆全村、单家村、坪下村、神旺村、塘壁村、紫云村、土桥头村、五里坪村、夏堂村、清潭谢家村、新沙桥村、留佳位村、岭头源村、毛坪头村、排楼下村、清水岭村、上下留村、石门山村、水便村、湾田洞村、夏千七村、杨家坪村、坪石头村。

太平镇位于宁远县东部，距县城26公里。东与郴州市嘉禾县交界，南与蓝山县接壤、西与禾亭镇、冷水镇毗邻、北与新田县、保安镇相连。镇政府驻太平村，镇沿用驻地名。全镇总面积161平方公里，耕地面积3387公顷。水田面积2.7万亩，旱土面积1.12万亩，山林面积8.8万亩。

境内地形以中部太平及东面的岭头源地势较高，缓缓向四周倾斜，以丘岗山地为主。境内无大的河流经过，历史上以干旱闻名，是有名的干旱大镇，水资源缺乏。属亚热带季风湿润气候，其特点是四季分明，春夏多雨，夏秋凉爽，秋季干旱，冬季多雪冰冻，日照时间长，年均日照约1650小时，年均气温约18.4摄氏度。土壤类型多样，主要有黄色石灰土，黄壤性土、石灰性紫色土等土类。

全镇共有17697户，总人口68775余人。境内民族为汉族，无少数民族杂居。

■**经济发展** 2016年，完成固定资产投资10630万元，同比增产28.6%。完成国税7万元，增长58.34%；地税29.6万元，增长5.78%。完成财政收入1122.02万元，同比增长14.3%。粮食总产量2.75万吨。工业总产值15158万元。农村居民人均纯收入3404元。

2016年，农业产业形成四个“万”字号产业发展基地，即：万担烤烟生产基地、万亩互叶百千层药材种植及粗加工基地，万亩油茶种植基地、万亩淮山葛根及蔬菜基地。兴泰种植有限公司投入2000多万元种植澳洲互叶百千层万亩药材，又投入1000万元建起粗加工厂。2016年太平镇引进两家油茶种植公司分别在白土、岭头源，下坠种植油茶333.3公顷。鑫农淮山种植专业合作社种植淮山207公顷，葛根147公顷，小籽花生、绿色无害蔬菜，名贵花苗木333.3公顷，增设蔬菜种植大棚200余个，补增滴灌和微灌设施100余万米。新增种植30个反季节蔬菜品种。发展与温氏集团合作养殖户5户。2016年种植烤烟301公顷，收购烟叶9354

担。筹资100余万元自建烤房46个，投入40余万元，新修机耕道2500米，护砌沟渠3200米，维修改造烤房40座，新增电排浇灌点5个，种植水稻1333.3公顷。下谢家村，投入10万元发展油茶产业。

2016年植树造林270公顷，完成任务的156%。绿化宁太公路、二广高速，宁嘉公路道路两侧裸露山场，植树上万棵。

太平镇有宁远顺达矿业有限公司等企业4个，竹子峰页岩环保砖厂8个。

商贸服务业太平镇有太平集市、岭头源集市和下坠集市。交易商品有食品、服装、家具、家用电器等。全镇个体户1845户，从业人员3890人；餐饮服务行业8家，从业人员16人。

2016年转移输出人数31720人，劳务收入约占全镇总收入的60%。

■基础设施 2016年水泥硬化环镇公路1.5千米；修建新坪下村及上界头村通畅公路3.292千米；投入60万元扩宽改造太平镇政府所在地经五里坪连接宁嘉公路全长5千米路面。各村修建环村公路，通自然村公路18千米。扩宽进村公路15千米。除险加固7座小（二）型水库；清淤扩容54处山塘；维修岭壁洞水库左干渠、向阳水库引水渠道和右干渠。投入100万元修建上下留村至新塘下水渠4600米。改造五里坪、上下留、新塘下、梁武桥、留佳位等村1122座房屋。新沙桥、上下留、排楼下、坪下、五里坪、汪田洞、骆全种植绿化树苗1682株。建设农村客运招呼站4个，硬化空坪2700平方米。投入30万元，绿化机关，新建镇文化广场、安装体育健身器材、新建下坠责任区办公、住宿楼。

■社会事业 太平镇有中学3所，完小4所，村小53所，机关幼儿园1所。在职教师297人，其中初中教师92人，在职小学教师205人。2016年投资200万元，新建下坠完小教学楼。

2016年，太平镇每个行政村。均建起农家书屋，并配一名农家书屋管理员。镇政府每年举办农民艺术节。新建村村响系统，在每个行政村安装村村响广播主机和分机，村民能及时收听到各种资讯。安装户户通电视920台。

太平镇31个行政村配备标准篮球架子，洪洞村、岭壁洞村有灯光球场2个。2016年各单位、村居、自发举办篮球、羽毛球、乒乓球、拔河等体育竞赛。

太平镇有各级医疗卫生机构49个，其中太平镇中心卫生院1所，村卫生室48个。床位40张。卫生院从业人员39人，其中卫生技术人员32人，执业医师4人，护士14人。

2016年100户农村危房改造户通过申请、评议工作。做好478户低保兜底和229户952人，因病致贫、因病返贫审核上报工作。投资228万元新建敬老院，安排62名五保老人入住。新型合作医疗实际参合人数29813人，参合率98%。

■名优特产 辣椒产地主要是太平、五里坪、塘头岭、王婆晚等村。二十世纪八十年代创办的宁远县九嶷辣椒制品厂，产品销往全国各地，生产的辣椒酱被誉为“辣椒之王”。小籽花生以“小”著称，味香，以五里坪、塘头岭等种植较多，全镇年均产量约22.5万公斤。位于宁远县、嘉禾县和蓝山县三县交界之地的留佳位村，每年种植西瓜200余亩。留佳位西瓜个大、味甜、水分多，深受全县及周边地区人们喜爱。

（房辉胜）

保　安　镇

■区域概况 保安镇因镇政府驻地位于保安村而得名。春秋属楚地，秦代始属舂陵县，宋代属宁远县。1949年以前属三区广济乡，解放后，设立保安乡和北阳乡，分属太平区和禾亭区。1995年撤区并乡建镇，由原保安乡与原中心铺乡合并设立，2014年11月经湖南省民政厅批准，撤销保安乡设立保安镇，行政区域和镇政府驻地不变。

2016年1月，并村改革后，将原35个行政村合并为19个行政村，即保安、李亥、坪石、许家、李宅相、鲤塘、李巳、古溪、中心铺、红星、义重、坦头岩、汉下、石坝、黄土岭、三合、朱日、北阳、光明等19个村。

位于东经112°1′44″~112°9′65″，北纬25°41′13″~25°47′20″，总面积70.3平方千米。地处宁远县东北部，东与新田县十字镇、金盆圩乡交界，南与太平镇、禾亭镇相连，西靠仁和镇，北邻柏家坪镇、鲤溪镇。镇人民政府驻保安村，距宁远县城23公里。

2016年末，辖区总人口33390人，其中常住人口18595人，流动人口14795人。总人口中，男性18080人，占54.14%，女性15310人，占45.85%；14岁以下6600人，占19.77%；15~64岁24225人，占72.55%；65周岁以上3066人，占9.18%。2016年人口出生率11‰，死亡率6‰，人口自然增长率5‰。

■自然环境 地形地貌境内大部为丘陵，地势为东高西低、北高南低，地面高程一般在海拔300~500米，最高点仙姑岩海拔605.8米，最低点老屋山村前坪子海拔240.6米。

属中亚热带季风湿润性气候区，其特点是夏冬长，春秋短，四季分明；光照充足，年温高，积温多；冬无严寒，夏季炎热，雨季分明，夏秋多旱。多年平均气温18.4℃，无霜期年平均351天，年平均日照时数1583小时，年平均降水量724.3毫米。

境内属春河（寒塘河）水系，有其支流两条，其中保安段河道长10km，中心铺段河道长8km。全镇有小（一）型水库2座，小（二）型水库3座，大小山塘1529口。

境内矿产资源主要为玄武岩，地质储量35万立方米，可采储量为3.5万立方米，集中分布在中心铺村。地下水资源可利用量为146.8万立方米。

■经济发展 2016年完成固定资产投资1.76亿元；财政总收入1638万元，增长27.3%。农村人平纯收入4120元，增长5.1%。烤烟创收738万元；收缴耕地占用税61.5万元；收缴不良贷款31.2万元。

2016年，种植早中晚稻29000亩，产粮1.36万吨。种植烤烟3600亩收购烟叶2780担，烟农增收738万元。造林3329亩，通道造林29千米。

2016年保安镇有砖厂4家，石灰岩采石场4个，玄武岩采石场1个，沥青搅拌公司一家，其中2000万元以上企业2家，1000~2000万元的企业3家。

2016年有商业网点268个，职工540人；全年社会商品零售总额6470万元；城乡集贸市场2个，年成交额780万元。

2016年劳务输出劳动力转移1万余人，创收2亿多元。完成新增劳动力就业400人。

■基础设施 2016年完成五小水利工程51处，完成3座小（二）型水库除险加固、3处农村安全饮水工程。投资8300万元的温氏养殖项目于7月份开工建设，年底完成30%投资额。镇政务服务中心改造项目完工，已进驻办公；易地扶贫搬迁安置点建设有序推进。完成小城镇建设规划设计和评审，形成保安、中心铺、宁新路沿线的“两点一线”小城开发格局。在二广高速、宁新公路沿线村庄开展居民风貌改造和“五化”行动，改造房屋246座。安装路灯155盏，绿化村道29公里。

■社会事业 2016年中心铺学校综合楼，鲤塘小学建设完工。坦头岩小学建设项目完工投入使用，新增学位200个。全镇有幼儿园4所，在园幼儿450人，专任教师16人；小学

17 所，在校学生 1740 人，专任教师 74 人，入学率 100%；中学 1 所，在校学生 540 人，专任教师 52 人，入学率、义务教育覆盖率均达 100%。

保安镇有文化站、广播电视站各 1 处；有村级文化活动中心 35 处；图书室 35 个，藏书 18.2 万册。音乐、美术、书法、摄影及文学业余创作队伍 46 人，有学校体育场 3 个，村级篮球场 11 个。

保安镇有各级卫生机构 32 个，床位 75 张，固定资产总值 684 万元。专业卫生员 52 人，其中执业医师 2 人，执业助理医师 10 人，注册护士 1 人。

2016 年，完成新增和转移劳动力就业 400 人。贫困村基础设施大为改善。完成小额扶贫贷款 2100 万元，带动 531 户贫困户发展；易地扶贫搬迁安置点建成。全年脱贫 1831 人。城乡居民基本医疗参保率 90% 以上。

（何林辉）

禾　亭　镇

■区域概况　明朝开始有记载，称广济乡，辖 4 里。民国元年（1912 年），实行行政区划大调整，改广济乡为广济镇。民国 18 年废镇设区，全县分为九个区，广济镇为第七区。民国 27 年废区复乡，改称禾亭乡。民国 35 年，禾亭乡、保安乡合并为广济乡，辖 28 保。1950 年 8 月，禾亭乡划归仁和区。1953 年 3 月，建立禾亭镇。1955 年禾亭镇并入禾亭乡。1958 年成立禾亭人民公社，下设生产大队、生产队，实行政社合一。1961 年 3 月，农村人民公社调整，改设禾亭区。禾亭区辖禾亭镇、琵琶乡、中心铺乡、李家铺乡、仁和乡、棉花坪乡 6 个乡（镇）。1995 年 5 月撤区并乡建镇，禾亭区撤并为禾亭镇，由原禾亭镇、琵琶乡合并而成。2014 年 12 月，原属亭镇的野鹿岗、鸡公岭村划归文庙街道，现属东溪街道。

镇政府驻禾亭社区，2016 年并村改革后，辖 2 个社区，23 个村，禾亭社区（刘家、周家、肖家、禾亭居委会、禾亭、大谷）、朝阳社区（老潮水、猫仔凼）、新天村、新柏家村、王朝印村、黄湘村、龙岗村（新龙岗、老龙岗）、和谐村（老烟竹、高寨）、白土村（陈家、六合）、新烟竹村、蒋家塘村、双龙形村、东垦村（黄家、张家）、幸福村（石龙观、贾家、小里水）、大畴村、富村（富村、环家山）、老柏家村、尹家村（尹家、石山下）、琵琶岗村、小桃源村、长江头村、祖元福村、团结村（新田脚、白面畴）、大邦村、石城村。

禾亭镇位于宁远县中部，距离县城 13 公里，东临太平镇，南接冷水镇，西界仁和镇，北邻保安镇，S323 省道穿境而过，又是宁新线、宁嘉线交汇处。全镇总面积 87 平方公里。

至 2016 年底，禾亭镇共 11085 户，总人口 46426 人，其中常住人口 34493 人。

禾亭镇地处湘南山区、丘陵地带，境内东、南面为山地和丘陵，西、北面为低矮山丘。

禾亭镇属中亚热带季风湿润区气候，四季分明，雨热同季，光照充足。大气降水为禾亭地表径流主要来源，春季干旱多风，夏季雨量集中，秋季温和凉爽，冬季干冷少雪。全年平均气温 15.9 度，1 月平均气温 10.9 度；7 月平均气温 26.9 度，极端最高气温 41.1 度。平均气温年较差 21.1 度，生长期年平均 295 天，无霜期年平均 276 天，最长 318 天，最短 244 天。年平均日照时数 1565.3 小时，年总辐射 97.8 千卡/平方厘米。年平均降水量 1668 毫米。

自然资源丰富，森林覆盖率 74%，林地面积 11 万余亩，其他农用地 110 亩。投资 36 万，在宁嘉、宁新公路和二广高速裸露山地新造和补植补造 3445 亩，宁太路种植桤木 5.5 公里，宁新公路沿线种植桤木 11.5 公里。实施了永兴河流域绿化工程，种植 2~4 公分的樟树 1000 株，种植桤木、柏木

6000余株。2016年被评为“湖南省生态镇”。

■经济发展 2016年，生产总值81077万元，其中农业生产总值27211万元，工业总产值39802万元，社会消费零售总额14064万元。财政收入832万元，农村居民人均可支配收入8024.35元。

2016年，以琵琶岗、东垦、大畴等村为示范点，发展小籽花生种植，油茶规模种植；槐米产业，九嶷山兔规模养殖。2016年种植烤烟5200亩，完成11520担收购任务。长江头村成立红薯加工专业合作社，贾家连片种植蔬菜。蒋家塘村扩种油茶200余亩。两个专业户与温氏养殖签订了合同。

2016年，规模以上工业2个，即龙翔新型材料科技有限公司和恒生再生资源有限公司。

2016年，禾亭镇商贸服务业有禾亭和琵琶两个市场、门面140余个，摊位500余个。2016年镇域新开酒店、农家乐10家。全镇全年商贸交易额1亿多元。

2016年，投资110万元改造新天村农村电网，投资90万元用于自来水工程建设。建幸福之家6套，公厕1座，垃圾池1座，拆除空心房39座，修建机耕道800米，新修机耕道5000余米，水渠6千米，维修水渠800多米，安装路灯39盏，村组道路硬化3公里，接通村内断头路1.6公里；建起农家乐3家，建小型污水处理处5个。改造危房60座，新建花池十多处500平方米，种植240棵柳树和香樟。尹家自来水项目完工，可确保1.5万余人饮水安全。27个村土地整理项目投入2000多万元，已完成90%。小城镇开发于2016年10月复工，正稳步推进，永兴河风光带建设和污水处理厂建设已启动前期工作。

■社会事业 2016年，琵琶岗学校扩建完工。新天、东垦、琵琶岗、禾亭等15个村完成网格化建设；镇网格中心和便民服务中心、综治维稳中心运转正常。2016年全镇有2所中学、2所完全小学，3所村片小学，1所公办幼儿园。有教师184人，其中中学教师57人，小学教师110人，幼儿教师17人。学生3411人。初中生753人，小学生2322人，中心幼儿园336人。

2016年农家书屋全覆盖。2016年镇举办第五届农民文化艺术节，东垦、黄湘、琵琶岗等村举办村级文艺汇演。全镇25个行政村（社区）均建有篮球场。精神文明创建活动积极开展，成功创建市级文明镇。

全镇有中心卫生院一所，有职工42人，其中主治医师3人，医师12人，检验师3人，X线医师1人，B超医师1人，床位30个，行政村均有卫生室。是年举行5·29计生协暨公共卫生宣传服务日活动。

2016年，禾亭镇琵琶岗、大畴、新天、石城四个村整村脱贫，脱贫355户，1309人；小额贷款发放2328万元，641户，2528人；易地扶贫搬迁完成213户，845人；新增劳动力转移152人，参加省级培训管理和创业致富带头人360名，城乡低保实现应保尽保。全镇共有农村低保5148人，城市低保121人；为31户优抚对象排忧解困，救助72人，走访230人；走访残疾人53户，救助246人。

■名优特产 禾亭水粉、红薯干、肉兔等名声远播，其中“九嶷山兔”荣获永州市产业结构调整先进品牌称号。

（刘琴　谭情任）

仁　和　镇

仁和镇素有“烤烟之乡的美誉”，是宁远县优质烤烟生产区，现为烟草农业整县推进重点镇，湖南省安全生产示范乡镇，法治创建示范乡镇，小城镇建设先进乡镇，全国文明示范乡镇。

■区域概况 明清属广济乡，民国属广济镇，1950年属仁和区。1958年属禾亭（卫星）人民公社，1961年分别属仁和公社和李家铺公社，1984年6月，改为仁和乡和李家铺乡，属禾亭区管辖。1995年撤区并乡建镇，由仁和乡和李家铺乡合并组建仁和镇。镇沿用驻地仁和自然地名。

镇政府驻仁和村，辖仁和、牛尾塘、岩口洞、黄家洞、社福山、陈普全、谷木洞、陈家、刘安仲、孙家铺、尹家洞、陈安、鹅婆井、铜岗脚、上徐家、下徐家、鲤鱼塘、唐家、李家铺、十甲、大元湖、古坪、堂皇、白马、社旺、枫木铺、冯石、大石洞、神背山、高家、环仪堂、冯谷均、大塘边33个行政村。

仁和镇位于宁远县境中部，离县城10公里。地处东经110°42′~112°27′，北纬25°11′~26°08′之间。东靠禾亭镇、保安镇，南连文庙街道，西接中和镇、棉花坪瑶族乡，北邻柏家坪镇。全镇总面积84平方公里，耕地1245.5公顷。

■自然环境 仁和镇属亚热带季风湿润区，气候温暖，雨量丰沛。年均气温18.4℃，极端最高气温38.2℃，极端最低气温-2℃，年平均降雨量1422毫米。年均日照1650小时，年均相对湿度79%。

仁和镇处于南岭有色金属成矿带北部。矿产资源品种多、矿点多、规模小，共（伴）生、低品位，暂难利用的矿多，如钨、锡、铜、铅锌、钒等共（伴）生、品位较低，尚难开发利用，已开发利用的矿产主要有水泥灰岩、砖瓦粘土等。

春陵河和永明河流经全镇境内，有仁和坝中型水利工程，小二型水库三座，灌溉极为便利。仁和坝位于镇北3公里处的铜岗脚和谷木洞两村之间，地处春水中游的塘前口。1956年10月动工，次年7月大坝落成。属圬工重力坝型，坝高15.2米，长110米，底宽60米。控制集雨面积700平方公里，流量3立方米/秒。装机容量175千瓦，可送电至县城，灌溉面积2300公顷。左干渠长19.2公里，右干渠长8公里，主要受益地为仁和镇、县城文庙街道。

全镇总人口32773人，镇区常住8000余人。其中农业人口4800余人，非农业人口3200余人。民族以汉族为主。

■经济发展 2016年仁和镇生产总值14000万元，年财政收入440万元，其中烤烟产值1000万元。

2016年，仁和镇找准烤烟生产面积短板，新增烤烟种植面积800亩。收购烤烟18886担。优质稻种植9000亩。蔬菜种植，引进专业种植大户，发挥蔬菜合作社的带动作用。社福山、下徐家、鲤鱼塘村形成1000亩规模标准化无公害蔬菜生产基地。林业产业新发展，黄家洞村引进大户投资300万元新种植美国甜橙1000亩；陈安、岩口洞、古坪等村为中心的1500亩花卉苗木基地初具规模。

2016年仁和镇有红砖厂、彩石场、彩灯加工厂、塑料厂、轧钢厂等10余家企业。

■基础设施 2016年仁和镇把闲置国有土地置换出让，引进商品房建设项目，总投资4000万元，总建筑面积24633平方米共15层，建设商铺、商品房共156套，已交付使用。同时打造“家旺福”连锁生活购物超市。投资300万元的冯石，白马垃圾焚烧场投入使用。仁和、刘安仲村的背街小巷道路硬化16公里；征地130亩，新建牛尾塘、刘安仲扶贫移民安置点。

■社会事业 仁和镇有中学1所、在校学生589人，教职工56人。完全小学17所，在校学生1563人。2016年李家铺完小合格学校建设竣工。

全镇有文化站1个，农家书屋25个，藏书5万册，有篮球场12个，广播电视户户通。

2016年有医疗机构35个，村村建有医疗点，镇内有中心卫生院1所，医护人员23人，床位20张。2016年投资350万元新建仁和卫生院医技大院投入使用。

2016年新型农村合作医疗，农民参合率99%；新型农村养老保险覆盖率80%。保障兜底405人。仁和镇共发放两批扶贫小额贷款1300万元。承接棉花坪扶贫人口安置，新建牛尾塘移民安置点，安置150人。仁和镇异地扶贫搬迁166人全部签订搬迁协议完成缴纳配套资金。

（欧阳涛）

棉花坪瑶族乡

■区域概况 棉花坪瑶族乡沿用原乡政府驻地棉花坪村而得名，1956年设棉花坪瑶族乡，为全省散杂居区15个瑶族乡之一。后撤并为公社、区所属。1984年恢复棉花坪瑶族乡。1995年撤区并乡建镇时建制未变。

辖棉花坪、沙子田、排山坳、柑子园、关塘五个行政村。棉花坪地处高山上，地多田少，以种植棉花为主得名。村委会驻棉花坪，辖两河口、棉花坪、瑶古坪、排形、靛桶溪、大力溪、小棉花坪、大岭脚、高屋场、茶坪源、寨头岭、枫木溪、靛棚溪、溪山喝、张家等18个村民组。沙子田以村地处沙子地得名。村委会驻沙子田，辖沙子田、刘家、神锅塘、眼口、车里、大江背、李屋场等9个村民组。排山坳村后山岭成排得名。村委会驻排山坳，辖四坝、排山坳、毛平、虾公源等6个村民组。柑子园村前有柑子树林得名。村委会驻柑子园，辖鲤鱼坪、黄家、东瓜溪、柑子园、龚家、干冲、小棉花坪、平冲、李家溪、借谷山等11个村民组。关塘村位于棉花坪瑶族乡东部，原属柏家坪镇，2015年乡镇区划调整划归棉花坪瑶族乡管辖，村委会驻龟落滩，辖八步溪、龟落滩、关塘、大地里、余家溪等6个村民组。

位于东经111°86′12″~112°5′23″，北纬25°62′19″~25°83′43″，总面积59.6平方公里，地处宁远县西北部，东、南邻仁和镇，西接中和镇，北与柏家坪镇接壤。乡人民政府驻沙子田村，距县城17千米。

■自然环境 地形地貌属典型的山地，地形复杂，山地高峻、坡陡、谷深，最高峰猛虎跳墙海拔高度为856.2米，最低点沙子田腹谷海拔541.1米。

属中亚热带季风湿润气候区，其特点是四季分明，雨热同季，光照不足，春季干旱多风，夏季雨量集中，秋季温和凉爽，冬季干冷少雪。多年平均气温18.4℃。生长期年平均248天，无霜期年平均202天，最长达228天，最短为197天。年平均日照时数2447.6小时，年总辐射107.4千卡/平方厘米。年平均降水量1665毫米。

境内有河流四条，其中春水河全长12公里，河水明净，从峰峦幽谷间穿行至仁和坝，因仁和坝水电站的建设，在棉花坪瑶族乡的神戈塘、厂口、车里、大江背、里屋墙一带形成壮观的人工湖泊。地下水资源可利用量为1084.2万立方米。

黑石头、铜、锑矿等矿产资源丰富，可实施规模开采。至2016年莲花水泥厂生产水泥所需黑石头全部采自棉花坪瑶族乡。

2016年末，辖区总人口7167人，其中瑶族人口4818人，占总人口67%。总人口中，男性3807人，占53%；女性3360人，占47%，14岁以下1711人，占23.9%，15~64岁4957人，占69.2%；65岁以上499人，占7.9%。2016年人口出生率13.4‰，人口死亡率7.0‰，人口自然增长率6.4‰。辖区东西最大距离6.9千米，南北最大距离8.2千米，总面积59.6平方公里。其中陆地50平方千米，占84%；水域9.6平方千米，占16%。人口密度为每平方千米120人。

■经济发展 2016年，棉花坪乡生产总值1782.98万元，其中农业总产值294.6万元，工业总产值1487.98万元；粮食总产量1231吨，完成财政总收入419万元，农村人均纯收入2531元。茶叶产业总产值1000万元。

2016年，全乡从长沙茶苗基地购苗500万株，新种茶叶1000余亩，全乡茶叶基地共3000余亩，发展茶农600余户。建立茶叶加工厂3个，推出“嶷红”红茶、“嶷山”云雾绿茶，茶叶产业总产值1000万元。推进林权制度改革，林权证全部发放到户。全乡累计完成造林1万余亩，林木面积达4万亩，种植户1000余户。发展特色养殖。全乡有柑子园野猪养殖场；柑冲、坪冲竹鼠养殖场；排山坳规模山羊养殖场；养口水鸭养殖区。全乡规模养殖户20余户，基本形成猪、鼠、羊、兔、鸡、鸭多类型，多品种养殖格局。

商贸服务业 2016年共有商业网点2个，年内社会商品零售总额20万元，同比增长15.3%。

■基础设施 棉花坪村两河口至瑶古坪自然村道路3公里硬化工程完工；排山坳至毛坪自然村1.5公里路段、沙子田大江背自然村2公里路段硬化完工。投入100万元修复排山坳，棉花坪、柑子园，关塘村等12处水毁工程。绿化美化五个村级中心活动场所；兴建关塘村村级活动中心，安装LED路灯。硬化部分村道巷道，并改造疏通下水道，排水沟。各村均聘请专职保洁员。沙子田村开展垃圾分类试点，形成清扫保洁长效机制。打造沙子田美丽乡村建设示范点。对棉花坪大道投入30万元美化、亮化，完成大道两边铺设彩板砖，安装护栏、路灯安装等工程。启动沙子田村，关塘村空心村治理工程。2016年农村网格化建设顺利，全乡共划分网格17个，配备网格员17名，工作运转正常。

■社会事业 2016年，全乡5个行政村贫困户建档立卡再次认真摸底、评议，张榜公布。2016年全乡完成扶贫小额贷款858万元，贫困户可享受85.8万元红利。易地扶贫搬迁小康村正在开工建设。开展对贫困户实用技术培训，邀请省农业大学著名茶叶专家徐超富教授来乡村培训贫困户160人，茶叶种植户200余人次。抓实社会保障兜底对象联合工作，准确认定兜底保障30户80人。

新建棉花坪完小综合楼、食堂、厕所和运动场，完成校内改电、改水工程，增添乒乓球台、多媒体教学仪器、光纤网格教学设施。重建高屋场片小，改造两河口片小、排山坳幼儿园，新建中心幼儿园。

2016年建成乡文化站，村级活动中心、农家书屋，实现行政村全覆盖，藏书量达5000余册。棉花坪村，沙子田村建成文体广场，并配备体育健身器材。

2016年投入180万元新建乡卫生院。乡卫生院医务人员、设备、设施逐步配齐、门诊，接种防疫，妇女儿童保健，居民健康体检功能齐全。新型合作医疗参合率达100%。

2016年定期组织拉网式集中排查调处活动，建立矛盾纠纷排查台账，做到底子清、情况明，重大矛盾纠纷及时调处，防止激化。扎实开展“平安家庭创建活动”，全乡共评选平安家庭51户。

■名优特产 “嶷红”红茶为宁远县舜风茶厂的主要产品，开发的红茶产品主要有“嶷红1号、嶷红香螺、嶷红帝眉”等。全部产品均采用原生态的高山鲜嫩茶青为原料、引进全国最好的红茶加工技术精制而成。产品外形紧细精致，汤色红润透亮，不仅饱含红茶共有的清香，还具有独特的回味。产品一上市就受到省内外客户的亲睐。

■民俗风情 聚居在棉花坪一带的瑶民，因头巾有顶板，称“顶板瑶”。因居住在崇山峻岭，也称为“高山瑶”，又称“过山瑶”。瑶家人始终保持着穿瑶装、唱瑶歌、跳长鼓舞、喝瓜箪酒、吃腊肉和过年打糍粑、春插祭谷神、二月初一

"敬鸟崽"、六月初六"过半年"、十月十六"祭盘王"的传统习俗。

乡庆迎宾保留着农耕文化，以及精美的瑶锦、瑶服。瑶族妇女擅长织染、刺绣，服饰花纹图案精美。衣襟、袖口、裤脚镶边处都绣有精美的图案花纹。发结细辫绕于头顶，围以五色细珠，衣襟的颈部至胸前绣有花彩纹饰。男子则以红布或青布包头，穿无领对襟长袖衣，衣外斜挎白布"坎肩"，下着大长裤。瑶族男女长到十五、六岁要换掉花帽改包头帕，标志着身体已经发育成熟。每年农历10月16日为"盘王节"瑶族主要信仰原始宗教，祭祀寨神、家神、山神、风神等，对生活和生产中的活动也要占卜吉日、祭祀神灵。

（欧阳佳胜）

中和镇

■区域概况 明清属仁泽乡。民国属西安镇。1950年8月归仁和区管辖。1958年10月成立中和（火箭）人民公社。1961年恢复区建置，原中和公社为中和、慕投、新开、保和4个公社。1984年6月公社改为乡，区建置不变。镇政府驻中和圩，镇沿用中和圩自然地名。中和镇原属中和区，1995年6月撤区并乡建镇时，由原中和乡、新开乡、保和乡、慕投乡合并而成，2003年3月，原国营白云山林场所属的砠江、白宫殿、杨柳田3个行政村，亦一并划归中和镇管辖。

辖上街、下街、麻田、马六口、兴隆坊、木华山、羊山头、石珠坝、大桃园、白田、泮塘、枫木脚、周家、白宫殿、蟠龙井、坦坝、李家、陈家洞、友谊桥、谢罗塘、新屋里、杉树脚、杉木园、何家山、罗卜元、永乐塘、保和、芳塘、新福祥、坝眼、老屋里、老彰佳山、油榨屋、新彰佳山、仁杏、百花园、下吴伯营、西江元、宝峰、慕投老村、慕投新村、大塘漯、井子口、高子洞、和平、上吴伯营、山林塘、茶子园、黄坝头、岭头、黄仟二、聂家、谢家、犹壁、立脚、砠江、芳竹山、坦头、新开、西山、四坊、邓家、蒋家、龚家、杨柳田等65个行政村。

位于东经111°50′54.24″~111°52′37.92″，北纬25°42′53.28″~25°42′1.44″。地处宁远县境西部。东邻棉花坪瑶族乡、仁和镇、文庙街道，南连天堂镇，西界道县、双牌县，北接清水桥镇、柏家坪镇。镇政府驻下街村，距宁远县城20公里。全镇总面积2993.2平方公里，其中耕地41940亩，林地278323亩。

■自然环境 地处宁远县境西部，地势南北高，中部低，境内最高峰宝峰山，位于宝峰村后，最低点滑石盘，位于下吴伯营村。

属中亚热带季风湿润区气候，气候较温暖，雨量充沛，其特点是四季分明，雨热同季，光照较充足。春季干旱多风，夏季雨量集中，秋季温和凉爽，冬季干冷少雪。年平均气温15.8℃，1月平均气温10.6℃；7月平均气温26.7℃，极端最高气温42.1℃。平均气温年较差30.3℃。生长期年平均250天，无霜期年平均208天，最长238天，最短109天。年平均日照时数2647.6小时，年总辐射97.8千卡/平方厘米。年平均降水量1668毫米。

境内仁江、春水河贯穿全境。仁江发源于中和镇西山东瓜漯，由北向南，从仁杏村南出境，境内河道长28公里。春水河自杉木园村东北入境，由东北向南，从冷水洞村西南出境，境内河道长6公里。凤仙桥水库位于中和中北部，为中型水库。

境内已探明地下矿藏有新开锑矿、铜矿岭铜矿等。其中新开锑矿位于谢家村，储量1035吨，已开发利用，属低温热液充填型脉状矿床，中型规模，平均品位5.16%。铜矿岭铜矿位于罗卜元村，主要分布于中和镇铜矿岭至棉花坪瑶族乡平冲一带，属低温热液充填型矿床，资源量652.3吨，平均品位0.773%，未开发利用。

2016年末，辖区总人口76381人，总人口中，男性41565人，占54.42%；女性34816人，占45.58%；14岁以下17180人，占22.49%；15~64岁52191人，占68.33%；65岁以上7010人，占9.18%。总人口中，以汉族为主，达75576人，占98.96%；瑶族656人，占0.86%。2016年人口出生率2.22‰，死亡率7.12‰，人口自然增长率5.1‰。辖区东西最大距离14千米，南北最大距离27.3千米，总面积299.2平方千米。其中陆地286.7平方千米，占95.8%；水域12.5平方千米，占4.2%。人口密度为每平方千米249人。民族以汉族为主。

■经济发展 2016年中和镇工业产值1000万元，渔业产值200万元，商业外贸共有5个商业网点，社会商品零售总额2亿元。城乡集贸市场成交额1.3亿元。财政总收入11079万元，比上年增加5%。

2016年，全镇粮食作物种植面积7.164万亩，其中早稻2.36万亩，中稻0.8万亩，晚稻2.61万亩。建成老屋里等早稻集中育苗示范基地3个、羊山头等早稻集中连片示范基地4个和岭头高档优质晚稻基地6个。烟叶种植面积增加到7000亩，收购烤烟14000担。林权发证7658本，涉及林地33.6018万亩。畜牧养殖，全年新增规模养殖场4个，牲猪出栏15800头，牛出栏1200头，羊出栏1500只家，禽出笼23万羽。水产品总量58吨。下吴世养牛专业合作社引进投资约600万元，已运营。培育桃花园农业开发有限公司、永成水稻种植专业合作社、联新蔬菜种植专业合作社、忠香林种植专业合作社、新胜淡水鱼养殖专业合作社等54家种养殖合作社。

■基础设施 新修村级通畅公路20.6公里。清淤扩容山塘25口，清淤渠道18200米，完成“五小”工程31处。新修机耕道3620米，机耕桥6座，新修饮水渠道2100米，整修渠道4500米，护砌河堤1057米。投资1.6亿元县城至中和和S236线中和辖区路段全线通车；凤仙桥水库除险加固工程竣工；泠天河灌溉渠工程各项工作进展顺利；西江源道路硬化收尾，杨柳田通畅公路完工；“幸福小区”易地扶贫搬迁工程、保和铜矿尾矿整治工程已开工建设。

■社会事业 有镇文化站，广播电视站各1处，有村级文化中心65处，农家书屋44处，藏书52800册，有腰鼓队60个，鼓乐队10个，村级体育场2个，有线电视用户13800户，入户率81.2%。

2016年中和镇有中学1所，在校学生770人，专任教师88人，初中适龄人入学率97.8%，小学升初中升学率100%，九年义务教育覆盖率98.1%。

2016年全镇有医疗卫生机构51个，疾病控制中心1个，卫生院1所，床位30张，专业卫生人员30人，执业医师7人，执行助理医师8人，注册护士4人。

2016年脱贫人数为2017人，易地搬迁镇集中安置40户162人，镇集中安置点幸福小区规划用地91.24亩，计划投资5700万元，一期工程进展顺利。小额贷款3020万元，参与分红建档立卡贫困户834户全镇共10816名居民享受新农保，共发放养老金876243.72元。新农合参合人数68600人，参合率98%，参合金额902.62万元。发放农村低保63万余元，城镇低保7.86万元，长寿补贴16.3万元，五保资金55.5万元，各类抚恤社救补助106万元。

（文思敏）

柏家坪镇

柏家坪镇位于宁远县境北部，古称泠道春陵乡。为宁远县十六个建制镇之一，是全国新型城镇化重点镇、全省小城镇建设示范镇，文化底蕴深厚，境内有全国重点文物保护单位——春陵侯遗址，地理位置优越，交通发达。

■区域概况 柏家坪镇汉属春陵乡，宋属宁远县，民清属西乡，辖2里。民国属北屏镇，意为宁远北部的屏障。1950年，命名柏家坪乡，1956年1月，成立柏家坪办事处，次年3月撤销。1958年，设柏家坪人民公社，同年10月改先锋人民公社，年底恢复原名。1961年3月以驻地命名柏家坪公社，同年9月隶属柏家坪区。1984年6月公社改乡。1986年3月柏家坪乡改为建制镇。1995年撤区并乡建镇时由原柏家坪镇、礼仕湾乡、双井圩乡合并而成新的柏家坪镇。辖区内有春陵古城、春陵侯墓、九龙岩、潮水岩、北屏翠柏、排楼坊、花明楼、古墓群等，其中春陵侯城遗址于2013年5月入选全国重点文物保护单位，春陵侯墓为湖南省重点文物保护单位，另有市级文物保护单位1处，县级文物保护单位2处。

镇政府驻柏家坪，全镇辖礼仕湾、双井圩、柏家坪三个责任区，分为28个行政村（其中唐家漯为瑶族行政村）和柏家坪1个社区，共226个自然村，511个村民小组。28个行政村：马头上村、岗芝头村、坝子头村、左家村、皇家洞村、岭脚洞村、潘花村、王家冲村、瓦渣坪村、井塘背村、郑古元村、唐家漯村、双井圩村、四元山村、可亭村、蔡地里村、北屏村、都喜村、刘均申村、桥头村、柏家坪村、板利元村、新团结村、礼仕湾村、柏家村、神山下村、兴旺村、眼头村。

柏家坪镇位于宁远县境北部，距县城35公里。东邻鲤溪镇，南接保安镇、仁和镇，西界棉花坪瑶族乡、中和镇，北连清水桥镇。辖区总面积160平方公里，有耕地面积4.65万亩，其中水田3.97万亩，旱土0.68万亩，山林面积95.2平方公里。

2016年底，全镇总人口68734人。汉族为主，其中有少数民族瑶族人口779人，主要居住在唐家漯行政村。全村辖6个自然村，共140户，总人口715人。

■自然环境 柏家坪镇山宽地广，土地肥沃，灌溉方便，物产丰富，享有“北路粮仓”的美誉，是全县有名的鱼米之乡。境内西、北面是高山，东北面为山地和丘陵，东南面和南部为低矮山丘。春水流经腹地，中下游形成平川，沿河层层筑坝，段段设堰，兼有大坝口水库和其他水利设施。永连公路贯穿南北，交通便利。

■经济发展 2016年工业生产值完成4.56亿元，增加15%；财政收入完成1990万元，同比增长11.3%；农村居民人均可支配收入13872元，同比增长14.51%；城镇居民人均可支配收入25080元，同比增长14.3%。新增就业人员400余人。

2016种植烤烟面积12886亩。投入100余万元，新建密集型烤烟房50座，完成烤烟收购2.58万担，超额任务2000担。引进康德佳，立群林业开发公司，流转土地1.3万余亩，造林4000余亩，套种天冬、白芨、重楼等药材600余亩。神山下水产特种养殖进行土地流转200亩。可亭200亩药用观尝兼顾的皇菊基地完成种植。

2016年民营经济个体户200户，产值达100万元以上企业15家，工业总产值4亿多元。

柏家坪镇个体工商户1942户，从业人员5438人；餐饮业24户，从业人员126人。集市贸易成交额和社会商品零售额亦居全县前茅。

2016年转移输出劳动力17426人，创收35748万元，占全镇总收入的35.14%。

■基础设施 2016年全镇扎实推进美丽乡村建设，1个村被列为市级“美丽乡村示范村”，8个村被列为“美丽乡村行动村”。419座房屋完成风貌改造，低矮房屋、杂房及围墙刷白1700平方米。新装立杆路灯 394 盏；太阳能路灯 58 盏，简易路灯 5977 盏；重要区域，重要路段重要村庄种植绿化树种 2000 株；新建和改造垃圾池 12 处，新配备环保垃圾车 1 台，运输车斗 6 个；垃圾焚烧炉正在加紧建设中。大路尾村拆除空心房 60 余座 15000 平方米，刷写“美丽乡村”文化墙 18 处，规划连片建房 14 亩（已进行平地清障），硬化道路 900 米。同时将“美丽乡村”与乡村旅游有机结合。杨柳农庄投入 300 余万元提质改造于 2016 年 10 月竣工。投资 1500 万元建设毛家坝休闲生态乡村旅游点工程已经启动。投入 1550 余万元，涵括 6 个村的 5000 亩烟区土地整改顺利完成。修建机耕道 46 条 14.2 公里；水渠（沟）85 条，4.1 公里；电排 5 处。柏家、四元山 4 个烤烟基地工程进展顺利；投入 300 余万元的茄子园、板利元 4 个病险水库除险加固工程完工。马头岗、大路尾、唐家漯村投入资金 200 余万元，硬化道路 9.7 公里，23 个“一事一议”项目，是年全部完成验收。

■**社会事业** 柏家坪有中学一所、小学四所，片小 17 个，有学生 5300 人，教职工 253 人，中小学生入学率 100%，毕业率 99%，升学率 90%。

柏家坪建成 3000 平方米的文化广场，50 个村建有图书室，21 个村建有篮球场，配备健身器材等设备。

柏家坪镇有中心卫生院 1 所，医护人员 61 人，病床 56 张，各行政村均有卫生医疗室。

2016 年完成易地扶贫搬迁贫困户 211 户、742 人，完成任务的 55.7%。其中到本镇集中安置 123 户，428 人，到县城集中安集 77 户 273 人，分散安置 11 户、41 人。在镇区所在地规化 105 亩，10 月底开工建设。小额扶贫贷款 3000 余万元，贫困户 2016 年从中获分红 300 余万元。

■**民俗风情** 扎故事 柏家坪“扎故事”的民间活动。地处湖南省宁远县柏家坪镇。最初，是人们以道教斋醮形式，祈求祛病消灾，许愿“扎故事”，以了人们的心愿，祈求风调雨顺，之后这项民间活动延续几十代逐渐得到发展。

（杨丽）

清水桥镇

清水桥镇是“永州市文明卫生乡镇”、“湖南省安全生产示范乡镇”、湖南省平安农机示范乡镇。

■**区域概况** 明清属西乡，民国属北屏镇。1950 年属平田乡。1952 年命名为清水桥乡，1958 年改为先锋人民公社，年底恢复原名。1961 年以驻地命名清水桥公社。1972 年，刘家坪村、桐梓坪村划归上龙盘公社，1984 年 5 月，清水桥公社改为清水桥乡，清水桥乡属柏家坪区，1995 年撤区并乡建镇时由清水桥乡、晓睦塘乡、侯坪乡合并而成，镇政府驻地清水桥圩，距县城 37 公里。

清水桥镇下设平田、清水桥、江河源、罗坝四个责任片区，辖 21 个行政村，分别为：田伟村、清水桥社区、晓塘铺、郑兴村、平田社区、清溪村、泉井眼、百福荣、联合村、大金盆、吕家桥、晓睦塘、西坊村、罗坝、吾塘岭、黄沙坪、江河源社区、胡家、谢家、大竹源、刘家坪。134 个自然村，312 个村民小组。

清水桥镇位于宁远县北端，东连鲤溪镇，南接柏家坪镇，西邻双牌县麻江乡，北界双牌县上梧江瑶族乡。全镇南北长约 12 公里，东西宽约 10 公里，总面积 148.06 平方公里，城镇面积 25.5 平方公里，耕地面积 2.8 万亩，山地面积 13 万亩。

2016 年全镇人口 4.3 万人，民族以汉族为主。

全镇以丘陵、山地为主。镇域中部较为平坦。

清水桥属亚热带季风气候，气候温和，四季分明，雨量充沛，日照充足，分布较均。春温多变日照少，夏热前涝后旱，冬有霜雪严寒短。受不同天气系统和独特地貌影响，时空分布不均，导致境内出现暴雨、洪涝、高温、干旱等灾害天气。年平均气温17.9℃，年降水量1843.6毫米。年日照时数1066.6小时。城乡环境持续改善，空气达标率100%。集中式饮用水水源地水质达标100%。

境内有三条河流，分别为平田龙溪河、清水桥河、吕家桥河。

水田有黄泥田、沙质田、灰黄泥田。旱土有红土壤、黄土壤、黄壤、黄棕土壤。

植物资源有桂花、红豆杉、银杏、罗汉松、紫油厚朴、金银花等。

■经济发展 2016年完成地方生产总值4.5亿元，木材加工产业产值1.5万亿元。产烟1.4万担，产值2000万元。全社会固定资产投资1.55亿元，农民人均纯收入5500元，城镇居民可支配收入1万元，工商税收120万元，清水桥农商银行存款突破2.2亿元。

2016年粮食种植面积4.14万亩，粮食产量达1.57万吨。烤烟生产产量突破1.4万担。种植糯高梁2000亩，种植特色蔬菜300余亩。种植油菜3200亩。全镇共有畜禽养殖大户60户，在晓睦塘、田苇、再上、洛家洞、谢家、极家、太平铺等村建成生态畜牧业示范工程。

2016年共有56家木材加工厂，制作的棺木远销东南亚，年产值达1.5亿元，有8家纺织厂，解决清水镇5000人就业问题。

镇农贸市场为全县最大农贸市场之一。市场总面积两平方公里，有商贸街五条，长2000米，营业面积5000平方米，摊位360个，营业铺面200户。每逢农历二、五、八日为圩日，赶集人数万余人，交易额50万元。全年工商税收120余万元。

■基础设施 2016年投入1000万余元整修晓睦塘片区6000亩高标准农田机耕道、水渠。投入7万元重新粉刷和美化镇政府部分区域。美化道路两侧环境，更换枯病死树12棵。拆除空心房56座。配备垃圾箱130余个，安装立轩路灯68盏，简易路灯50盏，改造农家庭院16座。高标准建设沿江风光带和文化广场，休闲区域，营造绿化带300米。新增镇内垃圾点12个，新设立垃圾箱67个。新建垃圾焚烧场完成选址。建起农村淘宝站20家，电子商务交易额突破100万元。有11个村385户美丽乡村建设改造工程通过验收。平田、清水桥社区、胡家、晓睦塘等村纳入“五化”行动村。

■社会事业 清水桥镇有幼儿园6所，小学11所，共有小学生3915人，入学率达100%；中学1所，在校学生1587人；教职员工301人。

清水桥有12个广场舞团队，清一村的广场舞团队曾参加湖南省广场舞比赛获奖项。2016年平田村大年三十、初一都举办春节联欢晚会。全镇有15个村配套建设篮球场。文化站一个。村村有文化活动中心，有农家书屋，有基层组织活动场所。

清水桥镇有卫生院1所，29个床位，43个执业（助理）医师，38个行政村均设有医疗诊所，泉井眼村还有一家设备齐全的养老机构。

2016年，发放小额贷款2100余万元。易地搬迁新址瑞源新村，占地面积22230.1平方米，建筑面积1.8万平方米，7栋六层安置户，可容纳150户555人。黄沙坪、洛家洞、再上村实行易地搬迁。2016年脱贫1250人，120名困难群众纳入农村低保动态管理，发放农村低保金1.2万元，发放五保供养资金45万余元。安排农村危房改造150户，补贴危房改造资金20余万元。完成新农合筹资任务。

（何俊杰）

桐木漯瑶族乡

■区域概况 境内因桐木树多而得名。明清属西乡。民国属北屏镇。1950年属柏家坪（先锋）人民公社，1961年属柏家坪区上龙盘公社。1984年9月，公社改乡，从上龙盘公社析置桐木漯瑶族乡。1995年撤区保留建置不变。

全乡辖6个行政村，分别为上龙盘、下龙盘、桐木漯、桐梓坪、小源、双源，46个村民小组，总人口7534人，其中瑶族人口3528人，占总人口的46.83%。

位于东经111°54′54″——112°01′18″，北纬25°55′06″——26°01′48″。地处县域北部，东与鲤溪镇、荒塘瑶族乡交界，南与清水桥镇相邻，西北与双牌县麻江、茶林二乡接壤。乡政府驻上龙盘村，距县城48公里，全乡总面积69.1平方公里。

属典型的山地，山势起伏，群山环抱，最高峰汉皇殿海拔为1477.4米，最低的下龙盘海拔为320.0米。全乡总面积69.1平方公里，耕地3312亩，其中旱土1830亩，水田1482亩，林地面积56333.33公顷。

森林资源丰富，是全县竹木及药材的主产区。树种有杉、松、樟、香椿等十多种优质用材林；竹有楠竹、毛竹、花竹、方竹、苦竹等；药材有杜仲、黄柏、厚朴、银杏、川芎、贝母等数十种珍贵品种。还有少量的金属矿石等矿产资源。

境内有三条横贯南北的河流，落差大，水力资源丰富，利于小水电开发，有小二型水库和小一型水库各一座。

■经济发展 2016年粮食生产总值1350万元，财政收入196万元，烤烟产值130万元，人均收入3000元。集市贸易日成交额10万元。

2016年粮食生产新增50亩以上大户6户；优质烤烟连片种植500余亩，今年累计收购烟叶1100余担，增加农民收入近130万元。规模养殖户新增2户，其中投资200万元以上规模养殖1户。林业完成造林3200亩，村村之间，邻乡之间林权纠纷逐步化解，林权发证96732亩，占全乡林地面积95.8%。

竹木加工为主，规模木材加工厂15个。2016年，新引进竹木加工企业2家，其中投资600万元以上的红军木业有限公司产值超3000万元已入统规模工企企业，正准备增加投资500万元以上扩大生产规模。

依托双龙水库的独特魅力，以休闲农庄建设为切入点发展乡村旅游。龙源山庄被评为“三星级”农庄。龙盘山庄改装换貌，游客接待量、营业量都实现翻番。

■基础设施 2016年投入100万元新修桐梓坪、上龙盘机耕道2公里。上龙盘村垫资20万元冬修护坡100余米，灌溉沟渠300余米。小源村6.5公里村道通畅工程全面完工。双源、小源自来水工程开工建设。桐木漯、下龙盘综合服务平台修缮一新。桐梓坪村荷叶塘自然村乡村风貌改造完成40户。双源村双江口自然村亮化工程全面完工。

■社会事业 2016年全乡危房改造完成40户，乡卫生院加挂“公共卫生服务与管理办公室”、“公共卫生和妇幼保健计划生育服务站”牌子，并正常运营。“户户通”超任务100余户。不少企业给在校学生送校服、书包、蚊帐和开展免费午餐行动，对高考录取就读一本、二本、高职、中职的贫困生分别给予3000元、2000元、1000元、600元的奖励资助。适龄儿童入园率达98%。义务教育巩固率100%。县工作队189名干部结对帮扶391户1599人，村级党员干部结对帮扶264人。全乡贫困人口脱贫827人。脱贫率82.7%。4个贫困村贫困发生率控制在2%以下。完成产业扶贫贷款759万元，人均增收1000元。一般家庭年均收入超过3万元。部分贫困户年纯收入超5万元。易地搬迁，签订协议并缴款的搬迁对象155户650人。占地70亩安置点龙源新村建设，完成平土和第一基础。

桐木漯有中心校一所，在

校学生440人，教职工30人，寄宿生190人，义务教育覆盖率100%。有幼儿园2所，学生100人，入园率98%。

有文化站1个，图书室1个，农家书屋6个。建成民族文化广场1个。各种瑶族文化节不断开展。村村建有篮球场，乒乓球台，部分村安装健身器材。2016年组织了多项比赛活动。

有卫生院1所，村级卫生室6所，医务人员20名，病床22张。6个行政村民全部参加新型农村合作医疗，医保全覆盖。

■特色地情 桐木漯瑶族乡地处山区，山青水秀，奇峰怪石，古老瑶寨，极具民族风情的瑶族文化。境内名优特产主要有杜仲、黄柏、厚朴、银杏、川芎、贝母等数十种珍贵药材，有野生食用菌、谷雨茶、高山蔬菜、“七姊妹”辣椒、瑶家腊肉等特产，养殖的竹鼠、野猪、小种山羊销往各地市场。

（邓朝富）

鲤　溪　镇

■区域概况 明清属东乡，民国属北屏镇，1931年设置永安、石溪等乡。1946年，永安乡和石溪乡合并为石安乡，1950年属平田区，1958年属永安（和平）人民公社。1961年为鲤溪区之鲤溪、永安、柏万城公社。1984年，鲤溪区划分为柏万城、永安乡、鲤溪乡、石家洞乡、荒塘乡等5个乡。1995年，鲤溪区撤区并乡建镇设立鲤溪镇，由鲤溪区的鲤溪乡、永安乡、柏万城乡合并组成。鲤溪镇文化底蕴深厚，东春水东岸有清风岩，翠柏林立，山青水秀。大冠岭上有大观堡遗址，白石下有香姑岩，大方洞村有古代女子贞节牌坊文化遗址，2014年，古代女子贞节牌坊文化遗址被纳入永州市文物保护资源。

鲤溪镇政府驻鲤溪村，沿用鲤溪自然地名，村立两溪口，溪中多鲤鱼，故得名。全镇辖27个行政村（鲤溪、雷家源、枫木山、大方洞、下庄、五福、山田、贵头、三元岭、东山岭、骆家园、朝晖、瓜石、快乐洞、永安、桑梓头、姜家洞、百家岭、柏万城、龙泉、开发渡、白免、双河、大观堡、白云岩、仙马石、杉木坪），共165个自然村，396个村民小组。

鲤溪镇位于宁远县境东北部，距县城58公里，东经112°11′70′～112°03′04′，北纬25°80′13′～25°95′15′。东与新田县交界，南临保安镇，西接柏家坪镇、清水桥镇，北邻五龙山瑶族乡、洋塘林场。宁远至五龙山瑶族乡公路从南至北纵贯全镇，S215线公路从东至西穿境而过。镇域总面积162平方公里，其中耕地28976亩（水田22191亩，旱土6785亩）。

境内地形南北狭长，北高南低，西北两侧均系山地，雾冲、西江源、瓜垒源等山峰平均海拔700余米，其中西江源主峰986米，与宁远、新田境内的大冠岭形成东面屏障，平均海拔400米。

属大陆性中亚热带季风性湿润气候，春温多变日照少，夏热前涝后多旱，初秋湿热晚秋凉，冬有霜雪严寒短。年平均气温17.9℃，年降水量1843.6毫米。年日照时数1066.6小时。

东春河源出分水岭，自北向南流，纵贯境内。

空气达标率100%。集中式饮用水水源，地水质达标100%。地表检测断面功能区达标98.3%。区域环境噪声平均值为52.4分贝。交通噪声平均值为69.6分贝。据环境空气质量检测数据表明，2012年二氧化碳浓度年平均值达国家标准（CB3095—1996）一级标准，空气质量指数为良的天数占全年天数比例98%。

水田有黄泥田、沙质田、灰黄泥田。旱土有黄土壤、黄壤、黄棕土壤。

植物资源有樟树、松树、杉树、楠竹、油茶树、金银花等。矿产资源主要有石灰石；上柏、下柏、上汤家等村境内发现少量铁矿石，虎形村有煤矿，贮量不多，燃烧值不高。

全镇共10594户，56298人，民族以汉族为主，占98.9%，有一个瑶族村——雷家源瑶族村，共115户，553人。

■**经济发展** 2016年地方生产总值7630万元，完成财政收入1094.11万元，同比增长15%；完成固定资产投资1846万元，占年度计划的104%。全镇种植水稻4.57万亩，实现粮食总产量1.96万吨。2016年城镇居民人均可支配收入22650元，农民人均纯收入4660元。

2016年，新增千亩水稻连片示范区2个，种植早中稻16900亩，晚稻14200亩。培育种植大户34户，集中流转土地6000余亩。新增游马石，永安，浪石桥3个500亩以上蔬菜种植基地，带动全镇蔬菜种植面积11000余亩。烤烟生产收购烟叶7446担，完成县任务106%。建成玉竹、天门冬、白芨药材种植基地4个3600余亩。楠木名贵林基地2个8000余亩。新增生猪、肉牛、山羊规模养殖12户。生态造林5100余亩。

2016年有砖厂4个，采石场1个，木材加工企业1家，稻米深加工厂2家，生猪饲料加工厂1家，红薯糯米酒生产厂家2家。

■**基础设施** 2016年，镇区接柏新坦公路入口至市场道路人行道改造工程正在施工；镇政府机关原址兴建完成平面图设计。8个“五化”（即绿化、亮化、美化、净化、序化）示范村建设（含镇集镇所在地村）新安装路灯700余盏，乡村风貌改造300余户。7.6公里大观堡旅游公路完成设计和财政评审。三元岭、贵头片3000亩集现代烟草农业、生态环境整治、美丽乡村建设于一体的新型农村示范区建设已行动。横跨春河上游、贵头接花石公路桥梁完成设计和财政评审。11个扶贫村农村安全饮水提升工程竣工。兴修五小水利工程6处，工程量11500立方米。6个小型水库除险加固工程完成。投资1.2亿元的烟草水源性东山岭水库完成设计。

■**社会事业** 2016年，有完全小学3所，村片小学21所，在校学生2671人，专任教师117人，小学适龄儿童入学率100%；初中1所，初中在校学生816人，专任教师43人。初中适龄人口入学率、小学升初中升学率、九年义务教育覆盖率均达到100%。

2016年，有综合文化站1个，面积360平方米，内存书籍5000余册，对外开放。有广播电视站1个面积20平方米，设施齐全。村级文化活动中心27个，建有农家书屋27所。新建篮球场等文体设施35处。“村村响”覆盖率100%，“户户通”安装4000余户。

2016年鲤溪镇有中心卫生院1个，床位30张，永安建有分院一个。村级卫生室35个；专业卫生员12名，其中执业医师4人，执业助理医师5个，注册护士3人。

2016年，清理四类对象并重新纳入贫困人口1879人，建档立卡贫困户2149户，7772人。小额扶贫贷款和委托城建投、馨园园艺、放心来业帮扶680户2683人；以贴息贷款2501.5万元帮助贫困人员每年分红257万元，户平均年增收3500元。对本地专业合作社及种养大户直接贷款62万元，受益和带动扶贫10户46人。通过劳动技能培训，贫困户劳动力转移就业450余人。镇财政奖补新增烤房50座，培植带动种烟大户18户，帮扶脱贫69人。生态造林覆盖贫困户270户。雨露计划助学帮扶39人。其中大中专34人，中小学生5人，直接帮扶贫困户37户。易地搬迁对象93户355人。东春新村安置房安置101户430人。对特殊困难群体160户377人纳入兜底保障。全年精准脱贫633户、2347人。完成危旧房改造90户，发放补助款60余万元。2016年新型农村合作医疗参合人数43614人，参合率98%；农村养老保险参保人数18028人，参保资金183万元，参保率72.82%。

（雷慈丽）

五龙山瑶族乡

■区域概况 五龙山瑶族乡春秋属楚之苍梧，秦及汉初属春陵县；后随属春陵侯国，唐属大历县，宋属宁远县，明清属东乡，民国属北屏镇，乡沿用驻地名。1950年命名石家洞乡，1957年析置荒塘瑶族乡，为湖南省当时瑶族散杂居区建立的15个瑶族乡之一。1958年为和平人民公社。1961年以驻地命名石家洞公社，辖13个大队。1984年划分为石家洞乡和荒塘瑶族乡，共辖17个村。1992年将瓦窑村、新屋场村划归祁阳。1995年撤区并乡，两乡合并为荒塘瑶族乡。2015年8月，更名为五龙山瑶族乡。

乡政府驻石家洞村，2016年区划改革后辖杨桂坪，象村洞、石家洞、上洞铺、陈家湾、牛塘岭、大坝、洋塘、上庄源、茶坪源、五龙山11个村，一个林场，98个自然村，149个村民小组。

五龙山瑶族乡位于东经112°04′~112°05′，北纬25°58′~26°08′。宁远县境最北端，阳明山脚。瑶族乡政府驻地距宁远县城68公里。东邻新田县，南接鲤溪镇，西连双牌县，北交祁阳县，是一个毗邻四县的北部林区。辖区东西最大距离14.3千米，南北最大距离22千米，总面积168.1平方千米。人口密度为每平方千米69人。

2016年底全乡总人口11854人，其中少数民族总人口3368人，有瑶族、土家族、壮族。总人口中，男性6306人，占53.2%；女性5548人，占46.8%。

五龙山瑶族乡地处山区，境内南低北高，地面高度一般在海拔363米，其中海拔在800米以上的行政村有两个，最高点步步岭海拔高度1438米，最低点为杨桂坪村海拔303.6米。

五龙山瑶族乡属中亚热带湿润季风气候。气候特征，严冬期短，夏热期长，春季多雨，夏季多旱，热量丰富，雨量充沛。年平均气温16℃。1月平均气温4℃，7月平均气温27℃。年平均日照数为1630小时。年平均降水量1430毫米。无霜期277天。

五龙山瑶族乡境内主要河流有猛江河、东春河等，东春水发源于牛塘岭南麓，流经石家洞、鲤溪、永安、柏万城至礼士湾茄子园村两江口，全长40公里。水能蕴藏量5万千瓦，其中可供发电4万千瓦。

境内主要矿产品有钨、锑矿等，野生动物有野猪、野山羊、梅花鹿、獐子、竹根鼠等，植物主要有红豆杉、白果树（银杏树）、油茶及一些珍贵野生树种，同时也是宁远县杉木、楠竹、中药材主产区。

■经济发展 2016年五龙山瑶族乡地方生产总值7950万元，其中，工业总产值50万元；财政总收入480万元，同比增长14%。上缴耕地占用税4.65万元。烤烟税收13.6万元，征收社会抚养费42.9万元。

全乡有耕地面积5565亩，人均0.5亩。种植业以粮食为主。种烤烟420亩，收购烟叶570担。完成油茶种植500亩，蔬菜种植1570亩。绿肥740亩，面上造林2850亩。楠竹低改2000亩，封山育林5500亩，中幼林抚育4000亩。培育13户100亩以上造林大户。百合、颠茄、萝卜经济作物种植560多亩。流转土地300亩引进蔬菜种植大户3个，流转山场11000余亩造林。养殖业有较大发展。

2016年有工业企业4家，主要为竹木加工，生产竹木成品和半成品。工业总产值50万元。

2016年有商业网点85个，职工360人，社会商品零售额0.32亿元；有集贸市场2个，年成交额0.19亿元。

■基础设施 2016年，完成通畅公路6公里。投资100万元除险加固老鸭岭病险水库。修复水毁工程11处2010米。整治骨干山塘3座，渠道清淤疏浚2处，830米，建设五小工程12处。投入180万元建设杨桂坪、西边、牛塘岭、上庄源、茶坪源等村人畜饮水安全工程。投入200余万元在上庄源、茶坪源建设5座桥梁。筹集50余万元在石家洞、新屋、上洞铺、大坝、洋塘村大街小巷安装路灯250余盏。

■社会事业 2016年，投资100余万元改造五龙山完小、五龙山中心幼儿园，乡政府自筹2万元奖励高考优秀学子20名。

2016年，投入100余万元兴建卫生院宿舍大楼竣工，乡中心卫生院达到甲级标准；11个行政村建立村级卫生室。五龙山乡成功创建省级生态乡镇。配置果皮箱60个，大垃圾桶60个。乡村均配备保洁员，村村兴建垃圾池。

2016年有乡文化站、广播电视站各1个，村级文化活动中心15处；图书馆10个，藏书3.5万册；体育场6个。音乐、美术、书法摄影及文学业余创人员多名。

2016年全乡5783名群众纳入农村养老保险，年满60周岁的老人全部享受养老金；846户1475名低收入群众纳入最低生活保障；22名符合条件的五保老人实行集中供养。全乡10403人参加新型农村合作医疗，参合率98%。2016年走访贫困户56户，发放资金11200元，医疗救助22人；政策兜底共计68户，147人，完成危房改造60户。投入2000余万元的易地扶贫搬迁龙凤湾、天鹅园安置点项目和45户177人。技能培训转移就业220人，产业结对金融扶贫发放贷款850万元，惠及贫困户220户850人。

■民俗风情 五龙山瑶族乡有着漫长的历史和古老的文化，文化底蕴和瑶族风情与九嶷山南呼北应。五龙山瑶族服饰头巾有衬板，有“顶板瑶”之称，与桐木漯瑶族、棉花坪瑶族相同。方言主要以瑶话和新田语音为主。

（赵桂发）

附　　录

附一：2016 年县委、县政府重要文件目录

1. 中共宁远县委　宁远县人民政府关于创建全国文明城市（县城）的决定
（宁发〔2016〕11 号）
2. 中共宁远县委　宁远县人民政府关于智慧宁远大数据平台建设的实施意见
（宁发〔2016〕12 号）
3. 中共宁远县委办公室　宁远县人民政府办公室关于印发《宁远县党和国家工作人员违反作风建设规定问责暂行办法（2016 年修订）》的通知
（宁办发〔2016〕39 号）
4. 中共宁远县委办公室　宁远县人民政府办公室关于印发《2016 年六件惠民实事和重点民生实事项目实施方案》的通知
（宁办发〔2016〕41 号）
5. 中共宁远县委　宁远县人民政府关于表彰宁远县优秀教师和先进教育工作者的决定
（宁发〔2016〕14 号）
6. 中共宁远县委办公室　宁远县人民政府公办室关于印发《宁远县公务用车制度改革总体方案》和《宁远县党政机关公务用车制度改革实施方案》的通知
（宁办发〔2016〕42 号）
7. 中共宁远县委　宁远县人民政府关于切实做好 2016 年农村秋冬生产工作的意见
（宁发〔2016〕15 号）
8. 中共宁远县委办公室　宁远县人民政府办公室关于印发《2016 年全县优化经济发展环境工作 · 效能建设暨机关作风“满意不满意单位”测评实施方案》的通知
（宁办发〔2016〕45 号）
9. 中共宁远县委办公室　宁远县人民政府办公室关于支持宁远一中改革发展的若干意见
（宁办发〔2016〕46 号）
10. 《宁远县人民政府关于公布乡镇区划调整改革结果的通知》2016-01-28
11. 《宁远县人民政府投资建设项目审计监督实施办法》2016-03-01
12. 宁远县人民政府关于宁远县“十三五”时期易地扶贫搬迁工作的实施意见（宁政发〔2016〕8 号）
13. 宁远县人民政府关于部分乡镇（街道）行政区划调整的通知（宁政发〔2016〕9 号）
14. 宁远县人民政府关于推行政府和社会资本合作（PPP）模式的实施意见（试行）（宁政发〔2016〕10 号）
15. 宁远县人民政府关于做好 2016 年粮食生产工作的意见（宁政发〔2016〕11 号）
16. 宁远县人民政府关于印发《宁远县特色品牌产品入驻永州市源味街优惠政策（暂行）的通知》（宁政发〔2016〕12 号）
17. 宁远县人民政府关于公布 2016 年县政府工作部门行政权力的通知（宁政发〔2016〕13 号）

18. 宁远县人民政府关于印发《宁远县水污染和大气污染治理实施方案（2016——2020年）》的通知（宁政发〔2016〕14号）
19. 宁远县人民政府办公室关于印发《宁远县易地扶贫搬迁项目资金管理办法》的通知（宁政发〔2016〕34号）
20. 宁远县人民政府关于清理规范56项行政审批中介服务事项的决定（宁政发〔2016〕15号）
21. 宁远县人民政府关于公布2016年规范性文件清理结果的通知（宁政发〔2016〕16号）

附二：宁远县2016年国民经济和社会发展统计公报

宁远县统计局

2017年2月25日

一、综合

经济持续稳定发展。2016年，全县实现地区生产总值1359778万元，同比增长9. 5%。其中，第一产业增加值285677万元，同比增长3. 4%；第二产业增加值434755万元，同比增长8. 0%；第三产业增加值639346万元，同比增长13. 6%。按常住人口计算，人均地方生产总值为18658元，同比增长8. 9%。

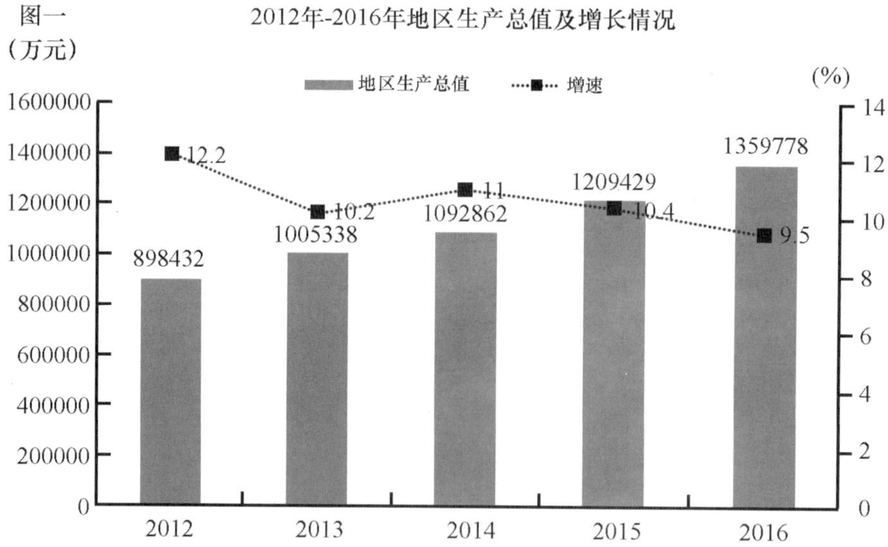

产业结构进一步优化。全县三次产业结构由上年的22. 1：33. 5：44. 4调整为21：32：47，一、二产业所占比重分别下降1. 1和3. 5个百分点，三产业所占比重上升4. 6个百分点。一、二、三产业对经济增长贡献率分别为7. 9%、28. 2%和63. 9%，一、二、三产业分别拉动GDP增长0. 75、2. 68和6. 07个百分点。

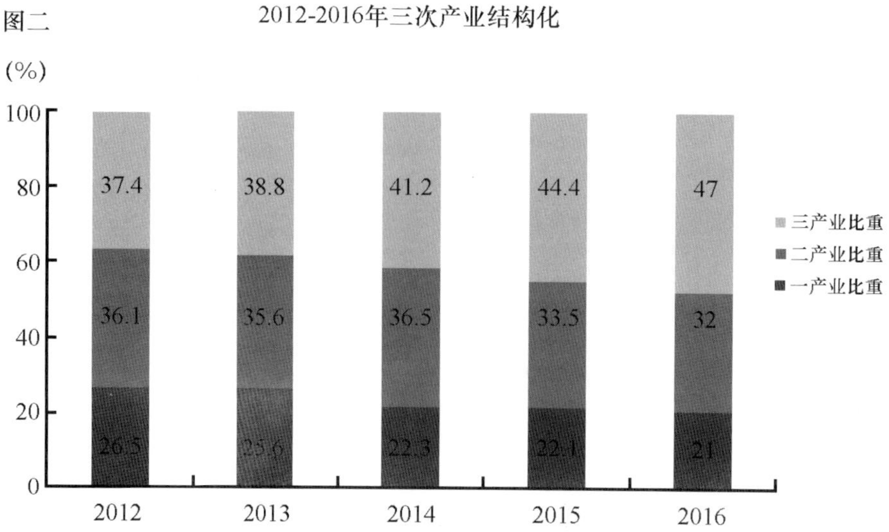

二、农业

农业生产稳中有升。全县完成农林牧渔业总产值519074万元，同比增长3.5%，其中：农业产值204490万元，同比增长0.2%；林业产值37714万元，同比增长8%；牧业产值221396万元，同比增长5%；渔业产值40155万元，同比增长6%；农林牧渔服务业产值15319万元，同比增长10%。

种植业发展平稳。全年粮食播种面积55240公顷，粮食总产量达到303103吨，同比下降1.5%。经济作物中，烤烟种植面积8.03万亩，收购烟叶17.9万担。主要农作物播种面积及产量如下表：

品名	播种面积（千公顷）	同比增减（%）	产量（吨）	同比增减（%）
粮食作物	55.24	0.78	303103	-1.5
其中：稻谷	43.36	0.6	270341	-0.29
薯类	3.24	-3.28	12041	-20.7
豆类	5.43	1.31	12147	2.69
蔬菜	9.32	0.11	314311	3.0
瓜果类	0.41	-47.44	16560	-37.19

林业发展稳步提升。全县森林覆盖率为60.47%。人工造林面积达到3733.3公顷。木材采伐量2.5万立方米；竹材采伐量0.8万根。

畜牧业有起有落。全年肉类总产量8.8万吨，同比下降1.12%。生猪出栏89.51万头，同比下降2.1%；生猪存栏56.66万头，同比下降3.6%。水产品产量2.2万吨，同比增长5%。

品名	计量单位	数量	同比增长（%）
肉类总产量	吨	88049	-1.12
出栏肉猪	万头	89.51	-2.1
出栏牛	万头	1.85	0.54
出栏羊	万只	1.52	8.57
出笼兔	万只	450	1.81
出笼家禽	万羽	835	4.04
禽蛋产量	吨	2200	3.33
生猪存栏	万头	56.66	-3.6
牛存栏	万头	6.8	1.5
兔存笼	万只	169	13.4
家禽存笼	万羽	370	3.35
水产品产量	吨	21966	5.0

三、工业和建筑业

工业经济发展平稳。2016年，全县实现工业总产值1546663万元，同比增长13.2%，其中：规模以上工业总产值1160320万元，同比增长15.2%，规模以下工业总产值386343万元，同比增长7.6%。完成全部工业增加值350563万元，同比增长7.7%，其中规模以上工业增加值完成279855万元，同比增长8.6%；规模以下工业增加值70708万元，同比增长4.8%。年末规模以上工业企业82家，其中本年新增规模工业企业17家。

图三

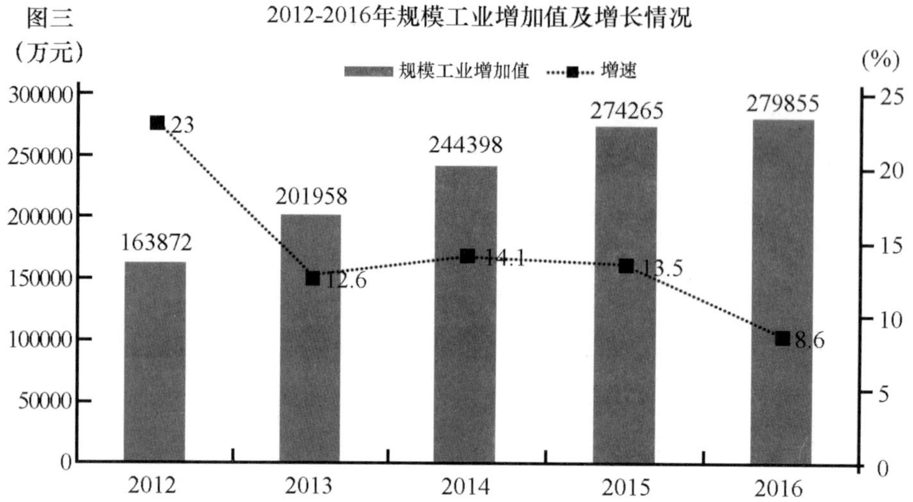

工业经济效益较好。全年规模以上工业企业主营业务收入1131999万元，同比增长15.1%；规模以上企业产品销售率达到98.2%。

规模工业主要产品产量如下：

品 名	计量单位	产量	同比增减（%）
钢材	吨	525876	20.8
水泥	万吨	171.9	1.6
商品混凝土	万立方米	163.8	2.9
自来水生产量	万立方米	1423.1	1.7
服装	万件	218.7	-18.7
大米	吨	76469	26.2
铅	吨	29587	-6.5

建筑业发展良好。全县实现建筑业增加值84754万元，同比增长9.5%。全县具有资质的建筑业企业达11家，共实现总产值和利润204979万元和19008万元，同比分别增长16.4%和18.1%。房屋建筑施工面积375.7万平方米，同比增长20.8%，其中新开工面积247.3万平万米，同比下降1.4%。

四、固定资产投资

投资规模继续扩大。全县共完成固定资产投资1675345万元，同比增长17.4%。其中，国有投资完成836645万元，同比增长31.5%，非国有投资完成838700万元，同比增长6.1%；房地产投资完成71906万元，同比下降17%。从产业来看，第一产业完成投资106940万元，同比增长84.8%；第二产业完成投资604646万元，同比增长24.5%；第三产业完成投资963759万元，同比增长9.1%。

投资结构进一步调整。工业投资完成595046万元，同比增长22.6%，占全部投资的35.5%，其中工业技改投资142675万元，同比下降0.1%；高新技术产业投资68670万元，同比下降22.5%；民生工程投资202450万元，同比增长23.2%；基础设施投资508896万元，同比增长23.6%。

房地产市场持续升温。2016年全县城镇住宅总竣工面积61.54万平方米，同比增长25.6%；总投资11.5亿元，同比增长118.63%。商品房销售面积33.86万平方米，同比增长21.61%，销售金额达到10.74亿元，同比增长21.92%；2016年全县商品房销售均价为3170元/平方米，同比增长0.25%。

图四　2012-2016年固定资产投资完成额及增长情况

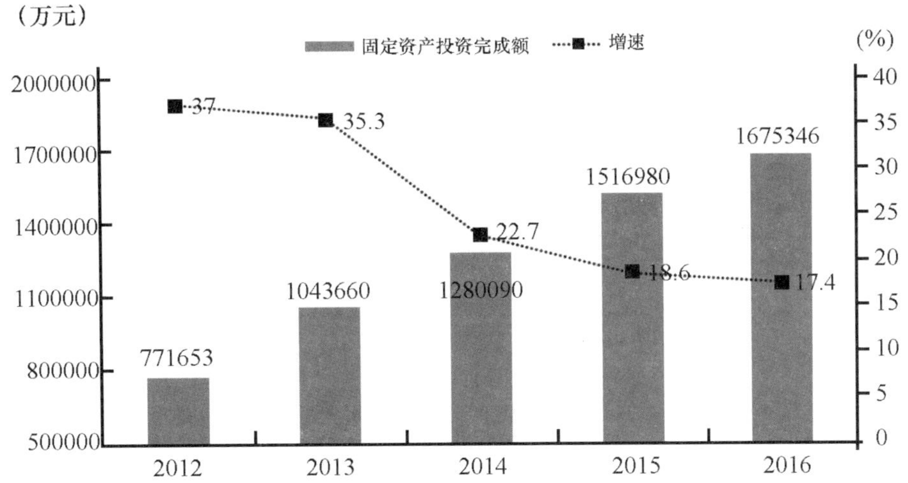

五、国内贸易

消费市场需求旺盛。全县完成社会消费品零售总额633439万元，同比增长11.9%。分地域看，城镇消费品零售额553842万元，同比增长12.9%；乡镇消费品零售额79597万元，同比增长5.4%。分行业看，批发和零售业零售额545877万元，同比增长12.5%；住宿和餐饮业零售额87562万元，同比增长8.8%。年末限额以上批发零售贸易企业44家，比去年增加15家；限额以上住宿餐饮业企业7家，比去年增加2家。

图五　2012-2016年社会消费品零售总额及增长情况

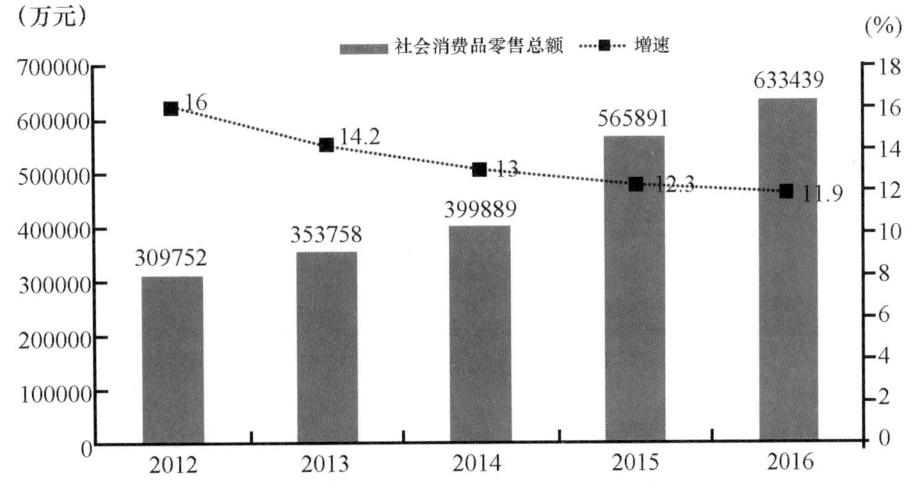

六、招商引资和旅游

招商引资态势良好。全年实际到位外资10154万美元，同比增长25.9%；内联引资24.1亿元，同比增长2.6%；完成外贸进出口额11840万美元，同比增长20.3%。

旅游业蓬勃发展。全年共接待游客800万人次，实现旅游总收入48亿元，同比分别增长17.6%和20%。

七、交通运输和邮电

交通条件明显改善。年末公路通车里程达3226.436公里，其中省道372.696公里，县道348.994公里，乡道759.095公里，村道1657.785公里，专用道1.866公里，高速公路通车里程86公里，其中二广高速52.7公里，厦蓉高速33.3公里。全年实现全社会货物周转量263129万吨公里，同比增长8.9%。旅客周转量64942万人公里，同比增长3.2%。

邮电通讯转型升级。全年邮电业务总量达25570万元，同比增长6.6%。其中邮政业务总量3515万元，电信业务总量5081万元，移动业务总量14045万元，联通业务总量2929万元。年末移动电话用户共329239户，其中移动227399户，联通45086户，电信56754户。固定电话用户12351户。

八、财政、金融

财政实力不断增强。全年完成财政总收入137490万元，同比增长16.3%，其中县本级收入100772万元，上划省级收入8640万元，上划中央收入28078万元，同比分别增长14.5%、4.1%、28.1%。实现税收收入108725万元，占财政总收入的79.1%，较去年同期提高3.9个百分点。全年财政支出418778万元，同比增长2.4%。其中财政一般预算支出400356万元，同比增长8.9%；农林水事物支出70592万元，同比增长11.7%；教育支出83066万元，同比增长9.5%；医疗卫生支出46410万元，同比增长2.7%；社会保障和就业支出59617万元，同比增长21.9%；节能环保支出12840万元，同比增长3.5%；文化体育与传媒支出11647万元，同比增长18.4%；公共安全支出15271万元，同比增长8.8%；科学技术支出365万元，同比增长12%。

图六

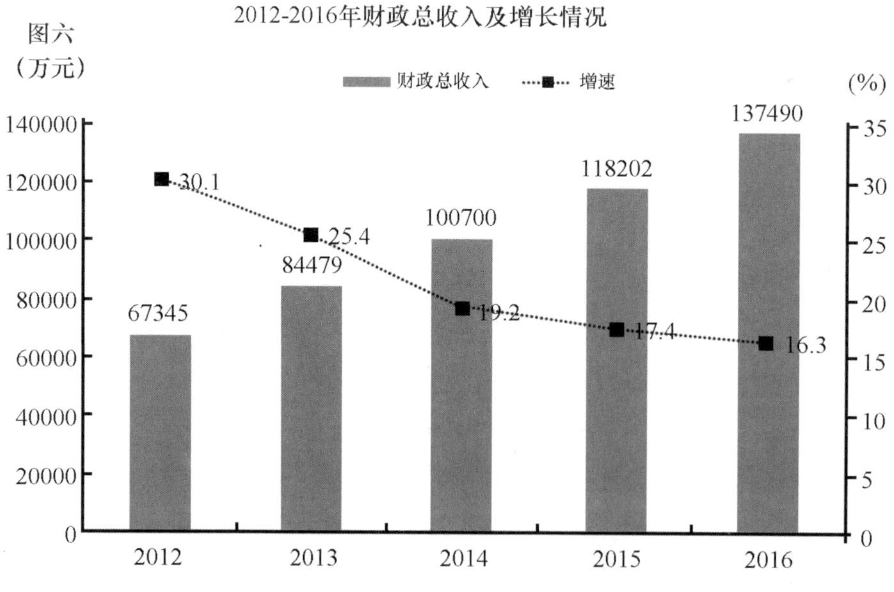

金融市场有序发展。年末全县金融机构各项存款余额1804084万元，较年初净增306880万元，同比增长20.5%。其中个人储蓄存款余额为1233117万元，较年初净增154091万元，

同比增长14.3%。全县金融机构各项贷款余额为980788万元，较年初净增182786万元，同比增长22.9%。

九、教育与卫生

教育事业扎实推进。全县共有中小学校359所，其中：高中4所，完全中学27所，九年一贯制学校6所，小学54所，教学点267个，特殊学校1所。在校学生114985人，其中：高中学生10901人，初中学生30999人，小学学生73039人，特殊学校学生46人。全县教师总数5925人，其中：高中教师987人，初中教师1493人，小学教师3065人，特校教师15人，幼儿园教师205人。职高学校1所，教师160人，学生2450人；幼儿园202所，学生24366人。

卫生条件不断改善。年末全县实有卫生机构674个，其中综合医院4个，专科医院10个，乡镇卫生院18所，卫生院分院14个，村卫生室595个，校医务室5个，门诊、诊所25个，妇幼保健院1个、疾病控制中心1个、卫生监督所1个。年末卫生技术人员2906人，卫生机构床位数4024张。

十、环境保护和安全生产

节能减排成效突出。全县单位GDP能耗为0.5946吨标准煤/万元，同比下降6.37%；单位规模工业增加值能耗为0.8395吨标准煤/万元，同比下降8.2%。主要污染物总量减排四项指标均完成市级下达任务目标，化学需氧量、二氧化硫、氮氧化物、氨氮等四项主要污染物同比分别削减了2.1%、1.6%、36%和1.8%。

安全生产形势稳定。2016年全县发生各类生产经营性安全事故1起、死亡3人，同比增加事故1起，多死亡3人，发生1起较大以及以上生产安全事故。

十一、人口、人民生活和社会保障

人口保持低速增长。2016年末，全县户籍总户数25.41万户，户籍总人口88.75万人。年末全县常住人口73.09万人，其中男性38.94万人，女性34.15万人，男女性别比为114：100。常住人口中的城镇人口为30.77万人，城镇化率为42.1%。全年出生人口数10733人，2015年漏报人数为1723人，新生儿男女性别比为116.7：100；死亡人口数5883人，人口自然增长率为5.46‰。

居民收入持续攀升。全县城乡居民人均可支配收入为15530元，同比增长10.5%。其中，城镇居民人均可支配收入为22144元，同比增长9.9%；农村居民人均可支配收入达到11755元，同比增长10.6%。

社会保障进一步完善。2016年末，全县参加社会养老保险的总人数达到597620人，比上年增加12934人，其中：机关事业单位参加基本养老保险人数为21361人，比上年减少1599人；企业单位参加基本养老保险人数26805人，比上年增加8004人。城乡居民基本养老保险登记参保总人数为549454人，比上年增加6529人。2016年农村最低生活保障户数38350户，人口达59509人，比去年减少922人；城镇最低生活保障户数6991户，人数达16548人，比2015年减少3308人。五保户人数5907人，比去年减少1451人。国家抚恤、补助各类优抚对象人数6301人，比去年增加308人。

医疗保障全面覆盖。全县参加城镇医疗保险人数70662人，其中城镇居民34101人，职工36561人。参加农村合作医疗保险人数713486人。

就业形势保持稳定。全年新增就业6514人，安排就业培训7870人，其中：城镇企业职工培训2825人，农村劳动力培训1580人，失业人员培训1440人，其他培训2025人。

注：

1、地区生产总值、各行业增加值绝对数按现价计算，增长速度按可比价计算。

2、常住人口是指户口登记在本地且在本地居住半年以上的人口和居住本地、户口不在本地但已经离开户口登记地半年以上的人口以及居住本地、户口待定的人口。

3、2016年全省重新核算R&D增加值，故2016年GDP、一、二、三产业增加值与快报数不同，2015年GDP及三次产业增加值也进行了调整。

4、本公报中县卫计委数据由于统计口径的变化，今年统计的实有卫生机构数包括卫生室、门诊部等机构，上升幅度较大。

5. 2016年度，受几大国有企业改制的影响，企业单位参加基本养老保险人数上升幅度较大。

6. 2015年度五保户数据包含孤儿人数，根据民政局最新口径，2016年度数据将孤儿人数剔出，故下降幅度较大。

附三：文物保护单位选介

宁远文庙　宁远文庙始建于北宋乾德二年（964年），是我国现存孔庙类建筑中保存完整、始建年代最早的两处孔庙之一（另一处为山东曲阜孔庙）。宁远文庙历经宋、元、明、清十余次修葺、重修，现存建筑占地面积10282平方米，建筑面积2800平方米，是中南及江南地区规模最大的一座文庙。

宁远文庙建筑群，座北向南，中轴线上自南向北建有泮池、棂星门、大成门、大成殿、启圣祠；两侧对称式建有登圣坊、步贤坊、起凤门、腾蛟门、名宦祠、乡贤祠、东西庑、明伦堂、尊经阁等建筑。安装在文庙建筑上的20根高5米的高浮雕镂空龙凤石柱造型生动，栩栩如生，工艺精湛，线条流畅，是不可多得的艺术珍品，被文物专家和建筑专家誉为“国宝”。1996年11月，宁远文庙被国务院公布为全国重点文物保护单位。

云龙坊与王氏虚堂简介　云龙坊与王氏虚堂位于宁远县湾井镇路亭村。云龙坊始建于明弘治二年（1489年），为彰表路亭村王性（王性宏治二年乙酉科（1489年）举人）所建，清乾隆、光绪年间曾作整修，1962年、1994年作了局部修缮。坊为全木结构，四柱三楼木质牌枋，平面为八字形，面阔14.3米，进深3米，高14米。主楼为歇山顶，上覆小青瓦，檐下饰七层如意斗栱，有精美木雕花卉、人物、龙狮装饰，以牵枋与王氏虚堂大门相连接形成整体，现云龙坊的门上仍悬挂有6块路亭村各时期名人的牌匾。王氏虚堂原为王氏宗祠，系明、清两朝祭祀舜帝陵官员用膳之地。明万历四十二年（1614年）观察史邓云宵奉旨祭陵时，见厅堂广阔，题为“王氏虚堂”（该匾文革时被毁损），后“王氏宗祠”移置堂后20米。堂由四进院落、三座厅堂组成，穿斗式木构建筑。堂内现存明、清时期云龙坊、王氏虚堂碑记四方，以及珍贵的清嘉庆“奉宪禁革碑”一方。云龙坊与王氏虚堂的建造工艺精巧、装饰华丽、保存完整，是湘南地方建筑工艺的突出代表，具有较高的科学和艺术价值。2013年5月，云龙坊与王氏虚堂被国务院公布为全国重点文物保护单位。

久安背翰林祠简介　久安背翰林祠又名进士坊，位于宁远县湾井镇久安背村西口，坐东朝西。为纪念宋代进士太常博士李世南（971～1043年）而建。始建于宋，后经清同治三年（1864年）修葺，光绪十一年（1885年）修上座二厅，现存建筑占地1856平方米，形成一池、一门坊、一戏楼、五厅堂、五天井、两厢房的五进院落。翰林祠门前为四柱三楼式木结构牌坊，以穿斗梁架与宗祠大门相连。祠门背后为戏台，面阔三间，歇山顶。庭院、前厅、中厅、后厅、天井都保存完整。整个院落之前有半月形池塘。庭院用鹅卵石铺成，两侧有观戏台，砖木结构，上下两层，下层两边的墙上有碑刻10方，主要记叙李氏宗祠和牌坊的历史沿革和修建时捐款人员的名单等。五进厅堂，面阔三间，砖木结构，硬山顶，两侧封火墙。前厅梁架上面有雕刻精美的木雕，石础雕刻生动匀称，两边的墙上还留下壁画6幅。天井由条石砌成，四周有条石铺砌的宽0.4米、深0.2米的排水沟。前四进厅堂之间以天井相间隔，天井两侧为廊道。第四进与第五进厅堂之间廊道相通，两侧为小天井，最后第五进厅堂是李氏后裔祭祠先祖之处。久安背翰林祠整体保存完整，布局紧凑、合理，建筑装饰具有典型的地方风格，是湘南乡土建筑的重要实例，也是研究古代科举制度不可多得的实物资料。具有极高的历史、科学和艺术价值。2013年5月久安背翰林祠被国务院公布为全国重点文物保护单位。

舜帝庙遗址简介　舜帝庙遗址2000年被发现，遗址总面积3.2万平方米。2002年进行试掘，2004年报请国家文物局批准，由湖南省考古研究所组织技术人员进行科学的正式发掘，经过十年的努力工作，现揭露正殿、寝殿、厢房、神道、祭祀广场等建筑单元面积20000余平方米。舜帝庙是宋代及宋代以前官方祭祀中华民族人文始祖舜帝的主要场所。从秦汉至明洪武四年（1371）在此延续了1600多年。遗址内出土了大量高规格的建筑陶瓷和祭祀陶瓷。我国著名历史学家李学勤、著名考古学家黄景略、张忠培等专家一致认为，舜帝庙遗址是迄今为止国内唯一有传世文献、存世碑刻、地下出土文献（1974年长沙马王堆汉墓出土的绘于公元前168年的长沙国南部地形图）与丰富考古学实证相互印证的古帝王祠祀遗址，是研究古帝王陵庙建筑格局及相关祭祀规制的不可多得的实物资料，具有很高的历史价值和科学价值。2006年5月，舜帝庙遗址被国务院公布为全国重点文物保护单位。

舂陵侯城遗址简介　舂陵侯城遗址位于永州市宁远县柏家坪镇的柏家村和柏家井村。遗址四周地势平坦，城南1000米有舂陵河自西向东流经，远处有延绵的低矮山岭。汉武帝元朔五年（公元前124年），刘买为舂陵侯，立侯城于此，汉初元四年（公元前45年），舂陵侯迁徙他处，此城为舂陵县县城。舂陵侯城始建于秦，历经秦汉两个时期。长沙马王堆三号汉墓出土的帛书地图有舂陵城标记。遗址轮廓清晰，保存相对完整，对研究秦汉时期城市布局，自然和人文生存环境提供了重要实物资料，具有较高的历史、艺术和科学价值。2013年5月，舂陵侯城遗址被国务院公布为全国重点文物保护单位。

泠道故城遗址　泠道故城遗址位于永州市宁远县城东偏南11千米的冷水镇培泽村南下胡家村北。城址呈长方形，夯筑，城墙南北长170米，东西宽87米，总占地面积14790平方米。泠道城为西汉武帝元鼎六年（公元前111前）所置，它历经了西汉、东汉、三国、西晋、东晋、南北朝、隋、唐、五代至宋初一千多年的时间，宋乾德三年（965年）县改名为宁远，县治迁至今宁远城驻地，泠道城始废。长沙马王堆3号墓出土的帛书地形图上泠道故城位置清晰。泠道故城遗址对于研究秦汉时期的地理、郡县及当时的社会、经济、政治乃至军事活动均有重要的意义。2013年5月，泠道故城遗址被国务院公布为全国重点文物保护单位。

舜庙简介　舜帝陵（舜庙）位于宁远县城南32公里处的九疑山乡九疑山村南100米处的舜源峰下。现存舜帝陵为明洪武四年（1371）从玉琯岩迁建于此，经明万历至清雍正，多次修葺，清乾隆元年（1736），大修舜庙。庙制规模宏大，结构完整。1956年舜庙被公布为湖南省重点文物保护单位。舜帝陵（舜庙）是中华民族子孙，来此问祖寻根、缅怀舜帝功德的重要场所，对于弘扬优秀传统，传承先进文化，建设精神文明，促进民族复兴与祖国统一，构建和谐社会具有重大意义。

牛亚岭瑶寨　牛亚岭瑶寨位于九嶷山瑶族乡牛亚岭村，始建于清末。由瑶民冯任古选址建设，历五代人，建成瑶寨现有规模。瑶寨占地2000平方余米，由五栋土木结构房屋组成，依山势而建，夯土为墙，立木为柱，半地半楼2——3层的千脚屋，寨房中间有100余平方米的空坪。牛亚岭瑶寨是现存不多的瑶族建筑遗存，是研究瑶族建筑文化和居住环境及生活习俗的实物资料，具有较高的历史、科学和艺术价值。2006年5月，牛亚岭瑶寨被湖南省人民政府公布为省级文物保护单位。

东安头翰林祠简介　东安头翰林祠位于宁

远县湾井镇久安背村，始建于清乾隆元年(1736)。为纪念村人、明景泰三年（1452）进士李敷而建，为村公益性建筑。清嘉庆十六年（1811）增建木牌坊；道光七年（1827）移牌坊于祠门外；光绪五年（1879）重建牌楼；1920年村人李子清时任国民军桂林某部司令，返乡将祠房屋建筑升高；1993年进行了全面修缮。整座翰林祠由月台、牌坊、门厅、戏楼、厢房、天井、下厅、上厅、道厅组成，占地1200平方米，依次递进。祠前有半月塘，水面宽约8亩。祠内现存清代、民国碑刻五方。祠东南200米处有石塔一座。2006年5月，东安头翰林祠被湖南省人民政府公布为省级文物保护单位。

黄家大屋简介　黄家大屋位于宁远县九疑山瑶族乡九疑山村，距舜帝陵约1000米。该建筑始建于清道光十一年（1831），为砖木结构民居，占地2868平方米，由裁缝黄知保个人出资建设，为家庭式居住庄园。大屋由十四座一厅堂，一道厅、两厢房、两耳室、两天井的居屋连体组成，在大屋东、西两侧修建了仓房、养牲棚、厕所等用房，形成一个封闭式的整体庄园。房屋布局采用不同座向、房房相通和封火山墙、天井的建筑设计，科学的解决了通风、防火、采光、排水、安全等问题。以民间民俗为主题的木雕保存较好，山墙彩绘壁画尚有部分保存较好。黄家大屋是我国江南地区小农经济的建筑典范，为研究清代的农村庄园建筑特色和建筑式样有着非常重要的意义，具有较高的科学、历史艺术价值。2002年5月，黄家大屋被湖南省人民政府公布为省级文物保护单位。

灌溪学校早期建筑群　灌溪学校早期建筑群位于宁远县湾井镇下灌村。该建筑群始建于1936年，为村民集资而建。该校占地面积1万余平方米，所有建筑现均保存比较完整，特别是正面教学楼采用了西方建筑风格，又保持了中国建筑风貌，是一个典型的东西方建筑艺术的结合体，为研究东西方建筑特色有较高的参考价值。2011年3月，被湖南省人民政府公布为省级文物保护单位。

下灌李氏宗祠　下灌李氏宗祠位于宁远县湾井镇下灌村，始建于清中期，原为纪念南齐荡寇将军李道辨而建的享祠，后多次修葺、重建，现存建筑为清末所建，正面保持西洋风格，占地面积1054平方米，宗祠内有一戏台、二天井，分上、中、下三座，上座内有神龛，供奉着下灌李氏始祖李道辨、唐状元李郃等神像和李氏历代先祖神位，观戏坪为卵石铺成的花街面。其院内的木雕石雕精美有较高的艺术价值，为研究南方宗祠建筑风格有较高的科学价值。2011年3月，下灌李氏宗祠被湖南省人民政府公布为省级文物保护单位。

神下李氏宗祠　神下李氏宗祠位于宁远县冷水镇神下村，始建于清乾隆年间，现存建筑面积950.47平方米，经多次重修和维修，现建筑保持清代风格并溶入了西洋建筑特色，在南方宗祠比较少见。宗祠座南朝北，柱梁式结构，歇山飞檐，宗祠内有戏台，戏台上有高浮雕镂空双龙戏珠木雕，此外，建筑构件中的人物、花、鸟、兽等装饰雕刻精美，保存完整，有较高的艺术价值。宗祠上厅保留有清代至民国的裱金匾牌八块。

2011年3月，神下李氏宗祠被湖南省人民政府公布为省级文物保护单位。

平田欧阳氏宗祠　平田欧阳氏宗祠位于宁远县清水桥镇平田村，宗祠始建于清康熙二十八年（1680）年，后经多次维修和重修，现存建筑为清末所建，欧阳氏宗祠建造在平田村的中央，占地面积800余平方米，整座建筑分上、中、下三座，全院由22根大木柱支撑，为梁架木结构，上盖小青瓦，门前及院内分别有两对大石狮，双檐马头墙，院内有木雕和石雕，分别在梁枋和石墩上，为全村的文化娱乐中心，上座有欧阳宗祠先祖像及匾数块，保持着典型的南方建筑风格，院里的木雕及石雕有较高的研究参考价值。2011 年 3 月，平田欧阳氏宗祠被湖南省人民政府公布为省级文物保护单位。

状元楼（市级文物保护单位） 位于江南第一村——“下灌村”的街巷中，始建于宋代，为纪念村人李郃在唐文宗太和二年（828）中贤良方正能直言极谏科第一，擢贡举进士第一而建，清光绪二十一年（1895）重修，状元楼位临街巷，坐西向东，楼由 12 根木柱支起，拱棚飞檐，楼高 10 米、宽 8 米、长 9 米，全木结构，上盖青瓦，保持完整，具有较高的历史、艺术价值。

下灌村广文桥（市级文物保护单位） 坐落于下灌村西北泠江河上，石墩全木结构，始建于清朝乾隆年间，清道光、咸丰年间几经修缮。该桥石砌桥墩，上叠码杆横式木坊，木坊上铺木梁及桥板，桥上建有廊亭式过桥楼，上盖青瓦，桥面宽 3 米，长 30 米，至今保存完好，具有较高的科学、历史、艺术价值。

骆家村古戏台 上宜骆家戏台位于宁远县冷水镇的东部 5 公里处的丘陵地带，村子周围主要以喀斯特地形地貌为主的矮青石山岗，村中田土比较平坦，戏台位于整个村子的南面，始建于清代。整个戏台为柱梁式全木结构，檐下横枋上有精美木雕，内容为“八仙缘”“双龙戏珠”“蟠龙飞云”屋脊有泥塑装饰，前檐施卷棚，戏台高 12 米，宽 25 米，三进连同村宗祠共深 60 米，公祠主要为砖木结构，单檐硬山顶，封火山墙，上盖小青瓦，现戏台和宗祠都保存比较好，宗祠前面是一片宽阔的空坪，左，右后三面隔小巷是村民居，整体风貌仍未受破坏，有较高的历史科学和艺术价值。2003 年 5 月永州市人民政府公布为市级文物保护单位。

城头寨遗址 位于县城东 6 公里的逍遥岩境内。该寨为明英宗天顺八年（1464）苗、瑶人民起义军占据地点。寨址四周乃悬崖屏障。有石砌城墙，残高 2～3 米，基宽 2.5 米，顶宽 1 米，方形城门，门高 2.8 米，宽 1.3 米，厚 3.5 米。遗址长 1.5 公里，宽 0.8 公里，占地面积 1.2 平方公里。为县级文物保护单位。

附四：景点选介

宁远文庙　宁远文庙，位于湖南省宁远县，始建于北宋乾德三年（965年），是全国现存孔庙类建筑中保存完整、始建年代最早的两处孔庙之一（另一处为山东曲阜孔庙）。宁远文庙历经宋、元、明、清十余次修葺、重修，占地10282平方米，建筑面积2800平方米，为中南及江南地区规模最大的一座文庙。文庙是中国儒文化的代表建筑，它具有纪念世界十大历史文化名人孔子，表彰学有所成及奖励先进人物的功用；同时，又是中国古代唯一的官办学校，是庙学合一的教育机构。宁远文庙采用前园后院式布局，中轴线对称式规制。

宁远文庙建筑群，座北向南，中轴线上自南向北建有泮池、棂星门、大成门、大成殿、启圣祠；两侧对称式建有登圣坊、步贤坊、起凤门、腾蛟门、名宦祠、乡贤祠、东西庑、明伦堂、尊经阁等建筑。主体建筑大成殿，重檐歇山顶，宽27米，深25米，高16. 5米，建在高1. 8米的石砌平台上，四周回廊石柱环保，十分壮观；殿前月台丹墀及石护栏板上雕刻着十分精美的高浮雕龙凤及飞禽走兽、花卉图案。特别是安装在文庙建筑物上的20根高5米的整体大理石高浮雕云龙云凤石柱群，被文物专家和建筑专家誉为“国宝”，是全国古建筑中仅有的高浮雕镂孔龙凤石柱群。宁远文庙建筑还运用了中国古代建筑中常用的灰塑、壁画、木雕等艺术装饰手法，具有浓厚的文化氛围，鲜明的地方特色和民族特色。

舜帝陵　国家AAAA级旅游景区、全国重点文物保护单位、全国文明风景旅游区、湖南新“潇湘八景”、省市廉政文化教育基地

《史记》载：“（舜）南巡狩，崩于苍梧之野，葬于江南九疑。”舜帝是中华道德文化始祖，九嶷山被誉为“德孝之源、福地九嶷”。舜帝陵始建于夏朝，是我国置陵最早、存续时间最长的始祖陵庙，称为“华夏第一陵”。舜帝陵园占地面积436. 5亩，陵园有九龙柱、毛泽东诗词碑、江泽民题词亭、祭祀墙、历代名人游九嶷浮雕、明德牌坊、金水桥、神道等人文景观；陵庙有仪门、午门、拜殿、正殿、寝殿、厢房、钟鼓楼等多个精美的单体建筑，陵庙内42块古碑，是珍贵的历史文物。每年九月都将举办公祭舜帝大典和・世界舜裔宗亲寻根祭祖活动。

舜源峰　国家AAAA级旅游景区、福地灵山、始祖崩葬之地、灵猴乐园舜源峰位居九嶷山“九峰’’之首，乃华夏始祖舜帝的崩葬之地，峰上野猴成群，花果遍地，奇树、怪石、亭阁相掩成趣，巧夺天工，加之珍稀动、植物众多，空气负氧离子含量高，不仅是天然的“珍稀动、植物宝库”和“森林氧吧”，还有中国“第二花果山”之美誉。四千多年来，中华民族伦理道德文化之源——舜文化，在此源远流长，引来屈原、司马迁、蔡邕、元结、李白、杜甫、柳宗元、苏轼、陆游、毛泽东等历代名人骚客，或登临于此，或竞相吟咏，留下大量瑰丽诗篇和动人传说。舜源峰猴山景点面积1080亩，最高海拔610. 5米，年均气温18℃。“山不在高，有仙则名”，舜源峰现已成为湘南游览观光、避暑疗养，科学考察和文化娱乐的胜地。

紫霞岩　徐霞客笔下的楚南名洞、溶洞科普基地紫霞岩又名重华岩，舜帝南巡曾游此岩。每当晨曦初露，紫霞飘绕，宛若仙境。紫霞岩全程1556米，由外岩和内岩组成，外岩宽敞明亮、气势宏伟；内岩钟乳奇巧，鬼斧神工，属典型的喀斯特地貌。明代大地理学家徐霞客将紫霞岩列为楚南名洞之首。

永福寺 永福寺始建于南齐（公元479年），距今已有1500多年历史。文献记载，永福寺鼎盛时期，僧众八百，香火不绝，是一座久负盛名的皇家庙宇。永福寺占地130余亩，建筑面积达13000多平方米。庙宇依山造势，以水显灵，顺应自然，旅教结合。寺庙既有气势恢宏的天王殿、大雄宝殿、观音殿、御书楼、弥陀台，更有结构灵巧的钟楼、鼓楼、齐云阁、华严阁；大小二十多幢仿古建筑连贯通透，自成院落，小桥、流水、瀑布、水榭楼台、山水呼应，更显古朴园林风格。

舜帝庙考古遗址公园 国家AAA级旅游景区

舜帝庙考古遗址公园是以展示和弘扬舜文化为核心的主题公园，分为舜帝庙遗址博物馆、园林休闲区、遗址保护区（含玉琯岩）三个部分。舜帝庙遗址博物馆是了解宋代及宋代以前祭祀舜帝的规制和仪轨最直观的讲坛，也是了解舜帝和舜文化最便捷的途经。

遗址保护区是舜帝庙考古遗址公园的核心区，它由宋代舜帝庙遗址和玉琯岩两部分组成。舜帝庙遗址是研究古帝王陵庙建筑格局及相关祭祀规制的不可多得的实物资料，具有很高的历史价值和科学价值；玉琯岩独立于田峒之中，如一天然盆景，山上绿荫如盖、古木参天，历代文人骚客仰先帝之功德，留诗文于石崖，山上有保存完好的南北朝至清代的摩崖石刻24方，其中碑刻中楷、行、篆、隶、草五种字体齐全，是不可多得的书法艺术宝库。

三分石 九嶷山属于喀斯特地貌，其形蜿蜒，气势磅礴，峰林如笋，姿态万千，所有山头都朝向九嶷山舜帝陵，形成了“万里江山朝九嶷”的奇观盛景。特别堪称天下奇观的三分石，相传是舜帝天葬之所。三块巨石雄耸蓝天，山顶巨石垂直高度300余米，中国地质专家测绘认证，三分石是目前世界已知的第一高单体巨石。三块巨石紧紧依偎在一起，相传就是舜帝和他的两个妃子娥皇、女英生死与共、不离不弃坚贞爱情的化身。

莲花山公园 地处舜德路，舜德书院盘踞公园脚下。总投资1000余万元，面积500余亩。公园建设以自然景观为主，同时配套建设游园景点设施，补种了一些名贵树种。有兰花、三色槿、石竹、紫薇、铁树、桂花等6万余株观赏性植物。该公园是城区建成的第一个开放型城市公园，为市民提供了休闲、游览、锻炼、观光的场所。

七·七桥 原名南门桥，始建于明代，其结构为石墩木桥。清乾隆二十七年（1762年）修建。民国35年（1946年）县长欧冠为纪念抗日，改名“七·七桥”。1965年翻修木板桥面。1981年宁远县人民政府拨专款重新加固，桥长94米，宽8米，高9米。2011年10月，由于桥体年久失修，县委县政府决定拆除重建，2015年重建完工，重修后的“七·七”桥保持原貌，为仿木架瓦顶的人行桥。

岭脚迴龙书院 岭脚迴龙书院坐落在天堂镇岭脚村。书院建于北宋，建筑典雅宏伟，中间讲堂4间，左右南屋4间，东西号房各2间，讲堂后边有农田，侧边是潇水河，讲堂前半亩池塘，景色秀丽，独具风格。书院有门两重，大门二楹，二门四楹，碑石1块，碑上记载迴龙书院历史。相传周敦颐曾到迴龙书院讲学三载有余。

朵山书画馆 湾井镇朵山村民素来崇尚诗书传家，文化底蕴厚重，特别是清朝乾隆年间吉梦熊的书画得到乾隆皇帝的嘉奖，誉之为“江南十大书画才子”之一。民国时期吉惠迪，现代吉新成、吉仲春及全村书法爱好者均造诣较高。从2010年开始，收集作品426幅，每年举办书画展2次，接待游客参观。并在省、市、县，广东东莞市等地展出。2012 年至 2014 年共投资 80 多万元开工建设，占地面积 800 平方米，建筑面积 680 平方米，集书画展览、农家书屋于一体的仿古书画馆建成并接待游人参观，成为湾井文化新景点。

桃花岩　桃花岩（又名桃源岩）位于冷水镇海江村，以山青、水秀、洞幽、景美而远近闻名，春暖桃花盛开时，人面桃花相映红，令人流连忘返，堪称“九嶷山中桃花源”。

小桃源村　位于禾亭镇，是中国传统古村落之一。该古村落所处地理位置特殊，位于四面环山的山坡上，风景自然，别具一格。建筑依山坡而建，层层叠叠，青砖青瓦翘屋檐，青石板小巷，古井细泉源远流长，古木参天，气候宜人。2013 年成功申报全国传统古村落。通过争资引项，对村传统建筑进行修缮，新建小桃源活动中心及文化广场；修建一条长 1900 米引水渠，接好自来水。种桃种松种油菜，形成一道新的景观。来该村游览观光的外地游客越来越多，2016 年共接待观光考察的来宾和游客 40 余批、600 余人次。

无字碑　无字碑位于五龙山瑶族乡上洞铺村后山上，清代花翎三品衔补用道石焕章墓，因其字为麟祥，故称“麟祥府君墓”。墓地于 1989 年至 1992 年先后三次被盗，遭受严重破坏。石焕章辑录《九疑山诗图》石刻，石刻中有其父石光陛《九疑行》诗刻及众多名流（其中有何绍基）题刻，为宁远文物珍品。

石氏宗祠　石氏宗祠位于五龙山瑶族乡石家洞村，据 1948 年的民国文献资料记载，建于明朝正德初年。石氏宗祠是永州各县石氏祭祀祖先的主宗祠，宗祠历史悠久，门外摆放有一对石狮，相传是明代世袭参将石玉生留传而来，内设楼台、水池，堂内立有十二根古式大柱，祠门设三扇，典型的明清建筑，是宁远北部最古老的文化遗产之一。

附五：革命遗址及其他遗址简介

红军长征屋脊岗战斗遗址　1934年11月23日，在天堂圩、横岭蒋家一带宿营的红一军团奉令撤至谢家、屋脊岗阻击敌人。与跟踪追击的李云杰、李抱冰交战。红一军团抢占有利地形，居高临下向敌军攻击。红军英勇顽强，与从道县柑子园前来增援的红军联合打击敌军。为了粉碎敌人截击红军的阴谋，中革军委主席、红军总司令朱德和红三军团军团长彭德怀深入阵前指挥，把敌人反包围在天堂圩一带。战斗打响，红一军团严密封锁屋脊岗的各个山头，居高临下向敌人发起进攻。同时派出部队向天堂圩增援，红三军团占据梅岗一带有利地形，狙击敌人向道县方向溃退。红五军团从黄金桥方向合围而来。经两小时激战，敌军仓惶逃遁，红一军团趁机越过屋脊岗进入道县。粉碎了敌人抢渡潇水阻止红军西进的企图，为红军顺利渡过潇水创造了条件，也为突破敌人第四道封锁线赢得了主动权。

响鼓岭战斗遗址　1944年9月2日，日军第11军4个师团从祁阳北部向零陵方向推进，10月19日清晨，日军1万余人从零陵上梧江侵入宁远。日军大部队过后，留下100余名日军在响鼓岭一带设立据点，自响鼓岭据点建立后，日军经常到附近村庄烧杀抢劫。面对日军的残暴罪行，宁远侯坪人民同仇敌忾，纷纷拿起武器，抵御来犯之敌。姜敬祥、袁培国组织300多人的抗日自卫中队，与日军展开游击战达8个月，缴获日军枪弹100余箱，沉重打击日本侵略军，保护侯坪附近村民。

包家村红军长征宿营地及红军标语墙　1934年11月18日，红一方面军以红九军团为前卫，中央纵队、红八军团居中，红五军团为后卫，兵分二路进入宁远县。一路从蓝山县兰屏的黄土岭进入宁远下灌大屋地，经彭家洞、枫木山到大界铺一带午餐。另一路从蓝山兰屏的新铺进入宁远下灌韶水，经下灌村、白草坪到大界铺与前部会合。经过水岩、洪洞铺到水打铺、包家、新坝等地宿营。11月19日早晨，在水打铺、包家、新坝宿营的红军，经水市天鹅抱蛋、桂里园、天堂山去道县周塘营。在包家村宿营的红军住在包家村礼堂。红军书写许多革命标语，现仅存6条。它们分别为："红军是抗日战争的主力军"；"推翻国民党的政府，建立苏维埃政权"；"红军是工农的军队，白军是地主资产阶级的军队"；"推翻地主资产阶级的国民党政府、立即建立工农兵苏维埃政府和工农红军"；"打倒国民党"；"建立工农苏维埃政府（红军宣）"。红军宿营地是村礼堂，面积120平方米。宁远水市镇包家村红军标语于1996年11月被宁远县人民政府公布为宁远县文物保护单位。

水市烈士陵园　1966年3月为纪念革命先烈而建。陵园面积20亩。大门朝街，门上方书有"革命烈士陵园"。烈士陵前，立青石墓碑1块，高2.5米，宽0.95米，上书"革命英雄永垂不朽"楷体阴刻大字。碑后排列7座烈士墓，依次为龙进星、欧燕、赵歧山、11位红军战士（姓名遗失）、郭金生、石朝生、中国人民解放军何班长（名字不详）。沿墓而上为8角5级烈士纪念塔，塔身镶有"革命先烈永远鼓舞着我们前进"的碑石。陵园最高处建有纪念亭，为单檐6角6柱飞檐混凝土结构。亭中有石桌、凳，可供人小憩。

全国抗日阵亡将士纪念碑　位于丁字街叉路口，丁字街全国抗日阵亡将士纪念碑立于1945年。碑通高3米，地基座高0.6米。六面形，每面宽 0.75 米。二级座高 0.2 米，正方形，每边宽 0.7 米。主碑高 1.8 米，方形，每边宽 0.47 米。上书楷体阴刻碑文“全国抗日阵亡将士纪念碑”。碑亭为青石 4 角瓶盖，大于主碑，高 0.4 米，顶为石质宝瓶。

附六：荣誉谱

表1　获国家各部委办等部门表彰的先进集体

获奖单位	表彰内容	表彰依据
宁远县	全国“六五”普法法治宣传教育先进县	司法通〔2016〕49号
统战部	2016年度中央台办对台宣传工作先进单位	中央台办宣传局
国土局	第三届国土资源节约集约模范县	国土资电发〔2016〕25号
商粮局	国家级出口食品农产品质量安全示范区	质检总局〔2016〕90
教育局	全国“老师您好，我的好老师”主题教育活动先进单位	教育部关工委
司法局	青年文明号	司发通〔2016〕17号
城管局	全国县镇供水先进单位	省城镇供水分会县镇工作部
科协	全国科普日优秀组织单位	科协办发普字〔2016〕33号
残联	全国残疾人羽毛球锦标赛体育道德风尚奖	
邮政储蓄银行	消费贷款特色支行	邮银通〔2016〕95号

表2　获省及各委办厅局表彰的先进集体

获奖单位	表彰内容	表彰依据
宁远县	全省综治工作先进县	湘办发〔2016〕46号
宁远县	确保全省平安县	湘办发〔2016〕46号
档案局	2016年度全省档案宣传工作先进集体	湘档通〔2015〕36号
老干局	2016年度湖南省老科学技术工作者协会表彰奖励	湘老科字〔2017〕02号
农业委	省土地承包经营权登记颁证工作先进单位	湘确权办〔2016〕11号
农业委	省农村能源建设先进单位	省农委表彰
经信委	省散装水泥工作先进县	湘散〔2016〕19号
发改委	2016年全省价格信息工作先进单位	省发改委奖牌2016年6月
财政局	省非税收入管理工作先进单位	湘菜非税函〔2016〕3号
财政局	省财政综合管理目标工作先进县	湘财综函〔2016〕2号
财政局	省财政决算工作先进单位	湘财库〔2016〕52号
财政局	省投资评审工作先进单位	湘财办函〔2016〕16号
财政局	省财政工作先进集体	湘人社发〔2016〕33号
财政局	省财政信息宣传工作先进单位	湘财办函〔2016〕3号
财政局	省金融与债务工作考评一等奖	湘财金指〔2016〕33号
畜牧水产局	省养殖业工作先进单位	湘牧渔〔2016〕83号
林业局	湖南省绿化先进集体	湘人社发〔2016〕32号
林业局	2016年省林业宣传和生态文明建设先进单位	湘林办宣〔2016〕7号

续表

获奖单位	表彰内容	表彰依据
林业局	省林业种苗工作先进集体	湘林种〔2016〕71号
气象局	湖南省气象部门基层党组织建设示范点称号	中共湖南省气象局党组党建工作领导小组
农机局	省农机监理示范窗口单位	湘农机监发〔2016〕103号
农机局	省水稻机械化工作先进单位	湘农机办〔2016〕4号
农机局	省油菜生产机械化工作先进单位	湘农机办〔2016〕4号
农机局	省农机综合信息工作先进单位	湘农机办〔2016〕4号
农机局	省农机行风政风建设先进单位	湘农机办〔2016〕4号
商粮局	省商务行政执法优秀队伍	湘商秩〔2016〕18号
环保局	省2016年环保重点工作先进单位	湘环发〔2016〕1号
烤烟办	省现代烟草农业建设先进单位	
教育局	全省教育系统资助先进单位	
民政局	专项救助工作优秀单位	湘宁办函〔2016〕10号
民政局	巾帼文明单位	湘妇字〔2016〕40号
民政局	文明优抚单位	湘民函〔2016〕87号
文体广新局	省农家书屋工作先进单位	2016年3月
文体广新局	书香湖南读书活动优秀组织奖	
文体广新局	直播卫视户户通先进工作单位	湘新广办〔2017〕2号
卫计委	“两非”典型案件先进县	湘人口领发〔2017〕10号
卫计委	全省计生协会工作模范单位	湘计生协发〔2017〕1号
法院	省法院优秀政工部门	湘高发〔2016〕13号
法院	省法院十佳警队	湘高发〔2016〕14号
法院	省法院党建工作先进集体	湘高发〔2016〕57号
法院	省法院信息工作优秀单位	湘高发办〔2016〕21号
公安	两会安保维稳成绩突出集体	湘公发〔2016〕21号
公安	省公安信息窗口示范单位	省公安厅奖牌2016年3月
交管大队	省安保工作先进集体	湘公交管〔2016〕70号
司法局	集体三等功	湘司发〔2016〕3号
司法局	省模范司法所	湘司发〔2016〕42号
司法局	省规范化司法所	湘司发〔2016〕43号
市场质量与技术监督管理局	省企业登记工作成绩突出窗口单位	湘工商注字〔2016〕24号
团县委	湖南三下乡优秀单位	湘团联〔2016〕45号
团县委	湖南省青年之家	湘团联〔2016〕46号
科协	2016年全年农民科学素质网络竞赛全省第一	湘科协通〔2016〕97号
石油公司	省石油公司先进片区	
调查队	综合目标考核优秀	湘调字〔2016〕10号

续表

获奖单位	表彰内容	表彰依据
调查队	畜牧业调查工作一等奖	湘调字〔2016〕6号
调查队	办公室工作一等奖	湘调字〔2016〕6号
调查队	财会工作一等奖	湘调字〔2016〕6号
烟草局	湖南信贷烟草农业建设先进县	
建设银行	省行先进单位	建湘发〔2016〕46号
禾亭镇	湖南省卫生乡镇	湘爱卫办发〔2016〕1号
湾井镇	湖南省卫生乡镇	湘爱卫办发〔2016〕1号
湾井镇	省级生态乡镇	永环发〔2016〕15号
湾井镇	湖南省美丽乡镇示范乡镇	湘建村函〔2016〕6号
湾井镇	湖南省安全生产示范镇（省委政府表彰）	永办发〔2016〕4号
水市镇	省级生态乡镇	永环发〔2016〕15号
清水桥镇	省级生态乡镇	永环发〔2016〕15号
清水桥镇	省级平安农机示范镇	湘农机监发〔2016〕102号
柏家坪镇	省级生态乡镇	永环发〔2016〕15号
中和镇	省级平安农机示范镇	湘农机监发〔2016〕102号
五龙山乡	省级生态乡镇	永环发〔2016〕15号
棉花坪瑶族乡	省级生态乡镇	永环发〔2016〕15号
仁和镇	省级平安农机示范镇	湘农机监发〔2016〕102号
冷水镇	省级生态乡镇	永环发〔2016〕15号

表3　获市及各部门表彰的先进集体

获奖单位	表彰内容	表彰依据
人大	2016年度全市人大工作先进县	永常发〔2016〕11号
组织部	全市党建工作先进县	永办〔2014〕4号
统战部	2016年度全市第六次民族团结进步模范集体	永办〔2016〕32号
编办	2015年度全市“三项改革”工作先进县区	永办发〔2016〕4号
史志办	2016年度全市史志工作先进单位	永史志发〔2017〕2号
公路局	市治超工作先进县	永政办函〔2016〕9号
公路局	市干线公路养护一等奖	市政府表彰2016年3月
农业委	市农村环境污染治理先进县	永办〔2016〕8号
农业委	市粮食生产标兵县	永办〔2016〕8号
农业委	市农业农村工作先进县	永办发〔2016〕4号
经信委	市新型工业化先进县	永办发〔2016〕4号
经信委	市工业园区经济发展先进县	永办发〔2016〕4号
发改委	市1511重点投资计划项目实施先进单位（表彰九嶷山开发）	永办〔2016〕4号

续表

获奖单位	表彰内容	表彰依据
财政局	市六五普法先进集体	市委市政府通报 2016 年 12 月
国土局	闲置土地清理处置工作先进单位	永政办〔2016〕28 号
国土局	市国土资源工作先进单位	永政办〔2016〕20 号
国土局	市国土四项工作先进单位	永政办〔2016〕20 号
交通局	市交通运输发展目标管理考核先进单位	永政办函〔2016〕32 号
畜牧水产局	市重大动物疫病防控工作先进单位	永防重病指〔2016〕6 号
水利局	永州市防防汛抗旱先进单位	永防〔2016〕23 号
气象局	2016 年度全市气象部门综合目标管理	永州市气象局
气象局	2016 年气象服务先进集体	永州市气象局
气象局	2016 年度全市气象宣传工作先进单位	永州市气象
商粮局	市开放性经济先进县	永办〔2016〕4 号
环保局	市农村环境污染治理先进县	永办发〔2016〕8 号
环保局	市主要污染物减排工作先进县	永政办函〔2016〕59 号
环保局	市六五普法先进单位	
烤烟办	市烟叶工作先进单位	
民政局	市乡镇区划调整改革先进集体	永办〔2016〕35 号
工业园	市工业园区经济发展先进县	永政办函〔2016〕4 号
政务中心	政务公开工作先进单位	永政办函〔2016〕22 号
法院	市级文明标兵单位	永办〔2016〕6 号
城管局	市两供两治工作先进单位	市政府奖牌 2016 年 3 月
市场和质量监督管理局	市质量强市示范企业推荐活动工作先进单位	永政办质发〔2016〕1 号
国税局	先进基层党组织	市委文件
烟草局	市烟叶工作先进县	
舜陵街道	2016 年烟叶工作先进单位	永政办发〔2017〕4 号
禾亭镇	省级生态乡镇	永环发〔2016〕15 号
湾井镇	2016 年烟叶工作先进单位	永政办发〔2017〕4 号
水市镇	市级生态乡镇	永爱卫发〔2015〕3 号
水市镇	2016 年烟叶工作先进单位	永政办发〔2017〕4 号
柏家坪镇	2016 年市品质活力示范乡镇	市委市政府表彰
柏家坪镇	2016 年烟叶工作先进单位	永政办发〔2017〕4 号
太平镇	2016 年烟叶工作先进单位	永政办发〔2017〕4 号